교사를 위한 문법 이야기

교사를 위한 문법 이야기

제임스 D. 윌리엄스 지음

이관규·신호철·이영호·박보현·유미향 옮김

사회평론

국어교육학회
국어교육번역총서 1

교사를 위한 문법 이야기

2015년 8월 15일 초판 1쇄 인쇄
2015년 8월 28일 초판 1쇄 발행

지은이 제임스 D. 윌리엄스
옮긴이 이관규 · 신호철 · 이영호 · 박보현 · 유미향

펴낸이 윤철호
펴낸곳 (주)사회평론아카데미

편집 고하영 · 김천희
표지 디자인 김진운
본문 조판 디자인 시
마케팅 하석진

등록번호 2013-000247(2013년 8월 23일)
전화 02-2191-1133
팩스 02-326-1626
주소 121-844 서울특별시 마포구 월드컵북로12길 17(1층)

ISBN 979-11-85617-51-0 93700

옮긴이의 말

문법의 역사는 매우 길다. 고대 그리스·라틴 문법에서 이미 플라톤이 명사와 동사를 나누고 아리스토텔레스가 여기에다가 접속사를 더 설정하는 등 언어를 탐구해 왔다. 이 시기에는 문법 연구가 주로 교육이라는 차원에서 이루어져 왔다. 특히 라틴 문법은 소위 삼학(논리학, 수사학, 문법)의 하나로 학교 교육에서 필수적으로 다루어지기도 했다.

전통 문법 시대를 지나 20세기 구조 문법 시대에서도 문법의 가치는 결코 줄어들지 않았다. 과학의 시대, 실용의 시대에 들어서면서 과학성, 체계성, 실용성을 기치로 하는 구조 문법이 힘을 받았다. 예컨대 실제 전화 언어 자료를 녹음하여 분석하는 언어 연구 방법은 20세기 전반기 구조 문법의 성격을 단적으로 보여 주는 예이다. 이 시기 역시 학교에서 교수 학습하는 과목으로서 문법은 매우 큰 중요성을 지니고 있었다.

구조 문법의 구체성과 개별성의 불완전함으로 인해 추상성과 일반성을 추구하는 20세기 중반 이후 변형 생성 문법이 등장하였다. 보편 언어의 특성을 찾고자 하는 문법 연구 흐름이 도래한 것이다. 그러나 추상성과 일반성을 추구하는 변형 생성 문법이 정작 학교 교육에서 그리 환영을 받지는 못했다. 하지만 인간의 창의성을 인정하고 사고력 신장을 추구했다는 점에서 교육적 의미를 찾아볼 수 있다.

최근 사람의 생각을 나타내는 표현 기제로서 언어를 바라보는 인지 문법이 각광을 받고 있다. 결국 언어는 사람의 마음을 나타내는 것이기 때문에, 그 언어를 잘 이해하면 곧 그 사람의 생각을 잘 알게 된다는 것이다. 과연 인지 문법이 학교 교육에 어떤 식으로 구체화될지 현재로서는 미지수이다. 왜냐하면 학교 교육에서 문법은 원형과 확산과 같은 이해 차원보다는 구체성과 실제성을 그 기본 속성으로 하고 있기 때문이다.

이 책에서는 전통 문법, 구조 문법, 변형 생성 문법, 인지 문법에 대하여 특히 교육을 염두에 둔 문법 이야기를 다루고 있다. 이와 더불어 지역 방언과 사회 방언은 물론이고, 나아가 지구촌 시대 제2 언어를 교수 학습하는 문제에 대해서도 다루고 있다.

문법에 대한 인식은 문장의 규칙을 뜻한다는 좁은 정의에서부터 언어 운용의 규칙 및 원리라는 넓은 정의로까지 그 범위가 매우 넓다. 문법 능력은 국어 능력의 기초가 되면, 결국 문법 능력 신장은 국어 능력의 신장으로 이어진다. 국어 능력과 국어사용 능력을 구분해 본다고 할 때, 결국 국어에 대한 이해가 확산되면 올바르고 정확한 국어사용 능력이 신장되는 것은 자명하다.

본래 이 책 *The Teacher's Grammar Book*(TGB)은 여러 언어 교육, 특히 영어 교육계에서 거의 필수적으로 읽히고 있는 책이다. 번역서인『교사를 위한 문법 이야기』를 통해서, 국어 교육에서 문법을 왜 가르치고 배워야 하는지 그 중요성과 가치를 확인할 수 있기를 기대한다.

국어 능력 신장을 위해서는 국어 자체에 대한 이해가 필요하고, 이를 위해서 필수적으로 문법의 교수-학습이 이루어지게 된다. 그런 점에서『교사를 위한 문법 이야기』가 국어 교육의 학문적 지평을 넓히고자 기획된 '국어교육학회 국어교육번역총서'의 첫 번째 책으로 나오게 된 것은 의미가 있다. 문법 이론의 전개와 그 응용의 실태를 다룬 이 책은 독서, 작문, 화법 등 여러 응용 분야에 기초적인 도움을 줄 것이기 때문이다. 사고력 신장이라는 큰 틀 안에서 이해력, 논리력, 추론력, 상상력, 비판력, 창의력 등 국어 교육에서 중요하게 추구하는 능력들이 문법 교육을 통해서 얼마나, 그리고 어떻게 신장될 수 있는지 사고할 수 있는 계기를 제공할 것으로 기대한다.

2015년 7월 19일
옮긴이 일동

머리말

『교사를 위한 문법 이야기』(*The Teacher's Grammar Book*, 이하 TGB)는 예비 영어 교사나 언어 교사들뿐만 아니라 문법을 더 알고 싶어 하는 교사 자격증 소지자들을 위해서 구안되었다.

문법책들은 대개 전문어를 다루어 왔고, 몇몇 문법책은 문법과 글쓰기의 관련성을 다루어 왔다. 그러나 TGB는 다르다. 분명히 이 책은 문법 전문어를 완벽히 다루고 있긴 하지만 단지 문법 용어만을 다루고 있는 것은 아니다. 물론 핸드북도 아니며, 그런 목적으로 만들어진 것도 아니다. TGB는 교수법과 문법을 사용하기 쉽게 안내해 주고 용법 질문에 대해서도 잘 안내해 준다. 일종의 통합적인 책이라 할 수 있을 텐데, 이전에 이런 책은 찾아보기 쉽지 않았다. 또한 이 책은 영문법이 어떻게 시간적으로 계속 변화해 왔는지를 보여 준다. 문법의 기저에 있는 다양한 교육, 조사 연구, 철학적 문제들과 문법, 언어, 글쓰기, 교수법 등을 이해하기 위한 여러 노력에 어떠한 영향을 받았는지를 보여 주고 있다. 이처럼 광범위한 탐구를 통하여 교사의 문법 선택이 언어 교수의 내용과 방법에 영향을 주는 철학적이고 교육학적인 방향을 파악해 볼 수 있다.

TGB는 필자가 1981년부터 문법을 가르치고 글쓰기 교수법을 가르친 경험을 토대로 만들어졌다. 필자가 일찌감치 알게 된 것은 수많은 유능한 교사들조차도 자신의 문법 지식에 대하여 자신감이 없다는 것이다. 그 결과 그들은 심지어는 일종의 불안 증세까지도 보이고 있다. 물론 그들은 나중에 자기들이 문법을 가르쳐야 한다는 것을 알고 있으나, 문제는 그들이 그걸 기뻐하지 않는다는 것이다. 그들은 대개 과거에 문법에 대해서 안 좋은 기억을 가지고 있었다. 과거에 문법을 정복하지도 못했고 지금도 별로 좋아하지 않고 있다는 것이 더욱 문제이다. 그런데 깜짝 놀랄 만한 일이 발생했다. 필자의 문법 수업을 들은 후에 그들은 문법을 정복하고 있고, 더욱이 문법이 정말 즐거운 것임을 알게 되었다는 점이다. TGB는 이 책의 독자들이 이런 유사한 경험을 하기를 바라는 마음에서 나오게 되었다.

제2판에서 새로운 것들

TGB 초판을 사용해 본 교사들과 학생들이 이 책을 더욱 진척시킬 수 있는 많은 조언을 수년간 해 주었다. 필자는 그들의 제안을 가능한 한 많이 이 책에 담고자 하였다. 그들이 이 결과에 대하여 만족할 수 있으면 좋겠다. 제2판은 제1판과 여러 가지 면에서 차이가 있다. 주목할 만한 것은 다음과 같다.

- 문법의 간략한 역사와 교육에서 문법의 역할을 다루는 장(章)이 새로이 설정되었다.
- 교사들이 당면하는 문제들을 검토하고, 또 조사·연구·교실 경험이 우리에게 무엇을 알려 주는지 검토하는 장(章)이 새로 설정되었다. 거기서는 "좋은 수업(best practices)"을 많이 다루고 있다.
- 구-구조 문법의 형식주의를 많이 삭제하고 언어 분석에 대한 기술적 방법에 더욱 초점을 맞추도록 했다.
- 변형 생성 문법을 다루는 장을 대폭적으로 개정하였다. 변형 규칙과 수형도에 대한 논의를 많이 축소하고 교수와 심리에 영향을 주는 다른

성격들에 초점을 맞추었다. 특히 촘스키가 변형 생성 문법을 대체하려고 제시한 최소주의 이론을 간략히 소개하였다.

• 인지 문법을 다루는 장을 전격적으로 개정하였다. 인지 문법의 최근 동향을 다루었을 뿐만이 아니라 더 자세히 소개하였다. 특히 인지 문법이 글쓰기 교수에서 의미 생성과 오류와 같은 문제들을 어떻게 다루는지 보여 주고자 하였다.

• 방언에 대하여 최근의 연구 동향을 더 자세히 다루고자 하였다. 멕시코계 영어에 대하여 많이 다루었으며, 스페인계 영어에 대하여 간략히 분석하고 코드 변환'에 대해서도 탐구해 보았다.

• 전체 장(章)을 관통하는 것으로, 문법 교수와 언어 교수를 새로이 다루었다. 특히 교사들이 문법 교수라고 하는 도전을 적극적으로 맞이할 수 있는 무기로 텍스트를 사용할 수 있도록 하였다.

제1장

제1장에서는 서양에서의 문법의 역사를 살피고 있다. 인도와 중국과 중동 지역에서의 문법 역사는 재미있는 이야기들이 있지만, 그것이 그리스와 로마 전통에서 나온 미국 공립 교육에는 맞지 않다. 이 장을 통해서 독자들은 플라톤과 아리스토텔레스 이래로 서양 교육에서 이루어진 문법의 위상을

---

1   코드 변환(code switching)은 흔히 코드 스위칭(code switching)이라 하며, 말하는 도중에 언어나 말투를 바꾸는 것을 일컫는다. [역주]

알게 될 것이다. 그리하여 독자들은 왜 영어에 대해 뭔가를 배워야 하는지 더 잘 이해하고 인식할 수 있을 것이다.

제2장

제2장에서는 여러 문법 교수법에 대해서 살피게 될 것이며, 여러 측면에서 효율적인 수업 방법론을 개발해 보는 데도 집중해 보고자 한다. 문법을 가르치는 방법은 여러 가지인데, 이 장에서는 가장 일반적인 것을 살피고 있다. 그리하여 좋은 수업이라는 목적에 부합하는지 그 장점과 단점을 평가한다.

　이 장에서는 특히 문법과 글쓰기를 함께 살펴본다. 대부분의 교사들과 많은 교재는 글쓰기 맥락에서 문법을 교수하는 것을 지지하곤 한다. 그 교재들 가운데 특히 위버(Weaver, 1996)의『맥락에서 문법 가르치기』와 노덴(Noden, 1999)의『이미지 문법: 문법 구조를 사용하여 글쓰기 가르치기』를 주목해 볼 만한다. 그러나 사람들은 그 방법이 적용될 때 나타나는 어려움이나 잘못된 가정에 대해서 잘 알지를 못한다. 이 책 전체를 통해서 보여 주고자 하는 언어학적인 통찰력을 강조하면서, 이 장에서는 문법(grammar)과 용법(usage)의 중요한 차이점을 보이고자 한다. 특히 학생들이 쓴 글에서 발견할 수 있는 대부분의 문장 오류들이 문법의 문제가 아니라 용법의 문제인 것을 확인하게 될 것이다. TGB의 중요한 특징이라면 용법 노트(Usage Notes)가 있다는 것인데, 이것은 일반적인 용법 문제들을 포괄적으로 설명해 준다. 마지막으로 이 장은 조사 연구의 현황을 보여 주고 문법과 글쓰기를 연계하는 방법을 교육학적으로 가장 유효하게 알려 줄 것이다.

제3장

제2장이 모든 영어 및 모국어 교사들에게 중요하긴 하지만 어쩌면 "전통 문법"을 다루는 3장이 더욱 중요할 수도 있다. 왜냐하면 3장은 문법을 실질적으로 가르치는 기본을 제시해 줄 것이기 때문이다. 이어지는 장들은 이 3장을 토대로 하여 기술될 것이고, 그리하여 결국 독자들이 문법 지식에 대해 지니고 있는 막연한 불안감을 불식시켜 줄 것이다. 이 장은 기본적인 문법 용어들을 소개하면서 시작하고, 특히 그 용어들이 지니고 있는 언어 연구에서의 역할을 설명한다. 물론 독자들이 학습을 편안하게 할 수 있을 정도로 중요한 문법 지식을 갖추고 있다고 전제하지도 않는다. 표준적 접근법을 따른다고 할 때, 문법은 크게 두 가지 분석 범부, 즉 형태(form)와 기능(function)으로 나누어진다.

또한 3장에서는 현대 언어 연구의 기본적 특성인 적절성 조건을 소개함으로써 문법과 용법을 구분한다. 하임즈(Hymes)의 의사소통 능력 원리에 부분적으로 바탕을 두고 있는 적절성 조건은 언어 사용을 맥락화하여, 학생들이 글쓰기와 말하기를 확실히 구분하게 하는 요소들을 제시한다. 또한 피자와 맥주를 먹으면서 친구와 하는 말과 취업 인터뷰를 하면서 하는 언어는 완전히 다르다는 사실을 깨닫게 할 것이다. 게다가 3장에서는 전통 문법의 규범적인 언어 연구 접근법을 살펴서 교수의 결과 혹은 영향까지도 암시할 것이다.

제4장

제4장에서는 구-구조 문법에 대해 보여 준다. 구-구조 문법이 전통 문법의

대안으로 20세기 초에 어떻게 나타났는지 설명한다. 구–구조 문법이 모든 현대 문법의 분석적 기초를 이루고 있기 때문에, 이 장에서는 학생들이 구–구조 표식을 잘 이해할 수 있도록 신경을 많이 쓸 것이다. 그러나 무엇보다도 규범적 성격과 상대적인 구절 구조의 기술적 성격을 이해하게 될 것이며, 이렇게 함으로써 현대 문법과 전통 문법을 차별화하도록 할 것이다.

제5장

제5장에서는 변형 생성 문법(TG)에 대하여 보여 주게 될 것인데, 이것은 구–구조 업적으로부터 역사적인 진화를 해 왔다고 할 수 있다. 많은 학생들은 TG를 도전적인 것으로 받아들이고 있으나, 반면에 어떤 학생들은 그것이 고등학교 언어 수업에서는 부적절하다고 말하고 있다. 그들은 TG 문법이 여러 해에 걸쳐 많은 변화를 해 왔기 때문에 흥미를 잃게 되었다고 한다. 그럼에도 불구하고 미국에서는 TG 문법이 언어 분석에서 영향력 있는 도구로 남아 있으며, 그리하여 모든 언어 교사들이 배워야 하는 내용의 일부가 되고 있다. 이 장의 첫째 부분에서는 TG 문법의 근본적인 특징을 보여 주며, 변형이 어떻게 일어나는지 간략한 말로 설명한다. 이 장의 둘째 부분에서는 생성적 접근의 최근 버전인 최소주의 프로그램(minimalist program: MP)의 기저를 이루는 원리들을 보여 준다. 이 새로운 접근법은 TG 문법의 많은 특징을 생략해 언어 생산과 관련된 규칙들을 간략화하고 있으며, 동시에 문법과 언어 사이의 추상화 수준을 더욱 높이고 있다.

제6장

TG 문법과 MP는 언어에 대한 형식주의 접근법이라고 말할 수 있는데, 이는 이것들이 규칙과 규칙 적용을 강조하고 있기 때문이다. 촘스키를 필두로 형식주의 문법을 옹호하는 사람들은 형식주의 문법이 언어의 심리적 기저 기제를 반영한다고 주장하고 있다. 즉, 그들은 언어 연구를 마음 이론을 발전시키는 수단으로 바라보고 있다. 이러한 주장은 매우 강력하지만, 최근 들어서는 이런 주장을 입증하는 데 성공을 잘 거두지 못하고 있다. 수많은 연구들이 있었지만 형식주의 문법과 기저적 인지 기제 사이의 밀접한 관련성을 보여 주지는 못하고 있다. 결국 근거 없는 이론이라는 불명예를 남겼다. 많은 학자들은 대안을 모색하기 시작하였다. 그래서 등장한 것이 인지 문법인데, 바로 6장의 주제이다. 이 문법은 인지 과학에 집중하고 있으며, 언어 생성 과정 모형을 발전시키고 있다. 이 모형은 정신적 작동에 더욱 적절하며, 특히 문법 교수와 글쓰기에 대한 중요한 관점을 제공한다.

제7장

특히 도시에 있는 많은 공립 학교에는 영어를 모어로 하지 않는 학생들과 표준어를 사용하지 않는 학생들이 많이 있다. 그 결과 이전보다 더욱 교사들은 방언에 대해 어느 정도 지식이 있어야 하고, 또 영어를 제2언어로서 파악하는 지식도 어느 정도 있어야 한다. 제7장은 이런 학생들을 가르치는 데 관련된 몇몇 비판적인 문제들을 간략히 다룬다. 그래서 방언들과 제2언어로서의 영어에 대한 추가적인 연구를 위해 튼실한 토대를 제공하고자 한다.

감사의 글

이런 책은 한 개인의 노력으로 결코 나올 수 없다. 이 『교사를 위한 문법 이야기』를 쓰는 데 많은 분들의 도움을 받았다. 서던 캘리포니아 대학(University of Southern California)의 언어학과 교수님들—잭 호킨스(Jack Hawkins), 스티브 크라센(Steve Krashen), 수 포스터 코헨(Sue Foster Co-hen)—은 내 능력 이상으로 언어를 깊이 통찰할 수 있도록 영감을 주는 스승님들이다. 문법에 대한 열정을 수년간 함께 하면서 종종 복잡한 주제를 교수할 때 훨씬 좋은 방법을 모색하도록 해 준 나의 멋진 학생들에게도 감사의 말을 표하고 싶다. 비평과 조언을 해 준 다음의 학자들에게도 특히 감사의 말씀을 드린다. 그들은 뉴 멕시코 주립대학(New Mexico State University)의 스튜어트 브라운(Stuart C. Brown), 콜로라도 주립대학(Colorado State University)의 제럴드 델라헌트(Gerald Delahunt), 몬트클레어 주립대학(Montclair State University)의 수잔나 소틸로(Susana M. Sotillo), 샌안토니오 텍사스 대학(University of Texas, San Antonio)의 로절린드 호로비츠(Rosalind Horowitz)이다. 그들은 이 제2판을 작성하는 데 있어서 매우 가치 있는 고견을 들려주었다. 물론 조교인 린 해밀턴-감만(Lynn Hamilton-Gamman)과 세실리아 오캄포스(Ceclia Ocampos)의 도움이 없었다면 이 책은 나오지 못했을 것이다. 아내 아코(Ako)와 아들 오스틴(Autin)의 든든한 지원에도 당연히 고마움을 표한다.

캘리포니아 치노 힐스에서

제임스 D. 윌리엄스(James D. Williams)

차례

문법의 역사

1. 문법의 간결하고 폭넓은 정의

문법은 여러 가지 다양한 의미를 나타내는 데 사용하는 용어다. 교사와 행정가들은 학생의 글쓰기에 나타난 실수에 대해 불평하면서 '기본'을 돌아보라고 요구한다. 여기서 그들이 말하는 기본이란 '문법'이다. 그리고 누군가가 언어 교사에게 직업이 무엇이냐고 물었을 때 대답이 무엇일지 잘 알고 있다. 그들은 "내가 말하는 것을 더 잘 알기 위해서죠"라고 한다. 이 경우 문법은 말하는 방법으로 정의된다.

하트웰(Hartwell, 1985, pp. 352-353)은 수년 전 이러한 다양한 의미 중 일부를 정리하여 다섯 가지 정의를 제공했는데, 이로써 명확하게 문법을 이해할 수 있게 되었다. 이것을 요약하자면 다음과 같다.

1. 한 언어의 단어가 더 넓은 의미를 전달하기 위해 배열된 형식적 패턴의 집합
2. 공식적 언어 패턴의 기술, 분석, 공식화와 관련된 언어학의 분류

3. 언어학적 예의

4. 학교 문법, 혹은 품사의 명칭

5. 글쓰기를 가르치기 위해 사용되는 문법적 용어

하트웰의 분류는 매우 유용하며, 교사는 교육과 사회 전반에 문법이라는 용어가 사용되는 다양한 방식을 반드시 인지해야 한다. 그러나 이런 분류는 혼란을 일으킬 수도 있다. 실제로는 학교 문법과 글쓰기 수업이 종종 연결되는데, 위의 분류는 '학교 문법'을 글쓰기 수업에서 분리하는 것처럼 보인다. 또한 이 분류는 구어와 문어 사이의 차이점에 대해 잘 알려 주지 않으며, 방언에 대한 그 어떤 것도 알려 주지 않는다. 이런 이유 때문에 간결하면서도 충분히 폭넓은 문법의 정의를 선택하게 되었다. 이는 넓은 범위의 언어 특성과 언어 형식을 포함하기 위한 것이다.

문법은 언어의 구조에 대한 형식 연구이며, 유의미한 구성을 위해 단어를 어떻게 배열하는지에 대한 기술이다.

이 정의는 완전하지도 않으며, 유일한 정의가 될 수도 없다. 즉, 포괄적인 정의는 어떤 언어의 구조를 연구하는 다각도 방식, 즉 다각적 문법이 있다는 것을 고려하지 않게 된다. 그렇지만 이 정의는 언어 연구의 전문가인 언어학자가 이 용어를 사용하는 방법과 본질적으로 일치한다. 실제로 문법은 언어학에서 매우 중요한 영역이며, 단지 문법(종종 통사론으로 언급되는)만 포함하는 것이 아니라 의미(의미론), 소리(음운론), 방언, 화용론, 언어 습득과 같은 언어의 일부 다른 특징들도 포함한다. 이 정의는 문법을 교육과 연결하는 이점을 갖고 있으며, 그 사실은 매우 중요하다. 왜냐하면 이 책이 교사를 위해 마련된 것이기 때문이며, 문법이 서구 역사를 통틀어 가장 중요한 교육이기 때문이다. 문법은 현대에 이르기까지 청소년 교육에서 가장 중요한 분야였다. 심지어 오늘날 우리는 문법 학교로 초등 교육을 언급하기도 한다.

2. 그리스 시대 - 문법 연구의 시작

서구 문화의 많은 다양한 분야처럼 문법의 공식적인 연구는 고대 그리스 시대에서 시작되었다. 기원전 6세기 후반 무렵, 그리스인들에게 언어(그리스어) 구조를 연구하도록 많은 요소들이 결합하여 그들을 자극하였다. 그러나 고대 그리스어가 언어에서 매우 높은 지위를 갖지 않았더라면 문법 연구의 출현은 없었을 것이다. 기원전 800년에서 900년 사이에 쓰인 호머(Homer)의 『일리아드Iliad』와 『오디세이Odyssey』는 6세기 이전 그리스어 특징에 대한 약간의 통찰력을 제공한다. 『일리아드』에서 영웅 아킬레스는 청년으로서 "진실한 말과 행동(a speaker of words and a doer of deeds, 9.454-455)"을 하는 사람이 되라고 개인교습을 받는다. 이 작품에는 말을 잘하는 것이 얼마나 중요한지 강조하는 연설이 많이 포함되어 있다. 휠록(Wheelock, 1974)은 "이 모든 것은 후기 그리스 교육에서 웅변술과 수사학이 주목받아 왔다는 것을 보여 준다"(p. 4)라고 언급했다.

초기에 교육은 부모가 담당했는데, 엄마가 딸을 교육하고 아버지가 아들을 교육하였다. 그러나 『일리아드』를 보면 호머 시대(그리고 아마 훨씬 더 이른 시기)까지 부유한 가족들은 일반적으로 전문교사를 고용하였다. 6세기 후반에 교육은 체계화되었으며, 소년에 대한 교육은 어느 정도 보편적이었다. 그들은 여섯 살 즈음에 사설 교육기관에 다니기 시작하며, 적어도 열네 살까지 계속된다. 국가는 이에 개입하지 않으나, 교육은 모든 계급에서 매우 가치 있는 것으로 여겼으며, 가난한 부모일지라도 자녀에게 개인교사를 제공하는 방법을 찾기도 했다.

어린 학생들은 문법교사'에게서 배웠으며, 교사들은 철자, 읽기, 쓰기, 문법을 가르쳤다. 문법교사는 음악이나 수학 등 다른 과목을 가르치기도 했다. 학생들이 유능한 독자가 되고 필자가 되었을 때, 그들은 문법학자나 학식 있는 사람으로 여겨졌다. 이러한 관점에서 그들은 돈벌이로 교양을 공부하기 시작했다. 플라톤은 『프로타고라스*Protagoras*』에서 "아이들은 자기가 들은 것을 이해하기 이전부터 손에 위대한 운문시를 가지고 다니며, 아이들이 문자를 배울 때, 문자를 이해하기 시작할 때, 운문시를 학교 벤치에 앉아서 읽고 있었다"(Ⅱ. 325-326)라고 썼다.

호머에 대한 공부는 그리스 시대 초등 교육의 중심 부분에 해당한다. 그의 운문이 아이들에게 필수적이라고 할 수 있는 도덕적 메시지를 포함하고 있기 때문이다. 또한 호머 시대의 '순수성'을 보존하기 위해 학생들이 이를 모방하도록 할 만큼 이 운문들은 언어의 이상적 형태를 대표하고 있었다. 그러므로 그리스 교육은 과거 수백 년간 그리스의 특징이었던 문어적 규범을 고수한다는 측면에서 '올바른' 언어 사용과 '잘못된' 언어 사용의 개념을 정의하면서 언어와 문법에 대해 규범적 입장을 발전시켰다.[2] 이 접근 방식과 일치하는 교육을 하는 데에는 어려움이 있다. 우리가 셰익스피어의 언어를 올바른 영어의 모형으로 사용한다고 가정 하에 오늘날 언어 수업이

---

1   여기서 문법교사(grammatistes)는 철자(grammata)를 가르쳐 주는 초등 단계의 교사를 의미한다. [역주]

2   글렌(Glenn, 1995)과 콜른(Kolln, 1996)은 다른 관점으로 논쟁을 벌인다. 예를 들면, 글렌은 고대 그리스 시대에는 문법을 정확성보다는 문체에 관련된 것으로 보았다고 제기했다. 이 견해는 그리스 교육 현실과는 전반적으로 맞지 않다. 왜냐하면 문법은 초등 교육의 한 부분으로 학생들에게 가르쳐졌고, 문체는 수사학의 한 부분으로 좀 더 나이 많은 학생들에게 가르쳐졌기 때문이다.

어떠해야 할지를 생각해 보면 이 어려움을 보다 잘 이해할 수 있다.

6세기 아테네의 그리스인들은 그들의 언어가 호머가 사용했던 것과 다르다는 것을 잘 알았다. 살아 있는 모든 언어가 변하는 것처럼 이 언어도 변하게 되었다. 이는 그리스어를 큰 어려움에 처하게 하였다. 그들이 호머 시대를 황금기로 바라보았기 때문이다. (언어적) 변화는 필연적으로 타락을 의미하였다. 그러나 아이러니하게도 우리는 기원전 약 600년부터 300년까지 그리스가 이룩한 문명의 큰 공헌에 경의를 표한다. 이 시기의 그리스인들은 그들의 전설적인 영웅이 있는 황금기에서 멀어진 이후 어둠의 시기에 사는 것처럼 여겼다. 시간의 흐름에 따라 언어의 구조와 어원을 잘 이해하기 위한 노력으로 언어 연구를 시작함으로써 그들은 부분적으로나마 이에 응답하는 것처럼 보인다.

6세기는 '지적 폭발'이라고 불리는 시대의 시작으로 주목받는다. 이는 350년 동안 이전과 비교할 수 없는 예술, 드라마, 수학적 발견, 정치적 이론, 철학의 출현으로 특징짓는 시대이기도 하다. 지식인들은 자신을 둘러싸고 있는 세계의 본질을 깊게 생각하기 시작하면서, 그들의 언어에 관심을 갖고, 언어 구조에 대해 질문하기 시작했다. 나아가 민주주의와 시민의 문제에 대한 대중적 토론이 출현하였으며, 이는 그리스인의 생활, 특히 아테네의 모든 면에 중요한 영향을 미치게 되었다.[3] 시민들이 국가라는 배를 이끌어 가려면 그들은 설득력 있고 정확하게 말할 필요가 있었다. 권력은 말하

---

3 그리스 역사에서 전통적인 시기에 중요한 두 개의 권력은 아테네와 스파르타였다. 아테네와 그 연합국들은 민주적이었으며, 반면 스파르타와 그 연합국들은 귀족적이었다. 스파르타 사회는 전적으로 군사적 기량에 전념을 하였으며, 스파르타인은 아테네를 특징짓는 언어에 대한 사랑을 결코 발달시키지 않았다. 사실, 아테네 사람들은 일반적으로 스파르타인들을 지적이지 못하다고 무시하였다. 비록 오늘날 그들과 관련된 화법 능력을 정확하게 평가할 수 있는 방법은 없지만, 아테네의 관점은 오늘날에도 지배적이다. 'laconic', 즉 간결한 화법이라는 용어는 'Lacedaemonian'에서 온 것으로, 스파르타인의 이름을 따 온 것이다.

기 능력과 연결되었으며, 이러한 사실은 연구와 연습이라는 결과를 낳았다. 그러므로 언어에 대한 세심한 연구, 즉 문법과 수사학 모두가 매우 중요한 것으로 발전하였으며, 이들은 그리스 교육의 기본을 형성했다.

첫 3년 동안의 수업은 6세부터 9세까지이며, 학생들은 철자, 읽기, 철자법, 글쓰기 입문을 공부했다. 그들은 약 9세에 문법적 용어와 관계를 공부했다. 즉 명사, 동사, 접속사, 전치사 등을 공부하게 되었다. 학생들은 12세까지 문학에 집중하였으며, 단락을 암기하였으며, 도덕적 선과 용기와 의무와 우정 등을 찬양하였는데, 이것이 수사학적 기초를 마련해 주었다. 대부분의 어린 소년들은 14세에 공식적 교육을 마쳤고, 아버지와 함께 일을 하거나 혹은 견습생으로 일을 시작했다. 부유한 가족의 자녀들은 중등 교육을 받았다. 교육은 주로 수사학, 음악, 그리고 수학에 집중되었다. 모든 남자는 18세부터 의무적으로 2년 정도 군대에서 복무해야 한다. 그 이후 오늘날 대학에 해당하는 고등 단계의 수업을 받을 수 있게 되었다. 가장 잘 알려진 개인교사들은 흔히 '소피스트'라고 불렸는데, 그들은 수업에 다른 주제가 포함되어 있을지라도 수사학에 초점을 맞춘 교육을 했다.

이 책이 문법에 대한 것이지만, 수사학에 대한 간략한 논의도 필요하다. 수사학은 오늘날에는 문법처럼 매우 다양한 정의를 갖고 있으나, 고대에는 설득을 위한 대중적 말하기의 기술로 이해되었다. 그리스 민주주의의 본질은 의회에 모인 시민 집단이 하는 중요한 결정들이 종종 지도자의 말하기 능력에 달려 있었다는 것이다. 법정 체계도 말하기 기술을 요구했으며, 법정에 있는 모든 사람들은 스스로를 대변해야 했다. 변호사도 없었다. 이런 체제의 가장 유명한 예는 소크라테스의 재판이다. 이것은 그의 제자인 플라톤에 의해 기록되었다. 우리는 이 철학자가 자기를 반대하는 재판관에게 대답하고 자기의 입장을 변호했다는 것을 안다.

수사학은 고대 세계에서 꽤 구조화된 학문 분야다. 그것은 우리가 '다섯 가지 규범'이라고 부르는 것에 초점이 맞춰졌다. '다섯 가지 규범'은 발견, 배열, 문체, 기억, 전달이다. 발견(Invention)은 주제나 논쟁을 발전하게 하는 과정으로 이해할 수 있는 것이다. 예를 들면 문학 수업에서 학생들이 소설을 해석할 때, 그들은 해석을 발전시킬 뿐만 아니라 그것을 뒷받침하기 위한 방법을 찾는다. 배열(Arrangement)이 연설을 어떻게 잘 구조화하는지와 관련된 것이라면, 문체(Style)는 연설의 목소리나 어조와 관련된 것이다. 이는 공식적이거나 비공식적일 수도 있으며, 고급스럽거나 평범한 것일 수도 있다. 기억(Memory)은 매우 중요한 것으로, 화자가 메모나 이야기의 핵심 요소를 이용하지 않아야 하며 즉흥적인 말하기로도 보여야 한다. 그들의 연설은 1시간 또는 2시간 정도로 꽤 길었기 때문에 연설을 성공적으로 하기 위해 기억력을 발달시켜야 한다. 전달(Delivery)은 문체와 관계되는 것이나 손동작과 자세에 더 비중을 둔다. 르네상스 시대 수사학에 대한 많은 책에는 손동작과 자세에 대한 설명이 많으며, 이것들은 관중으로부터 특별한 반응을 유발하게 한다.

수사학과 반대되는 것은 변증법이며, 이는 때때로 '철학적 수사학'으로 언급되기도 한다. 수사학은 대체로 실용적인 것이다. 수사학의 목표는 의회나 법정에서 설득적인 담화를 통해 무언가를 얻고자 하는 것이다. 그러나 변증법은 실용적인 것이 아닌 진리를 발견하고자 하는 데 그 목표가 있다. 플라톤은 철학적 수사학이 신들을 설득하는 것이라고 주장하였다(Phaedrus, 273e). 그리고 그의 '소크라테스와의 대화'는 이 변증법의 예가 된다. 수세기 동안 수사학과 변증법에 대한 이해는 변화하였으며, 점차 두 개념이 가까워지게 되었다. 후기 로마 시대까지, "변증학은 논쟁을 잘하기 위한 학문이다"(Ⅰ.Ⅰ)라고 성 어거스틴(St. Augustine)이 『변증학De dialectica』에서 말하였다. 중세 시대 동안 변증법은 또 변화하게 되었는데, 이것은 논리학으로 이해되었고 문법의 한 분야로 여기게 되었다.

플라톤과 그의 제자 아리스토텔레스는 문법에 대해 기술하였으나 우리가 알고 있는 최초의 문법책은 기원전 약 100년에 디오니시우스 트락스(Dionysius Thrax)가 쓴 것이다. 그는 알렉산드리아 출신이며, 아테네와 로마의 교사였다. 그의 저서인『문법의 기술*Techne grammatike*』은 20세기까지 모든 문법책의 표준이 되었다. 다음의 발췌 부분은 그의 영향력이 오늘날까지도 어떻게 작용하는지와 그것이 우리에게 얼마나 친숙한 것인지를 보여 준다.

> 문장은 단어들의 조합으로 완전한 의미를 지니고 있는데, 이는 운문에서든 산문에서든 마찬가지다. …… 담화는 8개의 품사로 구성되는데, 명사, 동사, 분사, 관사, 대명사, 전치사, 형용사, 접속사가 있다. (Dionysius, 1874, pp. 326-339)

3. 로마 시대 - 그리스 문법의 계승

그리스는 시실리와 남부 이탈리아에 몇몇의 번영한 식민지를 갖고 있었는데, 이는 그리스 문화의 순수한 활력이 초기부터 로마에 중요한 영향력을 행사한 것을 의미한다. 로마의 권력과 제국이 커지면서 수많은 그리스 관습과 관례들이 교육 체제를 포함하여 여기에 융합되었다. 그러므로 문법은 로마 시대 학교에서 중요한 역할을 차지하게 되었다. 그리스인과 마찬가지로 로마인도 문법 용어에 대한 지식이 언어 사용을 올바르게 하는 기초라고 생각했다고 디케마(Dykema, 1961)는 언급하였다.

그러므로 그리스의 영향력은 로마의 교육 전반까지 미쳤다. 학생들은 그리스 시와 라틴 시를 모두 공부하였으며, 문학 텍스트에 대한 문법 연구를 기초로 하는 그리스어 전통을 그대로 따르게 되었다. 로마 시대에 가

장 영향력 있는 문법서는 도나투스가 AD 4세기에 쓴『문법학Ars gramm-
atica』과 6세기 프리스키아누스가 쓴『문법의 기초Institutiones gram-
maticae』이다. 이들 작가들은 매우 인기가 있었으며, 그들의 저서는 중세
시대까지 문법 연구를 위한 기초가 되었다.

로마 시대 동안 가장 뛰어난 교사들 중의 한 명은 퀸틸리안(Quintilian,
AD 35-95년경)이다. 그는『웅변술 강요Institutio de oratoria』를 썼는데,
이것은 아동부터 어른에 이르기까지 해당하는 시기의 교육에 대한 12권의
책이다. 퀸틸리안은 교육 프로그램을 기술하고 있는데, 이것은 거의 모든
측면에서 명백하게 그리스 시대에 대한 것이다. 즉 초기 시대의 문법은 논
리학, 수사학과 함께 배웠다. 이 세 가지를 '삼학(trivium)'이라고 불렀다. 교
육은 의무적인 것이 아니었으나, 그리스 시대와 마찬가지로 대개 모든 아동
들이 계급과 상관없이 학교에 다녔다. 전기가 없던 시대에는 학교를 포함
하여 모든 일을 해가 뜰 때 시작하였고, 오후 2시 즈음 끝이 났다. 학생들이
숙제를 하거나 '개인 공부'를 하는 데 많은 시간을 할애해야 함은 퀸틸리안
(1974, Ⅰ.ⅱ.12)을 통해 알 수 있다. 학교에서 교육을 받는 기간이 정확하게
정해진 것은 아니지만, 수업은 3월 말에 시작해서 12월 17일의 농신제 축제
즈음에 끝났다.

학생들은 6세부터 12세까지 알파벳, 읽기, 쓰기, 그리고 연산을 공부
한다.[4] 중등 교육은 12세에서 16세까지인데, 초등 교육만큼 보편적이지 않
았다. 중등 교육은 학비가 매우 비쌌기 때문에 일하러 갈 필요가 없는 학생
들을 위한 것이었다. 학생들은 초등 교육에서 그리스어를 공부하기 시작하
였으며, 중등 수준에서도 그리스어를 매우 강조하였다. 로마에서 교양 있

---

4   그리스와 달리 로마는 여성들이 문법학교에 다니는 것을 허락하였다. 그러나 일반적으로 그
     들은 12세 또는 13세 이후까지 공식적 교육을 계속 받지는 않았다. 부유한 계층의 몇몇 여성
     들은 개인 교사를 두어 학업을 하였으며, 꽤 잘 교육받았음에 틀림없다.

는 사람들은 이중 언어를 사용하였다. 결과적으로 문법 즉 라틴어와 그리스어에 대한 지식이 강조되었고, 중등학교 교사는 품사, 어형 변화, 동사 활용, 굴절, 발음, 음절에 대한 설명을 할 수 있어야만 한다고 퀸틸리안(Quintilian, I.iv)은 주장했다. 퀸틸리안은 언어의 엄격한 사용을 강력하게 지지하였으며, 문법 연구가 학생들의 자유 연설과 글쓰기의 오류를 꺼내 보여 줄 수 있는 것이라고 주장했다. 이상적인 학생은 "칭찬으로 자극받고, 성취로 기뻐하고, 실패에서 빨리 벗어날 수 있는"(1974, I.ii.7) 학생이라고 기술하였다. 교사에 대한 이러한 관점은 2000년 동안 거의 변하지 않았다.

4. 중세 시대 - 교회의 문법 교육

로마의 교육은 7가지 교양으로 알려진 삼학(문법, 논리학, 수사학)과 사학(음악, 연산, 기하학, 천문학)에 중심을 두고 있다. AD 475년경 로마제국이 멸망했을 때, 천년 동안 지중해 전역에 자리 잡아 왔던 교육 체계도 사라졌다. 두 세대 이내에, 보편적인 문식력이 거의 사라지고 문맹이 보편화되었다.

문법에 대한 그리스-로마의 교육 체제는 두 개의 분야로 나눠졌다. 제국이 확장되면서 학교가 보급되거나, 기존 학교에 있는 교육과정을 로마제국의 기준에 충족하도록 수정하였다. 그러므로 유럽 전역에 실시된 문법 수업은 문어적 규범에의 접근을 강조하는 것이었다. 제국이 멸망한 뒤 갈라진 유럽 사회는 새로운 황금기인 제국의 시대를 맞이하게 되었다. 라틴어는 좀더 문명화되고 철학적인 과거를 연결하는 다리가 되었다.

교회는 문명의 충돌로 퍼져나가게 되었으며, 유럽에서 가장 권위 있는 사회 권력이면서 고전적 지식의 유일한 보고(寶庫)가 되었다. 적어도 제국의 몰락 전까지 200년 동안 교회는 교육을 열렬하게 반대했다. 성직자들은

"인간의 지혜는 신 앞에서 바보가 된다."라는 유명한 표현을 인용하였다. 이는 곧 매우 곤란한 상태를 만들었다. 문맹이 만연하였으며, 사제들에게조차 문맹은 장애물이 되었다. 책을 읽을 수 없는 성직자는 교구 주민에게 성경을 가르칠 수 없었다. 이러한 맥락에서 라틴어 지식은 권력의 원천이 되었다. 비드(Venerable Bede)가 일찍이 7세기 말에 성경의 한 부분을 영어로 번역했지만, 성경을 토착어로 번역하는 사례는 거의 없었으며, 번역된 성경이 있다고 할지라도 이는 결코 유포되지 않았다. 성경의 모든 복사본은 거의 라틴어로 존재했다. 이후 라틴어가 스페인어, 이탈리아어, 프랑스어, 포르투갈어로 빠르게 바뀌었음에도 불구하고 교회 학교는 수업의 기초로 라틴어를 계속 사용하였고, 라틴어 문법을 계속 가르쳤다. 라틴어가 일상 언어가 아니고 라틴어를 토착어로 사용하는 사람이 더 이상 존재하지 않을 때, 라틴어를 배우는 유일한 방법은 복잡한 문법을 숙련하는 것이다.

중세 시대에 교육의 근본적인 변화는 세속적인 것에서 종교적인 것으로 변화한 것이다. 이 시대에는 보편적인 교육을 제공하는 것이 아니라 선택받은 소수에게 종교적 교육을 제공하는 것으로 초점이 옮겨졌다. 더 계몽화되고 더 생산적인 시민을 양성하는 것이 아니라, 교양 있는 사제들을 꾸준히 양성하기 위한 것으로 교육의 목표가 변화하였다. 심지어 수많은 왕들조차도 문맹이었다. 그리스어가 제국 시대에 그래왔던 것처럼 라틴어도 특권층의 언어였으며, 이 시대 교양 있는 사람들 즉 다수의 사제들은 제2언어로 라틴어를 사용하는 이중 언어 사용자가 되는 것이 당연했다.

그러나 교회의 지도자는 쓸데없이 시간 낭비할 필요가 없음을 알게 되었다. 발전된 종교적 교육 체계는 로마 시대 모델을 강하게 의지하였다. 연구의 과정은 기초적인 삼학과 좀 더 상급의 사학으로 나눠서 유지되었다. 삼학은 문어 연구를 좀 더 강조하는 것으로 변화하였다. 수사학은 설득의 수단으로서 더 이상 독립적으로 다뤄지지 않았고, 오늘날에는 법학 연구에 포함되었다.

좀 더 충격적인 것은 삼학이 더 이상 기초적인 교육에 국한되지 않았다는 것이다. 그 대신 매우 확대되어 초등·중등·대학 교육을 포함하게 되었다. 삼학의 목표는 학생들이 학사 학위를 취득하는 것이다. 사학은 여전히 연산, 기하, 천문학을 포함하고 있었지만, 점성술뿐 아니라 지리와 자연사도 교육과정에 추가되었다. 반대로 음악 분야는 노래하거나 작곡하는 것으로 거의 축소되었다. 학생들이 사학을 마쳤을 때, 그들은 석사학위를 받게 된다. 로마 시대의 7개 교양은 '7 자유학과'(이는 나중에 줄여서 '자유학과'로 표현함)가 되었는데, 이는 오늘날 대학 교육의 기초를 이룬다.

중세 시대 전반에 걸쳐 문법 분야는 교육에서 중요한 위치를 차지하였다. 헌트(R. W. Hunt, 1980)는 11세기부터 12세기까지 "모든 사람들이 문법을 공부해야 했다. 그리고 이것을 모든 교수의 '기초와 근원'으로 간주하였다"(p. 1)라고 언급하였다.

그 이유를 이해하기는 쉽다. 모어 화자가 사라진 언어는 표현과 구조의 뉘앙스가 쉽게 잊히고, 그것들을 회복하기가 어렵다. 결과적으로 학생들과 교사들은 도나투스와 프리스키아누스가 기술한 라틴 문법에 의지하여 그 언어의 구조와 기능을 이해해야 하였다. 4세기와 6세기에 각각 기술된 이들 문법은 종합적이고 권위적이지만, 이해하기가 어려웠다. 이것은 라틴어를 모어로 하는 화자를 위한 것이며, 라틴어를 제2 언어로 가르치고자 하는 목적으로 쓰인 것이기 때문이다. 결과적으로 교사와 학생들은 라틴어 문법을 숙련하는 것과 도나투스와 프리스키아누스가 의도하는 바를 정확히 이해하는 것이라는 두 개의 도전과 마주하게 된다. 이 시기에 학자들은 새로운 문법책을 쓰지 않았고, 오히려 그들은 언어의 뉘앙스를 이해하려는 노력으로 도나투스와 프리스키아누스 책에 대한 주석을 쓰고 확장된 해설서들을 썼다(R. W. Hunt, 1980).

이 해설서들은 어려운 요점들을 설명하기 위한 고전 교양서로 분류되었다. 수업에 대한 접근은 오늘날 몇몇 학교에서 외국어를 가르치기 위해 사용하는 문법 번역식 교수법과 많은 면에서 유사하였다. 학생들은 라틴어 문법과 어휘를 공부하고 그들의 지식을 키케로처럼 오래된 작가의 텍스트를 해석하는 데 적용하였다.

13세기 말에 교육과정은 변화되기 시작하였다. 그리스 - 로마 시대 전체와 중세 시대 동안 문법과 논리학은 매우 구별된 분야였다. 수학 분야에서의 새로운 발전으로 이런 구별은 13세기 말에 사라지기 시작했다. 논리학과 문법은 종종 언어학자들이 함께 가르치고 연구하는 분야였다. 논리학에 기초한 경계로 언어에 접근하여 두 개의 분야를 연결하였다. 수천 년 동안 라틴어는 논리상 구어의 표준형으로 여겨졌다. 그러나 수학의 영향력이 증가하여 언어는 좀 더 형식적인 논리 구조를 가지게 되었으며, 이러한 구조는 언어를 평가하는 규범을 증가시켰다. 학자들은 자연 언어인 구어(speech)를 수학과 논리학의 인공 언어와 비교하기 시작하였다. 그들은 자연 언어가 이에 맞춰야 한다고 주장하였다. 이러한 노력의 결과로 보면 "I ain't got no money(나는 돈이 없다)"와 같은 이중 부정은 (규범에) 맞지 않는 것이다. 왜냐하면 이중 부정이 긍정을 만들며, 이것이 수학에서는 참이기 때문이다. 이 학자들은 (오늘날 많은 교사들까지 포함하여) 언어와 수학이 각각 다른 원칙으로 운용된다는 것을 파악하는 데 실패했고, 또한 "I ain't got no money"[5]를 실제로 돈을 갖고 있다는 의미로 이해하는 사람은 아무도 없다는 것을 파악하는 데 실패했다.

체계 질서에 대한 매력은 결과적으로 서양인들에게 세계를 바라보는 기초적인 관점의 변화를 가져다주었다. 1250년 이전의 사람들은 질적 측면

---

5   원서에서 앞에는 'got'을 쓰고 이 부분에선 'go'를 썼는데, 'got'의 오타로 생각된다. [역주]

을 고려하여 현실을 바라보았다. 예를 들어, 지도에서 기본적인 방향들은 단지 한 지점으로만 여겨지지 않았다. 그 방향들은 더 심오한 의미를 지닌다. 크로즈비(Crosby, 1997)는 다음과 같이 언급하였다.

> 남쪽은 따뜻함을 의미했고 예수의 희생과 열정과 관련되어 있다. 동쪽은 지상의 낙원, 즉 에덴 쪽이며, 이것은 특별히 강한 인상을 준다. 그리고 이것이 교회가 사업적 목적과 함께 동-서쪽을 지향하는 이유가 되며, 동쪽으로 제단을 쌓는 이유가 된다. 세계 지도는 동양을 가장 꼭대기에 두고 그렸고, '진짜 북극'은 동쪽에 있기도 했고, 우리가 제공한 원칙들은 우리 스스로 '자기 위치를 아는' 순간에 지켜진다. (p. 38)

양적 세계관으로의 변화는 문어 규범 그리고 구어와 논리학 사이에 추정되는 연결 관계, 둘 다에서 벗어난 언어에 대한 반응도 바꿨을 것이다. 동시대의 학자들이 다양한 일반 문법을 생산하였고, 그들은 선배 학자들과 달리 언어적 구조가 논리적 원칙에 어떻게 기초하는지를 보여 주고자 했다. '부정확하게' 말하는 사람들은 문법 규칙을 위반할 뿐만 아니라 비논리적이라는 관점이 등장하였다. 점점 더 신념보다 논리에 의해 지배되는 세계에서 '비논리적'이라는 꼬리표는 비난이었고, 이는 오늘날에도 여전히 그러하다. 따라서 문법 학습은 사고의 질을 향상시킨다고 여겨진다.

5. 계몽주의 시대 - 문식성의 기초가 된 문법

13세기에서 17세기 사이에 문법 수업은 거의 변하지 않았다. 학교는 여전히 교회의 연장으로 남아 있었는데, 나중에 사제가 될 수도 있는 학생들에게 라틴어를 가르치는 게 핵심이었다. 신뿐만 아니라 인간도 찬미하곤 했던 르네상스 시대에는 중세 사회에 부재했던 개인주의에 대한 지각이 일어났다. 상업의 눈부신 발전으로 사람들은 사회와 문명을 매우 중요하게 여겼으며, 이는 1400년대 초반이 지나 더욱 성장하게 되었다. 로마 제국의 몰락 이후 존재하지 않았던 중간 계급이 생겨나게 되어 상업이 중세 사회의 구조를 변화시키기 시작하였다. 예를 들어 본래 장자상속법은 부모가 첫째 아들에게 재산을 상속하도록 강제하였는데, 장자가 아닌 수많은 젊은이들은 결과적으로 수 세기 동안 교회로 눈을 돌릴 수밖에 없었고, 그들은 생계를 위해 사제의 명령을 따라야만 했다. 그러나 이제 상업의 발달로 말미암아 과거에는 존재하지 않았던 기회가 생기게 된 것이다. 장자가 아닌 아들들은 사업으로 그들의 미래를 계획할 수 있었다. 그리하여 중간 계급들은 문식력이 상업을 뛰어넘는 가치가 있다는 것을 알게 되었다. 또한 종종 부유한 시민들이 지원했던 개인적이고 세속적인 학교는 가족과 기업의 요구를 충족하기 위해 유럽 전역과 북미에서도 개교하게 이르렀다.

교육이 변화하기 위한 다른 중요한 요소는 프로테스탄트의 종교개혁인데, 루터(1483-1546)와 칼빈(1509-1564) 등이 이를 이끌어냈다. 천 5백 년 동안 교회는 사제들이 유일하게 성경을 설명할 수 있는 영적 중개자라는 것을 고집했다. 대부분의 사람들이 문맹이었으며 라틴어를 몰랐기 때문에 이러한 원칙은 깨지지 않았다. 루터와 칼빈은 영적 중개자가 필요하지 않으며 믿음과 성경적 지식은 개별 신도의 몫이고 사제들이나 종교적인 계층에게 달린 것이 아니라고 설교하였다. 그러나 성경이 라틴어로만 존재하는 한, 신과의 개인적인 관계는 불가능했다. 그래서 루터가 성경을 독일어로 번역하게 되었으며, 일반인들은 비로소 모든 종교적인 권위, 즉 신의 세계에 접근하게 되었다. 1440년 인쇄술의 발명은 이런 접근을 가능하게 했다. 구텐베르크의 발명 이전까지 책은 매우 드물고 비싸서 교회 혹은 귀족들에게만 제공되곤 했다. 인쇄술은 이런 상황들을 완전히 변화시켰다. 아인슈타인(1980)은 1500년까지 유럽에 1,000개의 인쇄소가 있었고, 35,000개의 출판물이 있었으며, 200만 권에 이르는 인쇄된 책이 있었다고 보고한 바 있다. 최초의 영어 문법책은 라틴어 문법을 설명하는 것인데, 이는 1586년에 출판되었다.[6]

이러한 배경을 토대로 18세기 계몽주의 시대에는 유럽 전역의 (사립, 공립) 학교 수가 급증하게 되었다. 독일은 선구적으로 1717년에 의무교육을 실시했다. 로크는 『교육에 관한 사고*Some Thoughts Concerning Education*』(1693)를 출판했는데, 그는 교육의 목표를 아동이 세계에서 미래의 자립을 준비하는 것으로 설정하였다. 이러한 준비는 논리적 사고의 발전을 요구하지만, 도덕 수업을 통해 아동의 순수하고 정형화되지 않는 본성을 통제하는 것을 전제해야만 했다. 이미 언급했듯이, 문법 연구는 고대 그리스에 기초한 개념으로 두 가지 면에서 도움이 된다고 여겨졌다. 문법 연구는 문식성을 위한 기초로 여겨졌고, 문식성은 학생들이 도덕적 교훈이 풍부한 문학작품을 읽을 수 있게 해 주었다.

18세기 교육과 개인주의의 확산은 더 큰 사회-경제학적 이동을 낳았다. 이것은 다른 배경을 갖고 있는 사람들이 섞이도록 이끌었는데, 이는 천년 동안 불가능했던 일이다. 중간 계급이 증가하게 됨에 따라 다수의 사람들이 상위 계급과의 규칙적인 접촉이 가능하게 되었다. 영국에서는 상위 계급과 중간 계급 모두 비록 같은 언어를 사용하게 되었지만, 발음, 구조, 어

---

6   그러나 문맹은 여전히 문제였다. 성 안스가리오(St. Ansgar)가 9세기에 『빈자의 성서*Biblia Pauperum* or *Poor Man's Bible*』를 만들었는데, 이것은 성서 장면을 담은 문맹자용 판화집으로 수백년 동안 널리 사용되었다. 니꼴로 말레르미(Niccolo Malermi)가 1490년에 처음으로 성경을 이탈리아어로 번역(Biblia vulgare istoriata)했을 때, 그는 문맹자와 반문맹자를 돕기 위해 수많은 삽화를 세심하게 포함했다. 이 책은 인기가 너무 많아서 15년 동안 6판을 찍었는데, 아마 어느 정도는 사람들이 글과 그림의 연결을 통해서 읽는 방법을 배울 수 있게 되었기 때문일 것이다.

휘에 대해서는 눈에 띄게 차이를 보였다. 이는 우리가 방언이라고 하는 것들이며, 미국에서도 다른 나라에서 온 화자들 사이에 이런 차이가 존재하게 되었다. 상위 계급의 방언은 특권과 성공을 의미했기 때문에, 상위 계급의 화법을 배우는 것이 매우 가치 있는 것이 되었다. 그리고 문법에 대한 개념이 어느 때보다 더 규범적인 것이 되었다.

규범적인 권위라는 문법에 대한 관점은 아마도 로스 주교(Bishop Robert Lowth)의 『영문법 입문*A Short Introduction to English Grammar*』(1762)에서 가장 강하게 표현되었다. 많은 학자들은 이 책이 영어 문법의 교수에 다른 어떤 것들보다 큰 영향을 주었다고 믿는다. 로스가 영문법에 대한 논의를 라틴어에 기초하고 있다는 것은 놀라운 일이 아니다. 그의 책에서 차별화된 것은, 문법 연구가 사고를 단련한다는 관점을 넘어선 것이다. 그는 올바른 영어를 사용하기를 원하는 사람들에게 기본 내용을 제공하고자 했다. 카펠(Kapel, 1996)은 이 문제를 "그의 문법적 규칙은 가장 교양 있는 영어 화자와 필자들의 용법에 기초하지 않았다. 오히려 그는 바보같이 영어 문법적 규칙들을 라틴어 문법 체계에 기초하였다."라고 언급하였다.

로스는 영어에서 부정사는 분리될 수 없으며 문장은 전치사로 끝날 수 없다는 것을 처음으로 주장한 사람이다. 그에 따르면, 다음의 문장은 비문법적이다.

Our 5-year mission was *to boldly go* where no man had gone before.
우리의 5년 간 임무는 아무도 가지 않은 곳을 대담하게 탐험하러 가는 것이었다.

이탤릭체로 표시된 것은 문장에서 문제가 되는 부분을 나타낸 것이다. to go 구문은 부정사(不定詞)구이며, 이는 단어 boldly로 나눠지게 된다. 영어에서 부정사 동사구는 항상 동사 앞에 to를 삽입하여 형성한다. 반면 라틴어에서 부정사 동사구는 두 개의 단어가 아닌 하나의 단어로만 되어 있다. 스페인어는 라틴어에 기초하는 언어이기 때문에 이러한 규칙을 설명하기 위해 스페인어를 사용할 수 있다. to speak에 해당하는 스페인어 부정사 동사구는 한 단어로 된 hablar이다. 부정사를 분리하는 것이 불가능하며, 모든 형태를 그렇게 하는 것은 불가능하고 우스꽝스러운 것이다. 그러나 영어는 부정사 동사구가 단어 두 개를 사용하여 형성되기 때문에 부정사를 분리하는 것이 가능하며, 실제 화자나 필자는 항상 그렇게 사용한다. 영어에서 부정사는 분리할 수 없다는 주장은 로스와 그의 어리석은 지지자들이 영어를 라틴어 문법과 구조에 맞추기 위해 강요한 것이다.

이 시기 동안 언어학자들은 그리스 시대에 처음 세웠던 언어적 타락(쇠퇴)이라는 개념을 기반으로 했던 근본적인 혼란에서 벗어나려 했다. 잘 교육받은 사람들은 올바른 라틴어를 쓰고 말하는 반면에 그렇지 못한 사람들은 오류를 범하게 된다고 학자들은 주장했다. 이 학자들은 죽은 언어(사어, 死語)를 재생산하는 것이 학문적인 연습이라는 것을 인지하지 못했으며, 그들은 이런 의견을 현대어에 적용했다. 이런 측면으로 보면 교육을 받지 못하고 문화적 혜택이 없는 사람들이 규범에 맞지 않게 언어를 사용하여 그 언어를 오염시키게 된다. 따라서 책의 담화 유형들과 상위 계층의 대화는 좀 더 고전적이고 순수한 언어를 대표하게 되었으며, 이는 일반인들의 발화가 타락했다는 것을 보여 주었다.

6. 이성의 시대 – 문법 교육의 대중화

19세기, 즉 이성의 시대는 문법 연구에 영향을 미치는 근본적인 변화를 사회 안에서 보여 주고 있다. 19세기의 산업화는 가장 의미 있는 사회 변화로 종종 인용되지만, 산업화가 일어났던 유럽과 미국에서 인구 폭발은 이와 동등하게 중요한 요인이 된다.

그린우드 외(Greenwood, Seshadri, & Vandenbroucke, 2002)는 산업화가 가난한 농부들에게 매우 큰 영향을 끼쳤다고 설명한다. 1800년에 미국 인구의 80퍼센트가 농사에 종사하고 있었다. 1850년대에 20대에서 30대 사이의 미국 남자들은 대략 23퍼센트가 공장으로 일자리를 옮기게 되었다(Ferrie, 1999). 물질적 향상은 그리 대단하지 않았지만, 이는 인구 폭발을 유발하게 했다. "19세기의 베이비 붐은 자녀를 갖는 데 필요한 비용을 낮추는 기술적 발전이 초래한 인구의 비정상적인 폭발로 설명된다."라고 그린우드 외(Greenwood et al.)는 언급하였다. 인구 조사 자료는 베이비붐의 확산을 반영하고 있다. 국립교육통계센터(National Center for Education Statistics, 1993)는 1800년대 미국 인구가 530만 명이었지만 1850년에는 2,300만 명으로 증가하였다고 보고했다. 이 중 약 400만 명은 이민자였다. 영국도 이와 유사한 성장을 경험한다. 올드리치(Aldrich, 1999)는 영국과 웨일즈의 인구가 1800년과 1850년 사이에 두 배가 되었다고 보고하고 있다.

중간층과 부유층은 빈곤층 인구가 위협적으로 증가하는 것을 보았다. 모든 사람들은 프랑스혁명(1789-1799)을 생생하게 기억한다. 그리고 많은 사람들이 이것을 가진 자와 못 가진 자 사이의 싸움으로 이해한다. 프랑스 농부가 지배 계층을 압도하게 되었으며, 사회 전반을 흔들었다. 미국과 영국에서는 이 세기의 중반에 이르러 가난한 대중들을 적절하게 교육하는 것에 관심을 갖기 시작하였다. 도시와 단체의 지도자들은 사회 안정을 유지하고 필요한 노동 인구를 얻기 위해 젊은이들에게 도덕적·사회적 가치를 스며들게 할 필요가 있음을 알게 되었다. 그러나 베이비 붐 세대 아이들은 사립학교에 수업료를 지불할 수 없는 가정 출신이었다. 그들이 지불할 능력이 있다고 할지라도 학교가 모든 사람을 수용하기에 충분하지 않았다. 대중 교육에 대한 갑작스러운 요구를 충족시키기 위해 그들은 곳곳에 주일학교를 세우고 기본적인 읽기와 쓰기와 연산을 가르쳤다. 올드리치(Aldrich, 1999)는 "1851년까지 노동자 계급의 5세부터 15세까지 자녀들 중에서 3/4은 이 주일학교에 등록하였다."라고 보고하였다. 이 학교들은 불량하고 가난한 아이들에게 시민의 덕과 도덕성이 배어 있는 수업을 제공하는 것을 안정적으로 보장했다. 그들은 부가적인 혜택 또한 제공했는데, 그것은 대부분의 사람들이 일하지 않는 단 하루인 일요일에 이 아이들을 종일 바쁘게 활동하게 하는 것이었다.[7]

그러나 이러한 접근은 오래 유지되지 못하였다. 정치인들이 선택권을 검토하기 시작했다. 1647년 매사추세츠 주는 50개의 이주민 가정을 위해 문법학교를 만들고, 모든 주가 보편적인 교육을 하도록 하였다. 매사추세츠 주는 1852년에 비로소 법적으로 의무교육을 제공하였다. 대부분의 다른 주들은 곧 매사추세츠 주의 변화를 따르게 되었고, 19세기 말에 이르러 미국은 필수적으로 국가수준의 의무교육을 갖게 되었다.

대중 교육은 문법을 어떻게 가르칠 것인지를 재개념화하게 되었다. 초등 교육은 기초 기능인 문법과 읽기를 연결하여 학생들이 중요한 도덕적 수업에 접근할 수 있도록 하였다. 1835년에 출판한 『코브의 어린이 독본Cobb's Juvenile Reader』은 인기 있는 텍스트였는데, 다음의 서문을 포함하고 있다. "한두 음절로 이루어진 단어를 갖고 진행되는 흥미롭고 도덕적이고 유익한 읽기 수업: 가정과 학교에서 사용할 수 있는 아동용 읽기책" (1835, n.p.). 1836년에 처음 출판된 『맥거피 독본McGuffey Readers』은 더 인기가 있었다. 이 책들은 제1차 세계 대전까지 미국 전역에서 사용되곤 했

---

7   이것은 노동자인 부모가 일요일에 쉴 수 있도록 해 준다는 의미이다. [역주]

으며, 도덕적 수업을 위해 인용되기도 하였다.[8]

또한 문법의 규범적 기능과 기술적 기능은 더 강조되었고, 교사들은 로스의 서술에 의지하면서 'ain't'를 사용하면 안 된다는 그들만의 문법 내용을 만들기도 했다. 세미엘(Cmiel, 1991)에 따르면, 부분적이긴 하지만 미국의 남북전쟁과 남부 방언을 경시한 결과 때문에 정확한 말하기 능력이 교실 차별의 문제로 나타났다. 그 후 정확하게 말하지 못하는 것은 논리적이지 못하고 도덕적으로 열등하다는 인식이 생겨났다.

남북전쟁 후 오래지 않아 1874년 애덤스 셔먼 힐(Adams Sherman Hill)은 하버드 대학에서 미국 최초의 작문 수업을 하게 되면서 글쓰기에 대한 규범적 기능을 제시하였다. 18세기는 올바른 영어를 구성하는 것에 대한 규범적인 개념을 포함하기 위해 라틴어 연구에서 그 초점이 변화하게 되었다. 다른 변화는 문법과 수사학 사이의 연계와 관련된 것이다. 서구 역사의 긴 시간 동안 문법과 수사학은 교수에서 구별된 영역이었다. 문법은 기초 단계에 집중되었으며, 기본적인 문식성을 발달시키기 위한 것으로 사용되었다. 반면에 수사학은 보다 상급 단계 학생들을 위한 것으로, 말하기에 필요한 능력을 제공하였다. 논리학 분야는 보통 수사학의 한 분야로 보았으며, 아리스토텔레스는 『수사학*Art of Rhetoric*』에서 논리학과 관련된 긴 담화를 논쟁적 증명 방법으로 제공하였다. 중세 시대에 시작한 문법은 상급 단계에서 연구되었으나, 이는 라틴어의 이해를 심화하기 위한 것이었다. 그러나 수사학은 4세기 이후 변화를 겪게 되었다. 성 어거스틴은 성서의 주해를 달고 방대한 사회적 영향력을 다루었으며, 말하기(기초적 수사학)의 위상을 낮

---

8   *McGuffey Readers*는 여섯 등급으로 이루어진 일종의 교과서이다. 19세기 중반에서 20세기까지 미국의 가정과 학교에서 주로 사용되었으며, 지금도 일부 사립학교와 가정에서 사용되고 있다. 1836년에서 1960년 사이에 1억 2천만 질 이상이 팔렸다고 한다. 이후에도 연 3만 질은 지속적으로 팔려 왔다. [역주]

추고 글쓰기(이차적 수사학)의 위상을 높였다.

중세 시기 동안 이러한 변화는 빠르게 진행되었다. 과학의 발전으로 논리학의 중요성이 강조되었으며, 역사적으로 중요하게 다루었던 수사학적 핵심 요소인 발견, 배열, 문체, 기억, 전달이 강조되지 않았다. 16세기에 라무스(Peter Ramus)는 '아리스토텔레스의 모든 교리는 잘못되었다(All of Aristotle's Doctrines Are False)'는 제목의 석사 논문에서 수사학을 비판하였다. 그는 논리학이 수사학에 포함되는 게 아니라 수사학이 논리학에 포함되어야 한다는 매우 매력적인 주장을 하였다. 또한 수사학은 그 자체로 문체와 전달만을 다룰 뿐이라고 주장했다.

성 바르톨로뮤(St. Bartholomew)의 학살 때(1572) 라무스가 순교를 당했으며, 그 계기로 그의 사상이 유럽 전역으로 확산되었다. 수사학에서 발견이 항상 담화의 내용을 제공하고 있다는 것을 고려할 때, 그 영향력은 매우 분명하다. 만약 수사학이 내용도 없고 내용을 발전시키는 수단도 없다면, 남아 있는 모든 것은 문체와 관련된다. 논리학과 문법을 연결해 보면 문체, 즉 수사학이 대체로 문법 연구와 관련된다는 인식을 이끌어내게 된다. 이는 알렉산더 베인(Alexander Bain)의 『영어 작문과 수사학*English Composition and Rhetoric*』(1866)의 메시지이며, 여기서 그는 수사학은 작문이라고 주장하였다. 그 결과 성 어거스틴에 의해 시작된 기초 수사학의 종속 관계를 완성시켰다. 수사학을 가르치는 것이 대중적인 말하기에서 분리되고, 이는 전적으로 글쓰기를 가르치기 위한 것이 되었다.

나아가 문체에 대한 집중은 수 세기 동안 지식을 생성하는 것에 대한 수사학, 즉 인식론적 기능의 강조로 끝났고, 이미 알려진 것처럼 수사학은 단지 지식을 전이하는 수단이 되었다고 크롤리(Crowley, 1990)에서 언급하였다. "글쓰기에서 기대하는 최고의 것은 작가가 이미 알고 모든 것을 베껴 내는 것이다. 물론 작가들이 알고 있는 것은 정말 중요한 재료가 되지만, 이는 실제 글쓰기 수업에서 제공하는 것이 아니다"(p. 160)라고 하였다.

이런 맥락에서 애덤스 셔먼 힐은 하버드 대학의 작문 수업을 발전시켰다. 1872년 신입생의 2/3는, 알갱이와 쭉정이를 구분하는 방법으로 학교에서 요구하는 신입생 첫 해의 글쓰기 시험에서 낙제하였다. 오늘날 우리는 부유하고 영향력 있는 부모의 자녀들을 교육하는 역사를 가진 엘리트 교육 기관으로 하버드 대학을 생각하고 있지만, 19세기의 하버드 대학은 지금과는 달랐다. 대다수의 학생들은 풍족한 가정에서 왔지만, 중간 계층의 학생들도 꽤 많았다. 또한 이 세기 동안 미국의 고급 교육 목표는 고정화되지 않은 학생들의 사고를 훈련하기 위한 것이며, 그들에게 지식을 제공하기 위한 것이 아니라고 가이거(Geiger, 1999, p. 48)는 언급했다. 사실 대부분의 교수들은 그들의 학생들을 지식이 거의 없고 심지어 교양 과목에 대한 감상력도 낮은 지적 바보로 보았고, 그래서 학생들이 읽을 만한 가치가 있는 무언가를 생산할 수 있을 거라고 기대하지는 않았다.

이러한 관점에서 베인(Bain, 1866)은 수사학을 작문 수업으로, 또 작문을 문체 수업으로 축소해 나갔다. 이는 그 시대의 교육 정신에 꽤 맞는 것이었고, 작문 교육에서는 완벽하게 이론적이고 교육적인 틀을 제공하였다. 교사는 내용을 어떻게 가르칠 것인가 혹은 어떻게 학생들이 스스로 내용을 생성하는 것을 도울 수 있을지에 대해 관심을 갖지 않았다. 그 대신에 '우리가 어떻게 문체를 가르칠 것인가?'라고 질문해야 했다. 그 대답은 이미 자리 잡은 교육학적 구조 안에 놓여 있었는데, 그것은 바로 문학과 문법에 대한 연구였다. 만약 문학이 언어의 좀 더 오래되고 좀 더 순수한 차원을 나타내고 문법이 그러한 언어를 생산하는 데 필요한 규범적 규칙들을 제공한다면, 글쓰기 수업은 필연적으로 문학 읽기와 문법 공부에 초점이 맞춰져야 한다. 문학 읽기는 학생들의 정신을 고양시키고 그들을 더 나은 사람으로 만들어 준다. 그리고 문법을 공부하는 것은 학생들의 글쓰기를 개선하고, 학생들의 글쓰기를 명확하고 정확하게 하여 오류가 없게 해 준다. 이러한 유산이 남아 오늘날에도 교사들이 글쓰기를 가르칠 때마다 이를 자신들의 현재 수업에 끌어오게 된다.

7. 현대 문법

이후 이 책에서 다루게 될 대부분은 현대 문법에 대한 것이므로 그것을 여기서 길게 논의할 필요는 없을 것이다. 그러나 19세기의 문법 연구와 관련된 두 가지 점에 주목할 필요가 있다. 그것은 다음과 같다. (a)문법이 정확한 영어를 산출하도록 하는 규범적 규칙 체계라는 고정 관념, (b)현대 문법의 기초는 규범적이라기보다 기술적이라는 점. 4장에서 자세히 다루겠지만, 아메리카 인디언 언어를 조사한 학자들이 라틴어에 기초한 규칙이 인디언 보호 구역에서 관찰하고 기록했던 것과 맞지 않다는 사실을 발견했음을 이야기하는 것만으로도 충분하다. 그 후에 이어진 것은 문법에 대한 중요한 재평가와 새로운 문법의 발전이었다. 새로운 문법의 발전은 언어 구조와 사람들이 언어를 어떻게 사용하는지에 대한 통찰력을 제공한다.

그러나 새로운 문법이 모순을 낳기도 했다. 오늘날 언어학자들은 새로운 문법을 사용하는데, 이는 그들의 기술적 지향을 충분히 담고 있다. 반대로 언어 교사들은 규범적 방법을 계속 사용하고 있으며, 세상이 백 년 이상 그대로 멈춰 있는 것처럼 라틴어에 기초한 19세기 문법을 계속 사용하고 있다.

문법 가르치기[1]

---

1   이 장은 영어 모어 화자를 위한 문법 교수에 대해 다루고자 한다. 일부 관찰 결과와 원칙은 영어가 모어가 아닌 사람들에게 적용되지 않을 수도 있을 것이다.

1. 도전 인식하기

문법 수업은 모든 공교육 단계에 있는 언어 과목의 교육과정에서 중요한 부분을 담당한다. 수업 성취에 대한 기대가 높기 때문에, 예비 교사들은 교실에 들어가기도 전에 몇 가지 도전에 직면하게 된다. 그들은 영어 문법에 대해 매우 잘 알아야만 한다. 이 기본 요구에 모든 언어 교사들이 영어에서 학위를 받았기 때문에 충족된다고 생각할 수도 있다. 그러나 이것은 문법이 아닌 문학에 초점을 둔 과정이다. 대부분의 예비 교사들은 자격증을 받기 전에 학부 수준의 문법 강좌를 하나 듣는다. 그러나 이 강좌들은 앞으로 주어질 과제에 대해 교사들이 충분히 준비할 수 없는 복잡한 주제를 단지 소개하는 것이라고 비판받아 왔다. 일부 사례에서는 교육 내용이 최신의 것이 아닌 경우도 있다. 다른 사례로는 교육과정이 현대 문법보다는 전통 문법(3장에서 다루게 될 것이다)이라고 할 수 있는 것에 초점을 둔다. 이 경우는 1900년대 초기부터 있었던 문법 이론의 발달을 무시하거나 매우 가볍게만 다룬다.[2]

이런 점에서 많은 신규 교사들은 문법을 가르치기 위한 준비가 불충분하다고 느끼고, 학교에서 채택하고 있는 교과서의 교사용 지도서를 따르게 된다. 교과서를 따라가는 것이 교육학적 접근에 합당한 것처럼 느껴질지라도 실제로는 그렇지 않다. 이 교과서들은 현대 문법에 대해 매우 간략하게 다루거나 문법 용어에 초점을 두는 경향이 있기 때문이다. 또한 예비 교사들은 효과적으로 문법을 가르치는 방법을 알아야만 하고, 이 정보는 고등학생용 교과서나 교사용 지도서에서 찾을 수 있는 것이 아니다. 교과서가 훈련과 연습 중심의 교육 방법에 근거하고 있다면 대부분의 교사용 지도서도 그러할 것이다.

또 다른 접근법은 교사 자신이 경험했던 문법 수업의 모형을 그대로 따르는 것이다. 그러나 이것 또한 문제가 될 수 있다. 이미 다른 곳에서 언급했듯이(Williams, 2003a, p. 42), "교사들 대부분은 자기가 배웠던 대로 가르치는 것이 일반적이다." 대학 수업 모형은 중고등학생들에게는 너무 어렵고 시기적으로 너무 이른 것일 수도 있기 때문에, 그들은 10학년 영어 교실과 그 교실의 문장 구조 수업에 대한 기억에 의지하려는 강한 욕구가 있다. 대부분의 사람들에게 이런 기억은 희미해졌으며, 정말 의미 없을 것이다.

학창시절의 문법 교육을 떠올려 보자. 우리는 이상하면서도 용납할 수 없는 한 가지 사실을 기억한다. 즉, 문법 수업은 3학년부터 시작되고 고등학교까지 조금도 줄지 않고 계속된다. 그런데 학생들은 여전히 문법에 대

---

2   이런 강좌나 해당 강좌를 담당한 교수들을 비판하고자 하는 것은 아니다. 실용적 관점에 비추어 볼 때, 전통 문법으로 학부 수준의 문법 강좌 기초를 마련하는 것은 이해할 만하다. 대부분 학교에서도 이런 교육적 목표를 지지한다. 그러나 모든 언어 과목 교사들이 문법에 대해 가능하면 많이 알아야 할 필요가 있다고 생각한다. 이러한 이유만으로도 전통 문법에만 수업을 한정하는 것은 문제가 있다.

해 거의 알지 못한 채 졸업한다. 이에 대해 잠시 생각해 보자. 학생들이 이렇게 오랫동안 공부해야 하는 또 다른 과목이 교육과정 속에 있는가? 9년 동안 수업을 받았다면 학생들은 문법에 대해 전문가가 되어 있어야만 하지 않는가?

이 비통한 결과에 대한 몇 가지 이유를 들 수 있다. 문법이 너무 어렵다는 생각은 그 이유가 되지 못한다. 몇 가지 이유에 대해 간단하게 살펴보고자. 그러나 어떤 점에서는, 매년 제공한 문법 수업이 썩 효과적이지는 않다는 것과 새로운 접근법이 필요하다는 것을 생각해 봐야 한다(Williams, 2003b).

지도하는 내용 역시 논란의 여지가 있다. '문법'이라는 제목으로 정확히 무엇을 가르치는가? 모든 사람들이 문법에 품사가 포함된다는 것에 동의할 수는 있지만, 구두법과 철자법이 포함된다는 것에 동의할 수 있는가? 구두법과 철자법을 지배하는 관습은 다르다. 게다가 구두법은 종종 작문 문체에 대한 것으로 보는 관점이 있으며, 철자법은 문장 구조와 전혀 관계가 없는 것으로 보기도 한다. 구두법과 철자법이 과연 문법의 일부로 들어가는가? 문법 수업의 내용을 결정하는 것은 단순한 문제가 아니다. 패터슨(Patterson, 2001)이 언급한 것처럼, 문법 수업의 모든 면은 연구, 이론, 연구 결과를 고려하지 않고 대개는 지역 행정가, 학교 교장, 선배 교사들에게 지시를 받게 된다. 그 결과 신규 교사의 과업은 더 복잡해진다. 지역 행정 안내서를 충실히 따르는 선배 교사는 매우 적으며, 신규 교사들로서는 이미 확립된 관습을 바꾼다는 것은 감히 생각도 할 수 없는 일이기 때문이다.

학생들 스스로도 또 다른 문제점을 지니고 있다. 적절한 접근법을 사용하는 숙련된 교사들도 학생들이 문법을 공부하면서 겪는 어려움을 직시해야 한다. 많은 교사들이 문법 공부를 극단적으로 고통스러운 경험으로 만들고 있으며, 그렇기 때문에 학생들이 '문법'이라는 단어를 들을 때면 언제나 침묵하였다. 성공 사례는 얻기가 힘들다. 대중문화에 대해 길게 비평하는 것이 여기서 적절하지 않지만, 우리 사회는 무엇보다 문법 탐구를 할 수 있는 언어에 대한 흥미를 확실히 잃어버렸다. 심지어 오늘날 사회는 학습에서조차도 '재미'를 기대할 정도로 온통 오락에 초점을 두고 있으며, 이는 어떤 교과를 배우기 위해 꼭 필요한 힘든 작업들을 하찮게 보이게 하는 태도로 연결된다(Williams, 2002 참고). 다수의 학생들이 자동적으로 문법 수업에 대해 "짜증나는" 또는 "시간 낭비"라는 말을 하곤 한다. 이 표현은 오늘날 일반적으로 배우기 어려운 어떤 과목에도 적용된다. 미디어에서 반-엘리트주의라는 이름으로 표준 영어를 우습게 여기거나 속어나 저속한 표현 같은 비표준 영어를 찬양하는 한, 문법 교육이 쉽지는 않을 것이다.

2. 학습 결과

문법 가르치기에 대한 중요한 논의는 학습 결과를 고려하는 것에서 시작되어야 한다. 학습 결과는 수업 후에 학생들이 알게 되는 것 혹은 할 수 있는 것들을 명시한다. 그리고 이것은 수업을 '예상 결과'에 맞출 것을 요구한다. 학습 결과는 항상 '결과 평가'로 연결된다.

　단순한 예를 들어 보자. 교사는 아이들에게 덧셈을 가르칠 때, 개별 항목을 묶음으로 만드는 개념을 소개하기 위해 블록과 같은 사물을 사용한다. 이 활동의 목표는 묶기 방법에 어떻게 덧셈이 되는지를 학생들이 이해하도록 돕는 것이며, 이 활동의 결과는 학생들이 2+2를 해서 4를 얻을 수 있게 되는 것이다. 수업에서 학생들은 두 개의 빨간 블록을 가져오고, 여기에 두 개의 노란 블록을 넣어 블록의 전체 수를 세도록 요구할 수도 있다. 만약 수업이 잘 설계되었고 성공적이라면 학생들은 정말로 더하기를 배우게 될 것이며, 우리는 학생들에게 몇몇 수를 더하는 것에 대해 질문하여 평가할 것이다.

그러나 덧셈을 가르치는 방법은 많다. 우리는 쉽게 비효율적인 몇 가지를 상상할 수 있는데, 이것은 덧셈 학습과 관련된 결함 있는 이론 또는 잘못된 가정에 근거한다. 예를 들어, 어떤 교사는 숫자의 형태를 이해하는 것이 덧셈과 관련된 것이라는 가정을 할 수 있다. 이 경우 교사가 학생들을 숫자의 형태와 관련된 활동에 참가하도록 요구하고, 2와 4를 따라 그리게 하거나 여러 각도에서 숫자를 찾도록 할 것이다. 학습 결과는 항상 수업과 결부되어야 하기 때문에, 이 시나리오에서 학생들이 숫자의 형태를 공부하는 것으로 덧셈을 통달할 수 있는지에 대해 질문해야 한다. 그 질문에 대한 대답은 '아니요'가 분명할 것이다. 숫자의 형태가 덧셈의 속성과 관련되어 있지 않다는 단순한 이유 때문이다.

문법을 가르칠 때 이러한 종류의 비판적 분석을 적용해야만 한다. 먼저 학생들이 알고 싶어 하는 것과 학생들이 문법을 배운 후에 할 수 있는 것을 결정해야만 한다. 그리고 학생들이 목표를 성취할 수 있도록 수업을 계획해야만 한다.

□ 문법 수업에 대한 잘못된 가정

성공적인 문법 수업은 수업이 기대하는 결과에 도달했는지, 이후 효과적으로 진행되었는지 평가해 볼 수 있어야 한다. 앞서 말했던 것처럼, 전형적인 언어 과목을 수업할 때에는 이 중요한 사항을 고려하지 않았다는 많은 증거가 있다. 문법 수업이 오랫동안 이루어졌음에도 불구하고 왜 문법에 대한 지식과 이해가 충분한 학생들을 배출하지 못했는지 고민할 필요가 있다.

한 가지 요인은 문법 수업이 오랜 시간 동안 특정한 교육적 가정에 의해 서서히 주입되어 왔다는 것이다. 그 특정한 가정이란 대부분의 교사는 문법 수업에 도전하기 어렵고, 파격적인 관점의 변화 없이는 성공적인 학습 결과에 도달하기 매우 어렵다는 것이다. 가장 영향력 있는 가정은 다음과 같다.

- 문법 수업은 정확한 말하기를 이끈다.
- 문법 수업은 논리적인 사고를 발달시킨다.
- 문법 수업은 쓰기를 개선하고 오류를 줄이거나 제거하기도 한다.

문법과 말하기

첫 번째 가정을 가져와 학습 결과로서 '정확한 말하기'를 하도록 적용해 보자. 문법을 가르치는 가장 일반적인 접근법은 반복과 연습 문제 풀기이다. 학생들은 명사, 동사, 전치사 등의 문법 용어를 반복적으로 학습하고, 각각의 문장에서 다양한 부분을 확인하도록 하는 연습 문제를 푼다. 학생들은 충분히 격려를 받고 충분히 연습하면 이런 학습 활동에 매우 능숙해질 수 있다. 그러나 이 활동과 말하기가 일치하지 않고 학습 결과의 근본적인 요구가 충족되지 않음은 명백하다. 그러한 활동들은 말하기 수업을 전혀 하지 않고도 성공적으로 완성할 수 있고, 이는 문법 수업을 명시적으로 말하기와 연결하려는 언어 과목 수업을 추구할 필요가 없다는 것을 분명히 보여 준다.

이러한 반복과 연습의 결과 중 어떤 것은 학생들의 말하기에 영향을 줄 것이라는 기대가 여전히 존재한다. 어떻게 해서든 워크북의 문장에서 명사를 찾는 능력이 말하기로 전이되어야 한다고 하지만, 이 기대는 근거가 없는 것이다. 다음을 생각해 보자. 오늘날 모든 젊은이들은 말하기를 할 때, 반복적으로 like라는 단어를 사용한다. 그리고 said 대신에 대부분의 문장에서 goes like라는 표현을 쓴다. 그 결과 다음의 문장 1은 오늘날 말하기에서 전형적으로 문장 2로 나타난다.

1. And then Macarena said, "I'm not going to dinner with you."

   그리고 마카레나가 "나는 너와 저녁을 먹지 않을 거야."라고 말했다.

2. And then Macarena goes like, "I'm not going to dinner with you."

   그리고 마카레나가 "나는 너와 저녁을 먹지 않을 거야."라고 말한다.

문장 2를 사용하는 학생들은 비록 많은 반복과 연습 문제 풀기를 할지라도 그들의 말하기 패턴은 문장 1로 바뀌지 않는다. 이것은 결과 평가와 일상적인 관찰에서도 잘 드러난다(Wolfram, Adger, & Christian, 1999 참고). 말하기에 영향을 미치기 위한 수업은 말하기에 초점을 두어야 한다. 그러나 문법 수업은 그렇지 않다.

문법과 논리적 사고

이와 비슷한 상황이 두 번째 가정에도 있다. 일부 사람들은 어떤 논리적인 정신 작용이 선천적이라고 생각한다. 예를 들어 누군가가 친구가 수영장에 빠졌다고 말한다면 직관적으로 그 친구가 물에 젖게 될 것을 생각한다. 이러한 논리적 결과에 도달하기 위해 그 사람을 직접 관찰할 필요는 없다. 그러나 존슨-레어드(Johnson-Laird, 1983, 2001)처럼 논리적 정신 작용을 연구하는 학자들은 논리가 경험에 근거한다고 제안해 왔다. 즉, 물과 그 속성에 대한 경험을 갖고 있기 때문에 물에 빠지면 젖는다고 논리적으로 결론지을 수 있다.

논리적 진술을 다루고 이해하는 능력에 대해 존슨-레어드(1983)는 논리적 추론에 대한 일반적으로 인정되는 모형을 도출했다. 논리적 수행(performance)이란 문장에서 단어와 세계를 연결하는 방식을 이해하는 것이라고 가정한다. 다시 말하면 논리적 추론 능력은 정신 모형을 발달시키는 능력에 달려 있다. 이 모형은 논리적 진술에서 표현된 관계에 근거한 것이다.

이를 근거로 하여 다음 유형의 삼단논법을 처리하는 것이 더 쉬운 이유를 알 수 있다.

All men are mortal.   - 진술 1
모든 사람들은 죽는다.
Socrates is a man.   - 진술 2
소크라테스는 사람이다.
Therefore, Socrates is mortal.   - 논리적 결론
그러므로 소크라테스는 죽는다.

우리는 인간과 죽음에 대한 경험이 있기 때문에 위 진술들을 세계와 연결할 수 있다. 그러나 만약 삼단논법에서 단어 선택을 약간 바꾼다면, 실세계의 관계에 대한 정신 모형을 발전시키는 것은 어렵고, 논리적 조작도 거의 불가능하게 된다. 존슨-레어드(1983)는 어떤 개념[3]도 다음의 두 진술에 대한 타당한 논리적 결론을 도달할 수 없다는 것을 발견했다.

All of the students are athletes.
모든 학생은 운동선수이다.
None of the writers is a student.
작가들 중 누구도 학생이 아니다.

---

3   일반적으로 삼단논법에서 결론의 주어가 되는 개념을 소개념(S, subject)라고 부르며, 결론의
     술어가 되는 개념을 대개념(P, predication)이라고 부른다. 'subject'는 보통 주제 혹은 주어라
     고 하지만, 여기서는 문맥상 '개념'으로 한다. [역주]

많은 개념이 "운동선수 중 누구도 작가가 아니다."라고 제시했지만 그것은 틀린 것이다. 왜냐하면 작가들 중 일부는 학생이 아닌 운동선수일 수 있기 때문이다. 마찬가지로 "작가들 중 아무도 학생이 아니다."라는 결론도 틀린 것이다. 유일하게 타당한 결론은 "몇몇 작가는 운동선수가 아니다 (Some of the writers are not athletes)."와 "몇몇 운동선수는 작가가 아니다 (Some of the athlete are not writers)."이다. 개념들이 주어진 진술에서 표현된 관계를 나타내는 다이어그램으로 그려질 수 있을 때만 그것들은 올바르게 논리적 결론에 도달할 수 있다.

이 가정의 핵심은 전이의 문제다. 이 연구가 시사하는 바는 논리적 추론이 특수 상황적이고 이 경우에 쉽게 전이될 수 있는 것도 아니라는 점이다. 그러나 단순 삼단논법을 쉽게 처리하는 것은 마치 삼단논법식의 추론에 대한 연습이 논리적 능력을 전반적으로 증가하는 것처럼 보인다. 또한 교육할 때 많은 정보를 제공해 주는 민속 심리학(folk psychology)과 마찬가지로, 문법 수업의 역사도 문법이 논리에 대한 연습이며, 논리적 추론이 숨 쉬는 것만큼 선천적이라고 믿게 한다. 적어도 할 수만 있다면, 어디서든 가능할 것이다.

이는 단지 환상에 불과한 것이다. 존슨-레어드(1983)가 보고했던 것처럼, "모든 학생은 운동선수이다" 유형의 삼단논법 연습은 아무리 많이 해도 논리적으로 타당한 결론에 쉽게 도달하지 못한다. 이는 50야드(약 45미터) 단거리 달리기로 마라톤을 준비하려는 것과 같다. 달리기는 두 가지 경우를 다 포함하는 것이지만, 50야드 단거리로 마라톤을 준비할 수는 없다. 이런 까닭에, 문법 수업이 논리적 추론을 연습한다는 전제를 받아들일지라도, 학생들이 문법 공부를 아무리 많이 해도 그들의 논리적 사고에 중요한 영향을 줄 수 없음을 일반적으로 예측할 수 있다. 그것은 단지 문법에 관한 학생들의 논리적 사고에만 영향을 줄 것이다. 논리적 추론의 특수한 상황은 학생들이 문법을 완전히 숙달하고도 여전히 정기적으로 비논리적

인 추론을 하게 됨을 시사한다.[4]

또한 폭넓은 범위의 연구에서는 일반적 논리 추론이 지능과 관계되어 있음을 시사한다. 이는 경험을 처리하고 문제를 해결하는 다중 정신 모델을 발전시키는 능력으로뿐만 아니라 경쟁하고 있는 대안들 중에서 일관성 있게 최선을 선택하는 능력으로 생각된다(Alcock, 2001; DeLoache, Miller, & Pierroutsakos, 1998; Hernstein & Murray, 1994; Pinker, 2002; Rumelhart & Mc-Clelland, 1986; Steinberge, 1993).[5] 물론 공식적 수업은 지능에 대해 큰 영향을 주지 않는다(Pinker, 2002).

이 점에서 처음에 있는 가정 두 개를 분석해 보면 문법 수업과 학습 결과가 상당히 단절되어 있음을 알 수 있다. 문법이 글쓰기를 개선해 주고 오류를 줄이거나 없애 준다는 마지막 가정은 가장 강력하고 잘못된 것이다. 결과적으로 그것에 대한 특별한 고찰이 필요하다.

3. 문법과 글쓰기

문법과 글쓰기에 대한 원칙적 논의는 글쓰기 수업과 연관된 많은 요소들을 고려해야 한다. 이 글쓰기 수업이라는 주제(topic)는 이 책 전체를 쉽게 채

---

4   블룸(Bloom, 1994)의 제안에 이어, 핀커(2002)는 "문법의 논리는 큰 수를 이해하기 위해 사용될 수 있다. 즉 'four thousand three hundred and fifty-seven'이라는 표현은 'hat, coat and mittens'와 같은 영어 명사구의 문법적 구조를 가진다. 어떤 학생이 수 구문을 분석할 때, 그 학생은 집합에 대한 정신 작용을 상기할 수 있다. 이는 덧셈에 대한 수학적 작용과 관련된 것이다"(p. 23)라고 언급했다. 그러나 이러한 주장을 뒷받침할 수 있는 증거가 없다. 또한 핀커가 여기서 기술한 것은 논리 작용이 아니라 단지 연상 기호이다.

5   교육자들이 가드너(1983, 1993, 2000)의 다중 지능 이론을 전적으로 받아들일지라도, 심리학과 인지 과학에서 대다수의 학자들은 이론이 실증적 증거가 부족하다는 것을 근거로 부정해 온 것처럼 보인다(Klein, 1998; Morgan, 1996).

울 정도로 논의 거리가 많다. 모두 다 포괄할 수는 없지만 중심 쟁점 몇 가지를 다음에서 다루고자 한다.

먼저, 글쓰기를 가르치는 것에 대한 우리의 접근법이 1874년 하버드 대학의 최초 작문 수업 이후 달라진 것이 거의 없다는 사실을 인지하는 것이 중요하다. 이 하버드 모형은 전국의 대학에 빠르게 적용되었으며, 졸업생을 보다 우수한 학습 기관에 입학시키고자 하는 고등학교에서는 이를 따라야 했다. 앞 장에서 언급한 것처럼 이 모형은 학생들을 백지 상태로 보며 수업의 초점이 글쓰기의 구조 또는 형식에 있다.

학생들을 백지 상태로 보는 것은 오늘날 납득될 수 없으며, 또 용인될 수도 없다. 그럼에도 불구하고 대부분의 학교에서 적용하는 작문 교육과정은 학생을 마치 백지 상태처럼 취급한다. 하버드 모형의 현대적 적용은 영어 교육에서의 강력한 두 가지 믿음과 일치한다. 첫째, 문학 공부가 시점 요약 및 성격 묘사를 넘어서는 내용을 포함하지 않는다는 것. 그 대신 문학에 대한 반응(reactions)을 강조한다. 둘째, 자아 존중감은 얻는 것이 아닌 부여되어야만 하는 것이고, 부정적 평가는 가치에 대한 학생들의 감각을 고취하는 목표와 일치하지 않는다. 결과적으로 우리의 언어 과목 교실은 전형적으로 개인적 경험 또는 반응지(reaction papers)에 초점을 둔다.

이러한 접근법은 내용에 집중하거나 내용에 대한 평가를 요구하지 않는다. 왜냐하면 읽기 과제에 대한 한 학생의 반응은 다른 학생들의 반응보다 더 좋다고 판단할 수 없기 때문이다. 개인적 경험에도 똑같은 원리가 적용된다. 모든 것이 상대적이다. 자기 표현적 글쓰기에서는 옳고 그름이 없다. 단지 진실된 감성 표현만 있을 뿐이다. 총평(assessment)에서 중요한 기준을 제거함으로써 평가(evaluation)를 평준화할 수 있게 된다.[6] 하사먼 외 (Haussamen, Benjamin, Kolln, & Wheeler, 2003)에서 언급한 것처럼, "우리는 학생들에게 창의적이고 실제적으로 쓰도록 하기는커녕 문장 구조 연습조차도 시키지 못하곤 한다"(p. xi). 이 문제점을 규정한 후에도 이러한 정서가 너무 커서 하사면 외는 공립학교에서 창의성과 실제성을 강조하는 것이 잘못될 수 있다고 말하지 못했다. 그 대신에 예리한 관찰자인 데이비드 플레밍(David Fleming, 2002)의 연구를 보면 쓰기 전문성의 상태에 대한 어렵지만 명확한 단어를 발견하게 될 것이다. 그는 이 영역을 조사했고, 전형적인 작문 교육과정이 "실재성(substance)이 부족"하며 "지적으로 결핍"되어 있다는 결론을 내렸다(p. 115).

만약 수업과 평가(evaluation)가 내용을 다루지 않는다면, 총평(assessment)에서 유일하게 적합한 요소는 형식, 곧 문체가 될 것이다. 이는 문법 수업이 시작되는 지점이기도 하다. 그러나 문체에 대한 강조는 무엇이 좋은 글쓰기를 구성하는지에 대한 특정 관점을 채택하도록 강요한다. 즉 실재 없는 형식, 결코 읽을 가치 없는 기계적으로 올바른 에세이가 이에 해당한다. 이런 정의에 내재된 문제점을 넘어서기 위해서, 몇몇 학자들과 많은 교사들은 (이미 언급하였듯이) 좋은 작문을 '실제적인 글쓰기'로 정의하고자 했다. 이는 '실제적인 목소리'를 나타낸다(Davis, 2004; Elbow, 1973, 1981; Macrorie, 1970; Coles & Vopat, 1985 참고). 실제적인 글쓰기는 오직 개인적 경험 글쓰기만으로 구성된다. 예를 들어 린더만(Lindemann, 1985)은 "우리가 누구인지에 대해 진실을 말할 때 좋은 글쓰기는 가장 효과적이다"(p. 110)라고 언급했다. 그러나 다른 곳에서 언급한 것처럼(Williams, 2003a), 최고의 찬사를 받는 '실제적인 작문'은 학생들이 자신들의 가장 고통스러운 개인적 경험들을 드러내는 것이라고 불가피하게 여겨졌다(p. 64). 글쓰기는 고백의 형식이 되며 교사는 그것을 지켜보는 사람이 된다. 사적인 글쓰기는 교실의 잘못된 권위에

---

6   현대 글쓰기 수업에 대한 하버드 모델의 영향과 하버드 모델에 대한 좀 더 깊은 논의를 보려면 윌리엄스(Williams, 2003a)를 참조하라.

의해서 공개된다. 이 접근법이 어린 학생들에게 경제, 교육, 정부에서 요구하는 현실적 글쓰기를 어떻게 준비하는지를 질문하도록 하고, 지켜보는 사람의 역할이 전문적으로 적절한 것인지 아닌지를 질문하게 한다.

1학년 작문을 가르치는 학부 교수들은 매년 글쓰기 수업에서 다음과 같은 결과를 확인하게 된다. 고등학교에서 주로 개인적 경험에 대한 글쓰기를 할 때 좋은 성적을 받았던 학생들은 대학 작문에서 자신의 첫 과제를 돌려받았을 때 충격을 받곤 한다. 그들은 매우 낮은 점수를 받게 된다. 이는 학생들의 글에 전혀 내용이 없기 때문이다. 고등학교 글쓰기 수업에서 학생들에게 학문적인 담화를 어떻게 생산해 내는지를 가르치지 않았다고 모든 과목의 학부 교수들이 불평한다. 그리고 그들은 고등학교 교사들을 비난한다.

최근 공교육에서 실행되는 언어 과목의 교육과정은 추상적이고 구체성이 없는 목표에 기여할 수도 있다. 예를 들어, 많은 학생들이 자신을 충분히 숙련된 필자라고 확신하고 결과적으로 그들의 자아 존중감을 인위적으로 고취할 수 있다. 그것이 이처럼 막연한 목표에 기여하기는 하지만 학생들은 실제 글쓰기 수행에서 어떤 유익한 효과를 얻지 못하는 것으로 나타났다. 물론 학부 교수들의 일화가 설득력이 있는 것은 아니지만, 국가 학업성취도 평가(National Assessment of Education Progress: NAEP) 자료를 보면 충분히 납득할 만하다. NAEP는 지난 20년 동안 모든 수준에서 학생들의 글쓰기 능력이 계속 낮아지고 있음을 보여 준다. 1999년의 4학년, 8학년, 12학년의 글쓰기 평가는 각각 84퍼센트, 84퍼센트, 78퍼센트가 기초 수준(평균 이하)이라는 것을 보여 준다. 각 수준에 있는 단 1퍼센트의 학생들만이 고급 수준(평균 이상)으로 나타났다(미국 교육부, 1999).[7]

이 점에서 우리는 좋은 글쓰기를 단지 형식과 구조라는 용어만으로 계

7　이 책을 쓰던 당시에는 1999년 NAEP 보고서가 구할 수 있는 가장 최근 자료였다.

속 정의 내릴 수 없음을 깨달아야 한다. 좋은 글쓰기와 좋은 수업은 내용에 초점을 맞추어야 하고, 독자들과 공유할 만한 가치가 있는 무언가에 초점을 맞춰야 한다. 그러므로 형식과 문법에 대한 초점은 근본적으로 결함이 있어 보인다. 마찬가지로 우리는 다음의 사실을 절실히 깨달아야 한다. 사적인 글쓰기와 개인 경험에 대한 글쓰기를 지나치게 강조하면, 학생들이 대학이나 직장에서 요구하는 글쓰기를 숙련하지 못하게 한다.

1) 오류에 대한 논평

사람들은 언어를 사용할 때마다 누구나 종종 실수를 한다. 말실수나 말의 익살스런 오용[8]에 매우 익숙하다. 말하기는 순간적이기 때문에 이러한 실수들을 그냥 지나치고, 말하고 있는 것의 실체에 초점을 맞추곤 한다.[9] 글쓰기는 이와 다르다. 왜냐하면 그것은 어느 정도 지속적이고 연구하고 분석하는 문서로 존재하기 때문이다. 그러므로 글쓰기에서 실수는 훨씬 더 명백하고 성가신 것이므로, 세상 사람들은 작가들이 작품을 잘 살펴서 오류가 없기를 기대한다. (불가피하게 이 책에서 나타날 수 있는 오류들과 같이) 나타나는 오류들은 작가가 글쓰기 관습에 대한 지식과 통제가 부족한 것이 아니라, 원고 교정과 인쇄 과정에서 그냥 지나쳤던 문제의 결과로 생각된다. 작가들이 오류 있는 글을 생산하면, 그들이 무능하거나 독자를 고려하지 않는 것으로 여겨진다. 둘 중 어떤 것도 바람직하지 않으므로 학교에서 아주 뛰어나지는 않더라도 능력 있는 필자들을 배출해 내도록 노력을 많이 기울인다.

---

8   말의 익살스런 오용을 '말로프로피즘(malapropisms)'이라고 한다. 이것은 말하려던 단어와 음은 비슷하지만 뜻은 다른 단어를 내뱉음으로써 범하게 되는 재미있는 실수를 뜻한다. [역주]

9   명백한 예외도 있다. 조지 부시 대통령의 '부시즘(Bushisms, 실수로 내뱉은 우스꽝스러운 발언들)'에 열광하는 몇몇 웹사이트와 책들이 있다.

실증적 질문

이 노력을 뒷받침하는 것은 언어 과목 수업에서 문법 수업이 글쓰기를 개선하고 오류를 줄이거나 없애기도 한다는 가장 널리 알려진 가정이다. 1장에서 이 가정의 기원을 추정했는데, 여기서는 이를 면밀하게 검토해 볼 필요가 있다. 가장 첫 단계는 이것이 실증적 질문임을 이해하는 것이고, 이는 검증될 수 있다. 비공식적 검증은 수년 동안 지속되어 왔는데, 이는 학교에서 일상적으로 일어난다.

교사들은 문법이 글쓰기를 개선한다고 가정하고 학생들에게 문법 용어와 규칙을 가르치며, 이를 훌륭히 해낸다. 학생들에게 한 주 혹은 두 주 동안 에세이를 쓰도록 요구하면서 교사들은 학생들의 글에서 오류가 더 줄어들고 정확성이 더 높아질 것이라고 주로 기대하게 된다. 그러나 평가를 위해 학생들의 에세이를 받아 보면 이 과제물이 주어-동사 일치 문제, 잘못된 구두법과 지나친 구두법, 단어 오용 등의 각종 오류로 가득한 것을 발견하게 된다. 즉, 학생의 과제 수행에 대한 평가는 학습 결과가 성취되지 않았음을 보여 준다.

반복과 연습 문제 풀기를 하는 문법 수업에 에세이 쓰기가 내용으로 포함되지 않는 것을 생각한다면 이 문제는 쉽게 이해될 수가 있다. 문법 수업에서 반복과 연습을 통해 우리가 가르치고 있는 것에 대한 타당한 평가는 반복과 연습에 대한 학생의 수행을 평가하는 것이다. 교육학적 규칙은 이를 근본으로 한다. 즉, 가르친 것을 평가한다는 것이다. 문법을 가르칠 때 분명히 글쓰기를 가르치지는 않는다. 문법 수업은 형식과 기능—품사, 문장 유형 등등—을 확인하는 것이지만, 글쓰기 수업은 독자, 목적, 수정, 논의, 논거, 증거 자료 등에 대한 것이다. 문법 수업의 실제는 글쓰기 수업의 실제와는 다른 것이며, 1장에서 요약했던 것처럼 수 세기 동안의 혼란으로 문법 수업을 글쓰기 수업으로 잘못 알기까지 했다. 학생들의 에세이를 바탕으로 문법 수업을 평가할 때 많은 사람들은 이 근본적인 교육학적 원칙을 위배한 것에 대해 쉽게 무시한다. 매년 학생들이 문법을 얼마나 잘 익히고 사용하는지를 측정하기 위해서 학생들의 글을 사용하는데, 이는 부적절한 평가이다. 가르친 것을 평가하는 게 아니기 때문이다.

공교육 문화에서는 교사들이 학생의 글쓰기 오류에 대해 판에 박힌 반응을 하게 된다. 기저에 있는 가정에 대해 의문을 품기보다는, 그들이 문법 수업을 효과적으로 하지 않았고 문법 수업을 한 번 더 해야 할 것이라고 결론짓는다. 교사들은 학생들이 부주의하거나 반항적이라는 결론을 내릴 수도 있다. 그리고 그들은 학생들에게 오류 없는 글쓰기의 필요성을 강조할 것이며, 글쓰기 기제[10]에 더 주의를 기울이도록 요구할 것이다. 학생들이 큰 어려움 없이 할당된 연습 문제를 끝낼 수 있는 것처럼 보임에도 불구하고, 교사들은 학생들이 우둔하며 수업을 잘 이해하지 못한다고 결론을 내릴 수도 있다. 그리고 문법 수업을 반복할 것이다. 결과적으로 문법 수업을 더 많이 하게 되며, 2주 동안 또 다른 에세이가 학생들에게 부가될 것이다. 그리고 교사들이 이 새로운 과제들에 점수를 매길 때 동일한 오류를 또 발견하게 된다.

가장 놀라운 것은 어느 누구도 이 지배적인 가정이 잘못된 것이고 전반적으로 잘못 운영되고 있다고 말하지 않은 채, 이러한 순환이 계속될 것이라는 점이다. 학습 결과는 타당하고 합당하다. 그렇기 때문에 글쓰기 수행을 개선하지 못한 것은 (실제로는 이 문제와는 관련이 없는) 학생이나 교사의 탓이 된다. 매우 반성적인 교사들만이 자신의 수업이 학습 결과로 이어지지 않는 것을 의심하기 시작한다.

---

10 글쓰기 기제는 글쓰기에 필요한 기술적 측면을 의미하는 포괄적인 개념으로 문장 부호, 대문자 사용, 철자법, 단어 선택, 문장 길이 및 구조까지 모두 이르는 것이다. 이 책에서는 구두법, 철자법, 문체 이외에 모든 기술적 측면을 기제(mechanics)로 보고 있다. 대표적인 누리집에는 http://owl.english.purdue.edu/owl이 있다. [역주]

2) 문법 수업에 대한 연구: 간략한 요약

이 가정에 대한 공식적 검증은 1950년대부터 시작되었다. 1960년대 초반 NCTE[11]는 브래드독(Braddock), 로이드 존스(Lloyd-Jones)와 쇼어(Schoer)에게 이 흥미로운 연구를 검증할 것을 요청했고, 그 분야의 현황을 평가할 것을 요청했다. 1963년에 출판된 이들의 보고서는 문법과 글쓰기에 대한 가장 널리 알려진 진술로 제시되었다.

> 다양한 유형의 학생들과 교사에 대한 조사 연구를 살펴보면 광범위하게 일치하는 점이 있다. 형식적[전통적] 문법을 가르치는 것은 무의미하다거나 오히려(전통 문법이 종종 실제 작문 지도와 실행을 대신하기 때문에) 글쓰기 개선에 전혀 도움이 되지 않다고 강력하면서도 전폭적인 표현으로 결론을 내릴 수 있다. (pp. 37-38)

이러한 평가는 강력한 것이었지만, 이 평가로 인해 문법 교수와 쓰기 수행에 대한 여러 연구들이 계속되었다. 예를 들어, 화이트헤드(Whitehead, 1966)는 글쓰기 수업에서 문법 수업을 받지 않은 고등학교 학생 집단과 문장 다이어그램을 강조하는 전통 문법 수업을 받은 학생들을 비교하였다. 그 결과 두 집단 사이에 특별한 차이가 없음이 드러났다. 화이트(White, 1965)는 7학년 3개 학급을 대상으로 연구했는데, 2개 학급은 문법을 학습하고 나머지 1개 학급은 그 시간에 대중소설을 읽었다. 그런데 화이트는 글쓰기 수행에 대한 연구 결과에서 큰 차이를 발견하지 못했다. 소설을 읽었던 학생들은 문법을 공부했던 학생들만큼 잘 썼다.

11　　National Council of Teachers of English의 약자로서 미국 영어교사협회를 가리킨다. [역주]

게일(Gale, 1968)은 5학년을 연구했는데, 학생들을 4개의 집단으로 나누었다. 1개의 집단은 문법 수업을 받지 않았고, 나머지 3개의 집단은 각각 다른 유형의 문법을 공부했다. 전통 문법을 공부했던 학생들을 제외한 2개의 문법 학습 집단 학생들은 나머지 2개의 집단 학생들보다 좀 더 복잡한 문장을 사용할 수 있게 되었다. 그러나 글쓰기 능력에서의 측정 가능한 차이점은 전반적으로 없었다.

　　베이트먼과 지도니스(Bateman & Zidonis, 1966)는 9학년 학생들을 대상으로 2년 동안 연구를 수행하였다. 일부 학생들은 이 기간 동안 문법 수업을 받았다. 나머지 학생들은 문법 수업을 받지 않았다. 이 연구에서도 역시 전반적인 글쓰기 수행에서 주목할 만한 차이는 없었다.

　　엘리 외(Elley, Bartham, Lamb, & Wyllie, 1976)는 248명이라는 비교적 큰 대상을 3년 동안 연구했다. 이전 연구에서 측정할 만한 차이가 없는 것은 교수 방식의 차이에 따른 결과일 수도 있다고 비판하였다. 그래서 연구자들은 특히 이 변인을 통제하는 데 주의를 기울였다. 학생들은 세 개의 집단으로 나눠졌다. 첫 번째 집단은 문법, 다양한 조직 모형(organized model, 내레이션·논증·분석 등), 문학을 학습했다. 두 번째 집단은 문법을 제외하고 첫 번째 집단과 같은 조직 모형과 문학을 공부했다. 그리고 그들은 문법 대신 창의적인 글쓰기를 수행했고 추가적으로 독서의 기회를 제공받았다. 세 번째 집단은 전통 문법을 공부했으며 대중소설 읽기에 참여했다.

　　매 연말마다 조사가 이뤄졌으며, 학생들은 상대적 성장을 결정하는 측정 범위 내에서 평가되었다. 어휘, 읽기 이해, 문장 복잡성, 용법, 철자법, 구두법이 측정의 대상이었다. 학생들은 또한 연말마다 에세이를 썼으며, 내용, 문체, 조직, 글쓰기 기제 등에 대한 점수를 받았다. 첫 해 연말에는 세 집단을 대상으로 한 어떤 측정에서도 주목할 만한 차이가 나타나지 않았다. 두 번째 연말에는 전통 문법을 공부했던 학생들이 문법 수업을 받지 않은 학생들보다 더 나은 내용의 에세이를 작성했다. 그러나 측정자들은 어법과 문장의 복잡성과 같은 다른 요소에서는 특별한 차이를 발견하지 못했다. 이는 모든 집단에서 유사하게 나타났다.

세 번째 연말에는 글쓰기와 관련된 다양한 요소들이 평가되었다. 일련의 표준화된 측정들은 문법을 공부했던 학생들이 그렇지 않은 학생들보다 용법 시험에서 나은 결과를 받는 것을 보여 주었다. 그러나 다른 요소들에 대해 주목할 만한 차이는 발견되지 않았다. 삼 년 간 공부하고 노력을 기울인 후에도 문법을 공부했던 학생들의 글쓰기는 문법을 공부하지 않았던 학생들과 전반적인 질에서 주목할 만한 차이를 보이지 않았다. 철자법, 구두법, 문장 구조 및 그 밖의 글쓰기 기제 측정에서 실수가 빈번하게 나타나는데, 두 집단 간의 차이가 다양하게 나타나지 않았다. 학생들이 문법을 공부했거나 안 했거나 글쓰기와 관련해서 결과의 차이가 없었다.

브래드독 외(Braddock et al., 1963)의 보고서 이후에 출판된 연구들을 요약하면서, 힐록스(Hillocks, 1986)는 다음과 같이 언급했다.

> 현재까지의 보고서를 검토한 연구들 중에서 작문 능력을 개선하는 수단으로 문법을 가르치는 것을 지지하는 연구는 전혀 없었다. 만약 학교에서 품사 분류, 문장 분석, 문장 구조, 혹은 전통 문법의 다른 개념들을 가르쳐야 한다고 계속 주장한다면, 그 수업은 글쓰기의 질을 개선하는 수단이라고 옹호될 수 없다. (p. 138)

최근 런던대학 교육협의회[12]는 문법과 글쓰기에 대한 4,500개 이상의 연구들에 대한 검토 결과를 발표했다(English Review Group, 2004). 이 유형

---

12 런던대학 교육협의회(The Institute of Education: IOE)는 교육 분야 연구에 초점을 맞춘 영국의 연구 기관으로, 교사 연수와 교육 연구 분야에서 많은 성과들을 내고 있다. 2013년에는 세계 대학 순위에서 교육 분야 중 7위를 차지하였다. [역주]

의 이전 조사들을 그대로 되풀이하면서 보고서는 다음과 같이 결론을 내렸다. "'통사' …… 바탕이 되는 원리를 가르치는 것이 5세에서 16세 학생들에게 쓰기의 질이나 정확성에 영향을 끼친다는 확실한 증거는 없다." 그리고 "만약 작문의 정확성과 질적 향상 둘 다를 추구하거나 둘 중 하나를 추구한다면, (어떤 종류의) 문법을 가르치는 것이 가치가 있다는 확실한 증거는 없다"(p. 4)라고 결론을 내렸다.

그러나 언어학자들의 합의는 교육과정에 큰 영향을 끼치지 않았다. 위버(Weaver, 1996)는 이 당황스러운 상황에 대해 몇 가지 이유를 제시하였다. 예를 들면, 그녀는 교사와 행정가가 "이 연구에 대해 알지 못할"(p. 23) 수도 있거나 심지어 더 나쁘게 "그 연구를 믿지 않는다"(p. 24)라고 말했다. 일부 교사들은 실증주의가 인문학적 가치들에 반대하는 것이기 때문에 이를 무시하려는 경향을 가지고 있다. 이러한 관점에서 글쓰기와 글쓰기 수업 목표는 학생들이 대학에서의 글쓰기 과제나 직장에서의 글쓰기를 성공적으로 하도록 준비하는 것이 아닌 한 사람의 인간으로서 개인적 발달을 돕기 위한 것이다. 글쓰기 행위를 예술적 관점으로 간주하면서 학문을 무시하는 문법에 대한 책들이 이러한 경향을 더욱 부추겼다. 예를 들면 노든(Noden, 1999)은 다음과 같이 썼다.

> 작가는 구체적이고 인식 가능한 붓으로 삶의 이미지를 그리는 예술가이다. 그 이미지는 와이어스(Wyeth)만큼 사실주의적이고, 피카소만큼 추상적이다. …… 종종 인지되지 못하고, 알려지지 않는 [작가의 작품] 이면에 숨겨진 것은 문체적 문법에 놓여 있다. 문체적 문법은 어떤 미술관의 유화 작품만큼 존중하고 경외할 만한 가치가 있는 예술적 기교들의 복합체이다. (pp. 1-2)

주지하다시피 예술적인 감성은 문학이 일상적 발화보다 좀 더 순수하고 나은 표현을 나타낸다는 고전적인 개념에 근거한다. 많은 사람은 이상적 세계를 상상할 때 언제든지 이런 감성에 동의할 것이다. 그러나 '예술가로서의 작가'라는 생각은 이전 시대, 즉 기껏해야 교육이 특권층의 여가 수업을 중심으로 하는 시대에서 온 것임을 이해해야만 한다. 노든이 지지했던 '이미지 문법(image grammar)'은 크리스틴슨(Christensen, 1967)의 문장 결합 연구[13]를 단지 재포장한 것에 불과하다. 노든은 오직 문학 글쓰기만을 기본으로 하기 때문에, 문장 결합을 통한 글쓰기 수행에서 얻는 이득이 일시적일 뿐이라고 지적하는 연구를 간과한다. 또 수업의 기본적인 초점은 부분이 아니라 전체 에세이가 되어야 한다고 제안하는 연구와 이론도 무시한다(Callaghan, 1978; Crowhurst & Piche, 1979; Green, 1973; Kerek et al., 1980; Kinneavy, 1979; Perron, 1977; Sullivan, 1978; Witte, 1980).

오늘날의 교실은 좀 더 현실적인 관점을 필요로 한다. 교실에는 모어가 영어가 아닌 많은 학생들이 있고, 모어가 영어인 화자이지만 제한된 언어 능력을 가진 학생들도 있다. 양적으로만 따지자면, 대부분의 글쓰기는 행정적인 것이거나 회사 업무와 관련된 분야에서 이루어진다. 그 어느 곳에서도 예술적 글쓰기를 요구하는 곳은 없다. 교사들은 학생에게 벌어지게 될 일에 대해 고려해야 하는 직업적인 의무가 있다. 이 학생들은 "삶의 이미지 그리기"를 배우지만, 실제 대학과 직장에서는 분석적이고 해석적인 글쓰기를 필수적으로 해야만 한다.

---

13   프랜시스 크리스틴슨(Fransis Christensen)은 문장 기반 교수법을 주장하였다. 기본이 되는 짧은 문장들에 점차적으로 수식하는 구와 절을 결합해 가는 방식으로 문장을 교육하자는 것이다. 수식어들을 사용함으로써 효과적인 누적 문장(cumulative sentences)을 만들어 내는 방식이다. [역주]

3) 문제의 본질

문법 수업이 글쓰기를 개선하지 못하는 몇 가지 이유가 있다. 비록 받아들이기 어렵지만 효율적인 교수에서 중요한 것은, 영어를 모어로 하는 화자의 글쓰기에서 발견되는 대부분의 오류는 문법과 관련된 것이 아니라는 것이다. 코너스와 런스포드(Connors & Lunsford, 1988)는 대학 작문 교수들에 대한 조사를 할 때 가장 빈번하게 나타나는 오류는 구두법이라고 말했다.[14] 문법적 구조에 대한 일부 지식이 확실히 구두법을 더 쉽게 교정해 주기는 하지만, 꼭 그런 것만은 아니다. 공립학교 수준에서 가장 흔한 오류는 정확히 문법이라기보다는 철자법과 대문자 사용과 관련한 것이다.[15]

한 학생의 에세이에서 가져온 발췌 부분을 살펴보자. 학생은 11세이며, 친구에게 일어난 흥미로운 일에 대한 서술(이야기)을 요구하는 즉흥적 글쓰기 시험에서 다음과 같이 썼다.

> on wednesdaySam was on his way to school it was like a ordemerly day. on Friday though he got detenshon whitch was proberly a good thign because he found a book on the front cover it said "Let's go" so he took it home and opened it and then he was rushed forwards in. (Henry, 2003, p. 1)

---

14 코너스와 런스포드(1988)는 21,500개의 원 글을 받아서 그중 3,000개의 텍스트에서 나타난 오류 결과와 빈도를 분석했다. 오류를 분석한 결과, 가장 많은 오류는 '소유격 오류(아포스트로피 표시 오류)'나 '쉼표 오류'와 같은 철자와 구두법과 관련된 오류였다. 이 검사에서 나타난 오류 빈도에 대한 자세한 사항은, '정희모·유혜령(2012), 「대학생 글쓰기 텍스트에 나타난 오류 양상」, 『어문논집』 52, 중앙어문학회' 참고. [역주]

15 글쓰기에서 나타나는 오류와 관련하여 영어권 국가의 연구 결과와 한국에서의 연구 결과가 차이가 있음에 유의해야 한다. 영어권에서는 문장 구조를 비롯한 문법 관련 오류가 낮은 순위를 보였지만, 한국어 글쓰기에서 오류는 거의 대부분이 문장 성분 누락, 부적절한 통사 구조의 사용 등과 같은 문장 문법 층위의 오류가 많다고 많은 연구들에서 밝히고 있다. [역주]

이런 글쓰기는 해당 연령의 학생에게 전형적인 것이다. 그리고 우리들의 최초 반응은 (문장) 첫 부분의 띄어쓰기에 개입하려 하고, 언어 오용에 대해 속으로 한탄을 하게 된다. 그러나 자세히 들여다보면 여기서의 오류들은 대부분 철자법, 대문자 사용, 구두법, 즉 말할 때는 존재하지 않는 글쓰기의 관습과 관련되어 있음을 알게 된다. 이 학생은 단지 한 개의 문법적 오류를 범했을 뿐이다. 다시 말하면, 이 단락으로 알 수 있는 것은 학생이 갖고 있는 지식의 부족과(또는) 글쓰기 관습에 대한 통제의 부족이다. 이는 문법과 관련된 문제가 아니다. 만약 관습 문제를 교정했다면, 꽤 읽을 만한 글을 쓰게 될 것이다.

On Wednesday, Sam was in his way to school. It was like an ordinary day. On Friday, though, he got detention, which probably was as good thing because he found a book, On the front cover it said, "Let's go", so he took it home and opened it, and then he was rushed forwards in.

수요일에 샘은 평소처럼 학교에 갔다. 금요일에 나머지 공부를 했지만 아마도 이것은 좋은 일이 되었다. 그는 잃어버렸던 책을 찾았다. 앞표지에 "가자"라고 써 있었고, 집으로 책을 가져와 펼쳐 보았다. 그 후 그는 책 속에 빠져 버렸다.

단 하나의 문법 오류를 그대로 남겨 놓은 것에 주목해 보자. "he was rushed forwards in"이라는 문장이다. 비록 이것은 비문법적이지만,[16] 학생이 전하고자 하는 바를 이해할 수 있다. 즉 "the book pulled him in"나 "he fell into the book"나 "he couldn't put it down" 등과 같은 것이다. 오늘 책에 끌린다는 생각은 대부분의 11세 학생에게는 새로운 것이다. 학생은 그에게 쉽게 다가오지 않는 생각을 표현하고자 시도한 것일 뿐만 아니라 이전

---

16 표준 용법에서 문장이 전치사로 끝나면 비문이다. forwards in 뒤에는 전치사의 목적어가 필요하다. 이에 대한 자세한 설명은 3장 전치사 부분을 참고. [역주]

에 누군가가 말하는 것을 전혀 들어본 적이 없는 무언가를 표현하고자 시도한 것이기도 하다. 이러한 맥락에서 오류는, 단정적인 것이 아니라면, 결코 치명적이지 않다.

쟁점은 문법이 아닌 용법이다

학생들이 글을 쓸 때 심각하게 범하는 오류는 문법이 아니라 관습과 관련된 것임을 이 예시가 잘 보여 주고 있다. 이런 이유만으로도 교사는 수업의 초점을 바꿀 필요가 있다.

용어가 암시하듯이, 용법은 언어를 사용하는 방법과 관련된다. 만약 문법이 여러 단어가 의미 있는 방식으로 서로 어울리는 방법이라면, 용법은 의미를 전하기 위해 선택한 단어에 대한 것이다. 어떤 면에서 이런 선택은 공식적 언어를 비공식적 언어와 구별하게 한다. 또 다른 면에서 이것은 표준 영어와 비표준 영어를 구별하게 한다. 용법과 문법을 뚜렷이 구별할지라도 언어 과목 수업에서 교사는 용법과 문법을 매우 자주 혼동한다.

표준 영어, 비표준 영어 그리고 공식적 표준 영어

모든 사람들은 방언, 즉 지리학적 위치와 사회·경제적 지위와 관련된 중심 언어의 변이를 말한다. 미국 내에는 서부 해안 방언, 남부 방언, 중서부 방언, 동부 해안 방언, 그리고 각 지역에 있는 수많은 언어 변이형이 있다. 표준 영어는 모든 방언의 어떤 특징을 포함하는 방언의 하나로 생각할 수 있다. 그러나 표준 영어는 각 방언과는 구별된다. 표준 영어는 교양 있는 사람들이 쓰는 구어와 언론에서 사용하는 문어로 구별된다.

비표준 영어도 표준 영어와 마찬가지로 모든 방언의 어떤 특성들을 포함한다. 비록 필자가 구어적인 특질들을 자신의 작품 속으로 가져올 때 학생들이 글쓰기에 비표준 영어가 자주 등장하기는 해도, 비표준 영어는 기본적으로 구어로서 존재한다. 필자들은 여러 가지 이유로 비표준 영어를 사용할 수 있다. 그러나 가장 중요한 이유는 어떤 특정한 상황에서 표준 영어를 사용해야 하는 필요성을 인지하거나 수용하는 데 실패하고, 말하기 관습과 글쓰기 관습을 통제하는 능력이 없기 때문이다. 반면, 공식적 표준 영어는 어떤 전문적인 환경에서의 구어와 비저널적 글쓰기, 특히 정부, 사업, 법, 교육 분야에서 사용되는 문어를 일컫는다.[17]

글쓰기와 관련하여 표준 영어와 공식적 표준 영어는 일련의 관습들을 발전시켰다. 이 관습은 적절한 용법을 적용하면서 선택하는 단어와 함께 작용하는 철자법, 구두법, 대문자 사용과 관련되는 것이다. 즉, 문장은 대문자로 시작해야 하고 단어는 철자법을 맞추는 등의 것이다. 역사적으로 언어 과목 수업은 학생들에게 표준 영어와 공식적 표준 영어를 가르치는 것을 목표로 했다.

비표준 영어를 사용하는 학생은 표준 영어를 숙달하는 데 힘든 시간을 보낸다. 그리고 공식적 표준 영어 때문에 더 힘든 시간을 보내게 된다. 학생들은 가정 방언(home dialect)을 오랫동안 잘 써 왔기 때문에 이를 바꾸라고 하는 요구에 대해 의문을 가질 수도 있다. 많은 경우에 학생들은 언어 수업에서 어떤 메시지를 받게 된다. 그것은 표준 영어와 공식적 표준 영어가 어른의 세계에서 성공을 위한 매우 중요한 도구라는 것인데, 이 메시지는 젊고 경험이 부족한 것, 그리고 대중문화 때문에 왜곡되고 혹은 심지어 봉쇄되기도 한다.

표준 영어와 공식적 표준 영어는 동일한 문법 구조를 갖고 있다. 그러나 그것들은 실제 각각의 용법 관습으로 지배받는다. 다음의 문장 예들을 고려해 보자.

---

17 '비저널적(nonjournalistic)' 글쓰기란 신문기사적 글쓰기가 아닌 경우를 말하는데, 대개 공식적인 글쓰기를 의미하는 경우가 많다. [역주]

3a. Gabriel Garica Marques has written a lot of books. (표준 영어)

가브리엘 가르시아 마르케스는 많은 책을 썼다.

3b. Gabriel Garcia Marques has wirtten many books.

(공식적 표준 영어)

가브리엘 가르시아 마르케스는 많은 책을 썼다.

4a. Macarena was the woman that stole his heart. (표준 영어)

마카레나가 그의 마음을 사로잡은 여자였다.

4b. Macarena was the woman who stole his heart. (공식적 표준 영어)

마카레나가 그의 마음을 사로잡은 여자였다.

용법 관습이 다르면 단어의 선택이 얼마나 달라지는지 살펴보자. 구어에서 a lot of를 사용하지만 문어에서는 이를 사용하지 않는다. 마찬가지로 말할 때 문장 4a처럼 단어 that을 보편적으로 사용하지만, 글을 쓰거나 좀 더 공식적일 때에는 who를 사용한다.

비표준 영어에 관해서는 상황이 동일하지 않다. 가장 널리 연구된 비표준 영어의 변이는 흑인 영어(Black English Vernacular: BEV)로, 이는 많은 면에서 표준 영어와 문법적으로 다르다. 그러나 문장 차원에서 BEV 문법과 표준 영어는 매우 유사하고, 특정한 단어 형성에서 약간 다르게 나타난다. 다음의 문장이 설명하는 것을 살펴보자.

5a. Ralph is working today. (표준 영어)

랄프는 지금 일하고 있는 중이다.

5b. Ralph be workin' today. (흑인 영어)

랄프는 지금 일하고 있는 중이다.

가정 방언에 대한 민감성

모든 사람이 학교에서 표준 영어와 공식적 표준 영어를 가르쳐야 한다고 믿는 것은 아니다. 수년 간 교육학자들이 이 문제를 논의했으며, 1970년대 초 그 열기는 더욱 달아올랐다. 또, 부분적으로 사회 일반과 특히 교육 분야에서 비표준 영어를 좀 더 수용하고 용인해야 한다는 정서가 커지게 되었다.

언어는 사용하는 이의 정체성과 밀접한 관계를 갖고 있기 때문에 이러한 쟁점은 매우 민감한 것이다. 다른 사람들이 우리를 정의하고 평가하듯이 우리도 우리가 사용하는 언어를 근거로 스스로를 정의하는데, 이는 거의 항상 가정 교육과 공동체 및 사회 계층을 반영한다. 결과적으로 비표준 영어로 말하는 학생을 표준 영어의 관습에 통달하하도록 노력을 하면, 오늘날 아이들이 지닌 유산을 공격하는 것처럼 보일 수 있다. 또한 많은 교육학자들은 표준 영어를 가르치는 것이 아이들에게 자신의 민족적 정체성 혹은 문화적 정체성을 빼앗는 것이라고 믿는다. 왜냐하면 표준 방언을 사용하는 것이 자신의 가정 문화를 부적합한 것으로 아이들이 스스로를 재정의하도록 할 수 있기 때문이다. 1974년 NCTE 보고서에서 이러한 입장은 "자신이 사용하는 언어에 대한 학생들의 권리"라는 진술로 반영되었다. 어떤 사람들은 표준 영어가 엘리트주의적이고 차별적이라는 이유로 대체로 용법 관습을 거부하고 특히 표준 영어를 거부하는 것으로 이 진술을 해석하였다.

이 관점의 기저에 있는 다양한 사회정치적 요인을 추적한다면 이 책의 범위를 넘어서게 된다. 그러나 교사가 이 쟁점을 다루면서 직면해야 하는 갈등에 대해서 몇몇 논평은 불가피해 보인다. 역사적 용어에서 재정의의 문제를 고려하는 것은 어떤 통찰을 줄 수 있다. 교육의 정당한 목표는 최근까지 학생들에게 스스로를 재정의하기 위한 도구를 주는 것이었다. 예를 들어 2차 세계 대전 직후에 노동자 계층 부모들은 교육이 가난한 지역에서 자신들을 꺼내 주고 막다른 길이나 위험한 일의 가능성을 낮추는 역할을 하여 그들에게 더 나은 삶을 제공할 것이라는 믿음을 갖고 있다. 그런 믿음으로 그들은 자녀들을 학교에 보냈다. 위어(Weir, 2002)가 언급했듯이, 미국은 전쟁 이후에 학교에 크게 투자했다. 왜냐하면 "수백만의 미국인들이 교육으로 직종의 이동이 가능하기 때문이다"(p. 178). 이런 이유 때문에 교육을 재정의하는 기회가 생겨났으며, 이런 교육을 강력하고 광범위하게 지지하게 되었다.

교육 기회를 증대하면 유의미한 부수 효과를 가지게 되었다. 노동자 계층의 아이들이 중산층에 진입하여 경제적 평준화가 이루어졌고, 중산층으로부터 노동자 계층을 분리하는 선은 흐릿해졌다. 이 명백한 이익은 교육에 대한 높은 관심이 낳은 당연한 결과이지만, 또 다른 문제로 곧 상쇄되었다. 위어(2002)는 다음과 같이 기술했다. "교육의 기회가 확장되면서 상위 계층으로 이동할 수 있는 새 길이 열리지만, 그와 동시에 대중을 교육받은 범주와 덜 교육받은 범주로 분류할 수 있게 되었다"(p. 179).

국가가 서비스 경제를 향해 이동했던 1970년대를 지나면서 그 분류 과정은 가속화되었다. 이것이 중산층에 압력을 가했고, 결국 중산층의 감소로 이어지게 되었다. 동시에 세계화와 계속적으로 늘어나는 이민자 덕분에 표준 이하의 임금에도 기꺼이 일할 수 있는 엄청난 노동력이 생겨났다. 1990년대부터 오늘날까지 이민자는 계속 증가했고, 수백만의 고임금 미국 노동자들 일이 중국, 인도네시아, 인도, 멕시코로 넘어가 그들은 실업자가 되었다. 월스트리트 저널의 2003년 기사에서 보고된 것처럼, "미국은 향후 십년 내에 해외 경쟁자들, 주로 인도와 중국에 정보 기술 일자리를 대부분 빼앗길 수 있"(p. 1)으며, 이미 정보 기술과 제조업에서 70만 개의 일자리가 "지난 3년 동안 해외로 이미 옮겨갔다"(Schroeder & Aeppel, 2003, p. 2). 일자리를 잃은 노동자들은 유일하게 늘어난 서비스 영역에서 어쩔 수 없이 직장을 찾게 된다. 소득이 상당히 줄어들지라도 그들은 이 영역에서 직장을 구할 것이다.

그들은 이미 일자리 시장에서 불리한 입장을 차지하고 있다. 이는 비록 교육과 기술이 부족하지만 물밀듯이 밀려드는 이민자 때문이다. 공공정책기관에 따르면 2003년 캘리포니아에서 전체 서비스 영역 일자리 중에서 40퍼센트 이상이 멕시코에서 온 불법체류자인 히스패닉계 사람이었다(Baldassare & Katz, 2003). 다른 주들도 현재 이와 유사한 경험을 겪고 있다.

중산층의 감소는 경제적으로 빠르게 상승하기 위해서 더 질 높은 교육을 더 많이 받아야 한다는 것을 의미했다. 경쟁은 심화되었다. 1960년과 1990년 사이에 미국의 인구는 두 배가 되었지만, 2년제와 4년제 대학의 수는 그만큼 증가하지 않았다. 헌스타인·머레이(Herrnstein & Murray, 1994)가 언급했듯이, 학교는 "인지적 엘리트" 즉 학업적으로 탁월한 잠재력을 가진 아이들을 선별하는 데 매우 효과적인 역할을 했다. 그러나 성공하는 학생들 대부분이 백인과 아시아인 가정 출신이라서 그 수가 불균등하다는 문제점이 발생했다. 교육을 위해 최선의 노력과 막대한 지출에도 불구하고 흑인과 히스패닉계 아이들은 전통적으로 대응관계에 있는 백인과 아시아인보다 뒤쳐졌다. SAT 점수와 고등학교 성적과 중퇴율이 이를 증명해 준다. 인구 조사국에서는 2000년에 흑인 학생들의 중퇴율은 전국적으로 백인의 두 배인 13.1퍼센트인 반면에 히스패닉계 학생들의 중퇴율은 27.8퍼센트였다고 밝혔다. 히스패닉계 인구가 많은 캘리포니아, 애리조나, 뉴멕시코, 텍사스 등의 주에서도 중퇴율은 더 높게 나타나며 일부 지역에서는 충격적이게도 중퇴율이 50퍼센트에 이른다(미국인구조사국, 2000).

학업을 마칠 수 없는 학생들의 미래는 암울하다. 1980년대까지 흑인과 히스패닉계가 있는 지역 사회의 많은 사람들은 교육을 경제적 상승의 비결로 바라보지 않는다. 오히려 교육에 내재한 분류 작업이 경제적 하강을 확정하는 꼬리표 붙이기에 불과하다고 생각하게 되었다. 인종에 따른 분리 정책의 폐지, 즉 백인이 대부분인 학교에도 흑인 학생이 참석할 수 있는 제도로 인하여 흑인 학생이 더 나은 학업 수행을 할 수 있다는 희망을 가질 수도 있다. 그러나 이 희망은 곧 사라지게 된다. 그들은 여전히 낮은 점수를 받았으며, 읽기와 쓰기 능력이 부족하며 SAT 점수도 형편없이 낮게 받았다. 흑인과 히스패닉 학생 집단이 성공하는 사례가 거의 드물기 때문에 여기에 속하는 학생의 많은 개별적 성공 사례는 무색하게 되었다.[18]

이에 대해 여러 측면의 반응이 등장했으며 이는 주로 흑인 학생들이 백인 학교에 다니는 것을 철회하거나 자문화 존중의 과정을 통해 학생들의 몸과 마음을 자기 공동체 사회로 되돌리는 것이었다. 자문화 존중에서는 집단 정체성이 국가 정체성보다 더 중요하고, 집단 정체성을 갖는 것이 주류 교육을 받거나 언어학적 표준을 고수하는 것보다 훨씬 더 중요하다. 1990년대 초까지 수만 명의 흑인 부모들은 자기 자녀를 재분리하고자 했다. 일부 학부모들은 전국 단위로 문을 개방하는 아프리카계 중심의 사립학교에 자녀들을 등록했다. 그 외 학부모들은 자기 지역에 있는 (흑인 학생이 지배적으로 많은) 공립학교에 아프리카계 중심의 교육과정으로 전환할 것을 요구했다. 이런 맥락에서 표준 영어 수업을 포함하고 있는 언어 과목 교육과정은 모두 차별적이고 억압적인 것이다.

표준 영어와 이것의 용법 관습을 둘러싼 복잡한 쟁점과 이러한 것을 민감하게 인식할 필요가 있다. 또한 관습에 따르기를 실패할 때 발생되는 비용이 항상 있음을 중요하게 인지해야 한다.[19] 국가교육개선위원회(National

---

18 2002년의 '아동낙제방지법(No Child Left Behind)' 법령은 흑인과 히스패닉 학생들의 학업 성과를 개선하기 위해 특별히 개발되었고, 회계연도 2003년 연방 정부 기금이 531억 달러를 제공하였다.

19 다음의 극단적인 예를 생각해 보라. 「사사기」는 길리앗 사람들이 단지 shibboleth를 [sibboleth]로 발음하는 이유로 에브라임 사람 4만 2천 명을 죽인 것을 이야기한다(12: 4-6). 퀸틸리안은 "용법은 말할 때 가장 잘 드러나는 견본이므로, 우리는 언어를 공식적 승인을 받은 통화(通貨)처럼 다루어야 한다"라고 언급했다.

Commission on Excellence in Education)는 1983년, 즉 미국 교육 상태를 보고했던 『위기의 국가*A Nation at Risk*』로 화제가 되었던 그 해에 다음과 같이 경고했다. "미국의 각 세대는 교육, 문식성, 경제적 성과에서 자신들의 부모 세대를 능가했다. 그러나 미국 역사상 처음으로 한 세대의 교육적 능력이 부모의 교육적 능력을 능가하지도 않고 동등하지도 않을 것이며, 심지어 근접하지도 않게 될 것이다"(1983, p. 1).

『위기의 국가』가 발표된 이래 연방 정부는 공교육의 개선을 위해 20년 이상 대략 1조 4천억 달러를 제공해 왔다(회계연도 2000년에만 기금이 대략 1,230억 달러다). 그럼에도 불구하고 많은 것이 바뀌지 않았다(미국행정관리 예산국, 2004). 1983년보다 해당 교과를 전공한 교사가 있는 학급 수는 더 줄었다. 학년의 수업 일수는 1970년대보다 일주일 이상 줄어들었고, 학생들의 숙제는 1982년의 해당 학년들보다 줄었다. SAT 수학 점수는 개선되었으나 구술 점수는 개선되지 않았다. 1992년에 대학위원회가 SAT를 '재규준화하여' 해당 교과 모두가 150점 올라갔음에도 불구하고 언어 점수는 여전히 개선되지 않았다. 전반적인 점수는 1970년 수준보다 약 100점 이하를 유지하고 있다. NEAP 점수는 변하지 않았고, 글쓰기는 문장 부분과 응집성과 실재성(substance, 이 단어는 이 장에서 몇 번이나 언급함) 등의 중요 영역에서 하락하였다(미국 교육부, 1999).

비표준 화자에게 표준 영어와 공식적 표준 영어의 관습에 숙달하도록 요구하는 것이 가정 방언에 대한 비판이나 뚜렷한 거부를 수반하는 것은 아니다. (절대로 수반하지 않아야 한다.) 암시적인 비판을 유발한다는 주장에 반박하기 위해 언어에 대한 추가적 지위를 채택해야만 한다. 학생들이 표준 영어 관습에 숙달하도록 하는 것은 그들의 언어 능력을 뺏는 것이 아니라 언어 능력을 추가하려는 것이다.

그러나 비표준 영어가 오명을 벗게 되리라는 생각을 할 만큼 그렇게 순진해서는 안 된다. 표준 영어 관습 가르치기에 반대하는 수많은 사람들은 아마도 그럴 것이라고 믿고 있다. 그러나 현실은 그렇지 않다. 교실에서 표준 영어와 공식적 표준 영어 관습 가르치기를 실패하는 것은 비표준 영어 화자에 대한 사회의 태도에 어떤 영향도 미치지 않는다. 그러나 학생들의 삶 속에는 분명히 어떤 영향을 끼치게 될 것이다. 그들의 활동 범위는 매우 제한될 것이다. 그리고 사회 경제적 지위가 낮은 다수의 사람들은 빈민으로 남게 될 것이다. 이러한 관점에 따라 우리는 학생들의 잠재력, 특히 언어와 관련된 잠재력을 충분히 발휘하도록 도와야 한다. 우리 사회는 훨씬 더 경쟁적으로 변하고 있다. 적어도 표준 영어는 사회적 기회와 경제적 기회를 위한 기본적인 요구사항이다. 표준 영어가 제한적이기보다는 오히려 포괄적이기 때문이다.

제1 언어 습득

언어 습득은 여기에서 다루고 있는 문법 논의에서도 매우 중요한 화제이다. 언어 습득에 대해 살펴보는 것은 이에 대한 상이한 관점에서 습득이 무엇을 수반하는지 온전히 이해하기 위함이다. 이러한 맥락에서 앞부분에서는 문법 수업이 더 나은 글쓰기를 이끈다는 가정을 검토했고, 문법의 속성과 문법이 무엇을 수반하는지, 문법이 용법과 어떻게 다른지에 대한 교육 분야의 혼란을 살펴보았다. 학생이 글을 쓸 때 나타나는 오류가 왜 문법보다 대체로 용법의 문제인지를 이해해야 한다. 이를 위해 특정 언어의 모어 화자가 되는 과정을 면밀히 살펴보아야 할 것이다.

언어 습득은 태어나면서부터 시작되며 사람의 몸과 뇌에 있는 특별한 특징으로 가능하게 된다. 이 특징은 진화를 거쳐 언어 생산과 이해에 기여한다. 직립 자세는 호흡기와 조음 체계를 수직으로 바뀌도록 했다. 이는 미묘한 차이를 지닌 조음과 보다 넓은 범위의 소리와 억양과 리듬의 효과적인 관리에 필수적인 호흡 조절을 더 용이하게 할 수 있도록 했다(de Boyson-Bardies, 2001). 언어를 사용하고 발달시키는 유전적 소인을 가지고 있는데, 핀커(1994)가 『언어 본능*The Language Instinct*』에서 이에 대해 설명하고 있다. 자켄도프(Jackendoff, 2002)가 말했듯이, "아이가 말하기를 배우는 것은 인간 존재의 일부이다"(p. 70). 이 유전적 소인은 태어난 지 하루밖에 안 된 아기가 어머니의 목소리에 귀 기울이기 위해 울음을 멈추는 것이며, 어머니는 "아이의 목소리에 귀를 기울이기 위해 잠자는 것을 포함하여 거의 모든 일을 멈추는 것이다"(p. 179)라는 할리데이(Halliday, 1979)의 주장에 근거가 된다.[20]

그러나 언어는 보거나 걷는 능력에 비해 엄밀한 의미에서 선천적이지 않다. 때때로 아이들이 학대받고 버림받는 경우가 있는데, 이 비극적인 사례들을 통해 신경생리학 기관은 그것을 사용할 준비가 되기 전부터 자극을 받아야 함을 알 수 있다. 유명한 사례 중 하나는 '지니'라는 소녀와 관련된 것이다. 이 아이의 어머니는 아이를 몇 년 동안 방에 묶어 두고 아이에게 말을 전혀 걸지 않았다. 당국에서 열세 살 '지니'를 발견하기 전까지 다른 사람들과의 상호작용이 없었다. 그녀에게는 어떤 언어도 발달되지 않았다. 이후 그녀에게 언어를 가르치려고 노력했지만 많은 어려움이 있었다.[21]

이러한 사례는 언어가 사회적 상호작용과 불가분으로 연결되어 있고 사회적 상호작용 없이는 발달할 수 없다는 것을 확인해 준다. 핀커(1995)가 언급했듯이, 결핍된 사회적 환경에서 성장한 아이들에 대한 모든 기록을 살

---

20 아버지도 유사한 행동을 보이지만 여성에게서 더 쉽게 나타난다는 점에 유의해야 한다. 주로 여성이 유아를 먹이고 돌보는 것을 책임지고 있기 때문이다.

21 게다가 '지니'는 구조 후에 정상적인 사회적 기술을 발달시키지 않았고 자신을 돌보는 것을 배우지도 않았다. 그녀는 성인 시기를 그녀의 특별한 요구를 수용할 수 있는 직원과 함께 사설 기관에서 보냈다.

펴보면 다음과 같다. "결과는 항상 같다. 즉, 발견되었을 때 아이들은 말을 못한다. 어떤 선천적인 문법적 능력이 있을지라도 구체적인 발화, 단어, 문법적 구조를 스스로 생성하기에는 아이들이 너무나 도식적이다"(p. 152).

다행히 이런 식으로 학대받은 아이들의 수는 적다. 대다수의 부모는 아이의 존재를 기뻐하며 기회 있을 때마다 발달을 위해 아이들에게 말을 시킨다. 다른 어른들도 이와 유사한 행동을 보여 준다. 결과적으로 유아는 깨어 있는 거의 모든 시간에 언어가 풍부한 환경에 놓이게 된다.

영아는 태어나서 첫 1년 동안 언어의 전조에 해당하는 옹알이(babbling)를 한다. 어떤 학자들(Boysson-Bardies, 2001; Pinker, 1994)은 이 소리가 인간 발화의 가능한 모든 범위를 표현하고 아이들이 자신의 가정 언어 소리를 맞추려고 애쓰는 절차의 일부라고 했다. 아이들은 옹알이뿐만 아니라 몸짓과 표정과 관련된 말하기 전의 의사소통적 행동까지도 한다. 예를 들어, 부모를 향해 위쪽으로 뻗치는 몸짓은 "나를 들어 올려 주세요!"라는 신호에 해당하는 것이다. 또한 유아들은 다른 사람들의 행동을 관찰함으로써 자신의 주변 세계에 대해 많은 것을 배운다. 즉, 유아들은 자신들의 환경을 조직하도록 동기를 부여받는 것처럼 보인다. 8개월쯤 된 유아는, 컵은 마시기 위한 것이며 숟가락은 먹기 위한 것이며 침대는 잠자기 위한 것임을 대개 안다. 의미 있는 맥락에서의 자극은 언어를 촉발시킨다.[22]

유아들은 자신이 그러한 단어를 생산할 수 있기 전에 "아기", "안 돼",

---

22 맥락은 의미 있고 의사소통적이어야 하고 직접적인 인간 상호작용에 관련되어야 한다는 것을 주목하라. 우리는 개 짖는 소리가 아무것도 아니지만 유아들에게 소음이 될 것이라고 쉽게 이해한다. 마찬가지로 TV나 라디오에서 나오는 담화는 언어 습득을 촉발시키지 않을 것이다. 유아들에게 그것은 개 짖는 소리만큼이나 무의미하고 비의사소통적일 것이다. 그러므로 유아를 TV 앞에 앉히고 프로그램을 틀어주는 것은 언어 발달로 이어질 수 없다. 물론 이 발견은 아이들이 〈세서미 스트리트Sesame Street〉와 같은 텔레비전 프로그램을 보는 것에 대해 중요한 암시를 준다.

"잘 자", "병"과 같은 여러 가지 간단한 단어들을 이해한다. 실제 언어는 문화와 상관없이 한 살 정도 된 대부분의 아이들에게서 나타난다(Clark, 1993). 그들의 첫 번째 발화는 자신의 세계와 관련된 것이다. 넬슨(Nelson, 1973)은 이를 동물, 음식, 장난감이라는 세 가지 주요 범주로 나누지만 이는 신체 부분과 가정용품도 포함한다고 보고했다. 그들이 명명하는 사람은 대개 "dadda", "momma", "baby" 등이다. 18개월쯤에는 아이들이 약 50개의 어휘를 사용하며, 처음에는 한 단어 발화를 사용할 수 있고 그다음에 의사소통을 많이 하기 위해 두 단어 발화를 사용할 수 있다. 이 발달의 패턴은 거의 모든 언어에 보편적으로 나타난다. 몇 가지 전형적인 두 단어 발화는 다음과 같다.

- Go bye-bye. 잘 가.
- All gone. 다 했어.
- Baby fall. 아가 떨어져.
- Me sleep. 난 잘 거야.
- Doggie run. 멍멍이 가.

이 두 단어 발화는 기본적인 문법적 구조를 가진다. "Go bye-bye"의 경우에 이 말을 이해한 행위자의 행위를 포함한다. 반면에 "Me sleep"과 같은 발화에는 행위자와 행위가 나타난다. 이러한 행위자-행위 발화는 "Dogs bark"와 같은 가장 간단한 문법적 문장과 매우 유사하다. 18개월에서 두 살 사이의 아이는 언어가 급속도로 발달한다. 아이들은 하루에 두 개 혹은 더 많은 새로운 단어를 습득하고 6개월에서 1년 사이에 문법적으로 정확하고 완전한 문장을 생산한다. 세 살짜리 아이는 6a와 같은 문장을 만들지만 결코 6b와 같은 문장은 만들지 않을 것이다.

6a. I got a boo-boo. 나 '아야' 했어.

6b. Got boo-boo a I. '아야' 했어, 나.

여기서 우리는 학생의 글쓰기에 나타난 대부분의 오류가 문법과 관련되지 않는 이유를 알 수 있다. 영어를 모어로 하는 학생들의 언어는 당연히 문법적이다. 다른 선택은 없다. 부분적이긴 하지만 언어는 필연적으로 문법으로 결정된다. 즉 문법은 언어 속에 내재되어 있으며, 언어는 문법 없이 습득되거나 생성될 수 없다. 뉴포트 외(Newport, Gleitman, & Gleitman, 1977)는 6세 이상의 화자가 생산한 발화 중에서 99.93퍼센트가 문법적으로 정확하다고 추정했다. 만약 사람들이 6b와 같은 비문법적인 문장을 만들었다면 그들은 영어를 사용하는 사람들이 아니다.[23] 물론 이것이 특정 언어의 모어 화자가 비문법적인 문장을 결코 생성하지 않음을 의미하지 않는다. 그들은 비문법적인 문장을 생성하기도 한다. 다만, 그들이 생성한 문장 중에서 아주 일부분이 비문법적이라는 것이다. 말하기와 글쓰기에서 우리가 발견하는 대부분의 비문법적인 문장은 일상 발화에서 이미 고정되어 있어 대개는 거의 눈에 띄지 않는다. 물론 매우 예민한 관찰자에게는 예외일 수 있다. 그러나 보통 모어 화자가 6세 이후에 비문법적인 문장을 만드는 것은 매우 어렵기 때문에 의식적인 노력 없이 비문법적인 문장을 만들 수 없다. 설령 그

---

23 언어학자들은 언어가 제멋대로 혹은 제한 없이 달라지지 않음을 제안하는 보편적 문법 이론을 발전시켜 왔다. 이것은 아마도 정신이 구조화되고 작용하는 방식의 결과로서 모든 언어가 수많은 속성을 공유한다는 것을 의미한다. 6b의 예는 보편 문법의 어순 속성을 어기고 있다. 이런 특정한 구조를 가진 언어는 존재하지 않거나 존재할 수 없다. 그러므로 자발적으로 6b(이 책의 예로서 그것을 의도적으로 구성한 것과는 대조적으로)를 생성하는 사람은 아마도 사람이 아니라고 결론지어야 할 것이다. 보편 문법에 대한 더 상세한 내용은 Chomsky(1981, 1995, 2000), Culicover(1999), Jackendoff(2002), Newmeyer(1998), Prince & Smolensky(1993)를 보라.

들이 틀린다 해도 부정확한 용법을 나타내면서 문법적인 문장을 생성한다. 이 현상에 대한 연구는 언어 습득에 대한 두 개의 주요한 모형, 즉 귀납적 모형과 연상적 모형으로 이어진다.

습득과 학습

언어 습득에 대한 두 모형은 많은 점에서 차이가 있으며, 각각의 지지자를 갖고 있다. 그러나 그것들은 많은 공통적 특성도 있다. 두 모형은 언어가 유전적 기반을 가지며, 뇌가 언어를 위해 구조화되었으며, 아이들은 문법 수업 없이도 문법적 발화를 생성할 수 있음을 인정한다. 게다가 두 모형은 문법이 언어 처리 과정의 바탕으로 작용한다고 제시한다. 6세 아동은 문법에 대한 의식적 지식 없이도 문법적 발화를 생성할 수 있다. 뿐만 아니라 문법은 바탕 깊숙이 존재하는 것으로 사람들이 대화를 들을 때는 문법에 주목하기가 매우 어렵고, 그나마 책을 읽을 때는 문법에 집중하는 것이 상대적으로 쉽다. 사람들은 구조가 아니라 의미에 집중하는 경향이 있다. 이 사실은 수업에 대한 중요한 암시를 담고 있다. 결국 두 모형 모두 아이들이 공동체의 언어, 즉 가정 언어 또는 가정 방언을 습득하는 것을 인정하고 있다. 가정 방언은 철저히 몸에 배어 있어서, 어떤 사람이 다른 방언을 수용할 때에는 상당한 동기와 의식적인 노력이 필요하다.

교사들이 직면한 문제는 명백하다. 표준 영어가 많은 가정 내에서 규범이라고 할지라도 대다수의 아이들은 가정 방언이 영어가 아닌 집에서 양육된다. 거기에서는 책을 거의 찾아볼 수 없고 독서를 좀처럼 권하지 않으며, 독서를 전혀 하지 않는다. 설령 그렇지 않은 경우가 있다고 하더라도 거의 찾을 수 없으며, 가정 방언이 공식적 표준 영어인 집에서 양육된 아이들은 거의 없다고 할 수 있다. 표준 영어와 공식적 표준 영어가 수업의 목표이지만 학생들은 학교와 교실의 글쓰기 과제에 이 목표와 다소 차이가 있는 가정 방언을 사용한다. 표준 영어와 공식적 표준 영어의 관습을 가르칠 때 우리는 학생들에게 새로운 방언을 숙달하도록 끊임없이 노력해야 한다.

문법 학습은 학생들에게 그들의 언어를 표준 영어와 공식적 표준 영어에 더 가깝게 해 주는 것으로 여겨진다. 그것은 가정 언어와 표준 영어의 가교로 볼 수 있다. 이러한 가정은 가교가 준비되면(즉, 학생들이 문법을 배우기만 한다면), 언젠가 학생들은 표준 영어를 말하고 쓰게 된다고 본다. 그러나 이 접근법은 잘못된 것이다.

다음 사항을 고려해야 한다. 언어학자들은 문법을 공부하는 과정을 언어 습득과 구분하기 위해 언어 학습(language learning)이라고 기술하며, 그것은 언어 습득(language acquisition)과는 구별되는 것이다. 습득이 무의식적이고 문법 숙달에 쉬운 반면, 학습은 의식적이고 어렵다. 인간 정신이 습득된 언어 지식을 처리할 때에는 학습된(learned) 언어 지식과 다른 방식으로 처리하기 때문이다. 대부분의 사람들이 학습된 지식을 적용할 때마다 그들의 언어 처리 능력은 손상된다. 그 문제의 일부는 형식과 의미의 차이와 관련된 것이다. 형식이 정신을 산란하게 할 정도로 결함이 있지 않다면, 앞서 제시한 것처럼 사람들은 발화 또는 글쓰기를 할 때 의미에 집중한다. 그들이 형식에 집중하려고 할 때 오히려 의미에 집중하기가 어렵다는 것을 발견한다. 그것은 마치 숨 쉬는 방법에 대해 생각하려고 한 것과 약간 유사하다. 대부분의 사람들이 그동안 무의식적으로 노력 없이 하던 일을 갑자기 노동처럼 느끼게 된다.

글쓰기 장애를 겪는 사람들 중에서 이러한 현상이 나타나는 극단적인 예를 찾을 수 있다. 로즈(Rose, 1984)는 학생들이 형식을 정확히 하려는 것에 지나치게 집중한 나머지 의미에 집중할 수 없다고 연구에서 밝힌 바 있다. 게다가 학생들은 자신들이 사용한 형식이 틀렸다고 생각하며 문장 몇 개를 쓰고, 줄을 그어 지우고, 또 다시 쓰고, 줄을 그어 지우는 행위를 계속 반복하게 된다. 결국 그들 대부분은 한 단락을 완성하는 것조차 어려워한다.

이보다 덜 심각한 수준의 몇몇 학생들을 예를 들어 보자. 그 학생들은 who(누구)와 whom(누구를)의 차이를 학습하고 이해하고 난 뒤 연습 문제를 풀 때는 이 두 단어를 정확하고 일관되게 구별할 수 있다. 그러나 그 학생들은 말을 하거나 글을 쓸 때 어떤 형식이 적절한지 판단하여 구분하는 것에는 실패하고 만다. 예전에 어느 정도 긴 글을 써 본 사람은 교정할 때 오류를 찾는 것이 얼마나 어려운지 이해한다. 글쓰기의 구조에 집중하려고 할 때 의미에 대한 주의와 집중을 잃는 경향이 있기 때문이다. 전문 작가와 교수조차도 이러한 문제를 경험하게 되는데, 이것이 출판사에서 작가들이 놓친 오류를 바로잡기 위해 교열 담당자를 고용하는 이유이다. 문법 수업에 대한 암시가 명백해진다. 즉, 학생들을 편집자로 훈련시키는 것이 문법 수업을 하는 것보다 글쓰기의 오류를 감소시키는 데 도움이 된다.

또한 대학의 작문 교사들은 문법 지식이 말하기와 글쓰기의 질적 향상에 영향을 끼치는지 아닌지를 알고 있다. 많은 외국인 학생들, 특히 아시아에서 온 학생들이 자신의 교사보다도 영어 문법에 대해 더 많이 배워 왔다. 그러나 그들은 대체로 매우 형편없이 영어로 말하고 작문을 한다. 그들이 학습한 영어 문법 지식은 습득된 것이 아닌 것으로 실제로 언어를 사용하는 상황 속에서는 별로 도움이 되지 않는다.

4. 왜 문법을 가르치는가

앞서 언급한 것들을 고려해 보면 학생들에게 문법을 가르치는 것은 학생들의 시간뿐만 아니라 교사의 시간도 허비하는 것이라는 결론에 도달하게 된다. 그러나 이 결론이 틀렸을 수도 있다. 왜냐하면 문법을 가르치는 데 여러 가지 타당한 이유가 있기 때문이다. 중요한 이유 중 하나는 주변 세계와 스스로를 정의하기 위해 언어를 사용한다는 사실이다. 이렇게 중요한 것은 학습할 가치가 있다. 뿐만 아니라 문법 지식은 글쓰기에서 특정 역할을 담당한다. 문법은 학생들에게 형태(form)와 기능(function)에 대한 정보를 제공하여 언어를 학습할 수 있도록 해 준다. 또한 문법은 의사소통을 하는 방법에 대한 정보를 제공한다. 교사와 학생이 공통 어휘를 공유할 때, 글쓰기에 대한 논의는 더 효율적이고 더 명확해질 수 있다. 그러므로 문법은 그 자체가 더 나은 글쓰기로 이어지는 것은 아니지만, 문법 공부는 보다 효과적인 글쓰기 교수를 가능하게 한다.

또 다른 대답은 문법이 본래부터 재미있고 지적인 도전이라는 것이다. 이는 적어도 문법이 흥미로운 과목으로 교수·학습될 때 가능하다. 존재하는 많은 것들은 단지 그것이 어렵다는 이유만으로도 할 만한 가치를 가진다. 마지막 대답은 문법 지식이 서구 역사 속에서 고등 교육을 받은 사람들의 특징으로 여겨졌다는 것이다. 허쉬(Hirsch, 1988)가 설득력 있게 주장했듯이 문법 교육에는 알 만한 가치가 있는 것들이 분명 그 속에 존재한다.

5. 좋은 수업

실질적인 질문은 왜 문법을 가르치느냐가 아닌 어떻게 문법을 가르치느냐이다. 앞 장에서 모어 화자가 영어 문법을 내면화해 왔다는 것을 보았다. 비록 문법 용어를 모를 수도 있지만, 그들은 일관되게 문법적 발화를 생산할 수 있고 비문법적 발화를 바로 인지할 수 있다. 사실 그들이 생산하는 발화에는 비문법적인 것이 거의 없다. 문제는 그들이 표준 영어와 공식적 표준 영어를 지배하는 용법 관습에 숙달되지 않았다는 것이다. 표준 영어의 용법 관습은 학생들이 글쓰기를 할 때 나타나는 대부분의 오류를 설명해 준다. 그러나 전형적인 언어 과목 교육과정은 모어의 문법 패턴을 이해하기보다는 마치 외국어를 배우는 것처럼 가르치도록 목표한다. 용법은 거의 다루고 있지 않다. 이러한 접근법은 학생들이 이미 아는 것을 토대로 한다는 교육적 기본 원리와 상충한다. 그럼에도 불구하고 그것은 공교육에서 가장 널리 사용되고 있다. 더 비극적인 것은 이 접근법이 대개 맥락 없는 문법 공부를 하도록 한다는 것이다. 문법을 학생들의 교실 밖 삶과 연결하려고 하지 않는다. 학생들이 일상적으로 하는 의사소통 속에 있는 문법을 보려 하지 않는다.

그러면 어떻게 문법을 효과적으로 가르칠까? 좋은 수업은 어떻게 가능한가? 이상적 관점에서 문법을 본래 재미있는 독립 과목으로, 문법 그 자체를 위해 공교육에서 가르칠 것을 제안한다. 그렇게 되기 위한 더 효과적인 방법 중 하나는 문법과 언어의 사회적·심리적 측면에 초점을 두어야 한다는 것이다. 즉, 학생들이 자신과 다른 사람들을 더 잘 이해하기 위한 도구로 문법을 사용하는 것이다. 그러나 우리가 그런 이상적 세계에 살지 않으므로 이 비전통적인 접근법이 불가능하지 않지만 실제로 적용하기는 매우 어렵다. 공교육에서 종종 변화와 혁신이 매우 부정적인 것으로 여기며, 우리가 문법을 가르치는 때 방법의 변화를 시도하게 되면 매우 강렬한 저항에 부딪치게 된다. 레스터(Lester, 1990)는 다음과 같이 말했다.

전통 문법은 몇 대에 걸쳐서 영어 교실에서 계속 사용되어 왔다. …… 그것은 당신이 영어 교실에서 사용하는 것에 해당한다. 학생들이 전통 문법에 매우 서툴다는 사실조차도 이의를 제기할 이유가 되지 않는다. …… 왜냐하면 우리가 기대하는 규범으로 그 체계를 세우는 데에 이미 실패했기 때문이다. (p. 340)

다른 대안을 생각해 보자. 학교에서 문법 수업을 연구할 때 세 가지 기본적인 교육 방향을 관찰하게 된다. 가장 만연한 것은 라틴 시대의 연구에 기초한 전통 접근법이다. 이것은 문법 용어에 집중하고, 마치 학생들이 외국어를 배우고 있는 것처럼 문법을 가르치는 것과 연관된다. 이 장 전체에서 이 접근법이 효과적이지 않은 이유를 설명하고 있다. 앞서 언급한 "이상적 세계"와 관련되고, 특히 앤드루스(1995, 1998), 콜른(1996), 울프람(1998)이 주장한 또 다른 제안은 문법이 언어 연구라는 넓은 맥락에 포함되어야 한다는 것이다. 이것을 '언어적 접근법'이라고 부른다. 종종 위버(1996)와 관련된 세 번째 방향은 문법 수업을 문식성의 맥락 안에 자리 잡도록 주장하는 것이다. 이것을 '문식적 접근법'이라고 부른다. 이 두 가지 접근법은 최적의 적용을 위한 틀을 제공해 준다.

1) 언어적 접근법

언어적 접근법은 그 명칭에서 알 수 있듯이 언어 연구에서 얻은 통찰을 기반으로 한다. 이 접근법을 사용하는 교사는 학생들에게 소리(음운론), 의미(의미론), 사용(화용론) 등의 다양한 언어 요소를 소개하는 것에 초점을 둔다. 문법은 언어를 규정하기보다 기술하기 위한 도구로서 가르쳐진다. 문법은 학생들이 방언의 특성을 이해하도록 하는 도구이며, 방언이 그 자체로 온전하며 그것을 유지하면서 동시에 다른 것과 어떻게 다른지를 이해하는 도구로 가르쳐진다.

언어적 접근법의 본질을 기술하는 데 있어서 울프람(Wolfram, 1998)은 다음과 같이 논의했다.

언어의 복잡성을 평가하기 위한 가장 효과적인 방법은 …… 사회에서 선호하지 않는 형식에 나타나는 실제 언어 패턴을 수반하는 것이다. 그러한 인식은 언어 과목 교수자의 관점뿐만 아니라 학생들이 다른 학생들과 자신에 대해 느끼는 방식에도 영향을 미친다. (p. 91)

이와 유사하게 앤드루스(Andrews, 1998)는 다음과 같이 언급했다.

학생들은 무엇보다 자신들이 사용하는 언어가 어떻게 다르고, 어떻게 변하고, 자신들이 살아가는 세계에서 어떻게 작용하는지를 더 알아야 한다. 그 후에 자신들과 다른 화자·필자가 무의식적으로나 의식적으로 사용하는 언어 요소와 패턴과 구조가 무엇인지 깨달아야 하며, 그러한 쟁점에 주의를 기울어야 하는 이유를 알아야 한다. (p. 6)

앤드루스는 '언어 탐구와 인식(Language Exploration and Awareness)'[24] 이라는 것을 주장했는데, 그것은 학생들이 언어 작용 방식에 관심을 가지도록 돕기 위해 고안된 과제 기반 문법 교수 프로그램이다. 예를 들어 어떤 과제는 학생들에게 조부모처럼 나이든 사람들을 만나서 그들에게 자신들이 사용하는 언어가 어떤 변화를 겪었는지 물어볼 것을 요구한다.

언어적 접근법은 학생들에게 사람들이 언어를 사용하는 방식을 관찰하도록 하며 그 관찰을 설명하고 해석할 것을 권장한다. 이러한 방식으로 학생들을 참여시킬 수 있는 추가 활동들을 쉽게 그려 볼 수 있다. 이와 관련된 활동 중 몇 가지를 이 장의 마지막 부분에 나열하였다. 예를 들어, 학생들에게 자신의 친구들이 단어 like를 지나치게 사용하는 것을 관찰하도록 한

---

24 앤드루스(Andrew, 1998, 2004)가 지은 *Language Explore and Awareness*는 '이관규 외 (2008), 『국어 수업을 위한 언어 탐구와 인식』, 박이정'으로 한국어판이 번역되었다. [역주]

다. 그 단어가 대화에서 얼마나 자주 사용되는지, 나이, 직업, 성별, 민족성, 사회경제적 계층에 따라 사용하는 용법의 빈도를 측정하도록 한다. "I feel bad"와 "I feel badly"와 같은 표현의 사용은 교육 수준에 따라 다르게 나타난다. 만약 학생들이 대화와 뉴스 방송을 모니터해 본다면, 변이의 본질을 탐구할 수 있다. 학생들에게 올바른 형식을 알려 주고 이에 해당하는 문법적 기초를 설명하는 데에는 몇 분밖에 걸리지 않는다. 그러나 학생들이 누가 어떤 표현을 사용하는지 알기 위해 사람들을 관찰하는 경험을 하게 된다면, 그들은 연구자로서 그 과업을 평생 지속할 수도 있다. 이러한 경험은 실천적이고 유의미하지만 교과서에 제시된 연습 문제는 결코 그렇지 않다.

언어적 접근법의 잠재된 결점은 대개 말하기에 집중되어 글쓰기를 무시한다고 비난받을 수 있다는 점이다. 결과적으로 이 접근법이 학교에서는 실망스러운 것일 수 있다. 그러나 구어 담화를 듣고 그것의 문법 형식에 주의를 기울이는 것이 문법을 이해하고 문법의 가치를 인정하는 데 있어서 필수적인 첫 단계임을 깨닫는 것은 중요하다. 언어적 접근법은 문법이 학생들의 세계 속에 스며들어가 어느 정도 그 세계를 분명히 나타낼 수 있다는 인식을 높일 수 있다. 예를 들어 방언에 대한 과제는 학생들이 그들의 말하기뿐만 아니라 글쓰기에서 형식의 문제에 주의를 기울이도록 동기화하는 데매우 효과적일 수 있다.

대중적인 언어 과목 교과서를 조사해 보면, 문법 수업에서 언어적 접근법을 어떻게 적용하는지에 대한 형식적 접근을 알 수 있다.[25] 호튼 미플린 (Houghton Mifflin) 출판사의 『영어 *English*』(Rueda et al, 2001)는 맥락에 근거해서 언어를 사용하는 방식을 바꾼다는 것을 보여 주기 위해서 공식적 언

어와 비공식적 언어에 대한 짧은 논의를 제공한다. 또 언어와 관련된 문화적 요인에 대한 짧은 논의도 있다. 그러나 『영어』는 대체로 문법에 대한 전통적 접근법에 기초하고 있다. 언어와 방언의 역사에 대한 제한된 정보를 제공하는 홀트(Holt) 출판사의 『언어의 요소*Elements of Language*』(Odell, Vacca, Hobbs, & Irvin, 2001)는 유사한 접근법을 취한다. 두 교재는 맥락에 대해 많은 논의를 제공하지 않고 방언을 강조한다. 예를 들어 『언어의 요소』는 "누구나 방언을 사용한다. 그리고 다른 것보다 더 좋거나 더 나쁜 방언은 없다"(p. 692)라고 진술한다. 그러나 그것은 적절성의 문제를 충분히 설명하지 않는다. 적절성의 문제는 수많은 상황에서 하나의 방언이 다른 방언보다 더 좋거나 더 나쁘기 때문에 중요하다. 이 교재들은 교육적 이유가 아니라 정치적 이유 때문에 언어적 접근법에 관련된 자료를 포함한다는 인상을 전반적으로 준다.

글렌코/맥그로-힐(Glencoe/McGraw-Hill) 출판사의 『작가의 선택 *Writer's Choice*』(2001)은 좀 더 원칙에 입각한 접근법을 취한다. 그것은 문법과 용법 교수에 대한 마크 레스터(Mark Lester)의 에세이를 포함한다. 이 에세이는 잘 알려져 있고 이 장에서 제기된 쟁점과 전체적으로 동일한데, 특히 문법과 용법을 구별할 필요에 대한 쟁점이 그렇다. 게다가 그는 "좋은 문법 프로그램은 학생의 글쓰기에서 문법을 용법 문제에 끊임없이 연결한다"(p. 28)라고 언급하면서 효과적인 방법으로 언어적 접근법을 적용했다.

2) 문식적 접근법

위버(1996)와 관련된 문식적 접근법은 종종 언어학뿐만 아니라 현대 작문 교육학에까지 근거를 두고 있다. 언어 습득은 아이들이 언어 환경에 몰입되었을 때 일어난다는 것을 상기해 보자. 만약 글쓰기(또는 공식적 표준 영어)

를 방언으로 본다면, 학생들이 주로 텍스트로 존재하는 언어 환경에 몰입되었을 때 이 방언을 습득할 것이다(Smith, 1983 참고). 언어 습득에 관해 알고 있는 것은 읽기가 학생들을 문어에 몰두하게 한다는 것이다. 이것은 아이가 있는 가정에서 아이를 구어 속에 몰입시켜서 언어 습득을 하도록 하는 것과 같은 방식이다. 아이는 읽기를 통해 텍스트의 공식적 표준을 특징짓는 언어의 특질을 습득할 수 있다. 그리고 이것은 차례로 글쓰기를 촉진하게 된다. 이런 이유로 문식적 접근법은 읽기 활동을 문법 교수의 가장 효과적인 수단으로 여긴다.

읽기 활동은 의미뿐 아니라 형태와 기능에 대한 논의에 매우 적합하다. 더 중요한 것은 읽기 활동이 직접적 수업보다 간접적인 수업에 더 적합하다는 것이다. 직접적인 수업이 언어 학습에 기초하고 있는 반면에, 간접적인 수업은 언어 습득 원리에 기초하고 있다. 구체적으로 말하면, 간접적인 수업은 문법적 용어와 개념을 매일 매일의 수업에 끼워 넣고 독립형 단원을 피하도록 한다. 이것이 어떻게 작용하는지 이해하기 위해 텍스트를 논의하는 동안 다음의 교사를 상상해 볼 수 있다. 이 교사는 학생들에게 단어나 구를 말하고 그것을 재미있게 만드는 것이 무엇인지 설명하면서 흥미로운 단어나 호기심을 불러일으키는 구를 알려 준다. 그 인지 과정은 아이들과 놀고 있는 부모들이 공을 들고서 "공"이라는 단어를 말할 때 이해하는 것과 유사하다. 대상과 이름 간의 연결은 의미 있는 맥락에서 발전한다. 그런 연결이 놀이의 자연스러운 결과로 따라 오는 것이기 때문에 그 수업은 간접적이다. 그리고 아이들은 해당 용어의 지속적인 사고 모형을 발전시킨다.

현대 쓰기 교육의 영향은 교실 구조에서 분명히 나타난다. 문식적 접근법은 읽기뿐만 아니라 쓰기에 기초하는 문법 교육과정을 강조한다. 그리고 그것은 학생들이 글을 써야 하고 그것을 수정하기 위해 동료와 교사의 피드백을 받고 자주 글을 고쳐야 한다는 생각에 입각한다. 예를 들어, 위버

(1996)는 학생들에게 매일 글을 읽고 쓰라고 권했다. 교사는 학생이 초안을 작성할 때 진행 중인 글을 읽고 유용한 제안을 하며 돌아다님으로써 쓰기 과정을 용이하게 한다. 이 맥락에서 문법 수업은 쓰기 수업의 일부가 된다. 교사들이 학생의 글쓰기 작업에서 공통적인 문제점을 보았을 때 교수법이 제공된다. 교사들은 쓰기 활동을 멈추게 하고 즉석에서 간단한 수업을 한다 (Williams, 2003a 참고).

몇 개의 예로 그러한 접근법을 설명할 수 있다. 학생 필자들은 일상 대화에서 쓰이는 형식의 영향으로 일치(agreement) 문제를 어려워한다. 그들은 "Everyone took their books to the library(모든 사람들이 도서관에 자기 책을 가져왔다)"와 같은 문장을 만들어 낼 것이다. Everyone은 단수지만 their는 복수이고, 이것은 수 일치에서 오류를 야기한다. 이 문제를 알아챈 교사는 쓰기 활동을 중지시키고 그 문장을 표준 관습에 따라 어떻게 바꾸는지 설명한다. ("Everyone took his or her books to the library." 또는 "All the students took their books to the library.") 또한 교사들은 effect 대신에 impact라는 단어를 쓰는 여러 학생들을 볼 수 있을지도 모른다. 그것은 매우 흔한 용법 오류인데, 다음과 같은 경우이다. "The new policy had a significant impact on school funding."/"The new policy had a significant effect on school funding." (새로운 정책이 학교 자금에 중요한 영향을 끼쳤다.) 그때 교사는 그 단어의 의미와 영어에서의 적절한 사용에 대한 미니레슨으로 개입한다.

그런 미니레슨은 10분 이상 계속하지 않는다. 이는 그것이 학생의 수행에 지속적으로 영향을 미치기 위해서 학기 중에 여러 번 수업 시작 전에 반복되어야 한다는 것을 의미한다. 그럼에도 불구하고 이런 유형의 수업은 문법에만 전념하는 강의나 반복 연습보다 더 크게 효과적이다(Calkins, 1983). 학생들은 자신들이 당면한 글쓰기 문제를 해결하기 위해 그들이 알아야 하는 것을 배운다. 학생들은 지식을 문제에 바로 적용하기 때문에 그 지식을 더 오래 유지한다. 이런 점에서 이 접근법은 스포츠와 그 외 다른 실천적 과제들에서 볼 수 있는 것과 유사하다. 교사는 잘못된 글쓰기 행동이 나타난 그 순간 바로 개입하여 그것을 바로잡아 학생을 도와주는 코치의 역할을 한다.

지난 30년 이상 글쓰기가 여러 단계를 포함하는 과정이라는 관점이 지나치게 널리 퍼져 있어 부분적으로나 전체적으로 그것을 포함하지 않는 텍스트를 상상하기 어렵다. 적어도 과정을 언급하는 것이 사회 관습상 필요한 것이 되었다. 그러나 과정 속에 교수법이 제대로 기술되고 잘 표현되는지의 여부는 완전히 다른 문제이다. 대개 그것은 실제 과정이 어떠한지와 전혀 상반된 화석화된 체계로 나타난다.

앞서 언급했던 세 권의 텍스트, 『영어』, 『작가의 선택』, 『언어의 요소』를 고려할 때, 그것들이 과정에 대한 교육 내용을 제공하지만 이 장에서 서술한 글쓰기에 문법 수업을 관련시킨 것은 거의 없다. 『영어』에는 '문법', '용법', '기제'에 대한 논의와 과정에 대한 개관이 있다. 그러나 이 자료는 분명히 방법론에 대한 어떤 논의도 포함하고 있지 않다. 그것은 학생들의 글쓰기를 개선시키는 동안에 문법에 대한 그들의 이해를 높이기 위한 효과적인 전략을 학생들에게 많이 제공하지 않는다. 교사용 판본은 주로 과정을 하나의 개념으로서 논의하고 조정 기술과 관련된 실천적 제안은 거의 없다. 『작가의 선택』과 『언어의 요소』는 둘 다 학생들이 문장을 분석하기 위한 질문으로 문법과 쓰기를 관련시킨다. 그러므로 그것들은 매우 전통적이며 문식적 접근법의 기저를 이루는 원리에 대한 이해가 거의 드러나지 않는다.

『작가의 선택』은 읽기, 쓰기와 문법을 관련짓지만 그것은 전통적인 방식에 머문다는 한계가 있다. 예를 들어, 학생들은 자신의 글쓰기를 재미있게 하기 위한 모형으로 이를 사용하고자 소설을 발췌하여 읽는다. 만약 학생들이 소설을 쓰고 있다면 이러한 연습은 이해가 될 것이다. 학생들이 에세이를 쓰고 있다면 그것은 전혀 이해되지 않는다. 문법을 간접적으로 배우기 위해 이러한 독서 활동을 사용하는 기회는 결코 없을 것이다. 그 결과 철저하게 전통적인 방식으로 읽기와 쓰기를 다룬다.

3) 혼합적 접근법

앞서 논의되었던 두 개의 접근법은 서로 상충하지 않는다. 그것들은 단지 문법 교수 과제에 대해 다른 점을 강조할 뿐이다. 둘 다 언어 연구와 문식성의 맥락에서 문법 교수를 위한 좋은 수업의 방법으로 많은 것을 제공해 줄 수 있다. 이런 이유 때문에 혼합적 접근법을 추천한다. 이것은 언어학적 기저와 문식적 기저를 결합한 것이다. 혼합적 접근법은 교사와 학생이 언어, 특히 글쓰기에 대해 더 효과적으로 말할 수 있게 해 주는 도구로 문법을 인식한다. 문법이 고유한 가치를 가지고 있지만 학교의 교육적 초점은 쓰기를 향상시키는 데 있다. 따라서 문법 학습은 교육과정에서 빠질 수 없고 쓰기에서 따로 떨어지거나 별개의 과목으로 고려될 수 없다. 동시에 혼합적 접근법은 결국 쓸모없는 반복 연습을 피하고, 그 외 다른 어떤 것에 그것을 적용할 수 있기 전에 학생들에게 문법을 배우고자 하는 동기를 부여해야 한다고 주장한다. 이는 사람들이 다양한 배경에서 언어를 어떻게 사용하는지 학생들이 이를 관찰하고 공부하는 데 참여하는 문법의 사회적인 면과 심리적인 면을 강조한다. 즉, 그것은 젊은 사람들에게 언어에 정통할 수 있는 기회를 제공한다.

이 역할에서 학생들은 문법과 용법 사이의 차이를 빨리 그리고 쉽게 이해하게 된다. 그리고 학생들은 개별 화자와 필자가 맥락과 청자(독자)에 따라 그들의 언어를 바꾸는 방식을 이해하게 된다. 이것들은 쓰기 수행에 직접적으로 관련되는 중요한 수업이다. 그것은 학생들이 그들 가정 방언의 본질을 이해하고 공식적 표준 영어로 글쓰기가 새로운 방언을 나타내는 방식을 이해하도록 돕는다. 새로운 방언은 삭제하기보다 첨가하는 것으로 연구되고 학습되어야 한다.

교사 개입은 혼합적 접근법의 중요한 부분이다. 교사는 학생들이 교실에서 글을 쓰고 있을 때 그들을 지켜보고, 문제를 확인하고, 그다음에 학생들이 바로 적용할 수 있는 미니레슨을 제공해야 한다. 더 많은 모니터링은 학생들이 그 수업을 바르게 적용하게 하는 적절한 지침과 함께 뒤따른다. 읽기는 문법 수업과 공식적 표준 영어의 모형 제작에 유용한 많은 기회를 제공하기 때문에 읽기 또한 혼합적 접근법에서 중요하다. 그러나 교사도 본보기의 역할을 해야 한다. 언어학은 지난 30년 이상 이론의 여지가 없는 두 가지 사실을 가르쳤다. 첫째, 누군가 자신의 언어를 수정해야 할 동기를 크게 부여받았을 때 언어 변화가 일어난다. 둘째, 사람이 목표 언어에 몰두하게 하는 환경 또는 적어도 사람이 목표 언어에 노출되는 환경에서 변화가 일어나야 한다. 동기 부여의 쟁점을 설명하는 것은 도전적이고 어렵다. 그러나 교사는 구어 표준 영어의 본보기의 역할을 함으로써 학습 환경에 관해 다룰 수 있다. 그렇게 하기 위해서는 이 장의 시작 부분으로 돌아가도록 해야 하며 이를 위해 한 가지 근본적인 사항이 요구된다. 즉, 교사는 영어 문법을 특별히 잘 알아야 한다. 게다가 교사는 공식적 표준 영어의 다양한 용법을 알아야 한다. 다음 장은 두 가지 지식을 제공하기 위해 고안되었다.

6. 예시 활동

다음 기술된 활동은 포괄적이지 않고 구체적 사례가 되는 것으로, 이 모형은 혼합적 접근법에 적절한 과제를 더 넓은 범위로 발전시키기 위해 사용되어야 한다. 이 활동은 특별한 순서 없이 제시되어 있으며 문법 교육과정을 대표하는 것도 아니다. 일부 활동들은 다음 장에서 논의할 개념과 용어를 언급하고 있음에 주의하라.

1. 학생들이 이야기나 에세이를 쓰고 그 글이 독자에게 미치는 효과에 대해 두 단락 정도로 쓰도록 하라. 학생들이 이 단락에 대해 토론한 후 소설의 요소 혹은 생각의 요소가 아닌 구조 측면에서 그 글이 효과가 있는지를 설명하게 하라.

2. 문체, 즉 필자가 단어 선택과 문장 구조를 선택하는 특성을 학생들에게 가르쳐라. 학생들이 작가가 다른 두 개의 이야기를 읽도록 하라. 그 후 학생들이 각 이야기에서 단락 4개씩을 가져와 문체에 관해 글쓰기를 분석하게 하라. 평균적인 문장 길이, 문장 시작어(주어, 문두 수식어, 등위 접속사, 동사구 등등)의 여러 유형, 한 문장 속의 부사와 형용사 평균 개수, 종속절의 평균 개수를 계산해서 분석하게 하라. 학생들이 이 자료를 이용해서 두 필자의 문체를 비교·대조하는 글을 두 단락으로 쓰게 하라. 후속 활동으로 학생들이 에세이를 읽고 이를 동일한 문체로 분석하게 하라. 그 후에 학생들이 그 이야기들 중 하나를 분석하여 얻은 자료와 이 자료들을 비교하게 하라.

3. 학생들이 다른 수업에서 쓴 자신의 과제물 문체를 분석하여 그 자료를 이전에 검토 받은 전문적 에세이 문체를 분석한 자료와 비교하는 글을 두 단락 정도로 쓰게 하라.

4. 학생들이 논쟁적이거나 분석적인 에세이를 쓰도록 하라. 그것에 대한 문체를 분석한 후에 그 글을 전문 에세이 문체의 특성에 가깝도록 수정하게 하라. 만약 그 글의 평균 문장 길이가 열 두 단어이고 전문적인 글의 길이가 평균 스무 단어라면, 문장의 평균 길이를 늘이

기 위해 문장을 결합하게 하라. 또한 학생들의 글에서 형용사 평균 개수가 한 문장 당 4개이고 전문 에세이는 0.5개라면 형용사를 삭제하게 하라.

5. 3~5명의 학생으로 된 조사연구 팀을 배정하라. 여기 목록화한 것처럼 방언의 일부 특성과 용법의 일부 특성을 제공하라. 그 후 각 팀에게 학교 카페테리아나 지역 쇼핑몰에서 눈에 띄지 않게 대화를 듣고 화자를 기술하고(나이, 성별 등등), 비표준 용법이 등장하는 빈도를 관찰하여 기록하도록 하라. 그다음에 학생들은 자신의 조사 결과를 구두로 보고해야 한다.

- I feel bad/I feel badly 나는 기분이 나쁘다
- Fred and I/Fred and me 프레드와 나
- In regard to/In regards to ……에 대해서
- She said/She goes like 그녀가 …… 말했다

6. 이전 활동을 했던 조사연구 팀이 TV 프로그램으로 위와 동일한 활동을 수행하도록 하라. 그 후 각 팀이 조사한 결과를 첫 번째 관찰한 것과 비교·대조하여 구두로 보고하게 한다.

7. 학생들이 과제물에 사용된 모든 전치사구에 동그라미를 표시하게 한 후, 전치사구를 형용사구로 바꿔 문장을 수정하는 법을 가르쳐라. 3개 이상의 전치사구가 있는 문장이 없도록 과제물을 수정하도록 하라.

8. 학생들에게 방언 관련 수업을 제공하라. 3~5명의 학생으로 된 조사연구 팀을 배정하라. 3개의 TV 프로그램 또는 영화를 보게 하고 등장인물 사이에 방언적 차이가 있는지 알아보도록 하라. 만약 그렇다면 그것이 무엇이고, 방언과 사회적 지위에 대한 어떤 결론을 이끌어낼 수 있는가? 학생들이 조사 결과를 구두로 보고하게 하라.

9. 학생 두 명씩 짝을 짓게 하라. 그중 한 명은 고용주의 역할을 맡고 다른 사람은 구직자의 역할을 맡을 것이다. 각 짝은 사업의 특성을 결정할 수 있지만, 이는 직업에 대한 것이어야만 한다. 고용주는 공석이 있어서 후보자를 찾고 있다. 고용주에게 직무 해설서를 작성하게 하라. 구직자는 고용주에게 자신의 자격에 대한 개요와 면접을 요구하는 지원서를 쓰게 하라. 각 고용주는 지원서를 거절하거나 수락하는 답장을 쓰게 하라. 그 후 각 짝에게 이 맥락을 지배하는 용법 관습을 따르지 않은 구조와 단어 선택을 위한 직무 해설서, 지원서, 답장을 분석하게 하라.

10. 학생들에게 while/because, while/whereas, since/because 등과 같이 자주 혼동하는 종속 접속사의 의미적 특징에 대해 수업하라. 필자가 의미 내용에 어울리는 종속 접속사의 사용 여부를 밝히기 위해 신문이나 잡지 기사를 소그룹으로 검토하게 하라. 조사 결과를 학급 전체와 공유해야 한다. 그다음에 짝을 짓고 작성 중인 초안을 교환하도록 하라. 이때 학생들이 올바른 종속 접속사로 시작하고 있는지 밝히도록 각각의 종속절을 검토하게 하라.

전통 문법

1. 학교에서의 규범 문법

학교 문법은 대부분 전통 문법이다. 학교 문법은 일차적으로 문장을 구성하는 단어의 범주적 명칭 및 정확성과 관련이 있다. 이에 따라 학생들은 문법 용어를 배우고 정확성과 관련되는 것으로 여겨지는 특정 '규칙'을 학습한다. 문법을 조금 더 배우기만 하면 "He don't do nothin'"이라는 문장을 "He doesn't do anything(그는 아무것도 하지 않는다)"라는 문장으로 수정해서 말하거나 쓸 수 있다는 가정 아래 문법 지도는 정당화된다. 우리 사회에서는 언어를 정확하게 교정하는 능력을 키우는 것을 가치 있는 목표라고 간주한다. 따라서 고대 그리스 학교에서 그랬듯이 오늘날 중등학교에서는 지식에 대한 규범체로서의 문법에 큰 비중을 둔다.

전통 문법은 규범적이라고 일컬어진다. 전통 문법이 언어로 행해지는 것과 해야 하는 것을 규정된 기준에 따라 구분 짓는 것에 초점을 두고 있기 때문이다. 예를 들어 "He don't do nothin'"이라고 말하는 학생은 "He doesn't do anything"이라고 말하도록 주의를 받는다. 전통 문법의 주요 목표는 이처럼 적절한 언어를 구성하는 것이라 추정되는 역사적 모형을 영속시키는 것이다. 전통 문법을 가르치는 이들은 학교 문법에 전제된 가정 중 상당수가 허위라는 것을 인식하지 못하고 은연중에 이런 목표를 받아들였다. 그러나 앞 장에서 살펴본 바와 같이, 문법 용어를 배우는 것과 문법 연습 문제를 푸는 것이 학생들의 언어 사용 방식에 거의 영향을 미치지 못한다는 것이 이론적·경험적 연구를 통해 밝혀졌다.

규범적 문법은 잘못된 가정에 바탕을 두고 있다. 그뿐만 아니라 또 다른 두 가지 문제점이 있다. 첫째, 규범적 불일치를 피하기 위해서는 높은 수준의 규범 지식이 있어야 하는데 그 정도 수준의 지식을 갖춘 사람은 드물다. 다시 말해, 교사는 언어와 관련된 규범적인 언급을 할 때 자신의 발화와 작문이 규범에 어긋남이 없다는 확신이 있어야 한다. 그러나 그런 경우는 거의 없다. 사람들이 언어를 사용하는 방식만 관찰하더라도 규범에 어긋나는 사용이 일반적이라는 것을 알 수 있다. 교사가 "Fred and me went fishing"과 같은 구성(119~124쪽에서 논의된 격과 관련된 문제)을 사용하는 학생에게 공식적 기준인 "Fred and I went fishing(프레드와 나는 낚시하러 갔다)"으로 교정해 주는 것을 관찰할 수 있다. 그러나 동일한 교사가 친구의 방문을 두드린 후 친구로부터 "Who is it?(누구세요)"이라는 질문을 듣는다면 아마도 동일한 관습 규약을 위반한 문장인 "It's me(나야)"라고 대답할 것이다. 공식적 기준에 따르면 그 대답은 "It's I"이다.

둘째, 모든 사람이 유아기에 가정에서 언어를 습득하는데, 문제는 이 가정 방언이 일반적으로 학교에서 배우게 되는 규범 문법 틀에서 사용되는 공식적인 기준과 거의 일치하지 않는다는 것이다. [그림 3.1]은 어떤 사람의 가정 방언과 공식적 기준이 어떤 영역에서는 일치하지만 전부 일치하지는 않는다는 것을 보여 준다. 그뿐만 아니라 가정 방언과 공식적 기준은 공존하기도 하고 서로 경쟁하기도 한다. 어떤 학생이 가정에서는 "Fred and me went fishing"이라는 표현을 쓰지만, 정확한 표현은 "Fred and I went fishing"이라는 것을 배웠다고 가정해 보자. 이 두 문장 모두 문법적이지만 두 번째 문장이 표준 영어의 관습에 일치한다.

가정에서 습득된 언어와 공식적 기준 사이의 간극은 다양한 입력을 통해 좁혀질 수 있다. 즉, 용법(usage), 읽기, 쓰기 등의 교실 수업과 표준 영어 사용자들과의 교류를 통해 그 간극을 좁히는 것이 가능하다. 그러나 불행히도 이런 학습은 시간이 많이 걸리고 어렵다. 항상 그렇지는 않지만 유아기에 습득된 가정 방언은 너무나 강력해서 거의 지배적이라 할 수 있다. 그 결과 학생들은 "Fred and I went fishing"이라는 표현이 대부분 더 선호된다고 배우더라도 글을 써야 할 때나 말을 해야 하는 상황에 직면했을 때 결국 가정 방언이 그 경쟁에서 살아남아 "Fred and me went fishing"이라고 발화하거나 작문하게 된다.

혼재된 구성 사이에 경쟁이 있을 때 사람들이 어림짐작을 통해 무의식적으로 가장 친숙한 형식을 사용하게 된다는 사실은 매우 흥미롭다. 이러한 관찰을 통해 다음과 같은 중요한 결론에 도달한다. 첫째, 많은 사람

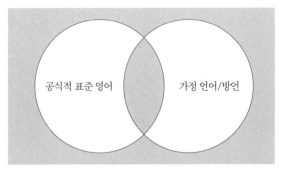

[그림 3.1]
공식적 표준 영어와 가정 언어/방언은 학습자의 언어 환경 전체에 공존한다. 다이어그램에서 보듯이 어떤 부분은 겹쳐지지만 다른 많은 부분은 그렇지 않다.

들에게 메시지의 내용 혹은 의미가 형식보다 더 중요하다는 것이다. "Fred and me went fishing"과 "Fred and I went fishing" 두 문장을 동일하게 잘 이해한다. 둘째, 어떤 사람의 언어 즉 그들의 방언(dialect)을 바꾸는 것은 어렵고 단지 학생들에게 문법 용어와 연습 문제를 제공하는 것만으로는 언어를 변화시킬 수 없다는 것이다. 어떤 경우에는 학생들이 비표준과 공존하는 표준형을 이미 알고 있을 것이다. 이 두 사실을 통해 우리는 가장 중요하고 설명하기 어려운 결론에 이르게 된다. 즉, 교수법이 어떤 가시적인 효과를 드러내기 전에 먼저 학생들이 일상어를 바꾸도록 동기화되어야 한다는 것이다.

□ 적절성 조건

대부분의 공립학교 교사가 규범주의자라 할지라도 언어학자들은 오래전에 규범주의를 '적절성 조건'이라는 개념으로 대체하면서 폐기했다. 이 표현은 언어 사용이 상황 특정적이라는 점과 모든 상황에 적용되는 정확성의 절대적인 표준은 없다는 것을 강조한다. 사람들은 환경과 관습에 기초하여 언어를 수정한다. 즉 "It's me"와 같은 사례에서 보듯이, 선호되는 표현 형식이 기술적으로는 비표준적인 경우가 있다. 일반적으로 어떤 상황에서 적절한 (그리고 수용 가능한) 것이 다른 상황에서는 그렇지 않을 수도 있다. 하지만 적절성의 문제가 대체로 단일 방향성을 가지기 때문에 예상한 대로 이러한 원리가 딱 맞아떨어지는 것은 아니다. 즉, 표준 용법은 대부분의 조건 아래에서 용인 가능하지만 비표준인 것은 그렇지 않다.

널리 사용되어 공식적 표준보다도 더 선호되는 몇몇 비표준 표현과 같은 예외를 제외하면 비표준 용법은 친구나 가족끼리 주고받는 비공식적인 대화나 간단한 쪽지에서만 적절한 것으로 간주된다. 비표준 표현은 학교나 직장 혹은 다른 어떤 공식적인 장면에서는 부적절한 것으로 여겨진다. 그러므로 교사들은 학생들이 학습을 통해 공식적·비공식적 담화를 구별할 수 있도록 지도해야 한다. 이러한 목표를 달성하기 위해서는 학생들이 공식적 언어를 지배하는 규칙과 적절성을 이해할 수 있어야 한다. 또한 적절성의 단일 방향성으로 인해 용법에 대한 집중적인 관심이 필요하고, 표준을 비표준적인 것과 구별시키는 것에 세심한 주의가 필요하다. 따라서 이 교재에서 적절성과 용인성에 대해 언급하는 많은 부분이 표준 용법 관습을 숙달하는 것과 관련된다.

전통 문법은 이러한 숙달에 잘 맞아떨어지지 않는다. 전통 문법은 영어보다는 라틴어 구조에 바탕을 두고 있기 때문에 언어를 이해하거나 분석하는 수단으로서 교사나 학생의 요구에 적절하게 대응하기 어렵다. 전통 문법의 중요한 특징 중 하나는 그것의 용어에 있으며, 언어의 여러 부분에 대한 명칭은 고대 그리스와 로마에서 발전되었다. 이 명칭은 언어에 대해 일반적으로 말하기 위해 그리고 특별히 글쓰기를 위해 반드시 사용해야 하는 어휘를 제공한다. 이러한 점에서 전통 문법은 제한적이기는 하지만 언어 학습에 있어서 항상 그 역할을 한다. 문장을 구성하는 다양한 성분의 명칭을 학습하는 것이 언어 학습의 중요한 부분이라는 것을 부정할 수는 없다. 이 장의 나머지 부분은 다음에 이어지는 흥미로운 분석을 위한 기초 작업으로서 이 과정을 수행한다. 다시 말해 이 장은 문법의 기본 용어에 대한 소개와 설명을 제공할 것이다.

사람들은 항상 언어에 기초해서 서로에 대해 판단한다는 것을 염두에 두어야 한다. 미국 영어 화자들은 권위 있는 방언을 바탕으로 어느 정도까지는 특정 관습을 수용하고 나머지는 거부한다. 이러한 관습은 보통 문법을 포함하지 않고 용법을 포함한다.' 언어적 편견이 그렇게 심하지 않기를 기대하지만 단순히 부정한다고 해서 해결되는 것이 아니다. 이런 이유로 이 텍스트 전체에 걸쳐 용법 관습에 대한 일반적인 논의를 다룬다. 이 논의는 규범화하려고 하기보다는 용법의 뉘앙스를 살펴보도록 설계되었지만 표준에 대한 어떤 개념이라도 어느 정도의 규범을 전제로 한다는 것은 말할 나위도 없다. 규범보다는 기술(description)에 초점을 둔 텍스트를 개발하는 것에 내재한 모순을 줄이기 위해서 표준 용법 관습에 대한 논의는 적절성이라는 용어 내에서만 이해되어야 한다.

2. 문법에서의 형식과 기능

문법은 문장의 구조와 분석을 다룬다. 그래서 문법에 대한 논의는 언어를 형식(form)과 기능(function)의 두 층위로 다루어야 한다. 문장은 개별 단어로 이루어지고 이 단어는 특정한 문법적 범주로 나누어지는데, 이것이 형식이다. 예를 들어 Macarena(마카레나) 같은 단어는 명사이고, jump(뛰어넘다)는 동사이고, red(빨간)는 형용사라는 것 등이 단어의 형식이다.[2]

단어의 형식은 일반적으로 문장에서 독립적이다. 사전은 각 표제어의 범주와 문법적인 범주를 기술하고 있으므로 의미뿐만 아니라 형식에 대한 탐구를 제공한다. 그러나 언어는 기본적으로 개별 단어가 아니라 문장으로서 존재하고, 단어는 문장에 삽입되자마자 다양한 방식으로 작용하는데, 이것이 바로 기능이다. 예를 들어 명사는 주어로서 기능하고, 형용사는 명사를 수식하고(명사에 대한 정보를 제공), 동사는 서술어로 기능한다.

---

1   물론 흑인 영어나 맥시코계 영어는 표준 영어와 문법적으로 다르다. 두 방언은 제7장에서 다루어진다.

2   영어의 형용사와 한국어의 형용사는 다르다. 전자는 불변화사이고 후자는 변화사로서 어간과 어미로 이루어진다. [역주]

형식과 기능은 여러 가지로 관련이 있다. 단순하게 보면 문법적 형식과 기능을 기술하기 위해 사용하는 용어는 그리스-로마 전통에서 기원했다. 명사(noun)는 name을 뜻하는 라틴어 nomen에서 왔고, 동사(verb)는 word를 뜻하는 라틴어 verbum에서 왔으며, 서술어(predicate)는 proclaim을 뜻하는 라틴어 praedicare에서 기원했다. 더 깊이 살펴보면 주어진 단어의 형식이 문장에서 기능을 결정하기도 하고, 기능이 형식을 결정하기도 한다.

교수 도움말

단어의 형식에 대한 논의를 할 때 좀 더 주의를 기울이는 것이 중요하다. 왜냐하면 많은 단어들이 문장에서의 기능에 기초하여 그들의 부류를 바꾸기 때문이다. 예를 들면 "running"은 어떤 문장[Fred is running in the race(프레드는 경주에서 달리고 있다)]에서는 동사이지만, 다른 문장[Running is good exercise(달리기는 좋은 운동이다)]에서는 명사로 규정된다. 단어가 이러한 방식으로 부류를 바꾸는 능력은 언어의 풍부함을 강화시킨다. 물론 이것이 학생들에게는 큰 혼동을 일으킨다. 따라서 형식과 기능은 개별적으로가 아니라 함께 가르쳐져야 한다.

8품사

전통 문법은 일반적으로 8품사, 즉 명사, 동사, 형용사, 부사, 접속사, 분사, 전치사, 관사라는 용어로 형식을 기술한다. 이러한 방식은 문법 기술을 시작하는 데 매우 유용하다. 또한 전통 문법은 단어가 문장에서 수행하는 기능을 여섯 가지로 규정한다. 주어, 서술어, 목적어, 보어, 수식어, 그리고 기능어(function word)가 그것이다. 가장 광범위한 기능을 가진 단어는 명사와 동사이고 형식과 기능이 똑같은 단어는 형용사, 부사, 접속사, 분사, 전치사이다.

이 장에서는 다양한 용어들이 무엇을 의미하는지 살펴보고 문법적 분석의 기초로 삼을 것이다. 이 장의 목표는 용어와 개념에 대해 소개하고 검토하는 것이다. 이 검토는 포괄적인 것이 아니므로, 더 심층적인 설명을 원하는 독자는 문법 핸드북을 참고해야 할 것이다.

3. 주어와 서술어

문장은 무한히 길고 복잡해지더라도 결국은 명사와 동사에 기초한다. 이외의 단어들은 명사와 동사에 대해 어떤 식으로든 정보를 제공할 뿐이다. 추후에 명사와 동사에 대해 더 자세히 살펴보겠지만 지금은 일단 명사는 사물의 이름이고 동사는 상태나 동작을 기술하는 단어라고 말해 두겠다. 이러한 기초 하에서 문장이 일반적으로 관계의 두 유형을 표현한다는 것을 알 수 있다. 그 두 유형은 (a)행위자가 동작을 수행하는 것과 (b)존재(상태)를 나타내는 것이다. 문장 1과 2는 이런 두 유형을 기술한다.

   1. Dogs bark. 개가 짖는다.
   2. The tree was tall. 나무는 키가 컸다.

단어 dog(개)은 문장1의 행위자이다. 그것은 단어 bark(짖다)에서 전달된 동작을 수행한다. dogs는 문장의 주어라고도 한다. 주어는 제1 기능 범주이다. 단어 bark는 dogs가 행동하는 것에 대해 묘사하거나 언급하면서 그에 대한 정보를 제공한다. 이와 같이 행동을 언급하는 단어, 그리고 주어의 속성 또는 그들이 행하고 있는 것에 대하여 정보를 제공하는 단어를 서술어라고 한다. 서술어는 제2 기능 범주이다. 서술어는 문장의 주요 동사와 그것과 관련된 모든 단어로 구성된다. 비록 문장2에서 the tree(나무)가 행위자는 아니지만 문장은 나무의 상태 즉, 크다는 사실을 표현한다. 그래서 The tree는 주어이고 was tall은 서술어이다. 주어와 서술어에 대한 이해는 모든 문장에서 중심적인 기능 부분이기 때문에 매우 중요하다. 주어나 서술어 중 하나가 없다면 문장은 성립되지 않는다. 문장의 모든 것은 어떤 방식으로든지 주어 및 서술어와 기능적으로 관련이 있다.

교수 도움말

많은 학생들이 '주어(subject)'라는 개념보다 '행위자(agent)'라는 개념을 더 쉽게 이해한다. 그래서 문장에서 주요한 두 관계를 소개할 때 '행위자'를 사용하는 것은 현명한 선택이다. 명확한 행위자가 있는 간단한 문장을 가지고 시작하라. 일단 학생이 개념을 이해하면 '주어'를 소개하고 "The tree was tall."과 같이 '행위자'가 없는 문장을 통해 '주어'가 '행위자'보다 얼마나 더 탄력적인 용어인지 보여 주라.

---

1) 절

영어에서 모든 문장은 주어와 서술어라는 두 성분으로 나뉜다. 물론 주어가 명백하지 않은 문장도 있다. 문장에서 살펴볼 것은 대부분 주어나 서술어 중 어느 한 부분일 것이다. 또 주어/서술어의 결합은 절(clause)을 구성하는데 이는 모든 문장이 절임을 의미한다.

주절과 종속절

절은 크게 주절과 종속절로 나뉜다.[3] 이 두 유형을 구별하는 한 가지 방법은 종속절이 항상 주절에 정보를 제공한다는 것을 이해하는 것이다. 즉, 종속절은 수식어로서 기능한다. 또 다른 구별 방법은 종속절은 주절과 연결시키는 단어(때때로 단어들)로 문장이 시작된다는 것이다. 이런 단어로 시작되는 절은 문장으로 기능할 수 없다. 오직 주절만이 문장으로서 기능할 수 있다. 다음에 제시된 단어들이 종속절의 시작 부분에 오는 단어들이다.

because 왜냐하면   if 만약 ~한다면

as ~대로/~하는 동안에   until ~한 이후로

since ~한 이후로/~때문에   whereas ~한 반면에

although ~이긴 하지만   though ~일지라도

while ~하는 동안   unless ~이 아닌 한

---

3   본래 독립절(independent clause)과 종속절(dependent clause)로 원문에는 되어 있으나, 둘을 비교 대조해 놓고 서술할 때는 주절과 종속절로 번역하는 것이 이해에 도움이 된다. 이에 여기서는 독립절을 주절로 번역해 두도록 한다. [역주]

so that ~하도록	once ~하자마자
after ~한 뒤에	before ~하기 전에
when ~하는 때	whenever ~할 때마다
who 누구	whom 누구를

문장 3을 보라.

3. Fred went to the market because he needed milk.
프레드는 우유가 필요해서 시장에 갔다.

이 문장에는 두 개의 주요 부분이 있다. 첫 번째 부분, Fred went to the market은 주어 Fred와 서술어 went to the market을 포함하고 있으므로 하나의 절이다. 두 번째 부분, "he needed milk" 역시 주어 he와 서술어 needed milk가 있어서 또 다른 절이다. 하지만 두 번째 절은 (a)because라는 단어로 시작한다는 점, (b)Fred가 왜 시장에 갔는지 설명하고 첫 번째 절에 원인을 제공하고 있다는 점에 주목해야 한다. 이에 따라 "because he needed milk"를 종속절로 분류할 수 있는 두 가지 기준을 확인할 수 있는데, 단어 because로 시작하고 첫 번째 절을 수식한다는 것이 그것이다.

2) 구

명사와 동사가 매우 단순한 문법적 분석을 위한 적절한 분류 시스템을 제공하기는 한다. 그러나 이것만으로는 문장이 함께 기능하는 다른 단어 집합(단지 주어와 서술어가 아닌)으로 구성된다는 사실을 충분히 설명하기 어렵다. 예를 들어 주어가 항상 하나의 명사로만 구성되는 것은 아니다. 주어가 명사로만 구성되기보다는 명사와 결합하는 하나 또는 그 이상의 단어들과 함께 작용하는 경우가 많다. 따라서 이어지는 논의에서는 구(phrase)라는 용어를 일반적으로 사용한다. 구는 하나 또는 그 이상의 단어가 함께 기능하는 것으로 정의되며 절을 구성하지는 않는 단위이다. 이 설명에 따르면, "Dogs bark(개가 짖는다)"의 주어와 서술어는 각각 명사구(NP)와 동사구(VP)를 이룬다. 그리고 The tree was tall에서 주어 The tree 역시 명사구이다.

일반적으로 구의 시작 부분에서 명사나 동사와 같은 주요 단어에 기초하여 구를 식별한다. 아래 예문들을 보라.

- *flowers* in her hair 그녀 머리에 있는 꽃
- *running* with the bulls 소몰이를 하는

첫 번째 경우에 구는 명사인 flowers로 시작되고 두 번째 경우에는 동사인 running으로 시작된다. 이런 단어들은 핵어(head words)라 불린다. 핵어는 구의 머리(앞부분)에 위치하고 다른 단어들이 그 뒤를 따른다(핵어에 대한 더 많은 논의는 151~152쪽을 참고).[4]

3) 목적어

알려진 바와 같이 Dogs bark(개가 짖는다)와 같은 문장이 가장 전형적인 영어 문장은 아니다. 더 일반적인 문장은 문장 4와 같이 행위자와 행위, 그리

---

[4] 이처럼 SVO 언어인 영어에서는 중요한 핵어가 앞에 오고 수식하는 말이 뒤에 오는 경우가 있다. 그러나 SOV 언어인 한국어에서는 언제나 수식어가 앞에 오고 피수식어가 뒤에 온다. 본문에 나오는 영어 flowers in her hair는 '그녀 머리에 있는 꽃들'이라고 한국어로 번역되는데, 여기서 보듯이 수식어인 '그녀 머리에 있는'이 중심되는 핵어 '꽃들'을 수식하고 있다. [역주]

고 행위의 영향을 받는 것을 포함한다.

4. Fritz hit the ball.
   프리츠가 공을 쳤다.

이 문장에서 the ball(공)은 타격을 당했고 Fritz(프리츠)가 행위를 가한 주체이다. the ball 같은 구성은 목적어라고 불린다. 목적어는 제3 기능 범주이다. 목적어는 항상 명사구로 구성된다.[5] 그렇지만 앞에서 언급했던 두 주요 부류로 나누면 목적어는 서술어의 부분이다. 문장 4에서 Fritz(프리츠)는 주어이고 hit the ball(공을 쳤다)은 서술어이다. 즉, 서술어가 다시 동사 hit와 명사구 목적어 the ball로 구성된다고 분석할 수 있다.

4) 보어

문장 2 "The tree was tall"은 문장 1이나 4와는 다른 흥미로운 차이가 있다. 단어 tall(키 큰)은 동사 was에 후행하지만 행위에 영향을 받는 것이 아니다. tall은 명사가 아니므로 목적어로 분류될 수 없다. 또한 was도 행위 동사가 아니고 존재 동사이다. tall이 명사는 아니지만 the ball과 공통점도 있는데, 바로 서술어를 완성시키는 역할을 한다. "Fritz hit"는 완성된 문장처럼 보이지 않고(실제로 아니다) "the tree was"도 완성된 문장 같지 않다(실제로도 아니다). 문장 2에서 tall은 서술어를 완성시켜 주기 때문에 '보어(complement)'라고 불린다. 보어는 제4 주요 기능 범주이다.

---

5   목적어는 명사구로도 이루어지고 대명사 하나만으로도 이루어진다. "I love you"에서 보면 'you'라고 하는 하나의 대명사가 목적어가 되고 있다. [역주]

1부

- 지시 사항: 아래의 문장을 살펴보고 주어, 동사구, 목적어, 보어로 문장 성분을 구별하시오.
- 보기: The police visited the casino. 경찰이 카지노를 방문했다.
  - the police – 주어
  - visited – 동사구
  - the casino – 목적어

연습 문제

1. Fred planned the party. 프레드는 그 파티를 계획했다.

2. Fritz felt tired. 프리츠는 피곤하다고 느꼈다.

3. Macarena bought a dress. 마카레나는 드레스를 샀다.

4. Buggsy smoked cigars. 벅시는 시거 담배를 피웠다.

5. Fred borrowed $100. 프레드는 100달러를 빌렸다.

2부

- 지시 사항: 아래 문장에서 주절에는 대괄호[ ]를 하고, 종속절에는 밑줄을 그으시오. 또한 종속절 표지가 되는 단어에 동그라미를 치시오.

예: Although Buggsy was overweight, he was strong.
  비록 벅시가 몸무게가 많이 나가기는 하지만, 그는 힘이 세다.
  (Although) Buggsy was overweight, [he was strong.]
  Fritz called Rita when he finished dinner.
  프리츠는 그가 저녁 식사를 마쳤을 때 리타를 불렀다.
  [Fritz called Rita] (when) he finished dinner.

연습 문제

1. Before they drove home, Fred and Buggsy ate lunch.
   그들이 집으로 운전해 오기 전에 프레드와 벅시는 점심을 먹었다.

2. Macarena wore a gown, even though the party was casual.
   비록 파티가 일상적이었지만, 마카레나는 파티 드레스를 입었다.

3. Fritz loved the races, whereas Fred loved boxing
   프레드가 권투를 좋아하는 반면에 프리츠는 경주를 좋아한다.

4. Although he was retired, Buggsy kept his guns.
   비록 은퇴하였지만, 벅시는 권총을 소지했다.

5. Fritz spent money as though he were a movie star.
   프리츠는 영화배우인 것처럼 돈을 썼다.

6. Macarena and Rita danced while the boys played cards.
   마케레나와 리타는 아이들이 카드놀이를 하는 동안에 춤을 췄다.

7. Fred felt bad because he had forgotten Rita's birthday.
   프레드는 리타의 생일을 잊어버려서 속상했다.

8. Fritz loved Los Angeles because it was seedy
   프리츠는 LA가 지저분했기 때문에 사랑했다.

9. Venice Beach was his home until he found a job.
   베니스 해변은 그가 직업을 구할 때까지 그의 집이었다.

10. His landlady was Ophelia DiMarco, who owned a pool hall, pawn shop, and a taxi-dance club.
    그의 주인아주머니는 오필리아 디마르코였는데, 내기 당구장과 전당포, 그리고 택시 댄스 클럽을 소유하고 있었다.

4. 명사

앞서 언급했듯이 주어와 서술어는 명사, 동사와 관련된다. 전통 문법은 명사를 사람, 장소, 혹은 물건으로 정의한다. 하지만 이러한 정의가 충분히 포괄적이지 않기 때문에 최선의 정의는 아니다. 예를 들어 월요일(Monday)이라는 단어는 명사지만 사물이 아니며, 자유(freedom) 혹은 그 밖의 여러 단어들 역시 마찬가지이다. 이 때문에 명사를 기능적인 용어로 정의하는 것이 매력적이다. 다시 말해 명사는 주어로서 기능할 수 있는 어떤 단어이다.

비록 이러한 정의가 전통적인 정의보다는 개선된 것일 수 있지만 완전히 정확한 것은 아니다. running(달리기)와 같은 단어는 주어로서 기능할 수 있고 명사로서의 속성을 가지지만 일부 사람들은 그 단어의 근저에 깔린 속성인 동사로서의 형식은 변하지 않는다고 주장한다. 이러한 상황의 복잡성과 미묘한 차이를 더 잘 기술하기 위해 언어학자들은 running과 같은 단어를 '명사류'라고 부른다. 이 용어는 명사로서 기능하게 된 명사 이외의 부류에 속하는 어떤 단어에도 적용될 수 있다.

상황이 복잡해 보이는데, 사실이 그렇다. 사실 '명사'라는 용어를 정의하는 것은 많은 문법서에서 시도조차 하지 않는 어마어마한 문제이다. 하지만 명사의 개념이 매우 추상적이라는 것을 이해하게 되면 오히려 바른 방향, 즉 합리적으로 수용할 수 있는 정의를 내릴 수도 있다. 우리는 학생들이 쉽게 파악할 수 있는 정의를 원한다. 이 관점에서 명사를 정의하면 다음과 같다. 명사는 세계와 그 세계에서의 우리 경험을 명명하기 위해 우리가 사용하는 이름표이다.

앞서 밝혔듯이, 명사는 명사구에서 핵어로 기능한다. 따라서 복잡한 명사구조차 핵어 역할을 하는 명사의 지배를 받는다.

□ 보통 명사, 고유 명사, 물질 명사

명사에는 세 가지 주요 유형이 있다. 보통 명사는 그 이름에서 알 수 있듯이 가장 다양하다. 보통 명사는 명명에 사용되는 일반적인 단어 부류를 나타낸다. 아래 목록에 나열된 단어들이 보통 명사이다.

전형적인 보통 명사

car 차	shoe 신발	computer 컴퓨터
baby 아기	disk 원판	pad 패드
elephant 코끼리	book 책	star 별
speaker 화자	politician 정치가	movie 영화
picture 그림	telephone 전화	jacket 자켓
ring 반지	banana 바나나	flower 꽃

한편, 고유 명사는 스폭 씨(Mr. Spock), 엠파이어 스테이트 빌딩(Empire State Building), 포드 에스코트(Ford Escort), 시카고 불스(Chicago Bulls)와

같이 특정한 이름이다.

물질 명사는 보통 명사의 특별한 범주이다. 물질 명사를 구분지어 주는 것은 단순 보통 명사와 달리 이것이 불가산 명사라는 점이다. 아래는 물질 명사의 간단한 목록이다.

deer 사슴	air 공기	mud 진흙
research 연구	meat 고기	knowledge 지식
furniture 가구	wisdom 지혜	butter 버터

교수 도움말

비원어민 영어 화자 특히 아시아에서 온 사람들은 물질 명사와 관련된 어려움을 많이 겪는다. 예를 들어, 일본인과 중국인은 가산 명사와 물질 명사를 구분하지 못하고 단일 범주로 취급한다. 그 결과 그들이 물질 명사를 가산 명사로 다루는 것을 종종 볼 수 있다. 이 문제는 영어와 그 학생들의 모국어 사이의 대립에서 비롯된다는 것을 이해하는 것이 중요하다. 이 학생들이 가산 명사와 보통 명사를 더 잘 구분하도록 돕기 위한 한 가지 방법은 수업 시간에 자주 사용되는 물질 명사의 목록을 미리 준비해 두는 것이다.

5. 대명사

영어는 다른 언어들과 마찬가지로 문장 안에서 명사의 중복을 피하려고 한다. '대명사'라고 불리는 것으로 중복되는 명사를 대체한다. (왜 언어에서 이러한 중복을 회피하는지는 누구도 확실히 알 수 없다.) 이때 대체되는 명사는 '선행사'라고 부른다. 문장 5를 살펴보자.

5. *Fred liked Macarena, so Fred took Macarena to a movie.[6]

   프레드는 마카레나를 좋아했다. 그래서 프레드는 마카레나를 영화관에 데려갔다.

고유 명사 Fred(프레드)와 Macarena(마카레나)의 중복은 대부분의 사람들에게 이상하게 들린다. 왜냐하면 영어는 일반적으로 이런 중복을 허용하지 않기 때문이다. 중복된 명사는 아래 문장 5a와 같이 대체된다.

5a. Fred liked Macarena, so he took her to a movie.

   프레드는 마카레나를 좋아했다. 그래서 그가 그녀를 영화관에 데려갔다.

아래 5b 문장 역시 허용된다는 것을 유의하라.

5b. He liked her, so Fred took Macarena to a movie.

   그는 그녀를 좋아했다. 그래서 프레드는 마카레나를 영화관에 데려갔다.

이 예에서 문장 5b는 문장의 맥락이 결여되어 있기 때문에 5a 문장만큼 적절하지는 않다. 실제 문장은 이처럼 책에서 제시된 문장과는 달리 맥락의 일부이다. 이 맥락은 인간관계의 복잡함을 포함하는데, 과거, 현재, 미래 사건에 관계된 선행 지식과 이전 대화가 이에 해당한다. 문장 5b에서 대명사는 프레드와 마카레나가 이미 규정되고 알려져 있다는 것을 제시하지만 이것은 사실과는 상반된다. 반면 문장 5a에서 프레드와 마카레나는 문장의 처음에

---

6   문장의 시작 부분에 있는 별(*)표시는 그것이 비문법적(ungrammatical)이라는 것을 나타낸다. 이 관습은 지금부터 이 장 전체에 걸쳐 사용될 것이다.

제시되어 있어서 그 대명사가 어떤 명사를 대체했는지 혼동되지 않고 선행사와 잘 연결된다. 따라서 대명사에 대한 중요한 원리는 다음과 같다. 대명사는 잠재적인 혼동을 막기 위해 가능하면 선행사에 가까이 나타나야 한다.

1) 인칭 대명사

중복된 명사를 대체하는 대명사는 인칭 대명사 혹은 보통 대명사라고 한다. 보통 대명사는 다음과 같다.

> 단수: I, me, you, he, him, she, her, it
> 복수: we, us, you, they, them

다른 유형의 대명사도 있다. 지시 대명사, 상호 대명사, 소유 대명사, 부정 대명사, 재귀 대명사, 관계 대명사가 그것이다. 소유 대명사와 관계 대명사는 이 책의 뒷부분에서 자세하게 살펴볼 것이다. 관계 대명사는 '관계절'이라고 불리는 흥미로운 구성의 일부이므로 특별히 더 관심을 두고 살펴볼 것이다. 여기서는 이 정도로 간단하게 논의한다.

격

대명사에 대해 더 논의하기 전에 잠시 격에 대해 탐구할 필요가 있다. 문장에서의 기능적 관계는 모든 언어에서 중요하다. 그러나 모든 언어에서 같은 방식으로 그 관계를 나타내는 것은 아니다. 영어는 기본적으로 어순에 의존한다. 기본적으로 문장은 주어-동사-목적어 순으로 구성된다. 하지만 다른 언어는 관계를 나타내기 위해 어순에 의존하는 대신 단어의 형태를 바꾼다. 예를 들어, 일본어는 기능을 나타내기 위해 단어에 불변화사를 붙여 어순과 형태를 같이 사용한다. 즉 'wa'는 주어를, 'o'는 목적어를 나타내기 위해 쓰인다. 그래서 "I read this book(나는 책을 읽었다)"은 아래와 같이 표현된다.

- Watashi-wa kono hon-o yonda.
  나-는 이 책-을 읽었다.

불변화사 wa가 붙어 있어서 이 문장에서 Watashi가 주어임을 알 수 있고 불변화사 o 때문에 hon이 목적어임을 알 수 있다. 문자적으로 옮기면 이 문장은 "I this book read"라고 읽힌다. 그러나 다음과 같이 말할 수도 있다.

- Kono hon-o watashi-wa yonda.
  이 책-을 나-는 읽었다.

화자가 그 또는 그녀가 읽은 책이 특별한 책이라는 것을 강조하고자 한다면 이러한 어순의 이동("This book I read")이 적절할 것이다. 어순이 바뀌어도 불변화사 표지가 적절한 기능을 항상 부여해 주기 때문에 주어와 목적어에 대한 혼동은 없다.

'어형 변화'는 기능에 기초한 명사의 형태 변화를 설명하기 위한 특별한 용어이다. 현대 영어는 대체로 어형 변화가 없지만 어떤 언어는 다른 언어보다 어형 변화가 크다. 영어도 과거에는 어형 변화가 심했고 그 과거의 흔적이 대명사의 다양한 형태에 남아 있다. 주어 또는 목적어 중 어느 것으로 기능하는가에 따라 대명사의 일부가 변하는 것이 바로 그것이다.

앞에서 지적했듯이, 문장에서 주어와 목적어의 관계는 동사에서 전달한 행위에 대한 그들의 관계를 고려하여 결정된다. 더 공식적으로 이 관계는 '격'이라는 용어로 표현된다. 명사나 대명사가 주어로 기능할 때 '주격'

이라 하고 목적어로 기능할 때는 '목적격'이라 한다. 그러나 영어에서 격은 명사에는 영향을 미치지 않고 단지 대명사에서만 영향을 미친다. 대명사는 그들이 기능하는 방식에 따라 형태를 변화시킨다. 문장 6을 보라.

6. *Fred* and *I* kissed Macarena
   프레드와 나는 마카레나에게 키스를 했다.

Fred와 대명사 I는 모두 주어의 일부이고, 따라서 주격에 해당한다. 이 단어들이 목적어로 기능할 때 Fred는 형태가 변하지 않지만 대명사 I는 형태가 변한다. 문장 7을 보라.

7. Macarena kissed *Fred* and *me*.
   마카레나는 프레드와 나에게 키스를 했다.

Me는 인칭 대명사 I의 목적격 형태이다.

격에 대한 분석은 복잡해질 수 있다. 실제로 언어학자들은 영어에 몇 개의 격이 존재하는가에 대한 합의에 도달하지 못하고 있다. 주격과 목적격의 존재는 언어학자 모두가 인정하지만, 여격(간접 목적어), 소유격 등 다른 격의 존재는 일부 언어학자들만 주장한다. 여기에서는 아래 예문에서 설명된 3가지 격, 즉 주격, 목적격, 소유격을 파악하는 것만으로 충분하다.

- *She* stopped the car. (주격)
  그녀는 차를 세웠다.
- Fred kissed *her*. (목적격)
  프레드는 그녀에게 키스를 했다.

- The book is *his*. (소유격)

  그 책은 그의 것이다.

교수 도움말

몇몇 영어 명사는 성에 따른 어형 변화를 한다. 예를 들어 노란 머리카락을 가진 사람을 가리키는 'blond'와 'blonde'라는 철자를 살펴보자. 똑같이 발음되지만 전자는 남성에게 사용되고 후자는 여성에게 사용된다. 'actor(남자 배우)'와 'actress(여자 배우)'는 어형 변화가 나타나는 또 다른 단어이다. 지난 몇 년 동안 성과 관련된 모든 어형 변화를 없애려는 집중적인 노력이 있었고 그래서 여배우를 언급할 때 'actress'보다 'actor'라고 표현하게 되었다. 학생들이 팀을 구성해서 어형 변화가 성과 관련하여 사용되는 방식 및 누가 주로 이런 표현을 사용하는가와 같은 것을 관찰하도록 해 보자. 학생들이 그 결과를 발표하고 어형 변화가 여전히 유용한지, 이러한 형태가 유지되어야 하는지에 대해 탐구하도록 해 보자.

■ **용법 노트**

비표준적 용법은 문장 8, 9와 같이 주격 대명사와 목적격 대명사를 서로 바꾸어 쓴다.

8. ?Fritz and me gave the flowers to Macarena.[7]

9. ?Buggsy asked Fred, Raul, and I to drive to Las Vegas.

문장 8a와 9a는 공식적 표준 용법으로 고친 표현이다.

---

7 문장 앞의 물음표(?) 표시는 문장이 비표준적(nonstandard)이라는 것을 나타낸다. 이 책에서는 이런 방식으로 계속 이 표시를 사용할 것이다.

8a. Fritz and I gave the flowers to Macarena.

프리츠와 나는 마카레나에게 꽃을 주었다.

9a. Buggsy asked Fred, Raul, and me to drive to Las Vegas.

벅시는 프레드와 라울과 나에게 라스베가스까지 태워 달라고 부탁했다.

문장 8과 9가 비문법적이지는 않지만 표준 용법 관습을 어겼다는 것에 주목하라. 비록 우리는 사람들이 이러한 관습을 일상적으로 위반하는 것을 흘려들어도 교사들은 학생의 발화나 작문에서 이런 문제를 발견했을 때 바로 관심을 기울인다.

그러나 격에 대해 동일한 문제가 거의 관심을 끌지 않는 경우도 있다는 것이 중요하다. 어떤 이가 문을 두드리고 "Who is it?(누구세요)"이라고 물을 때, 대답은 거의 항상 "It's me(나예요)"이다. 공식적 표준 용법에서 그 대답은 "It's I"일 것이다. 왜냐하면 동사 is가 주어 It과 동사에 후행하는 명사 보충어 사이의 동일성을 성립시키기 때문이다. 이 동일성은 격을 포함한다. 즉, 표준 용법에서 명사 보충어는 목적격이 아니라 주격에서 설정된다. 그렇더라도 "It's I"를 사용하는 사람은 거의 없다. 일관되게 표준 영어를 사용하는 사람들조차 그렇게 표현하지 않는다. 이러한 형식들 간의 대비는 학생들에게 의미 있는 언어 수업을 제공할 수 있다.

게다가 이 상황에서 격에 대한 문제는 정확성의 개념에 대한 라틴어의 영향력을 보여 주는 것이어서 더욱 흥미롭다. 라틴어와 라틴어에 기초한 언어는 영어보다 어형 변화가 더 크게 일어나기 때문에 격에 대한 문제가 거의 일어나지 않는다. 예를 들어 명사류 자리에 목적격 대명사를 사용하는 스페인 원어민 화자는 거의 없다. 만약 스페인어 화자가 "Who is it?(누구세요)"이라는 질문을 받았다면 그 대답은 항상 "Soy yo"이지 절대 "Soy me"가 아니다. 모든 스페인어 원어민 화자는 "Soy me"를 적절한 대답이 아니라고 할 것이다. 이러한 사실은 스페인어 사용자의 비중이 높은 교실에서 격에 대한 수업과 관련하여 유용한 기초를 제공한다.

반면에 영어처럼 어형 변화가 적은 언어의 화자들은 무엇을 허용할지 뿐만 아니라 더 깊은 층위에서는 무엇이 문법적인지 결정하기 위해 어순에 의존한다. 영어와 같은 어순 의존 언어에서 격은 크게 상관이 없다. 결과적으로 "Fritz and me gave the flowers to Macarena(프리츠와 나는 마카레나에게 꽃을 주었다)"는 많은 사람들에게 허용 가능하다. 그것이 영어의 표준 어순을 만족시키기 때문이다. 대명사 me는 주어 자리에 있고 격에 상관없이 주어의 일부로 이해된다. 마찬가지로 "It's me(나예요)"는 대명사가 정상적으로 목적 보어 자리에 위치하고 있기 때문에 수용 가능하다. 이러한 분석은 대부분의 사람들이 "It's I"를 이상하게 생각하는 이유에 대해 부분적인 설명을 제공해 준다.

2) 지시 대명사

지시 대명사는 아래와 같이 네 종류가 있다.

this, that, these, those

이 지시 대명사는 문장 10, 11, 12에서 보듯이 지목하고 강조해서 명사 쪽으로 관심을 유도한다.

10. *That* car is a wreck.
    저 차는 사고 차량이다.
11. *Those* peaches don't look very ripe.

저 복숭아들은 익지 않은 것 같다.

12. *This* book is really interesting.

이 책은 정말로 흥미롭다.

지시 대명사 this는 항상 그렇지는 않지만 보통은 명사에 선행한다. 어떤 상황에서는 아래와 같이 문장 전체를 대체하기도 한다.

Fritz cleaned his apartment. *This* amazed Macarena.
프리츠가 자기 아파트를 청소했다. 마카레나는 이 사실에 놀랐다.

여기서 this는 프리츠가 그의 아파트를 청소했다는 사실을 가리킨다. 이러한 구성에서 this는 명확한 선행사가 없기 때문에 '부정 지시 대명사'라고 불린다. 주어진 예에서와 같이 나란히 있는 두 문장은 관계가 명확해서 우리는 this가 무엇을 의미하는지 이해한다. 그러나 미숙한 필자는 선행사와의 관계를 항상 명확하게 하면서 부정 지시 대명사를 사용하지는 못한다. 결과적으로 그들은 종종 부정 지시 대명사 this가 그것이 지칭하는 사실이나 그것에 대한 행동과 분리되는 여러 문장을 생산하게 된다. 독자들은 그것의 관계를 찾아내기가 힘들어진다. 아래 예를 보라.

The romantic model that views writing as an independent and isolated process has dominated the classroom for years. The model may be poetic, it may feel good for teachers, but it is not practical. It does not take into account the pragmatic social factors that contribute to successful writing. Moreover, measures of student writing have shown a steady decline in proficiency over the last 15 years. *This* can present a major problem for teachers seeking to implement new models and strategies in the classroom.

작문을 독립적이고 고립된 과정으로 보는 낭만적 모형은 오랫동안 교실에서 지배적이었다. 이 모형은 시적이고 그것은 교사들에게 더 좋게 느껴지지만 실제적이지 않다. 이 모형은 성공적인 작문에 기여하는 실제적인 사회적 요인을 고려하지 않는다. 게다가 학생 작문 평가는 지난 15년 동안에 능숙도에 있어서 지속적인 하락세를 보였다. 이것은 교사들에게 교실에서 새로운 모형과 전략을 실행하기 위해 탐구하도록 주요한 문제의식을 갖게 할 것이다.

마지막 문장에 사용된 단어 this는 이전 문장의 아이디어에 대해 언급해야 하지만 그렇지 않다. 그들 사이에는 실제로 관련성이 없다. 마지막 문장은 첫 번째 문장과 가장 가깝게 연결되는 것처럼 보이지만 중간에 개입된 문장들이 있어서 관계가 명확하지 않고 연결이 강력하지도 않다. 이런 사례에서 부정 지시 대명사를 사용하는 것은 적절하지 않다. 부정 지시 대명사의 사용이 명료함을 떨어뜨리고 이해하는 데 혼돈을 주기 때문이다. 그 문장이 성공적이기 위해서는 대명사의 위치가 더 위쪽으로 이동해야 한다.

부정 지시 대명사 this로 시작되는 문장이 잘못 배치되는 경우가 미숙한 필자의 글쓰기에서 종종 나타난다. 많은 사례에서 상황은 더 심각하다. 다시 말해 대명사에 대한 선행 문장이 없고, 언급 대상 역시 글에는 없고 필자의 머릿속에만 존재할 뿐이다. 대부분의 숙련된 필자는 보다 명확한 구조가 더 낫다고 제안하면서 이런 광범위한 방식으로 this를 사용하는 것에 반대한다. 그들은 부정 지시 대명사를 적절한 명사로 대체하라고 권한다. 앞의 예시 글에서 'this'를 'the romantic model(낭만적 모형)'로 교체하면 문제를 해결할 수 있을 것이다.

3) 상호 대명사

영어는 복수 명사의 개별 부분을 언급하는 두 종류의 상호 대명사 each other와 one another가 있다. 문장 13, 14를 보라.

13. The friends gave gifts to *each other*.

그 친구들은 서로에게 선물을 주었다.

14. The dogs looked at *one another*.

개들이 서로 쳐다봤다.

each other와 one another는 같은 것을 의미하지 않으므로 상호 교체를 할 수 없다. one another가 두 개 이상을 나타내는 것이 반해서 each other는 두 사람 혹은 물건 두 개를 나타낸다. 문장 13은 두 친구를 언급하고 문장 14는 두 마리 이상의 개를 언급한다.

문법과 글쓰기 수준 사이에 큰 관련성이 없을지라도 용법과 쓰기 질 사이의 관련성에 대한 것은 그 예를 찾기가 쉽다. 예를 들어, 필자가 명확한 선행사를 둔 부정 지시 대명사를 사용하면 대부분의 글쓰기는 향상된다. 이런 활동을 위해 당신의 글, 특히 수업 시간에 제출했던 글 중 일부를 관찰해 보라. 그리고 명확한 선행사가 없는 부정 지시 대명사의 예를 찾아보라. 각각의 예에서 선행사를 제공하거나 혹은 대명사를 생략하여 글을 수정해 보라. 이 활동을 통해 부정 지시 대명사의 쓰임과 관련된 문제를 해결할 수 있을 것이다. 또 상호 대명사를 표준 관습에 맞게 사용했는지 살펴보기 위해 글을 점검하는 활동 역시 흥미롭다. 가능하다면 동료들과 수정 작업을 공유해서 그 결과를 비교해 보라. 이 공유 작업을 통해 더 직관적으로 수정하기 작업을 수행할 수 있을 것이다.

4) 소유 대명사

소유 대명사는 소유를 나타낸다. 문장 15와 16을 보라.

15. *My* son loves baseball.

　　내 아들은 야구를 좋아한다.

16. The books are *mine*.

　　그 책들은 내 것이다.

소유 대명사는 다음과 같다.

단수: my, mine, your, yours, her, hers, his, its

복수: our, ours, yours, their, theirs

5) 부정 대명사

부정 대명사는 특정한 선행사보다 총칭적인 선행사를 가지는데, 이는 아래 문장 17에서와 같이 일반적인 실체나 개념을 지칭하는 것을 의미한다.

17. *Everyone* was late.

　　모두 늦었다.

　부정 대명사 everyone은 어떤 특정한 개인을 지칭하는 것이 아니고 전체 집단을 언급하는 것인데, 이로 인해 그것에 부정적인(indefinite) 속성을 제공한다.

영어의 부정 대명사

all 모두	any 아무(것)
anybody 아무나	anything 아무것

anyone 누구	another 다른 것
both 양쪽	each 각자
every 모든 것	everybody 모두
everything 모든 것	either 어느 한 쪽
few 소수의 것	fewer 보다 소수의 것들
many 다수의 것	neither 어느 쪽도 ~아니다
nobody 아무도 ~아니다	no one 아무도 ~않다
none 아무도 ~않다	one 이야기 되고 있는 사람
several 몇몇	some 몇 개
somebody 어떤 이	something 어떤 것

■ 용법 노트

영어는 명사, 동사, 대명사에 대해 수의 일치를 요구한다. 예를 들어, 복수 명사 주어는 서술어에도 복수를 나타내는 동사를 써야 한다. 그래서 "Dogs bark(개가 짖는다)"라고 쓰지 "Dogs Barks"라고 쓰지는 않는다. 마찬가지로, 만약 프리츠와 프레드가 세수를 했으면 "Fritz and Fred washed his face"라고 쓰지 않고 "Fritz and Fred washed their faces(프리츠와 프레드는 세수를 했다)"라고 쓴다. "Fritz and Fred washed his face(프리츠와 프레드는 그의 얼굴을 씻겨 주었다)"라고 썼을 때는 두 사람이 각각 자신의 얼굴을 씻는다는 뜻이 아니라 그들이 어떤 사람을 씻겨 준다는 의미로 이해된다. 첫 번째 의미를 나타내기 위해서 대명사 their가 Fritz and Fred를 포함하는 복수여야 하고, 명사 faces도 복수여야 한다.

부정 대명사 everyone과 everybody는 수의 일치에서 종종 문제가 발생한다. 이 대명사는 단수이지 복수가 아님에도 불구하고, 그 의미 내용은 집단을 지칭하듯 포괄적이다. 결과적으로 대부분의 사람들이 말을 할 때 이 대명사들을 복수처럼 취급한다. 아래 문장을 보라.

- ?Everybody grabbed their hats and went outside.

everybody는 복수가 아니라 단수이기 때문에 정확한 용법은 일치를 위해 단수 명사뿐만 아니라 단수 대명사를 요구한다.

- Everybody grabbed his hat and went outside.
  모두가 자기 모자를 쓰고 바깥으로 나갔다.

이 문장에서 남성 대명사 his가 성에 상관없이 모든 사람을 포괄하는 총칭적 의미로 사용되었다는 것을 알 수 있다. 1970년대 초반에 교사와 학생들은 his의 총칭적 사용이 성차별적인 언어 현상이라는 우려를 나타냈다. 몇 년 뒤에 NCTE가 성차별적인 언어에 대한 가이드라인을 발표했고, 문체 핵심 안내서와 핸드북에서는 어떤 경우에라도 his의 총칭적 사용을 피해야 한다고 주장했다.

일부 교사들은 everyone과 everybody의 수를 단수에서 복수로 임의적으로 재정립하자고 주장했다. 또 다른 사람들은 총칭적인 his를 총칭적인 hers로 바꾸자고 제안했다. 그리고 어떤 사람들은 his/her 또는 his or her를 사용하자고 제안했다. 오늘날 첫 번째 제안은 대부분 사람들이 수용할 수 없다고 생각한다. 두 번째 제안은 이데올로기적인 의제를 가진 사람들에 의해서만 받아들여졌다. 세 번째 제안이 가장 널리 수용되었고(his or her가 his/her에 비해 항상 선호된다는 것에 주목하라.), 네 번째 제안, 즉 부정 대명사를 생략할 수 있도록 문장을 재구조화하는 것으로 보완되고 있다. 다음 예문을 보라.

- Everybody grabbed his or her hat and went outside.

  모두 모자를 움켜쥐고 밖으로 나갔다.

- They grabbed their hats and went outside.

  그들은 모자를 움켜쥐고 밖으로 나갔다.

- All the people grabbed their hats and went outside.

  모든 사람이 모자를 움켜쥐고 밖으로 나갔다.

6) 재귀 대명사

주어가 스스로에게 행위를 수행할 때 행위의 재귀적인 속성을 나타내는 특별한 방법이 필요하다. 재귀 대명사를 사용해서 그렇게 할 수 있다. 문장 18에서 면도 행위를 생각해 보자. 여기에서 주어 Macarena는 재귀적인 행위를 수행한다.

18. *Macarena shaved Macarena.

18번 문장과 같은 중복은 허용되지 않고 목적어 Macarena에 대해 인칭 대명사를 사용할 수도 없다. 그렇게 하는 것은 문장 18a에서 보듯이 다른 의미를 야기한다.

18a. Macarena shaved her.

   마카레나는 그녀를 면도했다.

문장 18a에서 대명사 her는 마카레나 자신을 지칭할 수 없고, 대신에 다른 사람을 가리키게 된다.

이런 문제를 피하기 위해서 영어에는 재귀적인 행위를 나타내는 일련의 특별한 대명사들이 있다.

단수: myself, yourself, himself, herself, itself
복수: ourselves, yourselves, themselves

따라서 마카레나가 마카레나를 면도해 주는 장면을 표현하기 위해서 18b와 같이 쓸 수 있다.

18b. Macarena shaved herself.
　　마카레나는 스스로 면도를 했다.

■ 용법 노트
재귀 대명사는 때때로 문장 19, 20과 같이 강조어로서 기능한다.

19. They *themselves* refused to sign the agreement.
　　그들은 그 협정에 조인하기를 거부했다.
20. We *ourselves* can't abide deceit.
　　우리는 속임수를 정말 참을 수 없다.

비표준적인 용법에서 주격 대명사와 목적격 대명사를 얼마나 혼동하는지 122~123쪽에서 살펴보았다. 사람들은 주어 자리에 주격 대명사를 사용하고 목적어 자리에 목적격 대명사를 사용할 것이다. 많은 사람이 아마도 학습의 결과로서 그들의 언어에서 이 문제를 알고 있지만 그것을 어떻게 고쳐야 하는지는 모른다. 사람들은 이 문제를 회피하려고 최소한 대명사 I와

me에 대해서는 문장 21과 22에서처럼 주격 혹은 목적격 자리에 재귀 대명사를 사용할 것이다.

21. ?Macarena, Fritz, and myself went to Catalina.
    ?마카레나, 프리츠, 나는 캘리포니아에 갔다.

22. ?Buggsy took Fred, Macarena, and myself to Acapulco.
    ?벅시는 프레드, 마카레나, 나를 아카풀코에 데리고 갔다.

단순하게 인칭 대명사를 대체하기 위해 재귀 대명사를 사용하는 것은 재귀적 행위가 없기 때문에 다른 문제를 발생시킨다. 재귀 대명사로 인칭 대명사를 대체하는 것은 표준 용법을 위반하는 것이다.

7) 관계 대명사

107쪽에서 봤듯이 종속절은 주절과 종속절을 연결시켜 주는 단어로 시작한다. 종속절에서 흥미롭고 중요한 유형은 관계 대명사로 시작하고 '관계절'이라고 불린다. 아래 문장을 살펴보라.

23. Fritz knew a women *who had red hair*.
    프리츠는 빨간 머리 여자를 알았다.

24. The woman *whom Fritz liked* had red hair.
    프리츠가 좋아했던 여자는 빨간 머리였다.

25. The book *that Fritz borrowed* was a first edition.
    프리츠가 빌렸던 책은 초판이었다.

앞의 문장에서 who, whom, that은 관계 대명사이다. 관계 대명사 목록은 아래와 같다.

주요 관계 대명사

who ~하는 (사람)	whom ~하는 (사람)	that ~하는 (것)
which ~하는 (것)	whose ~의	where ~하는 (곳)
when ~할 (때)	why ~하는 (곳)	

6. 동사

동사는 상태나 동작을 나타내기 위해 사용하는 단어이다. 동사는 문장에서 많은 정보를 전달하기 때문에 서술어의 핵(head)을 이루며(동사는 서술어의 핵어이다.) 그 쓰임이 다채롭다.[8] 예를 들어 행위는 과거, 현재, 혹은 미래에 발생할 수 있고, 동사는 보통 행위가 일어난 시간과의 관계에 따라 변화한다. 이러한 특징을 '시제'라고 한다.

세 개의 시제가 가능하기는 하지만 영어에는 단지 두 개의 시제만 존재한다. 현재와 과거가 그것이다.[9] 미래는 동사의 형태를 변화시키지 않는 방식으로 전달되어야 한다. 때로 "We will eat soon(우리는 곧 먹을 것이다)"과 같은 문장에서 보듯이, will이나 shall과 같은 단어가 미래를 지시하기 위해 사

---

8   한국어에서 동사는 동작이나 과정을 나타내는 품사이며 성질이나 상태를 나타내는 형용사와 구분된다. 그러나 영어에서는 이 둘 모두 동사로 포함된다. 한편, 핵어(head)는 '머리어, 핵심어'라고도 하며 구성에서 핵심이 되는 것을 뜻한다. [역주]

9   한국어에는 과거, 현재, 미래 시제가 존재한다고 일반적으로 알려져 있다. 혹자는 과거와 비과거로 나누는 경우도 있다. [역주]

용된다. 그러나 영어는 탄력적이어서 미래를 다른 방식으로 나타내는 것도 허용한다. 예를 들어 "We eat soon"에서처럼 미래를 나타내기 위해 현재를 사용할 수도 있다. 사실 영어는 매우 탄력적이어서 때때로 다음과 같이 현재를 사용해 과거를 나타내기도 한다.

So last night he asks me for money. Can you believe it?
그래서 어젯밤 그는 나에게 돈을 부탁했어. 믿을 수 있겠어?

호피어[10]와 같은 언어들에는 하나의 시제만 있거나 시제가 아예 없는 경우도 있는 반면에, 스페인어와 같은 로마어는 세 개의 시제가 있다. 언어에서 동사 시제의 차이는 1900년대 초 전통 문법에서 현대 문법으로의 전환에 중요한 역할을 한다. (다음 장에서 이 주제에 대해 논의할 것이다.)

영어와 스페인어 동사를 비교해 보면 시제의 속성이 무엇인지 그리고 영어가 라틴어에 기초를 둔 언어와 어떻게 다른지 알 수 있다. 영어 동사 speak(말하다)와 이에 해당하는 스페인어 hablar를 보라.

과거	현재	미래
spoke	speak	Ø
hablé	hablo	hablaría

---

10   호피어(Hopi)는 미국 애리조나주 북동부에 사는 푸에블로인디언의 일족이 쓰는 언어를 말한다. 워프(Whorf)는 미국의 원주민 호피족의 연구에서 그들의 언어에서 시제 구분이 없고, 시간에 복수형을 사용하지 않는다고 밝혔다. 또한 호피족은 하늘을 나는 것을 모두 하나의 단어로 표현한다고 하였다. 그는 이를 근거로 자연물에 대한 인식 방법은 언어를 사용하는 사람에 따라 다르다는 언어상대가설을 주장하였다. [역주]

1) 상

동사는 시제뿐만 아니라 '상(aspect)'이라고 불리는 또 다른 흥미로운 특징을 가진다.[11] 상은 행위의 지속 및 진행의 속성에 대한 정보를 제공한다. 표준 영어에서 상은 두 유형의 동사 구문으로 전달되는데, 바로 진행 동사형과 완료 동사형이다.

문장 26과 27은 진행형을 보여 준다.

26. Fred *was washing* his car.
    프레드는 세차를 하고 있었다.

11　흑인 영어 방언과 표준 영어는 시제와 상을 다루는 방식이 다르다. 7장에서 이에 대해 논의할 것이다.

27. Fritz *is reading* a book.

　　프리츠는 책을 읽고 있다.

　　문장 26과 27에서 나타내듯이 진행형은 동사 be의 시제형과 −ing가 붙어 있는 동사로 구성된다.(−ing는 '현재 분사 표지'이다.)

　　be(시제가 표시됨) 동사 + ing

　　문장 28과 29는 완료 동사형을 보여 준다.

28. Macarena *has visited* Buggsy before.

　　마카레나는 전에 벅시를 방문했었다.

29. Fred and Fritz *had eaten* too many tacos.

　　프레드와 프리츠는 타코를 너무 많이 먹었었다.

　　완료형은 have 동사의 시제형과 −ed 또는 −en을 붙인 동사로 이루어진다.(−ed 또는 −en은 '과거 분사 표지'이다.)

　　have (시제가 표시됨) 동사 + ed/en

교수 도움말

영어에서 과거 분사는 수 세기에 걸쳐 다른 언어의 영향을 받았기 때문에 불규칙적이다. 일부 동사는 접사 -ed를 취하고 일부는 접사 -en을 취한다. 동사 do는 "She had done her homework(그녀는 숙제를 끝냈다)"에서 보듯이 -ed나 -en이 아니라 -ne로 끝난다. 학생들

2) 타동사와 자동사

동사의 종류는 매우 다양하다. 모든 종류를 다 조사해 볼 수는 없지만 좀 더 중요한 범주를 살펴볼 수는 있다. 문장 1 "Dogs bark(개가 짖는다)"는 주어와 동사로만 이루어져 있고, 문장 4 "Fritz hit the bal(프리츠는 공을 쳤다)"은 주어, 동사, 목적어로 구성되어 있다. 이러한 차이는 bark(짖다)와 hit(치다)가 다른 종류의 동사라는 사실과 관련된다.

어떤 동사는 hit와 같은 동사처럼 목적어를 필요로 하거나 목적어와 함께 작용한다. 이런 동사를 '타동사'라고 부른다. bark 같은 동사는 목적어와 함께 쓰일 수 없다. bark 뒤에 명사구를 추가하면 비문법적인 문장이 된다. 명사구가 뒤따르지 못하는 동사를 '자동사'라고 부른다. 이러한 구분은 매우 확실하고 학생들이 혼동을 느끼지 않지만 많은 동사들이 타동사적으로도 자동사적으로도 모두 기능을 할 수 있기 때문에 매우 혼란스럽다. 아래 문장을 보라.

30. Fred ate an apple.
    프레드는 사과를 먹었다.

31. Fred ate.

    프레드는 먹었다.

32. Macarena stopped the car.

    마카레나는 자동차를 멈췄다.

33. Macarena stopped.

    마카레나는 멈췄다.

34. Fritz cooked the dinner.

    프리츠는 저녁 요리를 했다.

35. Fritz cooked.

    프리츠는 요리를 했다.

각각의 예에서 동사는 타동사적으로도 자동사적으로도 기능한다.
다시 말해서,

- 타동사는 뒤에 목적어가 온다.
- 자동사는 뒤에 목적어가 오는 것을 허용하지 않는다.

교수 도움말

비원어민 영어 화자 특히 아시아에서 온 학생들
은 자동사와 타동사를 자주 혼동한다. 아래 예
를 보라.[12]

- *Yesterday, we graphed in class.
  *어제 우리는 교실에서 그래프로 나타냈다.
- *They exhausted with too much hard
  work.
  *그들은 과로로 기진맥진했다.
- *The woman struggled the boy who
  wanted her purse.
  *부인은 지갑을 빼앗으려는 소년과 대치했다.
- *The taxi traveled us to the airport.
  *택시는 공항으로 이동했다.

학생들에게 어떤 동사는 타동사이고, 어떤 동사는 자동사라고 설명하는 것은 중요한 첫 단계이지만 크게 도움이 되지는 않는다. 다행히 영어에서 자동사의 수가 상대적으로 적다. 효과적인 접근법은 가장 흔히 사용되는 자동사 목록을 고안하는 것이다. 목록에 없는 대부분의 단어는 타동사일 것이고 명사구 목적어를 요구할 것이다. 학생들은 쓰기 활동에서 구를 수정하는 동안에 자동사 목록을 참조하면서 동사에 대한 구분을 잘 할 수 있게 될 것이다.

■ 용법 노트

표준 용법에서 벗어난 널리 알려진 사례 중의 하나는 동사 lay(눕히다/놓다)와 lie(눕다)에 관한 것이다. lay는 타동사로 "Please lay the book on the table(책을 탁자 위에 놓아 주세요)"에서와 같이 목적어를 요구한다. 반면에 lie는 자동사로 목적어를 취하지 않는다. 그러나 문장 36에서와 같이 매우 많은 사람들이 lay를 자동사로 사용한다.

36. ?I'm going to lay down for a nap.

표준 용법은 문장 37과 같다.

37. I'm going to lie down for a nap.
　　　나는 낮잠 자려고 누울 거다.

이러한 혼동의 일부는 laid가 lay의 과거 시제인 반면에 lay가 lie의 과

12　각 문장은 다음과 같이 수정이 되어야 올바른 문장이 된다. [역주]

Yesterday, we graphed _____ in class. (타동사의 목적어 추가)

They were exhausted with too much hard work. (were 추가)

The woman struggled against the boy sho wanted her purse. (against 추가)

The taxi traveled to the airport. (us 삭제)

거 시제라는 사실과 관련 있는 것처럼 보인다. lie는 거짓이라는 뜻을 나타내기도 한다. 많은 사람들이 이 모든 변이형을 곧이곧대로 지키기는 어렵다.

3) 불완전 타동사와 불완전 자동사

타동사는 서술부를 완성하기 위해서 명사구를 요구하지만 자동사는 그렇지 않다. 그러나 타동사와 자동사의 하위 부류는 문장을 완성하기 위해 또다른 종류의 구성 요소를 요구한다. 이 특수한 동사를 각각 '불완전 타동사', '불완전 자동사'라고 한다. 그것은 추가적 요소인 전치사구를 요구하는데, 이는 168~172쪽에서 더 자세히 논의될 것이다. 다음의 문장에 있는 put(두다)과 deal(다루다)을 살펴보라.

38. Mrs. DiMarco put the rent money *under her mattress*.

디마르코 씨는 셋돈을 매트리스 아래에 두었다.

39. Buggsy dealt *with the problem*.

벅시는 그 문제를 다루었다.

이 문장들은 이탤릭체로 된 구성 요소 없이는 불완전한 문장이 된다. 때로 이 동사들이 '전치사적 동사'라고 불린다는 것에 주의하라.

4) 이중 목적어 동사: 직접 목적어와 간접 목적어

타동사가 목적어를 요구한다는 것은 138~140쪽에서 살펴보았다. '이중 목적어 동사'라고 불리는 특수한 범주의 동사는 두 개의 목적어를 요구한다. 즉, 문장 40과 41에서 보는 것처럼 동사 뒤에 두 개의 명사구가 따라 온다.

40. Fred sent ***his mother*** *a card*.

프레드는 어머니께 카드를 보냈다.

41. Buggsy asked ***Fritz*** *a question*.

벅시는 프리츠에게 질문을 했다.

이 문장들을 자세히 살펴보자. 진한 글씨로 되어 있는 명사구를 삭제하면 다음 문장과 같다.

40a. Fred sent a card.

프레드는 카드를 보냈다.

41a. Buggsy asked a question.

벅시는 질문을 했다.

이 문장에서 명사구 a card(카드)와 a question(질문)이 목적어라는 것을 알 수 있다. 목적어는 동사에 의해 영향을 받는 것이다. 원래 문장에서 his mother와 Fritz는 그 기능이 약간 다르다. 문장 40에서 his mother는 a card를 받았고, 문장 41에서 Fritz는 a question을 받았다.

이중 목적어 동사에 후행하는 두 명사구는 다음과 같이 구별한다. 행위에 영향을 받는 명사구를 '직접 목적어'라고 부르고, 직접 목적어를 받는 명사구를 '간접 목적어'라고 부른다. 그래서 문장 40에서 a card는 직접 목적어이고, his mother는 간접 목적어이다. 아래 문장은 두 구성 요소를 설명하기 위해서 이름을 붙인 것이다.

- Macarena gave Buggsy a kiss.

  (a kiss=직접 목적어, Buggsy=간접 목적어)

  마카레나는 벅시에게 키스해 주었다.

- Fritz told Rita a story.

  (a story=직접 목적어, Rita=간접 목적어)

  프리츠는 리타에게 이야기를 해 주었다.

- Buggsy wrote the gang a note.

  (a note=직접 목적어, the gang=간접 목적어)

  벅시는 패거리에게 쪽지를 썼다.

- Rita showed Fred her earrings.

  (her earrings=직접 목적어, Fred=간접 목적어)

  리타는 프레드에게 귀걸이를 보여 주었다.

이중 목적어 동사는 몇 가지 흥미로운 연구 거리를 제기하면서 최근 몇 년 동안 많은 연구의 주제가 되었다(Kratzer, 1996; Langacker, 1999 ; McGinnis, 2002; Pykkanen, 2002; Schmid, 2000). 이 동사가 두 개의 목적어를 요구하는가? 혹은 단지 하나의 목적어를 취하는 사례이지만 두 개의 목적어를 허용할 수 있는 것인가? ask의 경우 그 답은 분명히 동사가 한 개의 목적어를 취할 수 있다는 것이다. 다시 말해 "Buggsy asked Fritz a question(벅시는 프리츠에게 질문했다)"은 "Buggsy asked Fritz(벅시는 프리츠에게 물었다)"로 써도 된다. 왜냐하면 'a question'이 진술 속에 포함되어 있기 때문이다. 그러나 다른 이중 목적어 동사에서는 그 답이 그리 명백하지 않다. "Fred sent Macarena a gift(프레드는 마카레나에게 선물을 주었다)"에서 직접 목적어를 생략해도 문법적일 수 있지만, "Fred sent Macarena(프레드는 마카레나를 보냈다)"라는 문장은 문법적으로도 의미적으로도 변화가 있다.

a gift를 생략해도 문법적인 문장은 유지된다. 그렇지만 Macarena가 갑자기 간접 목적어가 아니라 직접 목적어가 되고 원래 의도했던 것과 의미가 많이 달라진다. 이중 목적어 동사 buy에서도 똑같은 문제가 발생한다.

- Fred bought his mother a present.
  프레드는 어머니께 선물을 사드렸다.
- Fred bought his mother.
  프레드는 그의 어머니를 샀다.

이 분석에서 이중 목적어 동사가 대체로 두 개의 목적어를 요구한다는 것을 알 수 있다. 문장의 문법적 관계나 의미를 변화시키지 않고도 직접 목적어를 생략하는 것이 가능한 ask(묻다)와 같은 일부 이중 목적어 동사가 있지만, 이는 사소하고 우연한 일이다.

구(句)로서의 간접 목적어

간접 목적어가 명사구 또는 보통 to로 시작되는 전치사구로 나타난다는 것은 흥미로운 특징이다. 그래서 이 하나의 구성은 두 개의 구조가 가능하다.

40. Fred sent *his mother* a card.

    프레드는 어머니께 카드를 보냈다.

40b. Fred sent a card to *his mother*.

    프레드는 카드를 어머니께 보냈다.

문장 40b에서 his mother는 전치사구의 일부지만 간접 목적어이다. 아래 문장들은 동일한 구조의 다른 예시이다.

- Buggsy asked Fritz a question / Buggsy asked a question of Fritz
  벅시가 프리츠에게 질문을 했다.
- Macarena gave Buggsy a kiss / Macarena gave a kiss to Buggsy
  마카레나가 벅시에게 키스했다.
- Fritz told Rita a story / Fritz told a story to Rita
  프리츠가 리타에게 이야기를 했다.
- Buggsy wrote the gang a note / Buggsy wrote a note to the gang
  벅시가 갱단에 쪽지를 썼다.
- Raul left Rita a present / Raul left a present for Rita
  라울이 리타에게 선물을 남겼다.
- Rita showed Fred her earrings / Rita showed her earrings to Fred
  리타가 프레드에게 귀걸이를 보여 줬다.

5) 연결 동사

동사가 행위를 묘사하거나 존재를 표현한다는 것을 앞서 살펴보았다. 문
장 2 "The tree was tall(나무가 크다)"은 동사 was가 존재 혹은 상태를 표현
하는 방식을 보여 준다. 이런 동사들은 '연결 동사'라고 하여 별도로 분류한
다. 연결 동사는 문장의 주어에 보어를 연결해 준다. be의 모든 형태와 taste,
smell, feel, look, sound(맛이 나다, 냄새 나다, 느끼다, ~처럼 보이다. ~처럼 들
리다)와 같은 감각 동사는 모두 연결 동사로 기능할 수 있다. 또 다른 연결 동
사는 seem, prove, grow, become(~인 것 같다, ~임이 드러나다, ~해지다, ~
인 상태가 되다)이 있다. ["Fred got tired(프레드는 피곤해졌다)"라는 문장에서처
럼 got도 become이라는 뜻으로 쓰일 때는 연결 동사로서 기능한다.] 그러나 이들
동사 중 일부, 특히 smell, feel, sound, prove, grow와 같은 단어는 "Fred
smelled the flowers(프레드는 꽃 향기를 맡았다)"에서와 같이 일반 동사로도
기능할 수 있다는 것에 주의하라. 연결 동사에는 세 유형의 구성, 즉 (a)명사
구, (b)형용사구, (c)전치사구가 후행할 수 있다. (b)와 (c)의 구성에 대해서는
148쪽과 168쪽에 각각 논의된다.

6) 동명사

언어의 흥미로운 점 중 하나는 그것의 유연성이다. 특정 범주에 속한다고 일상적으로 생각했던 단어가 다른 범주에서도 쉽게 기능할 수 있다. 예를 들어, 많은 동사가 running, jumping, driving(달리기, 뜀뛰기, 운전하기) 등과 같이 접사 -ing를 덧붙이는 것만으로 명사로 기능한다. 동사가 명사로 기능할 때 그것을 '동명사'라고 한다. 115쪽에서 언급했듯이 다른 (보다 유용한) 명칭은 '명사류'이다.

핵심 개념 적용하기

문법을 숙달하는 데 중요한 것은 다른 사람들이 어떻게 언어를 사용하는지 관찰하는 능력과 그것을 관습적 표준과 비교하는 능력이다. 학생들이 다른 사람들의 언어를 듣는 것은 자신의 언어를 '듣'는 것에 도움이 된다. 학교 식당, TV, 버스에서 혹은 당신이 방해받지 않는 다른 어떤 장소에서라도 다른 사람의 말을 듣는 것에 시간을 쓰라. 비표준적 용법의 예를 기록할 수 있는 공책을 준비해서 앞서 살펴봤던 두 주제, 즉 격과 재귀 대명사에 주목하라. 그 후에 이런 활동을 통해 배운 것을 학급 친구들과 만나서 논의해 보라.

7. 수식어

앞서 언급했듯이, 문장은 필수적으로 명사와 동사로 구성되고 그 이외의 것은 대부분 명사와 동사에 정보를 제공한다고 말할 수 있다. 정보를 제공하는 이러한 단어와 구성 요소는 광의의 수식어로서 범주화된다. 수식어는 두 개의 주요 유형이 있다. 즉 명사에 정보를 제공하는 것과 동사에 정보를 제공하는 것인데, 각각 '형용사적 수식어'와 '부사적 수식어'라고 한다.[13] 이 용어들은 형식이 아니라 기능을 나타내 준다. 예를 들어, 명사는 형용사적으로 기능할 수 있다.

수식어를 완벽히 설명하려면 훨씬 더 복잡하다. 수식어는 다른 수식어와 문장 혹은 절에 정보를 제공하기도 하지만 형용사류 혹은 부사류로서의 기능은 유지한다.

1) 형용사류 수식어

형용사적 수식어는 명사구에 대체로 감각적인 정보를 제공한다. 가장 일반적인 형용사적 수식어의 유형은 '단순 형용사'이다. 아래 문장을 살펴보라.

42. Macarena bought a *red* dress.
    마카레나는 빨간 드레스를 샀다.
43. The *new* book made her career.
    새 책이 그녀의 이력이 되었다.
44. His *wooden* speech put the crowd to sleep.
    그의 경직된 강연은 청중들을 졸리게 했다.

이 단순 형용사들은 각각 그와 관련된 명사에 정보를 제공한다. 즉, 드레스가 빨갛고(red), 책이 새것이고(new), 연설이 경직된(wooden) 것임을 알려 준다.

앞서 말했듯이 많은 단어들이 수식어로 기능할 수 있고, 수식어로 기능

---

13 한국어 문법과 대비해 보면, 형용사적 수식어(adjectival modifiers)는 관형어에 해당하고 부사적 수식어(adverbial modifiers)는 부사어에 해당한다. [역주]

할 때는 일반적으로 형용사적 기능을 한다. 다음 문장 45를 보자.

45. Macarena bought an evening gown.

　　마카레나는 야회복을 샀다.

Evening은 명사지만 문장 45에서는 형용사적으로 기능한다.

서술적 형용사

단순 형용사는 그것이 수식하는 단어에 선행한다. 그러나 그렇지 않은 두 종류의 형용사가 있다. 첫 번째 유형은 문장 2 "The tree was tall"에서 이미 살펴봤던 것이다. 단어 tall은 형용사이고 tree에 정보를 제공하지만 연결 동사 was에 후행한다. 이러한 구성은 연결 동사와 특별한 관계를 가지며 이것이 형용사이기 때문에 특별히 '서술 형용사'라고 부른다. 서술 형용사는 연결 동사에 후행할 수만 있다.

　　이제 "Fritz hit the ball"의 'ball'과 "The tree was tall"의 'tall'의 차이에 대해 더욱 잘 이해할 수 있다. 두 가지 모두 서술어를 완성시키지만 ball은 목적어로 기능하는 명사이고 tall은 보어로 기능하는 서술 형용사이다. 문장 46에서 48은 서술 형용사의 추가적인 예이다.

46. Fritz felt *tired*.

　　프리츠는 피곤했다.

47. The pizza tasted *funny*.

　　피자가 이상한 맛이 났다.

48. Fred was *disgusted*.

　　프레드는 역겨웠다.

형용사적 보어

특별한 형용사의 두 번째 유형은 '형용사적 보어'라고 불린다. 문장 49를 보라.

49. Macarena painted the town *red*.
마카레나가 그 마을을 붉게 칠했다.

형용사 red(빨간)가 서술어를 완성시키고 있지만 동사에 바로 후행하지 않는다는 것에 주의하라. 게다가 painted(칠하다)는 연결 동사가 아니다.

2) 부사류 수식어

부사류 수식어는 동사, 형용사류, 다른 부사류, 절, 문장에 정보를 제공한다. 부사류 수식어는 만능이다. 부사류는 감각적 정보를 제공하기보다 다음 6가지 유형의 정보를 제공한다.

시간, 장소, 방법, 정도, 이유, 양보

부사류도 형용사류와 마찬가지로 부사적으로 기능하는 전체 구성으로 뿐만 아니라 단순 부사로도 구성된다. 다음의 예들은 목록에 있는 6가지 유형을 나타낸다. 정도부사는 형용사를 수식하거나 혹은 다른 부사를 수식하는 것에 유의하자.

시간: They arrived *late*.
그들은 늦게 도착했다.
장소: We stopped *there* for a rest.

우리는 쉬려고 거기에 멈췄다.

방법: Fred opened the box *slowly*.

프레드는 상자를 천천히 열었다.

정도: Macarena felt *very* tired. She opened the box *quite* rapidly.

마카레나는 매우 피곤했다. 그녀는 상자를 매우 빨리 열었다.

이유: We ate *because we were hungry*.

우리는 배가 고파서 먹었다.

양보: *Although she didn't like broccoli*, she ate it.

비록 브로콜리를 좋아하지 않지만, 그녀는 그것을 먹었다.

마지막 두 예에서는 부사류로 기능하는 더 긴 구성 요소(부사절)를 볼 수 있다. "Because we were hungry"와 "Although she didn't like broccoli"는 162~163쪽에서 간단히 살펴보게 될 종속절이다. 다른 중요한 부사적 구문은 전치사구인데, 168~172쪽에서 살펴볼 것이다.

3) 핵어

영어에서 수식은 하나의 문장에서 다양한 위치에 나타날 수 있을 정도로 탄력적인데, 특히 부사류가 그렇다. 앞서 수식의 중요한 원리에 대해 간단히 살펴보았다. 수식어가 어떤 위치에 있든 간에 수식어는 다른 단어보다 더 가까이 있는 단어 하나에 연결된다. 예를 들어 "The new book made her career(새로 출간된 책이 그녀의 이력이 되었다)"에서 형용사 new는 book에 연결된다. "Fred opened the box slowly(프레드는 상자를 천천히 열었다)"에서 부사 slowly는 opened에 연결된다. 수식어가 연결된 단어를 '핵어(head word)'라고 한다. 핵어는 수식어가 단순 형용사이거나 부사일 때보다 헤밍

웨이(Ernest Hemingway)의 아래 문장에서와 같이 수식어가 복잡해질 때 중요하다.

- Manuel swung with the charge, sweeping the muleta ahead of the bull, feet firm, the sword a point of light under the arcs.
  마누엘은 돌격했다. 황소 앞에 붉은 천 물레타를 스치면서, 두 발로 굳건하게 서서, 아치 아래의 빛에 검을 겨누면서.

뒤에서 논의하겠지만, 여기서 수식어는 기본적으로 동사적 구성이고 그것의 핵어는 swung(돌격했다)이다.

핵어의 개념은 수식어와 그것이 수식하는 것에 대해 논의할 때 유용할 뿐만 아니라 '근접성 원리'라고 불리는 수식의 또 다른 특성 때문에도 유용하다. 근접성 원리란 수식어는 항상 가능한 한 그것의 핵어와 가까워야 한다는 것이다. 이러한 규칙을 위반하면 아래 문장과 같이 '오배치 수식어 (misplaced modifier)'라고 불리는 결과가 도출될 수 있다.

- ?Walking across the window, I saw a fly.
  ?창문 너머 걸으면서, 나는 파리를 보았다.

여기서 걷고 있는 것은 분명 주어인 내가 아니라 파리라는 것을 알고 있지만 수식어의 배치는 그 반대 의미를 나타낸다. Fly는 동사 구성 "walking across the window"의 핵어다. 그러나 문장에서 그들 사이의 물리적인 거리가 너무 멀어서 그 연결이 불분명하다. 이런 종류의 오배치 수식어는 어린 학생들의 작문에서 매우 빈번하다. 다행히 이런 학생들은 약간의 수업을 통해서 핵어와 근접성 원리의 개념을 쉽게 이해하게 된다.

헤밍웨이의 문장은 '서사적 기술(narrative-descriptive)' 쓰기의 중요한 특징을 보여 주고 있어서 매우 흥미롭다. 주절이 오히려 짧고 상세하지 않다는 점에 주목하라. 절에 구 수식어의 형태를 덧붙여, "sweeping the muleta ahead of the bull, feet firm, the sword a point of light under the arcs"로 문장을 기술하는 방식이다. 크리스틴슨(Christensen,1967)은 이런 문장을 '누적(cumulative)'이라고 불렀다.[14] 상세함을 더하는 과정을 통해 문장이 구성되는 방식이기 때문이다. 학생들은 누적 문장을 만드는 연습 기회를 가질 때 쓰기 능력이 상당히 향상된다. 주절을 바탕으로 어떻게 상세화가 이루어지는가를 학생들에게 보여 주기 위한 분석 모델로서 이야기 서술 작문의 일부를 사용하라. 그다음, 학생들에게 차가 교차로를 통과해서 지나가는 것, 사람들이 차례를 기다리는 줄 안에서 이동하는 것, 물이 싱크대 배수로 아래로 흘러가는 것 등과 같은 반복적인 과정을 관찰하도록 하라. 그리고 두 개의 '누적' 문장만으로 그 과정을 기술하게 하라. 이 활동의 목표는 상세한 누적 문장을 만드는 것이다.

■ 용법 노트

많은 사람들이 수식어 good과 well의 사용에 어려움을 겪는다. good은 언제나 형용사인데 well은 형용사 또는 부사로 기능할 수 있다는 점이 그 문제의 일환이다. 비표준적인 용법에서 good은 형용사와 부사 양쪽 모두에서 나타나고 well은 제한적인 방식으로만 나타난다. 아래 예시문은 good이 비표준적 용법으로 쓰이는 가장 흔한 예이다.

50. ?I did good on the test.

51. ?You played good.

---

14   크리스틴슨의 누적 문장(cumulative sentence)은 기본이 되는 짧은 문장들이 점차적으로 수식하는 구와 절을 결합해 가는 방식을 말한다.

표준 용법에서는 문장 50a, 51a와 같이 well이 훨씬 더 선호된다는 것이 명확하다.

50a. I did well on the test.

　　나는 시험을 잘 봤다.

51a. You played well.

　　너는 경기를 잘했다.

또 다른 상황은 동사 feel에서 나타난다. 어떤 기분인지를 기술할 때 대부분의 사람들은 기분이 좋다는 것을 문장 52처럼 말한다.

52. I feel good.

　　나는 기분이 좋아.

그러나 공식적 표준 용법에서는 I feel good과 I feel well 사이에 차이가 있다. Well은 대체로 사람의 건강 상태에 대해 언급한다. 반면 feel은 아주 이례적인 상황에서만 어떤 사람이 정상적으로 작동하는 촉각을 가지고 있음을 의미하는 일반 동사로 나타난다. 따라서 I feel well은 어떤 사람이 건강하다는 것을 가리킨다. 더 정확하게 말하면, 어떤 사람이 특별히 병을 앓고 난 후에 이전의 건강을 회복하게 되었다는 것을 가리킨다. 예를 들면, 감기에서 회복한 사람이 "I feel well"이라고 말할 수 있다. 반면에 I feel good은 일반적인 상태를 가리킨다. 편안한 상태(well-being)는 육체적이거나 정신적인 것 혹은 모두일 수 있다. 그러나 건강에 대하여 I feel good은 공식적인 표준 용법에서 이전의 건강을 회복했다는 것을 의미하는 것이 아니라 병이나 아픔이 계속되더라도 이전보다 현재 발화 당시에 좀 더 낫다는 것을 의미한다. 이런 이유로 감기로 며칠 동안 누워 있고 난 뒤 "I feel good today(나는 오늘 기분이 좋아)"라고 말하는 것은 그전보다는 상대적으로 더 기분이 좋다는 것을 의미하는 것이다.

"How are you today?(오늘 어때)"라는 질문과 관련된 상황에도 동일한 문제가 있다. 일반적으로 괜찮다는 의미로 답하려고 하면 그 적절한 대답은 "I am good(좋아)"이다. 그러나 여기에서 내재적 모호성은 흥미롭다. 이 문장은 어떤 사람이 선하다는 것을 의미할 수 있다. 그러나 그것은 도달한 것이라기보다는 아마도 희망하는 상태이다. 그러나 만약 건강하다는 의미로 답하고자 한다면 적절한 대답은 "I am well(좋아)"이다. 미국에서 이렇게 인사를 주고받는 것은 세심하게 상대의 건강을 묻는 것이라기보다는 사회적인 습관에 가깝다. 그래서 우리는 "I am well"이라는 대답을 거의 들을 수 없다. 영국에서는 상황이 달라서 "Very well, thank you(아주 좋아. 고마워)"라는 대답이 일반적이다.

사람들이 사용하는 언어에서 또 다른 문제를 발견할 수 있는데, 그것은 연결 동사 feel과 관련된다. 처음 몇 번은 우스꽝스럽게 생각할 수 있는 문제이다. 사람은 다른 이의 어려움이나 사고(accident)에 대해 알게 되었을 때 그들에게 자신의 슬픔과 동정, 유감을 전하고 싶어 한다. 그러나 그렇게 하는 것이 문제가 될 수도 있다. 아래의 두 가지 가능성이 있다.

53. I heard about the accident. I feel badly.

　　사고 소식을 들었어요. 나는 느끼기가 힘들어요.

53a. I heard about the accident. I feel bad.

　　사고 소식을 들었어요. 유감입니다.

그런데 문장 구성을 잘 살펴보라. feel은 사람의 상태를 언급하는 연결 동사이다. 그래서 반드시 형용사가 후행해야 한다. bad는 형용사지만 badly는 부사이다. 결과적으로 badly는 상태를 언급하는 것이 아니기 때문에 말이 되지 않는다. 사실 문장 53을 문자적으로만 보면 촉각을 잃었다는 것, 즉 어떤 것을 만졌는데 화자가 그것을 느낄 수 없는 것을 말한다. 이것은 사람들이 매우 자주 겪는 상태나 상황이 아니며 유감과 관련되지 않는다. I feel bad만이 유감이나 혹은 건강에 대해 기술할 때의 표준적인 용법을 반영한다. I feel badly 역시 문법적이지만 단지 촉각이라는 맥락에서만 통한다. 이 경우에는 feel이 연결 동사로 기능하지 않는다.

우리는 I feel bad 혹은 I feel badly를 사용하는 사람들을 교육 수준에 따라 구별할 수 있다. 그러나 그 결과는 기대한 것과 다르다. 일반적으로 교육을 적게 받은 사람들이 표준 용법을 적용해서 "I feel bad"라고 말한다. 박사, 석사 학위 소지자를 포함해서 교육을 많이 받은 사람들이 더 자주 "I feel badly"라고 말하는 경향이 있다. 이렇게 언어 현실은 우리의 기대를 벗어나곤 한다.

8. 기능어

주어, 서술어, 그리고 주어와 서술어를 구성하는 대부분의 단어는 의미를 전달하는 것이거나 혹은 때로 의미적 내용(semantic content)으로서 언급되는 특성이 있다. 사실 언어는 본래 의미(meaning)와 기의작용(signification)[15]으로 가득 차 있기에, 의미는 기본적인 속성이라고 할 수 있

---

15   이 책에서 'signification'을 '기의작용'으로 번역한 것은 강범모의 「의미론에서 "의미"와 관련된 용어들의 개념과 번역어」(『언어와 정보』 15권 1호, 2011)의 번역을 따랐다. 그는 소쉬르의 『일반언어학 강의』(최승언 옮김, 민음사, 1990)에서 'signifiant(시니피앙)'을 '기표', 'signifie(시니피에)'를 '기의'로 번역하므로 'signify'를 '기의하다', 'signification'을 '기의작용'으로 번역

다. 예를 들어, 단어 ball은 구별되는 의미가 있고 tall 역시 그러하다. 사람들이 개별 단어의 특정한 의미에 합의하지 않을 수도 있지만 모든 사람들이 기의작용을 수용하기 때문에 문제가 되지는 않는다. 반면에 기능어는 기본적 속성으로서의 의미를 가지지 않는다. 그것은 일반적으로 문장의 부분을 연결하거나 표시를 하며 그것의 의미적인 내용은 부차적이다. 기능어는 별개의 유형으로 다양하게 분류되는데, 한정사, 접속사, 전치사, 불변화사의 네 범주로 나누어 살펴보겠다

1) 한정사

한정사의 범주는 광범위하고 여러 가지 다양한 하위 부류들로 구성되며 이들 모두는 명사와 상호작용한다. 한정사는 명사 바로 앞은 아니더라도 항상 명사 앞에 온다. 한정사는 특정 종류의 명사가 있음을 알리는데, 이런 이유로 몇몇 분석에서는 한정사가 형용사로 지명되기도 한다. 그러나 앞서 언급되었듯이, 한정사의 의미적 내용은 기본적이라기보다는 부차적이다. 그래서 한정사는 특정 부류로 인정될 정도로 단순 형용사와는 확실히 차이가 있다.

바로 이 점에서 한정사의 한 종류인 관사에 대해 살펴보자. 다른 유형은 이 텍스트의 뒷부분에서 살펴볼 것이다.

관사
영어에는 두 가지 관사 즉 정관사와 부정관사가 있다.

하는 것이 타당하다고 논의하였다. [역주]

정관사: the

부정관사: a, an

명사는 가산 명사거나 불가산 명사이다. 수사 혹은 소유격 대명사가 선행하지 않는 한 모든 단수 가산 명사는 관사를 요구한다. 정관사는 명사가 특정적이고 때로는 실체적이며 식별할 수 있는 것임을 지시한다. 반면에, 부정관사는 명사가 불특정적이고 종종 비실체적이며 독자적으로 식별할 수 없는 것임을 가리킨다.[16]

54. *The* car was wrecked.

　　차가 부서졌다.

55. We could hear *a* man's voice coming up *the* stairwell.

　　우리는 계단통으로 올라오는 남자의 목소리를 들을 수 있었다.

56. After our ordeal, we had to search for *an* alibi.

　　시련 뒤에 우리는 변명거리를 찾아야 했다.

교수 도움말

비원어민 영어 화자들은 관사로 인한 어려움을 겪는데, 특히 그들의 제1언어가 아시아어일 경우에 더 그렇다. 예를 들어 일본어에는 관사가 없다. 그래서 일본어 원어민 환자는 영작을 할 때 관사를 생략하는 경향이 있다. ELL 학생들에게 관사에 관한 도움을 주는 효과적인 활동은 짝과 함께 팀 활동을 하도록 하는 것이다. (가능하면 영어 원어민 학생과 함께) 학생들은 서로 상대 학생의 글에서 첫 세 단락을, 모든 명사에 밑줄을 그으면서 읽어야 한다. 이후 정관사와 부정관사 범주 목록을 사용해서 관사를 확인해 보게 한다.

16　사물이나 존재의 전체 종류를 다 언급할 때마다 다음 문장과 같이 예외가 발생한다. The dolphin is a mammal, not a fish(돌고래는 포유류이지 어류가 아니다).

2) 접속사

언어는 작은 언어 단위를 계속 더해 더 큰 단위로 결합되는 속성이 있다. 때때로 그 단위가 동등해서 대등적이거나 또는 동등하지 않아서 하나의 단위가 다른 단위에 종속적일 수도 있다. 접속사는 수많은 이러한 결합을 가능하도록 해 주는 기능어이며, 등위 접속과 종속 접속의 기능을 한다.

등위 접속사

등위 접속사는 아래에서 보는 바와 같이 동등한 언어 단위를 연결하는 것이다.

and 그리고	but 그러나	for 왜냐하면	or 또는
yet 그러나	so 그래서	nor (부정형의 동사와 함께) ~도 또한	

아래 예는 개별적인 단어/구를 조합하는 등위 접속사를 보여 준다.

57. Fritz *and* Macarena joined the party
    프리츠와 마카레나는 파티에 참여했다.
58. Buggsy drove to the casino *and* bet $100 on the upcoming race.
    벅시는 카지노로 운전해 가서 곧 있을 경주에 100달러를 걸었다.

문장 57에서는 접속사가 두 개의 명사 Fritz(프리츠)와 Macarena(마카레나)를 이어 준다. 문장 58에서는 두 개의 동사구 "drove to the casino(카지노로 운전했다)"와 "bet 100$ on the upcoming race(곧 있을 경주에 100달러를 걸었다)"를 연결한다.

등위 접속사는 아래에서 보는 것처럼 동일 절을 연결하고 '복합문'이라고 하는 문장을 생산한다.

59. Fred opened the door, *but* Macarena wouldn't come inside.

프레드는 문을 열었지만, 마카레나는 안으로 들어오려고 하지 않았다.

60. Macarena could feel the ocean breeze against her face, *so* she preferred to stay outside.

마카레나는 얼굴에 부딪히는 바닷바람을 느낄 수 있었고, 그래서 야외에 머무는 것을 더 좋아한다.

61. Fritz asked Macarena to go to Catalina, *and* Fred asked her to go to San Francisco.

프리츠는 마카레나에게 카탈리나로 가자고 했고, 프레드는 그녀에게 샌프란시스코로 가자고 했다.

■ **용법 노트**

학생 필자들은 등위 접속사가 구두점과 관련될 때 종종 혼란을 겪는다. 예를 들어 등위 접속사가 두 개의 절을 연결할 때 문장 59~61에서처럼 많은 학생 필자들이 접속사 앞에 콤마가 온다고 생각한다. 구두점이 관습의 문제라는 것을 이해하는 것이 중요한데, 관습이란 사람들이 그런 방식으로 되어야 한다는 것에 일반적으로 동의한 것을 의미한다. 이 경우에 관습은 콤마를 쓰라고 요구한다. 콤마가 없을 때 그 문장은 '무종지문'이라고 불린다.

그러나 많은 학생 필자들 심지어 전문 필자들도 등위 접속사로 연결된 두 개의 구 특히 동사구를 분리시키기 위해서 콤마를 사용하는 경우가 있다는 것도 문제이다. 접속구가 길어지기 시작할 때마다 이런 경향이 나타난다. 다음의 문장을 보라.

62. ?The governor asked the legislature to reconsider the bill that had failed during the previous session, *and* convened a special task force to evaluate its ramifications if passed.

이 문장은 술부에 복합 동사구가 있다. 이 문장을 이탤릭체로 된 동사를 사용해 기본 구조로 줄이면 다음과 같이 읽힌다.

62a. The governor *asked* the legislature [something] and *convened* a special task force.
정부는 입법부에게 요청하고 특별 임시조직을 소집하였다.

분명히 두 동사 사이의 콤마는 부적절하다. 사실 문장 62에서 콤마를 사용한 것은 문장 63에서와 같은 경우인데, 이는 미숙한 필자조차도 쓰지 않는 것이다.

63. ?The cat jumped, and played.
?고양이는 점프했고, 놀았다.

문장 62에서와 같이 문장에 콤마를 넣는 동기는 너무 긴 문장에 대한 무의식적인 두려움, 다시 말해 복합 서술어는 처리되기 어려울 것이라는 생각에 바탕을 두고 있는데, 이 두려움은 근거가 없는 것이다. 게다가 콤마로 서술어의 두 부분을 분리시키는 것은 현재 관습 규약에 대한 명확한 위반이기 때문에 이는 독자가 필자에 대해 부정적으로 생각하게 한다.

학생 필자가 독립절을 잘못 연결하는 세 가지 방식이 있다. 즉 (a)등위 접속사만으로 구성하거나, (b)접속사 없이 콤마만으로 구성하거나, (c)등위 접속사나 콤마 아무것도 없이 구성하는 경우이다. 전문 필자는 이 세 가지 가능성에 대해 각각 다른 용어를 사용한다. 첫 번째 경우는 무종지문(run-on), 두 번째 경우는 콤마 오용(comma splice), 세 번째 경우는 혼동문(fused sentence)이다. 많은 교사들이 문장에 '휴지(pause)'가 있는 곳마다 콤마를 찍으라고 말하는데, 그 근거를 도대체 알 수가 없다. 이런 충고는 완전히 잘못되었다. 영어는 자연적인 리듬이 있고 구두점과 관련 없이 휴지를 가지고 있다. 학생들은 콤마의 사용에 숙달되기 전에 먼저 절과 구를 이해할 필요가 있다. 그 후에 언제 두 개의 독립적인 절에 등위 접속사를 함께 쓸 수 있는지 배워야 한다. 초고를 가지고 수정하는 워크숍을 하는 것이 효과적인 방법이다. 학생들 사이를 돌아다니면서 그들이 복합문을 인식할 수 있도록 도와주고 콤마가 어디에 찍히는지 보여주라. 일부 학생들에게 칠판에 예문을 쓰게 하고 그것을 학급 친구들에게 설명하게 하라.

종속 접속사

등위 접속사는 동등한 요소를 연결하는 반면에 종속 접속사는 동등하지 않은 요소를 연결한다. 더 구체적으로 종속 접속사는 주절에 종속절을 연결한다.[17] 이런 유형의 종속절은 종속 접속사로 시작하기 때문에 '종속절'이라고 부른다. 종속절은 종속 접속사로 시작하는 독립적이지 않은 절을 일컫는다.

일반적인 종속 접속사

because 왜냐하면	if 만약
as ~대로/~하는 동안에	until ~한 이후로

---

17 흔히 종속절은 종속 접속사를 매개체로 해서 주절에 연결된다고 말한다. 그러나 엄밀히 말해서 종속 접속사를 매개체로 해서 종속절이 독립절에 연결되는 구조이다. 즉 홀로 있을 때는 독립절로서 존재하지만, 이후 종속절이 연결됨으로 해서 결과적으로 종속절에 상대되는 주절이 되는 것이다. 뒤에 나오는 표현들은 특별한 이유가 없는 한 이것을 주절로 번역하여 표현하기로 한다. [역주]

since ~한 이후로/~때문에   whereas ~한 반면에

although ~이긴 하지만   though ~일지라도

while ~하는 동안   unless ~이 아닌한

before ~하기 전에   once ~하자마자

after ~한 뒤에   as if ~인 것처럼

when ~하는 때   whenever ~할 때마다

as soon as ~하자마자   even if ~에도 불구하고

in order that ~하기 위하여   even though 비록 ~일지라도

so that ~하도록

아래 문장들은 주절에 종속절을 연결시키는 종속 접속사를 보여 준다.

64. *Since he came home,* Fred hasn't turned off the TV once.

그가 집으로 온 이래로 프레드는 TV를 한번도 끄지 않았다.

65. Buggsy was thrilled *when Rita de Luna walked into the casino.*

벅시는 리타가 카지노 안으로 걸어왔을 때 몹시 흥분되었다.

66. One of Buggsy's goons had ushered her to the table *before she could say a word.*

벅시의 패거리들 중의 한 명이 그녀가 한 마디 하기도 전에 그녀를 테이블로 안내했다.

67. *While the band played "Moonlight Serenade,"* Buggsy whispered sweet nothing in Rita's ear.

밴드가 "달빛 세레나데"를 연주하는 동안에 벅시는 리타의 귀에 사랑의 속삭임을 소곤거렸다.

68. Rita was afraid to move *because she had heard of Buggsy's reputation.*

리타는 벅시의 평판을 들었기 때문에 이사 가는 것이 두려웠다.

종속절의 부사적 성격

종속절은 항상 부사적 수식어의 기능을 하고 그것이 제공하는 정보는 조건, 원인/이유, 시간, 양보, 혹은 대조와 관련된다. 종속절이 부사적이라서 동사구에 정보를 제공하는 경향이 있지만 문장 64와 67처럼 전체 절에 정보를 제공하기도 한다. 이때 그것을 '문장 수식어'라고 한다.

핵심 개념 적용하기

- 지시 사항: 이 활동은 형식과 기능에 관련된 앞 장의 정보를 숙달했는지를 스스로 평가해 보도록 설계되었다. 문장에서 각 단어들의 형식을 파악하라. 다음으로, 주요 구성 요소에 괄호 표시를 하고 그것의 기능을 써 넣어 보라.

예: (The surfers) (arrived at the beach just after sunrise.)
관사 명사　동사　전치사 관사 명사 부사 전치사 명사
파도 타기를 하는 사람들은 동이 트자마자 해변에 도착했다.

연습 문제

1. Fritz saw the ocean from his apartment in Venice Beach.
   프리츠는 베니스 해변에 있는 그의 아파트에서 바다를 바라봤다.

2. On the boardwalk, the skaters moved in unnatural rhythms.
   보드워크(판자를 깔아 만든 길 – 역자)에서, 스케이트를 타는 사람들은 이상한 리듬으로 이동했다.

3. Macarena made a reservations at China Club for dinner.
   마카레나는 차이나 클럽에서 저녁식사를 예약했다.

4. Fred thought about the hot salsa band and the exotic food.

   프레드는 멋진 살사 밴드와 이국적인 음식에 대해 생각했다.

5. Fred polished his shoes until he could see himself in them

   프레드는 자기 모습이 구두에 비춰질 때까지 그것에 광을 냈다.

6. Macarena put on her red dress because it was Fred's favorite.

   마카레나는 프레드가 좋아하는 옷이라서 빨간 드레스를 입었다.

7. She also put on her pearl choker, even though it was a gift from Fritz.

   비록 그것이 프리츠한테 받은 선물이었지만, 그녀 역시 목에 꼭 끼는 진주 목걸이를 걸었다.

8. Slowly, Macarena brushed her long hair as she looked in the mirror.

   천천히, 마카레나는 거울을 보면서 그녀의 긴 머리를 빗었다.

9. Three conga drummers appeared on the boardwalk, and they thumped the skins with taped fingers.

   콩가 연주가 세 명이 보드워크에 나타났다. 그리고 그들은 테이프를 감은 손가락으로 북 표면을 세게 내리쳤다.

10. Fritz put down his racing form because the drumming was really loud.

    프리츠는 드럼 소리가 너무 커서 자기의 경마 예상표를 아래로 떨어트렸다.

■ 용법 노트

기능어에는 의미적 내용이 일부 있고 종속 접속사의 의미적 내용은 그것이 수식하는 구성에 제공하는 정보의 유형과 관련이 있다. 예를 들어 문장 64에서 종속절은 주절에 시간에 대한 정보를 제공한다. 문장 68에서는 종속절이 원인에 대한 정보를 제공한다. 공식적 표준 용법은 종속 접속사의 의미 내용과 종속절이 제공하는 수식이 일치되도록 요구한다.

그러나 일치되지 않는 경우가 매우 만연하다. 대화뿐만 아니라 출판된 텍스트에서도 시간, 원인, 대조에 대한 불일치를 찾기는 쉽다. 대부분의 사람들이 원인 혹은 대조의 종속 접속이 필요한 자리에 시간의 종속절을 사용한다. 아래 문장을 보라.

69. ?The President gave the order *since he is commander-in-chief.*
70. ?Rita de Luna wanted to leave, *while Buggsy wanted her to stay.*

문장 69에서 두 절 사이의 관계는 시간이 아니라 원인의 일종이므로 표준적 용법은 다음과 같다.

69a. The President gave the order *because* he is commander-in-chief.
   총사령관이기 때문에 대통령은 명령을 내렸다.

문장 70에서 두 절 사이의 관계는 시간이 아니라 대조이기 때문에 공식적인 용법은 다음과 같다.

70a. Rita de Luna wanted to leave, *whereas* Buggsy wanted her to stay.
   벅시는 리타가 머무르기를 원한 반면, 리타 드 루나는 떠나기를 원했다.

이 밖에도 상당히 널리 퍼진 비표준적 용법의 또 다른 예가 있다. 다음 시나리오를 살펴보라. 학교 위원회에서 학교장이 학교에 인터넷 서비스를 도입해야 하는 이유를 설명하고 있다.

- Of course, you want to know why our students need access to the Internet. *The reason is because everyone says that's important.*

  물론 여러분들은 우리 학생들이 왜 인터넷에 접근할 필요가 있는지 알고 싶을 겁니다. 그 이유는 모두가 그게 중요하다고 말하기 때문입니다.

이탤릭체로 된 문장을 자세히 보면 주요 부분이 명사구, 연결 동사 is, 종속 접속사 because로 시작되는 종속절로 구성되어 있다. 그러나 연결 동사 뒤에는 종속절이 후행할 수 없다. 146쪽에서 언급했듯이 연결 동사는 명사구, 서술 형용사, 전치사구만이 후행할 수 있다. 여기서 살펴본 문법과 용법 관습에 따르면 "the reason is because"는 비표준적일 뿐만 아니라 비문법적이다. 문법적으로 적절한 형태는 다음과 같다.

- Of course, you want to know why our students need access to the Internet. The reason is *that* everyone says that's important.

핵심 개념 적용하기

- 지시 사항: 이 활동은 두 부분으로 되어 있는데 둘 다 앞에서 논의되었던 내용을 자신의 언어에 적용해 볼 기회를 준다.

먼저 대화, 수업 강의, 뉴스 기사 등등 여러분 주위의 언어를 주의 깊게 들어 보라. 사람들이 앞서 논의했던 "I feel badly", "I did good", "The reason is because" 등과 같은 비표준적이거나 비문법적인 표현을 사용하는 것을 이틀 이상 주의 깊게 들어 보라. 자신이 기록한 것과 학급 친구들이 한 것에 대해 논의해 보라. 비표준적인 용법을 관찰한 상황에 대해 살펴보고 어떤 연결 관계가 있는지 생

3) 전치사

전치사는 주로 명사구와 함께 기능하며, 함께 어울려 전치사구를 이룬다. (명사구가 전치사에 연결되었을 때 '전치사의 목적어'라고 부른다.) 전치사는 명사구를 동사구나 또 다른 명사구에 연결시키는데, 이는 전치사구가 부사적 또는 형용사적으로 기능한다는 것을 의미한다. 문장 71~73은 이 두 유형을 보여 준다. 문장 73에서 전치사구가 문장 수준의 수식어로 기능하는 것에 주의하라.

71. The woman *with the red hair* drove a Porsche.

    빨간 머리 그 여자는 포르쉐를 운전한다.

72. Fritz walked *down the street*.

    프리츠는 길을 걸어갔다.

73. *In the morning*, Fred always has wild hair.

    프레드는 아침에 머리가 항상 엉망이다.

영어 전치사의 목록은 매우 긴데 그중 자주 쓰이는 일부만 제시하면 다음과 같다.

일반적인 전치사

aboard ~에	about 관하여	above 위에
across ~가로질러	after 후에	against ~에 대하여
along 함께	amid 가운데	among 사이에
around ~주위에	as 처럼	at ~에
before 전에	behind 뒤에	below 아래에
beneath ~밑에	beside ~옆에	besides 게다가
between 사이에	beyond ~저편에	but 그러나
by 의해서	concerning 관해	considering ~고려하여
despite 불구하고	down 아래	during ~동안에
except 제외하고	excepting ~을 빼고	excluding ~을 제외하고
following ~따라서	for 위해	from ~로부터
in 안에	inside 이내에	into ~로
like 같이	minus ~을 뺀	near 옆에
of ~의	off ~떨어져	on ~에
onto ~쪽으로	opposite 반대에	outside ~밖에
over 너머	past 지나	per ~당
plus 더하여	regarding 관하여	round ~주변에
save ~외에는	since 이래로	than 보다
through ~통하여	to ~로	toward 향해
towards ~쪽으로	under 아래	underneath ~밑에
unlike ~달리	until ~까지	up ~위에
upon ~이상	versus ~에 비해	via ~경유하여
with ~와	within ~이내	without ~없이

대부분의 사람들이 문장을 전치사로 끝내면 절대로 안 된다는 교육을 초등학교에서 받는다. 그렇게 하지 말아야 하는 이유는 듣지 못하지만 그들은 그렇게 했을 때 경고를 받는다. 이러한 금지는 전통 문법의 규범적 속성의 예이다. 또한 그것은 영어가 실제로 작용하는 방식과는 맞지 않는 금지의 예이다. 어떤 종류의 문장은 꽤 간단하고 매우 정확하게 전치사로 끝날 수 있다. 더 확실한 예문은 다음과 같은 질문이다.

74. Won't you come *in*?

들어오지 않을래요?

어떤 경우에는 영문법에서 전치사구를 생략하는 것이 가능한데, 이 문장이 그중 하나이다. 이 질문이 전차사로 끝나지 않게 하는 방법은 오직 하나로 생략되었던 명사구 목적어를 포함시키는 것이다.

74a. Won't you come *in my house*?

우리 집에 들어오지 않을래요?

문장 75에도 똑같은 상황이 존재한다.

75. Buggsy and his goons walked.

벅시와 그 패거리들이 안으로 걸었다.

누군가는 이 문장에서 단어 in이 전치사가 아니라 오히려 부사라고 주장하고 싶을지 모른다. 그러나 이러한 분석은 논점에서 벗어난 것처럼 보인다. 전치사는 기능어이고 그래서 부사와 다르게 그것의 의미 내용은 부차적이고 종종 감지하기 힘들다. 전치사로 기능할 수도 있지만 부사로 더 쉽게 기능할 수 있는 단어의 의미적인 내용과 in의 의미적인 내용은 매우 다르다. 우리는 항상 어디에 들어가고(come in something), 항상 어디에서 걷는다(walk in something). 이러한 점은 'in something'의 반대 경우, 즉 문장 76처럼 'outside something'이 될 때를 고려해 보면 분명해진다.

76. Buggsy and his goons walked *outside*.[18]

벅시와 그 패거리는 바깥으로 걸었다.

outside는 전치사와 부사로 모두 기능할 수 있는 단어 중 하나이다. 그러나 문장 76의 경우에는 outside가 outdoors를 의미하기 때문에 의미 내용이 분명하고 구체적이다. 이 책의 5장에서 전치사로 문장을 끝내는 문제에 대해 더 자세히 살펴보고 이런 문장을 만드는 문법적 규칙을 논의할 것이다.

■ 용법 노트 2

단어 like는 전치사이고 표준 용법에서 문장 77과 같이 전치사구를 이끈다.

77. There was no one quite *like Macarena*.

마카레나와 똑같은 사람은 없다.

---

18 누군가 in이 indoors를 의미한다고 말할지 모르겠다. 그렇지만 indoors로 바꾸면 문장 74와 75의 의미가 바뀌게 된다. 이는 곧 in과 indoors가 같은 의미라고 말할 수 없음을 보여 준다.

그러나 문장 78, 79에서 보듯이 많은 사람들이 like를 종속 접속사처럼 사용한다.

78. ?Mrs. DiMarco talked *like she knew something about science*.

79. ?If Fred had taken the money to Buggsy *like he should have*, he wouldn't have to hide from Buggsy's goons.

이 용법은 미심쩍다. 공식적인 표준 용법에서는 문장 78a, 79a처럼 오로지 종속 접속사만이 이런 구성에서 적절하다.

78a. Mrs. DiMarco talked *as though* she knew something about science.

디마르코는 그녀가 과학에 대해 무엇인가를 알고 있는 것처럼 말했다.

79a. If Fred had taken the money to Buggsy *as* he should have, he wouldn't have to hide from Buggsy's goons.

만약 프레드가 마치 그랬어야 했던 것처럼 벅시에게 돈을 가져갔다면, 그는 벅시의 패거리들로부터 숨지 않아야 했다.

like가 종속 접속사로 사용되는 일이 많아서 세심한 주의가 필요한 연설에서조차 나타난다는 사실을 언급하는 것이 중요하다. 결과적으로 많은 사람들이 이제 글쓰기를 할 때나 혹은 매우 공식적인 말하기 상황에 참여할 때만 공식적인 표준을 적용한다.

51쪽에서 언급했듯이 대부분의 젊은이들이 말할 때 단어 'like'를 반복적으로 사용한다. "goes like"는 대부분의 경우에 "said"를 대체하는 표현이 되었다. 아래와 같은 문장에서 "said" 대신 "goes like"라는 표현을 사용하는 것을 볼 수 있다.

• And then Macarena goes like, "I'm not going to dinner with you."
그러고 나서 마카레나는 말했다. "나는 너랑 저녁 안 먹을 거야."

게다가 like는 아래에서처럼 자리를 채우는 군말(filler)로도 쓰인다.

• And, like, I went to my room, like, and turned on some music, like, and then, like, the phone rang, and it was, like, Fritz, and he, like,
그리고, 어, 나는 내 방으로 갔다. 음, 음악을 틀고, 어, 그러고 나서, 음, 전화가 울렸고, 그것은 음, 프리츠 그리고 그가, 음…

대부분의 교양 있는 사람들은 이런 말하기 패턴을 가진 화자를 무지하다고 판단하는데, 이는 좋지 않다. 'like'의 사용을 줄이는 데 도움이 되는 효과적인 방법이 있다. 역할극을 포함하는 교실 내 활동이다.

1. 학급을 3~5개 그룹으로 나눈다. 각 그룹에서 한 사람은 직장의 고용주가 되고 나머지 사람은 구직자가 된다. 시작하기 전에 각 그룹은 약 10분 정도 동안 직업을 고른다. 각 사람들은 역할을 교대한다. 고용주와 구직자가 이야기를 하는 동안 다른 학생들은 'like'의 부적절한 사용을 관찰하고 기록한다. 모두가 역할을 수행한 후 학생들은 그들이 배운 것에 대해 이야기한다.

2. 서로 경쟁할 수 있도록 학급을 3~5개 팀으로 나눈다. 각 팀은 캠퍼스를 약 이틀 동안 돌아다니면서 대화를 관찰하고 'like'의 부적절한 사용을 기록한다. 그리고 나서 관찰 결과를 발표한다. 관찰한 수가 많은 팀이 '숙제 없는 날' 상(free homework day)을 받는다.

3. 교실에서 몇 주 동안 개별 학생들이 'like'를 부적절하게 사용하는 것을 기록할 만한 책임감 있는 3~5명의 학급 모니터 요원을 선발한다. 모니터 요원은 기록 결과를 전체 학급에 발표하고 like의 오용이 가장 적었던 학생이 상을 받는다.

불변화사

불변화사는 접속사와 비슷해 보이지만 동사에 연결된다는 점에서 부사류와 닮았다. 문장 80, 81을 보라.

80. Fritz looked *up* the number.

프리츠는 그 숫자를 찾아보았다.

81. Macarena put *on* her shoes.

마카레나는 신발을 신었다.

그러나 불변화사는 문장 내 이동 가능성 측면에서 전치사 및 부사류와는 다르다. 예를 들어 전치사는 이동이 불가하지만 불변화사는 이동이 가능하다. 문장 80, 81을 보라.

80a. Fritz looked the number up.

81a. Macarena put her shoes on.

영어에서 불변화사는 명사구 목적어 뒤로 이동하는 것이 가능하다. 그러나 전치사를 이동시키면 비문법적인 문장이 된다.

82. Mrs. DiMarco stepped into her garden.

디마르코는 정원으로 들어섰다.

82a. *Mrs. DiMarco stepped her garden into.

또한 이동 가능성은 불변화사가 부사류가 아닌 이유도 설명한다. 대부분의 부사류는 문장에서 자유롭게 이동 가능하다. 문장 83을 보라.

83. Macarena walked *slowly* to her car.

마카레나는 천천히 그녀의 차로 걸어갔다.

83a. Macarena *slowly* walked to her car.

마카레나는 그녀의 차로 천천히 걸어갔다.

83b. *Slowly*, Macarena walked to her car.

　　천천히, 마카레나는 그녀의 차로 걸어갔다.

그러나 불변화사는 명사구 목적어 뒤로만 이동이 가능하다. 예외적으로 가능한 것은 다음과 같은 것이다.

Fritz picked up the book that Macarena had dropped.

프리츠는 마카레나가 떨어뜨렸던 책을 주웠다.

불변화사를 명사구 목적어 뒤로 이동시키면 다음과 같다.

Fritz picked the book up that Macarena had dropped.

그러나 일부 문법책은 불변화사를 종속절의 끝으로 옮기는 규칙을 개발했고, 우리는 이따금 사람들이 그렇게 말하는 것을 듣게 된다.

*Fritz picked the book that Macarena had dropped up.

이런 종류의 문장은 규칙에 의해서 만들어졌다 해도 비문법적이다.

■ **용법 노트 3**

때때로 전치사로 문장을 끝내는 것이 비문법적인 구성을 만든다고 주장하는 사람들은 실제로 문미에 전치사가 나타나는 문장을 비문법적인 문장의 증거로 제시할 것이다. 이것은 보통 84와 같은 문장을 떠올리게 한다.

84. *Fritz put his shoes and then walked to the Qwikie Mart for a
    bottle of Wild Turkey on.
    *프리츠는 신발을 신고 와일드 터키 한 병을 사려고 퀴키 마트로 걸어갔다.

이런 문장은 수십여 년 전 언어학적 교육이 부족한 사람이 만든 문체
가이드나 작문 매뉴얼에 정기적으로 나타났다. 다행히 오늘날 이런 문장
은 일반적이지 않다. 문장 84가 비문법적이라는 것은 의심할 여지가 없다.
그러나 문제는 그것이 전치사로 끝난다는 것이 아니다. 여기에서 on은 전
치사가 아닌 불변화사이며 부정확하게 이동되었다. 만약 on을 put 이나
shoes 뒤에 놓는다면 그 문장은 정확해진다.

4) 구 수식어

152쪽에서 어니스트 헤밍웨이의 문장을 살펴보았다.

- Manuel swung with the charge, sweeping the muleta ahead of
  the bull, feet firm, the sword a point of light under the arcs.
  마누엘은 돌격했다. 황소 앞에 붉은 천 물레타를 스치면서, 두 발로 굳건하
  게 서서, 아치 아래의 빛에 검을 겨누면서.

이 문장이 흥미로운 것은 그것이 포함하는 수식어의 종류 때문이다. 그
것은 일반적으로 '구 수식어'라고 알려져 있다. 이 문장을 분석하면 한 개의
독립절과 세 개의 구 수식어가 있음을 알 수 있다.

독립절[19]: Manuel swung with the charge

마누엘은 돌격을 했다

수식어 1: sweeping the muleta ahead of the bull

황소 앞에 붉은 천 물레타를 스치면서

수식어 2: feet firm

두 발로 굳건하게 서서

수식어 3: the sword a point of light under the arcs

아치 아래의 빛에 검을 겨누면서

최소한 수식어 1과 3은 각각 핵어 sweeping(스치면서)과 the sword (검)를 가지고 있다고 말할 수 있는데, 이는 각각 구성 성분의 속성을 정의해 준다. 즉, sweeping과 sword를 후행하는 단어들은 이 핵어들 주위에 응집되어 있다. 이를 근거로 수식어 1은 동사구(sweeping이 동사), 수식어 3은 명사구(sword가 명사구)라고 한다. 그러므로 동사와 명사가 구 수식어의 두 유형을 이룬다.

수식어 2는 형용사가 후행하는 명사를 가지고 있기 때문에 다르다. 사실 이것은 두 가지 관계형을 가진 구 수식어의 대표적 유형이다. 수식어 2에서 보는 것이 첫 번째 형태이고, "Fred, his head pounding, took two aspirin and lay down"에서 보는 것이 두 번째 형태이다.

이탤릭체 부분이 구 수식어를 이루는데 이 경우에는 명사구와 동사로 이루어져 있다. 이런 종류의 수식어, 즉 두 번째 형태인 명사구와 형용사의 결합, 그리고 명사구와 동사의 결합을 '독립 주격'이라고 한다. 동사구, 명사

---

19   원서에는 종속절로 표기되었으나 독립절이라 표시해야 할 것을 잘못 표기한 것으로 보임. 여기에서는 고쳐서 제시하였음. [역주]

구, 그리고 독립 주격은 구 수식어의 주요 세 유형이다. 네 번째 주요 유형은 다음 장에서 더 자세히 살펴볼 전치사구이다. 동사구는 진행형(-ing)이거나 과거 분사(-ed) 형태가 가능하다는 것에 유의하라.

구 수식어는 일차적으로 이야기 서사적 작문에서 상세함과 이미지를 부가하기 위해서 사용된다. 게다가 구 수식어는 독립절에 관한 세 위치, 즉 처음, 중간, 끝에 나타날 수도 있다. 중간 구 수식어는 문장 "Macarena, her eyes wild, confronted the waiter(마카레나는, 눈을 이글거리면서, 종업원과 맞섰다)"에서와 같이 주어와 서술어를 떨어트려서 독립절을 가른다. 그러나 대부분의 구 수식어는 문장 끝부분에 위치한다. 다음의 문장들을 보라.

- I danced with excitement, *winding myself around my nana's legs, balling my hands in her apron, tugging at her dress, and stepping on her toes.* (구 수식 위치: 끝 부분)
  나는 신이 나서 춤을 추었다. 우리 유모의 다리 주위에서 고함을 치면서, 그녀의 앞치마에 손을 동그랗게 움켜쥐고, 그녀의 드레스를 잡아당기면서, 그리고 그녀의 발끝을 밟으면서.
- The prisoners stumbled forward, *their ankles chained, their hands tied, sweat pouring down their faces and collecting into small pools at the base of the neck.* (구 수식 위치: 끝 부분)
  죄수는 넘어져 비틀거리고 갔다. 발목에는 체인을 감고, 두 손은 묶여 있고, 얼굴에 땀을 비 오듯 흘리면서, 목 밑부분에 작은 연못을 만들 듯이.
- The wind blew in from the desert, *a cold, dry wind that smelled faintly of sage and juniper, and the moon rose over-head, illuminating the courtyard and the three men talking in the night.* (구 수식 위치: 끝 부분)

사막으로부터 바람이 불어왔다. 세이지와 노간주나무 향기가 희미하게 나는 차갑고 건조한 바람. 그리고 머리 위로 달이 떠올랐다. 뜰과 밤에 이야기하고 있는 세 사람을 비추면서.

- With Fred's *cologne exuding from her pores in a thick vapor,* Macarena circulated among the cigar smokers in the hope that the stench adhering to her hair and clothes would at least confuse Fritz when she met him later that night. (구 수식 위치: 처음 부분)

  짙은 안개 속에 그녀의 땀구멍에서 프레드의 콜로뉴 향수 냄새가 물씬 풍겼다. 마카레나는 이후 밤에 프리를 만났을 때, 그녀의 머리카락과 옷에 들러붙은 악취가 최소한 그를 혼동시키기를 바라면서 흡연자 사이를 돌아다녔다.

- Fritz, *confused and somewhat nauseated by the various aromas coming from Macarena's skin and clothes,* suggested that she shower before dinner. (구 수식 위치: 중간 부분)

  프리츠는, 마카레나의 피부와 옷에서 나는 다양한 냄새에 혼란스럽고 메스꺼워서, 저녁 식사 전에 그녀에게 샤워를 하라고 제안했다.

첫 번째 문장에서 구문 수식어는 동사구 전체이다. 두 번째에는 독립 명사류들이 있고, 세 번째에는 명사구와 동사구, 네 번째 문장에는 (전치사에 의해 유도된) 독립 명사류, 마지막 문장에는 하나의 동사구 수식어가 있다.

앞서 말했듯이, 구 수식어의 최고 옹호자는 프랜시스 크리스틴슨(Francis Christensen)이다. 그는 1960년대 후반에서 1970년대 중반까지 문장의 수사학 분야에서 명성이 높은 인물이다. 어떤 측면에서 크리스틴슨의 작업은 '문장 결합'이라고 알려진 것을 통해 작문을 향상시키기 위한 수단으로서 문법을 사용한 노력의 일부였다. 여러 연구들이 문장 결합에 몰두한 학생들이 문장 구조에 대해 통제력을 더 많이 획득하고 더 성숙한 글을 생산한다는 결과를 제시하기는 했지만(Combs, 1977; Daiker, Kerek, & Moren-berg, 1978; Howie, 1979; Pedersen, 1978), 이러한 접근은 1980년 중반에 교수법에서 거의 사라졌다.

첫 번째 이유는 몇몇의 연구들이(Callaghan, 1978; Green, 1973; Sullivan, 1978) 문장 결합에 의해서 생산된 학생들의 작문에서의 성과가 시간이 지나자 사라졌다는 것을 알려 주었기 때문이다. 더 저항하기 어려운 또 다른 이유는, 작문 이론이 상향식에서 하향식으로 패러다임이 이동했기 때문이다. 쓰기 과정과 전체 에세이를 생산하는 것에 새로운 초점이 주어졌다. 또한 이 시기에 개인적인 경험 쓰기에 극적인 변화가 있었는데, 그것은 가중되는 경쟁과 관련하여 불가피한 줄 세우기를 피하고자 하는 교육자들의 요구가 부분적으로는 동기가 되었던 것으로 보인다(Williams, 2003a 참고). 실제로 교사가 개인적인 경험 에세이를 평가할 수 있는 방법은 많지 않다. 어떤 사람의 경험이 다른 사람의 경험에 비해서 어떤 정도로 더 낫다고 말할 수 없기 때문이다. 우리는 물론 문체(style)에 대해 언급해 줄 수 있지만, 문체는 쉽게 이해되지 않고 가르치기가 어렵다. 게다가 문장과 문단에서 문체적인 특징 덩어리는, 과정 중심 교실에서 거의 관심을 받지 못하는 바로 그 구조이다.

더 최근에 코너스(Connors, 2000)는 문장 수준에서의 작업의 경시가 경솔한 결정이었으며, 구 수식어의 기술과 문장 결합이 의미 있는 작문 도구가 될 수 있다고 제안했다. 나는 거기에 덧붙여, 적어도 이러한 기술이 학생들이 더 다양하고 흥미로운 글을 빨리 쓸 수 있도록 돕는다고 주장한다. 우리의 과정 중심 교육관의 이행은 목욕물 속에 아기를 던져서 스스로 헤엄치도록 하는 것과 같은 격으로 우리를 이끌고 있다.

구-구조 문법

04

1. 보편성에서 특수성으로

19세기까지 라틴 문법은 일반적으로 영어 및 영어와 관련된 유럽 언어들뿐만 아니라 모든 언어에 적용 가능한 것으로 여겨졌다. 문법 연구에 흥미를 가진 사람들은 개별 언어들을 초월하는 언어와 문법의 특질들, 즉 '언어의 보편성'으로 알려진 것에 상당한 주의를 기울였다. 예를 들어, 모든 언어는 주어와 서술어를 가지고 있으며 문장 안에서 행위의 시간을 언급하는 어떤 방법을 가지고 있다. 현대 문법의 맥락 안에서 언어의 보편성이라는 개념은 일반적으로 인간이 가지고 있는 언어에 대한 지식과 관련이 있다. 이 지식은 교육이나 학습의 결과라기보다는 인간이라는 존재의 본질적 특징의 결과라고 여겨진다.

언어의 보편성은 전통 문법의 중요한 부분이었고 가르쳐야 할 근본 원리로 간주되었다. 영어 학습은 목적 달성을 위한 수단이었는데, 즉 학생들은 라틴 문법을 학습하기 위한 준비로서 영어 문법을 학습했다. 라틴어 지도는 어린아이들이 자신의 언어에서 전문용어와 개념들을 숙달했을 때 더 쉽게 진행된다고 여겨졌다. 그러나 그러한 기획에 문제가 없는 것은 아니었다. 우리는 이미 시제에 대한 논쟁을 간단히 보았다. 라틴어 그리고 그와 관련된 언어들에는 '과거, 현재, 미래'라는 세 개의 시제가 있지만 영어는 단지 '과거와 현재' 두 개의 시제가 있다. 그럼에도 불구하고 많은 학자들은 'will+동사'를 영어의 미래 시제로 간주하기로 했는데, 그렇게 하는 것이 직관적으로 정확하고 논리적인 것 같아 보였기 때문이다. 사실, 어떤 언어가 세 개 이하의 시제를 가질지도 모른다는 생각을 한 학자는 거의 없었다. 비록 언어가 매우 복잡하다는 것을 인지한 똑같은 학자들이 어떤 언어가 세 개 이상의 시제를 가질지도 모른다는 관점을 포기하는 것에 대해 고개를 갸우뚱하며 의문을 가졌음에도 말이다. 또한 언어마다 다른 차이점들도 라틴어 학습이라는 더 큰 목표와는 적절하지 않다면서 간단히 무시되곤 했다.

미국의 학교들이 수십 년 동안 라틴어를 가르치지 않았음에도 불구하고, 전통 문법은 라틴어에 영어 문법을 맞추려는 노력을 계속하고 있다. 예를 들면, 오늘날 거의 모든 핸드북은 영어에 적어도 세 개의 시제가 있다고 제시한다. 이 중 대부분은 설명할 수 없는 추가적인 단계를 밟는데, 말하자면 상(相)을 탐구하기보다 시제로서 진행형과 완료형을 다루는 것이다. 그들은 과거 진행 시제, 현재 진행 시제, 미래 진행 시제 등등을 기술한다. 이러한 이유로 교재에 따라 영어 시제가 9개에서 16개까지 제시되어 있기도 하다.

전통 문법의 관점들은 19세기 말쯤 변화하기 시작했다. 이러한 변화는 대부분 미국 인디언 부족 언어에 대한 관심으로부터 나왔다. 미국 원주민들은 인디언 전쟁 이후 무시당해 오다가 이들 토착인의 변별적 특징들이 사라지고 있다는 것을 인류학자들이 인지하기 시작하자 지대한 학문적 관심의 대상이 되었다. 집중적인 보존 프로그램들이 시작되었고, 보아스(Frans Boas)와 같은 연구자들이 부족의 문화, 특히 그들의 언어를 세세히 기록하기 위한 노력에 착수했다.

　몇몇 초기 선교사들이 이 언어들에 대한 기록을 일부 남기기는 했지만 그들은 체계적이지 않았고 언어를 보존하기 위해 필요한 엄격함이 부족했다. 게다가 그들은 그 분석에 전통 문법을 도입했지만 만족스러운 결과를 얻지는 못했다. 『아메리카 인디언 언어 편람*Handbook of American Indian Languages*』의 도입부에서 보아스(1911)는 전통 문법에 맞지 않는 언어들에 전통 문법을 강요하려 한 시도로 인해 그 기술들이 왜곡되었다는 사실을 안타까워했다. 이 언어들을 전통 문법에 맞추려는 시도는 네모난 구멍에 둥근 말뚝을 강제로 넣으려고 한 것과 다름없었다.

　다시 시제로 돌아와 보면 매우 흥미로운 사실을 발견할 수 있다. 많은 인디언 언어들이 단지 하나의 시제, 대개는 현재 시제를 가지는데 라틴어처럼 세 개의 시제를 가지는 것으로 기술되었다. 어떤 경우에는 그 기술이 라틴어 모형에 합치된다는 것을 확실히 하기 위해서, 원어민들 사이에서 자연적으로는 나타나지 않는 구조를 만들어 내기도 했다. 이것은 완성된 기술이 사람들의 언어 사용 방식을 반영하지 않는 정도로까지, 문법이 언어를 몰아간 예이다. 더 많은 정보가 수집됨에 따라 그러한 불일치의 수도 늘었고, 연구자들은 당황했다. 같은 언어의 다른 방언들에 직면했을 때, 연구자들은 어느 것이 '옳다'고 결정할 수 없었다. 왜냐하면 판단의 기준이 없었기 때문이다. 책도 없었고, 원어민의 수는 급격히 줄어들고 있었으며, 그로 인해 조언을 해 줄 수 있는 정보제공자를 찾는 것이 어려워졌다. 결과적으로 보아스와 같은 학자들은 문어 모형(literary model)에 기반한 규범이라는 전통 문법의 목표가 부적절했다고 결론지었다.

　보아스와 블룸필드를 필두로 한 현대 구조주의 학자들은 여러 해 동안 새로운 문법을 발전시키기 위해 노력했다. 그들의 연구에서는 전통 문법에 내재된 언어의 보편성에 대해 똑같은 가정을 하지 않았다. 그들은 이 문법을 '직접 구성 요소 분석(ICA)'[1]이라고 불렀는데, 그 용어가 너무나 어색해서, 1957년에 촘스키가 ICA를 '구-구조 문법'이라고 부른 이후 '구-구조 문법'이라는 이름으로 굳어졌다.

구-구조 문법[2]과 전통 문법 사이에는 차이점이 많이 있지만, 여기에서는 우리의 목적을 위해 단지 몇 가지 구별되는 특징들에만 초점을 맞출 것이다. 더 중요한 것은 새로운 문법이 언어의 보편성이라는 개념을 중시하지 않고, 대신에 모든 언어는 유일하고 그 자신의 구조와 문법이 있다는 생각을 옹호한다는 것이다. 보편성은 상대적으로 추상적인 방식으로 다루어졌다. 즉, 모든 언어는 주어가 있고 수를 세는 방법과 복수를 만드는 방법 등이 있다고 기술하는 것이다. 이러한 방향 전환은 미국 언어학자들이 문법 연구를 바라보는 방식의 근본적인 변화를 반영하는데, 그 변화는 다른 철학 및 세계관과 관련이 있다. 전통 문법은 주로 합리주의에 기반하고 있으며 인간의 지식이 감각이나 경험에 기초하지 않는다고 명시한다. 합리주의는 플라톤까지 거슬러 올라갈 수 있는데, 플라톤은 경험의 세계가 단지 철학에 의해 안내된 지성의 힘을 통해서만 알 수 있는 선험적 실재의 그림자라고 주장했다. 감각이 실재의 왜곡된 외형 그 이상을 드러내는 것은 불가능하다는 플라톤의 생각은 『국가 *The Republic*』에서 동굴의 비유를 통해 현저하게 발전되었다.

선험 철학(先驗哲學)은 기하학적 모양과 정의 같은 어떤 개념에 관해

---

1 '직접 구성 요소 분석(Immediate Constitute Analysis)'은 언어학에서 문장을 여러 개의 연속적인 층이나 구성 성분으로 나누는 문법적 분석 방법으로 '직접 구성 성분 분석'이라고도 한다. [역주]

2 대개 구-구조 문법은 구조 문법이라는 이름으로 알려져 있다. 여기서는 구성 요소라는 점에 강조점을 두어 '구-구조 문법'이라는 제목으로 장을 할애하고 있다. '구 구조 문법'보다는 '구-구조 문법'이라고 쓰는 것이 구와 구조를 더 밀착시키는 효과가 있다고 판단되어 '구-구조 문법'으로 번역하도록 한다. [역주]

실행 가능한 실재의 모형을 제공할 수 있다.[3] 예를 들어, 원은 중앙의 한 점에서 똑같은 거리에 있는 점들의 연속으로 이루어진 평면 도형이라고 수학적으로 정의된다. 그러나 그러한 도형을 그리는 것은 정확한 측정과 관련된 문제들 때문에 불가능하다. 그러므로 완전한 원은 단지 생각 속에서만 존재한다. 마찬가지로 진정한 정의도 단지 생각 속에서만 존재한다고 제시할 수 있다. 왜냐하면 사법 제도의 세속적 실재는 편의주의를 위해 정의를 쉽게 희생시키고 있기 때문이다. 그럼에도 불구하고 두 경우에 선험적 모형은 비교를 가능하게 한다는 점에서 충분히 실재에 가깝다. 완벽한 원에 대해 생각하는 것이 정신적 모형의 근사치에 매우 가까운 원을 만들도록 이끌 수 있다.

그러나 이러한 접근법이 언어에는 작용하지 않는다. 구조주의자들은 실제 언어는 비교 불가능하다는 그들의 경험으로부터 선험 철학이 너무나 멀리 떨어져 있다는 사실을 발견했다. 누군가가 문법적 형태에 대해 단지 생각하는 것이 체로키[4]어 시제 체계의 올바른 기술을 발달시키는 것을 결코 가능하게 하지 않을 것이다. 그러한 기술은 정보 수집, 분석, 해석 그리고 규칙 형성을 요구한다. 다시 말해서 그것은 언어에 대한 경험적 접근법을 요구한다. 그러므로 합리주의가 모든 지식이 감각보다는 사고로부터 나온다고 제안한 반면에 경험주의는 지식이 사고보다는 감각으로부터 나온다고 제안하였고, 따라서 구조주의자들의 지향은 그들의 전임자에 반대되는 것이었다.

---

3   선험 철학은 비판주의 입장에 있는 비판철학(批判哲學)이라고도 한다. 이것은 칸트 철학과 그의 정신을 따르는 신칸트학파의 철학을 이르는데, 선험적 인식 비판의 방법으로 이성 판단의 문제를 과제로 삼는다. [역주]

4   체로키(Cherokee)는 북아메리카의 애팔래치아(Appalachia) 남부에 살고 있던 인디언으로, 19세기 후반에 오클라호마(Oklahoma) 주의 보호지로 강제 이주당했다. 체로키는 이로쿼어(Iroquois) 족의 한 갈래로, 북아메리카 인디언 중 유일하게 글자를 가지고 있다. [역주]

그와 동시에 이러한 관점과 연계되어 문법에서는 규범에서 기술로의 중요한 변화가 있었다. 정확성의 문제는 블룸필드(Bloomfield, 1933)가 '용인가능성'이라고 언급한 것으로 대체되었는데, 용인가능성은 맥락에 기초하여 결정되는 것이므로 말 또는 글의 진술이 문법적이지만 받아들이기 어려울 수도 있다. 이 때문에 문법성 판단은 문어적 규범이 아니라 발화를 명백히 하는 것과 관련된다. 이 관점의 직접적 결과는 문법성이 용법 관습이 아니라 주로 어순의 문제가 되었다는 것이다. 다음의 문장을 생각해 보라.

- ?He don't got no money.
- He doesn't have any money.
  그는 가진 돈이 없다.
- *Doesn't money any he have.

처음 두 문장은 둘 다 영어의 주어-동사-목적어(SVO) 어순을 따르고 있기 때문에 이 관점에서 문법적이다. 세 번째 문장은 그러한 어순을 따르지 않았기 때문에 비문법적이다. 그러나 첫 번째 문장은 비표준이어서 표준 영어를 요구하는 상황에서 그것은 용납할 수 없는 것으로 여겨질 것이다. 두 번째 문장에도 똑같이 적용할 수 있다고 가정하는 것은 논리적인데, 비표준 영어를 요구하는 상황들에서, 예를 들어 비표준 화자가 집에서 대화할 때 이 문장은 받아들여질 수 없을 것이다. 그 가정이 옳은 경우들도 있지만 우리는 그것이 항상 옳다거나 심지어 대부분 옳다고 말할 수는 없다. 일반적으로 비표준 화자들은 비표준 영어가 규범인 상황들에서조차 표준 화자들에 대해 비판적이지 않다. 반면에 표준 화자들은 일반적으로 모든 상황에서 비표준 화자들에 대해 비판적이고, 맥락에 관계없이 비표준 영어를 받아들이지 않을 것이다.

그런데 구-구조 문법의 목적은 사람들이 언어를 어떻게 사용하는지 기술하는 것이다. 문법적인 문장은 영어의 표준 어순, SVO 또는 영어의 두 번째 주요 문장 패턴인 '주어-동사-보어(SVC)'를 따르는 것이다. 그것은 언어 사용에 대해 규범적 태도를 가지지 않고, 대신에 용인가능성 또는 앞 장에서 적절성으로 언급한 것에 기초하여 언어에 접근한다.

기술에 대한 강조는 구-구조 문법의 목표와 원리에 대해 광범위한 오해를 야기했다. 대중적인 인식은 문법이 언어에 대해 '제멋대로 할 수 있다'는 접근법을 취한다는 것이다. 문법성과 용인가능성 사이의 차이는 문법과 용법 사이의 차이인데, 그것은 분명히 그러한 접근법을 보증하지 않는다. 그러나 '비문법적'이라는 표현의 경멸적 함의뿐만 아니라 문법과 논리학의 오랜 기간에 걸친 결합이 많은 사람들에게 비표준 영어가 표준 영어만큼 문법적이고 논리적일 수 있다는 생각을 받아들이기 어렵게 만든다. 구-구조 문법에 내재된 메시지는 어떤 언어의 원어민이 비문법적인 문장을 만드는 것이 꽤 어렵다는 것이다. 이 메시지는 문법과 쓰기를 가르치는 데 중요한 함의를 갖는다.

핵심 개념 적용하기

맥락에 기초하여 어떻게 언어를 변화시키는지 생각해 보자. 언어는 집이나 학교 매점에서보다 수업 시간에 좀 더 공식적일 가능성이 있다. 소형 녹음기를 사용하여 두 가지 대조적인 상황에서 대화를 녹음하고 맥락에 따라 어떻게 다른지 나타내는 몇 단락의 발화를 분석해 보자. 단어의 선택, 문장의 길이와 구조, 반복의 정도를 살펴보자. 언어는 맥락에 따라 다양한가? 만약 그렇다면, 이것은 적절성과 용인가능성에 대해 무엇을 말해 주는가?

2. 구-구조 규칙

구-구조 문법에서 기술에 대한 강조는 여러 면에서 중요하다. 이 중 가장 눈에 띄는 것은 문법 규칙의 개념에 영향을 미쳤다는 것이다. 전통 문법에서 규칙은 본질적으로 신성불가침한 것이어서 우리가 사용하는 언어는 반드시 규칙을 따라야만 하는 것이었다. 그러나 구-구조 문법에서는 상황이 다르다. '규칙'이라는 용어는 주어진 언어에 존재하는 관찰된 문법적 패턴을 기술하기 위해서 매우 느슨하게 사용된다. 그 결과 구-구조 문법에서 '규칙'이라는 용어를 사용할 때, 그것은 언어에 대한 신성불가침의 진술을 말하고 있는 것이 아니다. 대신에 주어진 언어를 기술하는 그리고 주어진 언어의 특징을 나타내는 구문의 패턴을 언급하고 있는 것이다. 이러한 점을 달리 표현하면 구-구조 문법이 생성적 구성 요소를 가지고 있지 않다는 것이다. 우리가 사용하는 규칙은 문장을 생성하지 않는다. 규칙은 단지 문장을 기술한다. 결과적으로 규칙은 그것이 기술하지 않은 실제 세계의 발화와 마주칠 때마다 변한다.

그러므로 구-구조 문법을 이해하기 위한 핵심은 일련의 단어들을 자세히 살펴볼 수 있는 능력과 문법을 사용해서 그 일련의 말들을 기술하는 방법을 결정할 수 있는 능력에 있다. 그것이 이 장의 과업 중 하나이다. 우리는 이미 문법적 분석이 언어에 대한 관심을 문장 수준에 집중시키고 있다는 것을 알고 있다. 구-구조 문법에서 이러한 초점은 그것이 답하려고 노력하는 일종의 질문들을 통해서, 그리고 문장 분석을 위해 그것이 사용하는 약칭 표시법을 통해서 매우 명백해졌다. 문장(S)이 두 개의 근본적 구성 요소, 즉 명사구(NP)와 동사구(VP)를 가진다는 것을 구-구조 문법이 인지하고 있다는 점을 고찰함으로써 두 쟁점에 대한 관찰을 시작할 수 있다. 그러므로 문법적 분석의 수준은 구(句)에 기초하여 나아간다. 구-구조 분석에서 첫 번째 문법 규칙은 이 기본적 특성을 반영한다.

$$S \rightarrow NP \, VP$$

이 표현은 다음과 같이 읽힌다. 즉, S는 NP VP로 다시 쓰였다. 이 규칙이 구-구조 문법에서 모든 문법적 분석의 출발점이다. 이 진술이 문장 생성을 위한 규칙이 아니라는 것을 상기해야 한다. 즉, 그것은 단지 영어 문장들을 이 기본 패턴에 따라 일상적으로 관찰할 수 있다는 것을 기술한 것이다. 또한 구-구조 문법이 기능이 아니라 형태에 초점을 두고 있다는 것에 주의해야 한다. 진술된 규칙에는 주부 또는 술부에 대한 언급이 없지만 NP를 '주부', VP를 '술부'라 이해할 수 있다.

이 규칙이 이전에 본 문장을 어떻게 기술할 수 있는지 살펴보자.

1. Dogs bark.
   개가 짖는다.

이미 알고 있듯이 Dogs는 명사구이고, bark는 동사구이다. 그러므로 우리는 이 문장의 문법적 구조를 다음과 같이 기술하기 위해 구-구조 표시법을 사용할 수 있다.

$$S \rightarrow NP \, VP$$

이 규칙은 문장의 구성을 기술하지만 명사구(NP)와 동사구(VP)를 완전히 기술하지 않았기 때문에 충분히 구체적이지는 않다. 우리는 문장을 살펴볼 수 있고, 이러한 구의 구성을 결정할 수 있는데, 그것은 차례로 NP와

VP에 대한 추가적인 규칙을 쓰도록 허용한다. 이 경우에 NP는 하나의 명사 (N)로 구성되어 있고, VP는 하나의 동사(V)로 구성되어 있다.

NP → N

VP → V

기술을 완성하기 위해서, N과 V에 단어를 할당할 필요가 있는데, 그 결과는 다음과 같다.

N → dogs

V → bark

이 분석의 각 줄이 이 개별 문장의 여러 부분의 구조를 나타내기 위해 고안된 특징들에 대해 특별히 할당된 일을 어떻게 표현하는지에 주목해 보자. 문장은 명사구와 동사구로 구성될 수 있는데, 그렇다면 이 구들은 무엇으로 구성되었는가? 각각은 개별 단어, 즉 명사와 동사로 구성되어 있다. 마지막 단계는 명사와 동사를 기술하는 것, 문장을 구성하고 있는 실제 단어들을 열거하는 것이다. 이러한 구-구조 규칙의 집합을 '문장 문법'이라 부른다. 이 문법을 생성하는 과정은 19세기에 미국 언어학자들이 부족 언어들을 기술하고 기록하기 위해 사용했던 절차를 반영한다. 그것은 단어들이 문법적인 문장을 만들기 위해서 어떻게 어울렸는가를 보여 주는 동시에 어휘 목록, 즉 단어들의 목록을 구축했다.

문장 1을 위한 문장 문법은 꽤 단순하지만 그 자체에 상당히 복잡한 문장을 기술할 수 있는 힘이 있다. 그 핵심은 구-구조 문법이 이용하는 언어의 중요한 특징, 즉 반복에 있다. 언어에 대해, 반복은 복잡한 표현이 그것의 더 단순한 구성 요소들에 의해 분석될 수 있다는 사실을 시사한다. 게다가 그것은 분석의 기초를 예상되는 결과에 대한 지식에 둔다. 즉, 어떤 문장의 분석은 추상적 개념이나 알려지지 않은 종점이 아니라 완전한 문장에서 시작한다. 그것은 이미 답을 알면서 수학 문제를 푸는 것과 같다. 그 목적은 답을 발견하는 것이 아니라 답에 이르는 단계를 이해하는 것이다.

만약 더욱 복잡한 일련의 문장들을 보고 각 문장을 문법적으로 기술하게 하는 방식으로 초기 규칙을 조정한다면, 이러한 특징들이 분석에 제공하는 이점은 더 분명해진다.

2. Fred bought a suit.

프레드가 정장을 샀다.

분석은 다음과 같은 첫 번째 구-구조 규칙으로 시작한다.

S → NP VP

그 문장이 어떻게 어울려져 있는지 보여 주려고 하지 말고 그 문장이 어떻게 작용하고 있는지 보여 주려고 한다는 것에 주목해 보자. 이런 면에서 구-구조 규칙은 현존하는 문장을 기술해야 하고 또한 문장 1을 가능하게 하는 방식을 일반화해야 한다.

첫째, 문장 1과 2는 동사구에서 차이를 나타낸다. 다시 말해, 하나는 목적어를 가지고 있고 다른 하나는 그렇지 않다. NP가 동사구에서 임의적인 요소라고 결론지어야 한다. 둘째, 문장 1과 2는 명사구에서 차이를 보인다. 문장 2에서 목적어 NP는 한정사(det), 부정관사(art) 'a'를 가진다. 반면에 문장 1에는 한정사가 없고, 실제로 문장 2의 주어 NP에도 한정사가 없다.

그러므로 한정사가 임의적 요소라고 결론지어야 한다. 구-구조 문법은 임의적 요소들을 위한 관습을 사용하는데, 그것은 임의적 요소들을 소괄호 안에 두는 것이다. 이러한 요소들을 고려하여 이전의 규칙들을 조정할 수 있고 두 문장을 다음과 같이 나타낼 수 있다.

S → NP VP

NP → det N

VP → V (NP)

det → art

N → Fred, suit

V → bought

art → a

개별 단어가 할당되는 것은 제외하고, 문장 1과 2를 일반화할 수 있는 문법을 쓰고 있기 때문에 이 문장 문법은 이전 것보다 더 복잡하다. 여기에서 더 복잡한 또 다른 예를 생각해보자.

3. Maria wore an expensive evening gown.
   마리아가 값비싼 야회복을 입었다.

이 문장은 기본적인 NP VP 조합에 형용사류를 더하고 있으며, 그 형용사류 중 하나는 명사 evening이기 때문에 흥미롭다. 그러므로 구-구조 규칙을 약간 조정해야 하고 그러면 세 문장을 모두 기술할 수 있을 것이다. 이는 두 유형의 형용사류를 기술하는 형용사구(AdjP)에 대한 규칙을 추가하는 것을 의미한다.

S → NP VP

NP → (det) (AdjP) N

VP → V (NP)

det → art

$$\text{AdjP} \rightarrow \left\{ \begin{array}{c} \text{adj} \\ \text{NP} \end{array} \right\}$$

N → Maria, evening, gown

V → wore

art → an

adj → expensive

AdjP에 대한 규칙은 또 다른 관습, 즉 중괄호를 도입한다. 중괄호는 요소들 중의 하나, 즉 adj 또는 NP 중의 하나가 선택되어야 한다는 것을 나타낸다.

이 기회에 약간의 일반화를 해 보자. 형용사구에 대한 규칙은 명사구에서 모든 형용사류를 기술하지만 3장에서 논의했던 서술 형용사는 기술하지 않는다. "The tree was tall(나무는 키가 컸다)"이라는 문장은 tall이 서술 형용사로 기능하는 기본적인 문장 패턴을 설명한다. 명사구에서 형용사류를 논의했고, 이는 분석을 확장하고 규칙을 조정하기 위한 좋은 생각이며 그렇게 하면 형용사구의 모든 예를 기술할 수 있을 것이다. 즉 VP에 대한 규칙을 간단히 수정하면 가능하다.

VP → V (NP) (AdjP)

동사구에 대한 규칙을 조정하는 것은 동사에 관해 흥미로운 쟁점인 불변화사의 지위에 대한 쟁점을 제기한다. 3장에서 검토했던 불변화사를 지금 더 면밀히 살펴볼 것이다. 그렇게 하는 동안 동사구와 명사구에서 나타날 수 있는 또 다른 구성인 전치사구를 살펴보자. 다음 문장들을 보자.

4. The goons with bow ties looked up the number for Pizza Hut.
   나비넥타이를 한 패거리들이 피자헛의 전화번호를 쳐다보았다.
5. Buggsy put the gun on the table.
   벅시가 탁자 위에 총을 올려놓았다.

지금까지 발전시킨 구-구조 규칙의 집합은 이 문장들의 일부만을 기술하는 데 효과가 있다. 문장 1에서 3까지와는 달리 문장 4는 두 명사구의 일부로 두 개의 전치사구(PP)를 가진다. 그리고 그것은 동사 불변화사(prt) up을 가진다.[5] 문장 5는 동사구의 일부로 전치사구를 가진다. 이 구조들은 이전 예문에는 없었는데, 이는 그것을 임의적 요소로 다뤄야 한다는 것을 의미한다. 규칙을 조정하는 것은 이런 점에서 쉬울 것이다. 즉 NP와 VP 둘 다에 임의적 전치사구를 제공해야 한다. 그리고 V에 대한 두 가지 가능성을 허용해야 하는데 그 하나는 '동사 + 불변화사 조합'이다. 이러한 조정으로 문장 1에서 5를 포함한 여러 가지 다른 것들을 기술할 수 있다.

S → NP VP

NP → (det) (AdjP) (PP) N

VP → V (NP) (AdjP) (PP)

---

5   prt는 particle의 약자로 불변화사(prt)를 뜻한다. 예를 들어 She tore up the letter(그녀는 편지를 찢어 버렸다)에서 단어 up은 불변화사이다. [역주]

$$\text{AdjP} \rightarrow \left\{ \begin{array}{c} \text{adj} \\ \text{NP} \end{array} \right\}$$

$$\text{PP} \rightarrow \text{prep NP}$$

$$\text{V} \rightarrow \left\{ \begin{array}{c} \text{V} \\ \text{V + prt} \end{array} \right\}$$

$$\text{N} \rightarrow \text{goons, bow ties, number, Pizza Hut, Buggsy, gun, table}$$

$$\text{V} \rightarrow \text{looked + prt, put}$$

$$\text{det} \rightarrow \text{the}$$

$$\text{prep} \rightarrow \text{with, for, on}$$

$$\text{prt} \rightarrow \text{up}$$

이 규칙들은 예문 1에서 5를 기술할 수 있는 능력 이상의 가치를 가진다. 그것들은 또한 문장이 더 복잡해질 때, 문법이 다양한 구조를 기술하기 위한 것이라면 더 유연해져야 한다는 것을 이해하도록 돕는다. 예를 들어, NP와 VP는 여러 요소를 가질 수 있지만 그것들은 핵심 요소 N과 V 외에는 모두 임의적인 것이다. 어쩌면 구-구조 문법의 더 큰 목표가 명확해지고 있다. 개별 문장의 문법이 드러나고 있지만 영어에서 가능한 모든 개별 문장(무한한 수)을 위한 규칙들의 새로운 집합이 생성되는 과정은 실제적이지 않다. 게다가 그것은 언어 전체에 대한 통일된 그림을 제공하지도 못한다. 그러므로 일반화 가능한 일련의 진술들을 발전시키기 위해서 광범위한 문장을 조사하는 것이 목표이다. 이러한 일련의 진술들은 언어를 정상적으로 생성하는 화자의 문법적 문장들을 거의 다(그러나 반드시 전부는 아니다) 기술한다.

▪ 지시 사항: 다음 문장의 각 부분을 구-구조 규칙에 따라 나누어 보자.

1. A bug danced across my palm.
   벌레가 내 손바닥을 가로질러 춤추듯 움직였다.

2. The cold wind blew from the distant lake.
   먼 호수에서 찬바람이 불어왔다.

3. An old man asked for a drink at the bar.
   한 노인이 바에서 술 한 잔을 청했다.

4. Buggsy put on a coat and walked into the desert.
   벅시는 코트를 입고 사막으로 걸어갔다.

5. Fritz really liked Macarena.
   프리츠는 마카레나를 정말로 좋아했다.

3. 수형도

문법은 문장에 대한 것이다. 다시 말해서 문법은 문장에서 단어의 형태와 기능에 대한 것이다. 결과적으로 개별 문장을 분석하는 것이 문법 연구의 중요한 부분이고, 그러한 분석은 언어에 대해 상당한 정보를 제공해 줄 수 있다. 19세기에 리드(Alonzo Reed)와 켈로그(Brainerd Kellogg)가 문법적 분석을 더 잘 드러내고 의미 있게 만들기 위한 노력으로 문장을 도해하는 방법을 발달시켰다. 오늘날 많은 학교가 최근 백년 이상 리드-켈로그 다이어그램(Reed-Kellogg diagram)을 계속 사용하고 있다. 아래 제시된 예시들에서 보듯이, 문장 도해용 리드-켈로그 접근법은 아주 빨리 그리고 매우 복잡해진다. 이 도해법은 구성 요소 표지가 없어서 구성 요소가 무엇인지 한 눈에 알아차리기 쉽지 않다. 문장의 구조를 이해하려면 도해 과정을 나타내는 구조를 이해해야 할 텐데, 그것이 자의적이고 종종 직관과 어긋나기도 한다. 다음 세 개의 간단한 문장을 살펴보자.

6. Fred is a good friend.
   프레드는 좋은 친구이다.

7. Running is good exercise.
   달리기는 좋은 운동이다.

8. Buggsy believed that he was a handsome dog of a man.
   벅시는 그가 어떤 남자의 멋진 개라고 믿었다.

문장 6과 7을 보면, 리드-켈로그 다이어그램의 반(反)직관적 특성을 알 수 있다. 어떤 문장에 대한 분석은 형태에 대한 정보를 제공해야 하고, 또한 다양한 요소들의 관계를 분명히 기술할 수 있어야 한다. 리드-켈로그 접근법에서 표지의 결여는 이런 점에서 큰 단점이다. 그것은 리드-켈로그 다이어그램이 다른 형태이지만 동일한 기능을 하는 단어에 대해 다른 도표 구조를 택하도록 강요한다. 일부 예외가 있겠지만 학생들 대부분은 상이한 도표 구조가 대응하는 문법적 관계를 어떻게 반영하는지 이해하기 위해 힘든 시간을 보낸다. 예를 들어 문장 6에서 Fred는 주어로 기능하는 명사인 반면에, 문장 7에서 주어 Running은 주어로 기능하는 동명사(명사로 기능하는 동사)이다. 그러나 그 도해는 상당히 다르다. 모든 상황에서 유사한 도해 구조를 가지는 주어를 예상하지만 리드-켈로그 다이어그램의 경우는 그렇지 않다. 문장 8은 심하게 복잡하지만 그것은 문법적으로 문장 6과 매우 유사하다. 이는 실제로 도해로부터 분명히 나타나지 않는다.

문장 6: Fred is a good friend. (리드-켈로그 다이어그램)

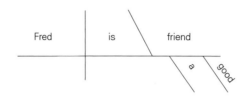

문장 7: Running is good exercise. (리드-켈로그 다이어그램)

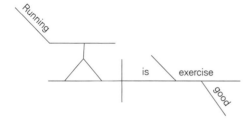

더 잘 드러나면서 지시적인 분석 방법은 수형도이다. 거기에는 모든 요소에 표지가 있고 모든 문법적 관계를 쉽게 인지할 수 있다. 200~201쪽의 수형도와 그에 대응되는 리드-켈로그 다이어그램을 비교해 보자. 일관된 구조와 표지가 어떻게 구성 요소를 쉽게 인식하도록 하는지에 주목해 보자. 이 장의 나머지 부분에는 몇 개의 도해와 구-구조 규칙들이 있다. 그 목적은 단지 분석을 위한 분석을 소개하는 것이 아니라 영어에서 더 중요한 문법적 구조들에 대한 이해를 돕는 것이다. 도해와 규칙들은 언어의 구조에 대해 더 깊이 통찰하도록 돕는다.

1) 직접 목적어와 간접 목적어

3장에서 자동사와 타동사에 대한 논의의 일부로 직접 목적어와 간접 목적어를 살펴보았다. 영어의 기본적인 문장 유형이 SVO이기 때문에 구-구조 문법이 목적어를 어떻게 다루는지 먼저 살펴보는 것이 중요하다. 우리는 이미 목적어를 기술하는 다음과 같은 구-구조 규칙을 가지고 있다.

문장 8: Buggsy believed that he was a handsome dog of a man. (리드-켈로그 다이어그램)

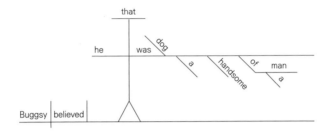

문장 6: Fred is a good friend. (수형도)

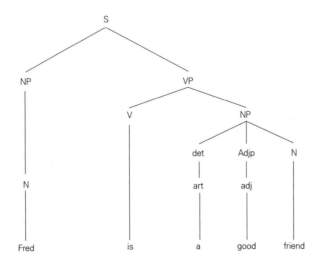

문장 7: Running is good exercise. (수형도)

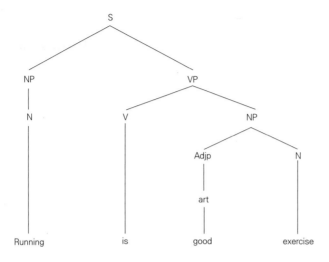

문장 8: Buggsy believed that he was a handsome dog of a man. (수형도)

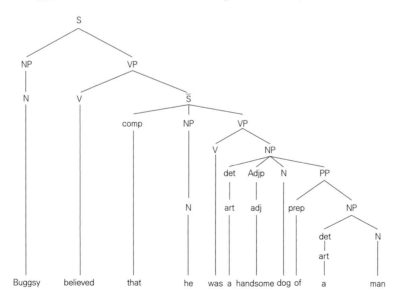

$$\mathrm{VP} \rightarrow \mathrm{V\,(NP)\,(AdjP)\,(PP)}$$

이 규칙에서 기억해야 하는 한 가지는 전치사구보다는 명사구로 나타나는 간접 목적어에 대한 것인데, 그 분석에 또 다른 명사구를 추가한다. 이 문장을 살펴보자.

9. Fritz sent his grandmother a gift.
　프리츠가 할머니께 선물을 보냈다.

이 문장은 V NP NP 형식의 동사구를 가진다. 대응하는 도해는 아래에 있다.

문장 9: Fritz sent his grandmother a gift.

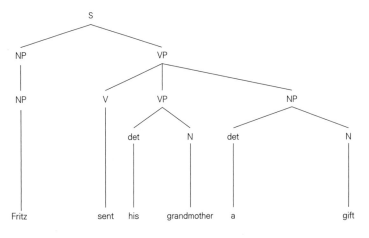

이제 문장 10을 살펴보는데, 이는 전치사구 형식의 간접 목적어의 예이다. 그와 관련된 도해를 문장 9의 도해와 비교해 보자.

10. Buggsy asked a question of the commissioner.

벅시가 그 위원에게 질문을 했다.

문장 10: Buggsy asked a question of the commissioner.

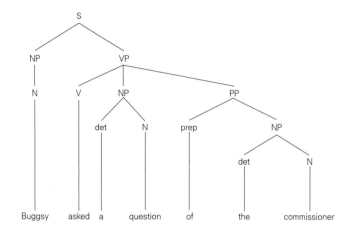

2) 전치사구

전치사구(PP)는 매우 다양한 목적으로 쓰이기 때문에 흥미로운 구조이다. 전치사구는 간접 목적어, 부사류 수식어, 형용사류 수식어로 기능할 수 있다. 부사류로서 전치사구는 문장 수준의 수식어로 기능할 수 있는데, 이는 전치사구가 전체 절을 수식할 수 있다는 것을 의미한다. 3장에서 구 수식어를 논의하고 전치사구가 주요 유형의 하나임을 알았다. 그 논의에서 언급했듯이, 전치사구는 문장의 시작 부분, 중간 부분, 끝 부분에 나타날 수 있다. 시작 부분에 나타날 때 전치사구는 문장 수준의 수식어이다. 문장 11에서 15까지는 전치사구가 취할 수 있는 다양한 위치와 형태를 설명한다.

11. The goons put yellow flowers on the table. (부사류)

　　패거리가 탁자 위에 노란 꽃을 놓았다.

12. Macarena, with a smile, accepted the invitation. (부사류)

　　마카레나는 미소를 지으며 초대에 응했다.

13. The woman with the red hair drives a Porsche. (형용사류)

　　빨간 머리 여자가 포르쉐를 운전한다.

14. In the morning, Buggsy went home. (문장 수준, 부사류)

　　아침에 벅시가 집에 갔다.

　　게다가 전치사구는 문장 15에서처럼 특정 종류의 동사에 대한 보어로 기능할 수 있다.

15. Fred stepped onto the stool. (동사의 보어, 부사류)

　　프레드가 의자 위에 올라갔다.

■ 용법 노트

인쇄술이 출현하기 이전에 손으로 쓴 책들은 정보의 보고로서 예술품만큼의 가치를 지녔었다. 그 책들에는 아름다운 삽화가 그려져 있었고, 그 책을 만든 수도사들은 자신들 손글씨의 우수성에 대해 굉장한 자부심을 가졌다. 박물관에서 이 책의 일부를 본 누구라도 그 손글씨가 기계 인쇄에 필적할 정도로 너무나 일정하다는 것에 관심을 기울일 것이다. 15~16세기에 문식성이 확장되고 공리주의자들이 더 많아지면서 더 읽기 쉽고 덜 비싼 저작물에 대한 요구가 일어났다. 구두법은 책을 더 쉽게 읽도록 하는 수단으로 나타났고, 책 제작 작업의 양을 상당히 줄였다. 또한 단락은 고대에는 알려지지 않았던 것인데, 독자가 텍스트를 이해하도록 돕는 수단이 되었다.

이 짧은 논의에서 배운 교훈은 구두법이 규칙이라기보다는 관습의 문제라는 것이다. 실제로 다른 관습들이 여러 맥락에서 구두법을 지배한다. 예를 들어 언론인들은 일련의 항목들에 콤마를 사용할 때 마지막 항목을 연결하는 접속사 앞에 콤마를 쓰지 않는 연합통신(Associated Press)[6] 관습을 따른다. 반면에 현대언어학회(MLA)와 미국심리학회(APA)[7] 관습을 따르는 사람들은 접속사 앞에 콤마를 쓴다.

문장의 시작 부분에서 구의 구두법을 지배하는 전치사구에 관한 두 개의 관습이 있다. 하나는 필자가 콤마로 수식어를 나눌지 결정하기 위한 근거로 길이를 사용할 수 있다는 것이다. 이 관습에서는 짧은 구조는 나누지 않고, 긴 것은 콤마를 써서 나눈다. 이 접근법을 완전히 수용할 수 있음에도 불구하고, 그것은 높은 일관성을 원하는 학생들을 가르치는 교사들에게는 문제가 된다. 또 다른 관습은 문장의 시작부에서 모든 수식 구조는 콤마로 나눠져야 한다는 것이다. 많은 교사들이 이 관습을 채택했는데, 그것은 이것이 가르치기 쉽거나 적어도 학생들이 받아들이기 더 쉽기 때문이다. 길이에 대해서는 생각할 필요가 없다.

3) 모호성

언어는 본래 모호한데 어떤 전치사구 구성은 특히 더 모호하다. 일반적인 환경에서 그러한 구성을 명확히 하기 위해 맥락을 사용한다. 하지만 애매한 점을 없앤 문법적 분석을 제공하는 것도 가능하다. 다음 문장을 살펴보자.

---

6   Associated Press는 미국 뉴욕에 본사를 둔 세계적인 통신사이다. [역주]
7   MLA는 'Modern Language Association(현대언어학회)'의 약자인데, MLA 양식은 인문과학 분야에서 널리 사용되고 있다. APA는 'American Psychological Association(미국심리학회)'의 약자이고, APA 양식은 사회과학계열에서 자주 사용된다. [역주]

16. Fred built the bench in the garage.

프레드는 차고에(서) 벤치를 만들었다.

17. Macarena put the shoes in the box in the closet.

마카레나는 벽장 안 상자에 신발을 넣었다.

모든 모호한 문장은 두 개의 가능한 의미를 갖는다.[8] 문장 16에서 첫 번째 의미는 차고에 놓일 벤치를 만드는 행위가 될 수 있다. 두 번째 의미는 차고가 아닌 다른 곳에 놓을 것을 만드는 행위이지만 지금은 그 벤치가 차고에 있다는 것이다. 문장 17에서 구두는 이미 상자 안에 있을 수 있고, 마카레나가 특정한 박스 안에 있는 구두를 신발장에 넣은 것이다. 다른 의미는 빈 상자가 이미 신발장 안에 있을 수 있고, 마카레나가 구두를 그 상자 안에 넣은 것이다.

16, 17과 같은 문장의 모호성을 없애기 위해서 문법적 분석을 사용할 수 있다. 왜냐하면 각각의 가능성이 207~208쪽에 있는 도해에서 설명되는 것처럼 다른 구-구조를 가지기 때문이다.

4. 대등 관계

대등 관계는 언어의 공통 특질 중 하나이고, 구-구조 문법은 모든 대등 구조에 일반적으로 적용할 수 있는 규칙을 제공한다. 그것은 '대등 XP 규칙(Co-ordinate XP rule)'이라 불리는데, X는 명사나 동사같이 어떤 요소로도 변하기 쉬운 것이고, P는 구이다. 대등 접속사는 CC로 나타낸다. 이 규칙은 두

---

8   그 가능성이 비록 두 개 이상의 의미가 존재할 가능성이 있다고 하더라도, 그 예가 매우 드물어서 이 책에서는 찾을 수 없다.

문장 16: Fred built the bench in the garage.

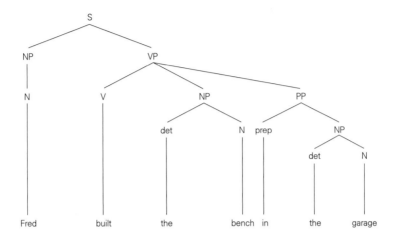

OR

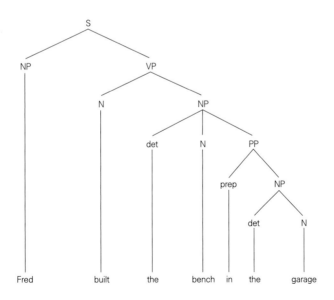

문장 17: Macarena put the shoes in the box in the closet.

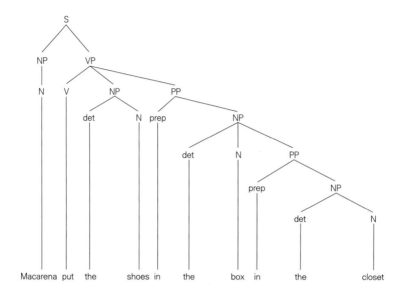

OR

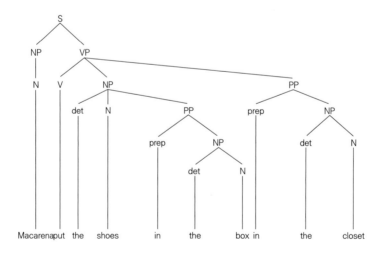

개의 정보를 제공한다. 첫째, 어떤 구가 같은 형태의 다른 구와 대등하게 접속할 수 있다. 예를 들어, 어떤 두 개의 명사구가 대등 접속사를 사용해 연결될 수 있다. 둘째, 대등하게 접속된 두 개의 구는 개별 구의 특성을 가진 하나의 단위로 기능한다. 다시 말해서, 대등 접속사로 연결된 두 개의 명사구는 하나의 명사구로 기능한다. 그 규칙은 다음과 같이 나타난다.

XP → XP CC XP

문장 18~20에서 XP 규칙이 어떻게 작용하는지 알 수 있다. 18에서 주어는 Fred and Fritz인데 이는 하나의 단위로 존재하고 XP로 표현될 수 있다. 그러나 주어는 두 개의 명사구 즉, Fred and Fritz로 구성된다.

18. Fred and Fritz loved Cheerios.
프레드와 프리츠는 치어리오스를 사랑했다.

18에 대한 문장 문법은 아래와 같을 것이다.

S → NP CC NP VP
NP → N
VP → V NP

언어는 본래 반복적이기 때문에 문장 19에서 나타나는 것처럼 유사한 구를 얼마든지 하나의 단위에 결합시킬 수 있다.

19. Macarena danced, laughed, and sang at the party.
마카레나가 파티에서 춤추며, 웃고, 노래했다.

19의 문법적 구조는 다음과 같이 기술할 것이다.

S → NP VP

NP → (det) N

VP → VP VP CC VP PP

PP → prep NP

1) 복합문

대등 XP 규칙은 또한 전체 절에 적용되는데 그것은 복합문의 문법적 구조를 기술하는 방법을 알려 준다. 복합문은 두 개의 독립절을 가진 문장이다. 분석은 정확히 전에 봤던 것과 같은 방식으로 진행되지만, 그 규칙은 구를 반복하기보다는 문장을 반복한다. 예문 20을 보자.

20. A goon shot the ATM, so Buggsy made an easy withdrawal.
   패거리가 ATM 기계를 쏴서 벅시가 쉽게 인출을 했다.

각 절이 문장의 구조를 가지고 있어서 관습에 따라 문법은 다음으로 시작될 것이다.

S → S_1 CC S_2

이것이 의미하는 것은 단지 문장(S)이 두 개의 절(S_1과 S_2)로 이루어졌다는 사실이다. 예문 20에 대한 문법적 분석은 이전에 보여준 것처럼 진행될 것이다.

$S_1 \rightarrow NP\ VP$

$S_2 \rightarrow NP\ VP$

$NP \rightarrow (det)\ (AdjP)\ N$

$VP \rightarrow V\ NP$

$AdjP \rightarrow adj$

문장 20: A goon shot the ATM, so Buggsy made an easy withdrawal.

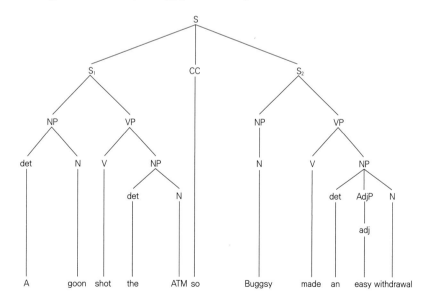

■ 지시 사항: 다음 문장들의 수형도를 그려 보자. 여러 가지로 해석될 수 있는 애매한 문장들의 경우, 두 개의 수형도를 통해 의미를 명확히 해 보자.

1. Macarena put the magazine on the table.
   마카레나가 잡지를 탁자 위에 놓았다.

2. Fritz went to the races and bet on Lucky Lady.
   프리츠는 경주에 가서 행운의 숙녀에게 돈을 걸었다.

3. Fred jogged to the boardwalk and watched the skaters.
   프레드는 판자 산책로로 조깅을 가서 스케이트 선수들을 보았다.

4. Ophelia DiMarco and Raul drove to Rodeo Drive.
   오필리아 디마르코와 라울은 차를 몰고 로데오 드라이브에 갔다.

5. Fritz took the pictures with the camera in the den.
   프리츠가 (야생 동물이 사는) 굴에서 카메라로 사진을 찍었다.

6. Macarena invited Fred for a swim, but he was busy.
   마카레나가 프레드를 수영에 초대했지만 그는 바빴다.

7. Fritz sent roses to Macarena, and he bought her a lovely necklace.
   프리츠가 마카레나에게 장미를 보내고 사랑스러운 목걸이를 사 주었다.

8. Mrs. DiMarco baked a pie and a cake.
   디마르코 부인이 파이와 케이크를 구웠다.

9. Without guilt or remorse, Buggsy enforced the contract.
   죄책감이나 회한 없이 벅시가 계약을 강요했다.

10. Buggsy was on the road between Los Angeles and Las Vegas.
    벅시가 로스앤젤레스와 라스베이거스 사이의 길에 있었다.

11. Raul cleaned the sofa in the living room.
    라울이 거실에 있는 소파를 닦았다.

12. Macarena and Fritz danced until dawn at China Club.
    마카레나와 프리츠는 차이나 클럽에서 새벽까지 춤을 췄다.

2) 동사구의 확장

지금까지 동사구에 대한 기술은 기본적인 것이었다. 그것은 시제에 대한 어떤 상술도 하지 않고, 미래나 상을 기술할 어떤 방법도 제공하지 않는다. 이 특징들을 기술하기 위해서 구-구조 문법은 동사구의 분석을 확장시켰다.

동사구에 대한 구-구조 규칙의 몇몇 작은 변화는 모두 필요한 것이다. 일반적으로 동사구에 대한 규칙은 이와 같이 나타난다.

VP → V (NP) (AdjP) (PP)

그것은 NP, AdjP, PP를 VP의 임의적 요소들로 나타낸다.

시제를 기술하기 위해서 우리는 그 규칙을 시제와 그 밖의 특징들을 수행하는 조동사(Aux) 구성소가 포함되도록 바꾼다.

VP → Aux V (NP) (AdjP) (PP)

Aux → tense

$$tense \rightarrow \left\{ \begin{array}{l} past \\ present \end{array} \right\}$$

(앞에서 지적했듯이, past/present 주변의 중괄호는 두 개 중 하나가 선택되어야 함을 나타낸다.)

구-구조 문법의 장점 중 하나는 그것의 다재다능함이다. 문장을 정확히 기술하려면 시제에 대해 설명할 수 있어야 한다는 것을 알기 때문에 앞서 VP 규칙을 수정했다. 그러나 부사류는 어떠한가? 그것은 VP의 일부이지만 지금까지 그것이 언어에서 어떻게 나타나는지 문법적으로 기술하지 않았다. 이제 해야 할 일은 임의적 부사구를 더함으로써 VP 규칙을 다시 수정하는 것이다.

VP → Aux V (NP) (AdvP) (AdjP) (PP)

150쪽에서 부사는 한 단어이고, 부사류는 부사적으로 기능하는 구 또는 절 특히 전치사구와 종속절이라는 것에 주목하여, 부사류로부터 단순 부사를 구분했다. 구-구조 규칙이 기능에 대한 명시적인 정보를 제공하지 않기 때문에 전치사구와 종속절은 형용사구라는 이름 아래 포함되지 않는다. 결국, 부사에 대한 동사의 기술을 확장한다면, 다음과 같다.

$$\text{AdvP} \rightarrow \left\{ \begin{array}{l} \text{adv} \\ \text{NP} \end{array} \right\}$$

이 규칙은 21~22와 같은 문장을 기술할 수 있게 해 준다.

21. Quickly, she called her bank on the cell phone.
    급히 그녀가 휴대폰으로 은행에 전화를 걸었다.

22. Macarena lost her checkbook yesterday.

마카레나가 어제 수표책을 잃어 버렸다.

부사류와 형용사류가 종종 함께 쓰이기 때문에 23과 같은 문장을 기술하기 위해 VP에서 한 가지 더 수정할 필요가 있다.

23. Buggsy bought his wife a very expensive emerald necklace.

벅시가 부인에게 매우 비싼 에메랄드 목걸이를 사 주었다.

다시 규칙을 바꾸는 것은 꽤 간단하다.[9]

$$\text{Adjp} \rightarrow (\text{AdvP}) \begin{Bmatrix} \text{adv} \\ \text{NP} \end{Bmatrix}$$

이런 점에서, 문법 규칙이 더 복잡해지고 있다.

그러나 문장 문법을 기술하기 위해 규칙이 어떻게 작용하는지에 대해 도해를 통해 시각화하여 보여 줄 것이다. 예를 들어 문장 23의 도해는 다양한 요소들이 어떻게 잘 어울리는지 보여 준다.

---

9   이 규칙에서 중괄호 안의 adv는 adj의 오류로 보인다. [역주]

문장 23: Buggsy bought his wife a very expensive emerald necklace.

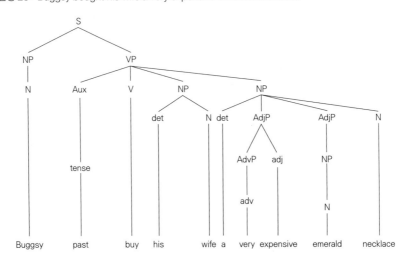

서법

문법적 세부 사항에서 서법을 검토하지 않았지만 동사구는 서법(Mood)으로 알려진 동사의 특징을 포함한다. 서법은 동사에 의해 표현된 행위나 조건의 사실성 또는 가능성을 나타내거나 공손함을 표현할 수 있다. 서법은 그것에 대해 생각하지 않아도 동사에서 이러한 정보를 전달받기 때문에 다소 흥미롭다.

영어에는 세 개의 서법이 있다.

- 직설법(Indicative) – 사실을 진술할 때 사용됨.

  예: Buggsy owned the casino. 벅시는 카지노를 소유하고 있다.

- 명령법(Imperative) – 명령을 표현할 때 사용됨.

  예: Stop the car! 차를 멈춰!

- 가정법(Subjunctive) – 사실에 반대되는 진술, 조건제한, 가정(가설),

바람, 요청할 때의 공손함을 표현할 때 사용됨.

처음 두 서법은 꽤 구체적이지만 가정법은 다섯 개의 다른 조건 아래서 적용되기 때문에 미묘하고 때때로 복잡하다. 사실에 반대되는 진술은 항상 종속절을 요구하고, 조건 제한의 표현은 때때로 종속절을 요구한다. if와 whether는 공식적인 표준 영어에서 동의어가 아니기 때문에 이 종속절은 진술의 성격에 따라 if나 whether로 시작한다.

가정법 동사 형태도 흥미롭다. 사실에 반대되는 진술과 같은 어떤 경우에 동사 형태는 주절뿐만 아니라 종속절에서도 과거 시제이다. 1인칭과 3인칭 명사와 대명사(I, he, she)는 2인칭 동사 형태를 갖는다. 다음의 예들은 이러한 독특한 특징을 설명한다.

- 가정법: 사실에 반대되는 진술

1. If Fred *were* just a bit younger, he *would apply* for the position.

   프레드가 좀 더 젊었다면, 그는 그 자리에 지원했을 것이다.

2. If I *were* you, I *would leave* town.

   내가 너라면, 도시를 떠났을 것이다.

3. They *acted* as though Buggsy *were watching*.

   그들은 마치 벅시가 보고 있는 것처럼 행동했다.

- 가정법: 조건적 진술

1. Fred *will leave* if Buggsy *comes* to the party.

   만약 벅시가 파티에 온다면 프레드는 떠날 것이다.

2. After eating his veggies, little Johnny *could have* his dessert.

   어린 조니가 야채를 먹은 후에 디저트를 먹을 수 있을 것이다.

3. We *will gain* our reward, provided we *be* strong.

우리가 충분히 강하다면 보상을 얻을 것이다.

- 가정법: 가정적 행위

1. If Fred *bought* the new BMW, he *would be* completely broke.

   새 BMW를 산다면 프레드는 완전히 파산할 것이다.

2. If he were *asked*, he would serve.

   부탁을 받는다면, 그는 도와줄 것이다.

- 가정법: 바람의 표현

1. Macarena *wished* she *were* rich.

   마카레나는 그녀가 부자이길 원했다.

2. Fritz *recommended* that she *be* patient.

   프리츠는 그녀가 참을성을 가지길 권했다.

- 가정법: 요청에서의 공손함

1. *Would* you open the window?

   창문을 열어 주시겠습니까?

2. *Could* you close the door?

   문을 닫아 주시겠습니까?

■ **용법 노트**

언어학자들은 사실에 반대되는 진술의 가정법 사용에서 be의 형태와 관련된 중요한 변화에 주목했다. 영어 구어에서는 명사 혹은 대명사와 수를 일치시키기 위해서 종속절에서 동사 형태가 변화해 왔다. 인칭 대명사와 주어 명사가 있는 문장들에서만 이러한 변화가 나타난다 할지라도 결과적으로, 많이 인용된 예문들이 다음과 같이 나타난다.

- If Fred *was* just a bit younger, he *would apply* for the position.

프레드가 좀 더 젊었다면, 그는 그 자리에 지원했을 것이다.

- If I *was* you, I *would leave* town.

내가 너라면, 도시를 떠났을 것이다.

- They *acted* as though Buggsy *was watching*.

그들은 마치 벅시가 보고 있는 것처럼 행동했다.

가정법 표지는 종속절의 동사에 나타나지만, 주절에서도 계속 유지된다. 또다시 무엇이 표준 용법을 구성하는가의 문제가 중요하다. 어떤 사람들은 대부분의 사람들이 사용하는 것은 무엇이든지 표준 용법이라고 주장한다. 이 주장은 일반적으로 표준 용법을 지배하는 용인가능성과 권위의 영향을 설명하지 못하기 때문에 그 근거가 들어맞지 않는다. 그러므로 표준 용법은 대부분이 널리 사용하는(used) 형태가 결코 아니었고, 또한 아니다. 그것은 대부분이 널리 수용한(accepted) 형태이다. 가정법 형태는 공식적인 표준 영어를 사용하는 사람들과 그렇지 않은 사람들에 의해 수용되었고, 반면에 비가정법 형태는 오로지 비표준 형태를 사용하는 사람들에게만 수용되었다. 예를 들어 가정법의 표준 용법은 많은 사람들의 발화에서뿐만 아니라 대중 언론의 주목할 만한 예외와 상당히 많은 글쓰기에서 계속해서 나타난다.

비표준 용법은 사실에 반대되는 진술에서 if와 whether의 차이를 구분하지 않는다는 점에 주목하자. 그 결과 이 문장들은 동등하게 간주된다.

- ?I don't know if it's going to snow.
- I don't know whether it's going to snow.

눈이 내릴지 안 내릴지 나는 모른다.

그러나 표준 용법은 차이를 구분한다. if는 사실에 반대되는 진술과 조건절을 시작할 때 사용되고, whether는 암시적 또는 명시적으로 선택 가능성을 표현하는 절을 시작할 때 사용된다. to snow에 대한 대안적 가능성이 분명히 있기 때문에 두 번째 문장은 표준 용법 관습을 따랐지만 첫 번째 문장은 따르지 않았다.

어떤 연구자들은 요청할 때의 공손한 표현에 관해서는 가정법이 사라졌다고 말해 왔다. 앞서 인용된 요청의 예문들은 오늘날 동의를 구하는 부가의문문과 함께 명령으로 더 흔히 표현된다.

- Open the window, ok?

    창문 좀 열어 줘, 괜찮지?

- Close the door, ok?

    문 좀 닫아 줘, 괜찮지?

이런 변화에 대한 이유를 확인하는 것은 사변적인 노력임에 틀림없지만, 사실에 반대되는 진술과 조건 진술에서 가정법의 감소는 행동적 효율성의 원칙과 관련될 것이다. 일반적으로 주어와 서술어는 수에 대해 일치한다. 다양한 상황에서 영어는 "I was tired(나는 피곤했다)"와 "They were late(그들은 늦었다)"에서처럼 단수 주어와 단수 동사 형태, 그리고 복수 주어와 복수 동사 형태의 사용 패턴을 따른다. 가정법은 이 패턴을 바꾼다. 일치의 결여는 대부분의 동사에서 발견한 패턴에 반대되는 것처럼 보이고, 실제로도 반대된다. 그러므로 누군가가 구별을 없애고 모든 상황에서 일치에 대해 하나의 패턴을 사용하는 것이 더 효율적이라고 주장할 수 있다.

공손함을 표현하기 위한 가정법이 사라진 것에 대해서 현대의 많은 사회평론가들은 미국 사회에서 공손함이 심각하게 감소한 것에 주목했다. 그들의 관점에 따르면 무례함이 두드러지게 증가한 것이다. 이것은 요청에서 명령으로 변화한 요인이 될 수 있다. 이어서 공손함의 감소는 미국이 지난 30년 동안 경험해 온 극적인 인구 증가에 대한 하나의 반작용처럼 보인다. 인구가 더욱 조밀해짐에 따라 자원에 대한 경쟁이 더 심해졌고, 따라서 적개심도 더해졌다. 적개심은 다른 사람들은 권리가 없고 존경 또는 배려를 충분히 하지 않아도 된다는 널리 알려진 관점과 관련되어 나타난다. 이런 관점이 지난 30년 동안 천연두처럼 번졌다. 사회평론가들은 이러한 평가에 대한 증거로서 이전 세대에선 좀처럼 관찰되지 않았던 다양한 행동을 지적한다. 즉 정체된 상황에서 다른 차를 가로막고 빨간불에 달리고 대개 그들이 그 길을 소유한 것처럼 행동하는 골칫거리 운전자들이 있고, 발목까지 지저분한 쓰레기가 쌓이는 일이 많은 도시에서 증가하고, "손님이 항상 옳다"라는 전통적인 좌우명을 버리고 "손님이 항상 잘못이다"라는 불쾌한 대안을 택한 무뚝뚝한 서비스 제공자들이 늘었다.

교수 도움말

학생들은 가정법을 두 가지 이유에서 어려워한다. 첫째, 그들은 가정법을 듣는 일이 흔치 않아서 그 형태가 그들 언어의 레퍼토리 안에 매우 확고하지 않다. 둘째, 실제로 그 형태가 흔치 않은 양식을 표현한다. 왜냐하면 그것은 주어와 동사 사이의 일반적인 어구의 일치와 반대되기 때문이다. 이러한 어려움들은 가르침에 있어서 체계적인 접근을 필요로 한다. 효과적인 방법 중 하나는 가정법의 본질을 묘사하면서 시작하는 것으로, 그것이 어떻게 사용되며 왜 그러한지를 많은 예문을 통해 보여 주는 것이다. 그런 후에, 학생들에게 그들의 읽기 과제 안에 있는 몇몇 단락들을 조사해 보고 가정법이 사용된 문장을 적어도 3개 이상 찾아보도록 하자. 수업을 통해 그들이 이러한 문장들을 함께 나누게 하면서, 가정법이 각각의 경우에 어떻게 사용되고 있는지를 설명한다. 마지막으로 학생들이 짝을 짓거나 소규모 그룹으로 나누어 매점이나 다른 수업, 또는 가게에서 나누는 대화들을 관찰하도록 해 보자. 이 작업의 목적은 실제 사용되는 말에서 쓰이는 가정법의 예, 혹은 가정법이 사용되어야 함에도 불구하고 그렇지 않은 어떤 사례들을 기록해 보는 것이다. 이 작업을 한 학생들 팀은 그들이 찾은 것들을 수업을 통해 나누어 보아야 한다. 학생들은 텍스트에 대한 그들의 연구와 대화에 대한 관찰에 기초하여 어떠한 결론을 내리고 있는가?

3) 양태

가설적 허용과 같은 서법의 몇몇 특징들은 양태(M)라고 불리는 단어에서 표현된다. 여기 그 양태의 목록이 있다.[10]

will ~일 것이다   shall ~일 것이다   may ~일지도 모른다
must ~해야 한다   can   ~할 수 있다

　　역사적으로 영어의 양태는 영어와 다른 게르만어의 조상인 게르만어의 특별한 동사 부류에서 왔다. 양태 조동사는 항상 그것이 그들 자신의 특별한 범주에 속한다는 점에서 일반 동사와 다르다. 양태와 일반 동사는 그들이 나타내는 형태의 범위에서 다르다. 영어 동사는 여러 가지 다른 형태로 나타나는 반면에, 양태는 하나의 불변하는 형태를 갖는다. 예를 들어 양태는 3인칭 단수 주어를 가진 문장에서조차 결코 끝에 −s가 오지 않는다.
　　문법에 양태를 포함시키기 위해서 시제 표지(과거와 현재)와 양태를 설명하도록 조동사에 대한 규칙을 다음과 같이 확장시켰다.

Aux → tense (M)

$$M \rightarrow \left\{ \begin{array}{l} \text{will} \\ \text{shall} \\ \text{can} \\ \text{may} \\ \text{must} \end{array} \right\}$$

10　이 목록 가운데 shall은 원문에는 all로 되어 있다. 명백한 오류이기에 바로 잡아 두었다. [역주]

규칙에 대한 이러한 수정으로 24와 같은 문장을 기술할 수 있다.

24. Fritz may get a promotion.
프리츠가 승진할지도 모른다.

뒤의 수형도에서 이 문장에 대한 분석 모습을 볼 수 있다.

확장된 동사구의 분석에서 종종 발생하는 질문은 시제 표지가 왜 동사의 뒤가 아닌 앞에 위치하는가이다. 과거 분사 표지 -ed/-en은 앞이 아니라 동사의 끝에 온다. 그 대답은 시제, 양태 그리고 동사 사이의 관계를 개략적으로 정확히 포착하기 위한 단순한 방법은 없다는 것이다. 동사가 양태를 가질 때마다 동사가 아니라 양태가 시제를 나타낸다. 만약 이 기술에서 동사 뒤에 시제를 둔다면 아무것도 해결할 수 없을 것이고 여전히 어떻게 시제가 동사를 뛰어넘어 양태에 붙었는지 의문을 가질 것이다. VP의 핵 위치에 시제를 놓는 것은 관습에 따른 것이다. 만약 그곳에 놓지 않는다면 문장을 제대로 기술하지 못할 것이다.

여기에서 배운 것은 구조적 분석이 실제 사용하는 언어에 대한 최상의 기술이라는 것이다. 만약 과거 분사가 동사의 끝에 나타난다는 사실을 설명하고 싶다면, 부가물에 대한 특별한 규칙을 발전시켜야만 할 것이다. 그것이 실제로 언어학자들이 해 온 일이다. 그럼에도 불구하고 구조적 분석은 문법적 구성의 본질에 대해 많은 것을 보여 주고 있다.

문장 24: Fritz may get a promotion.

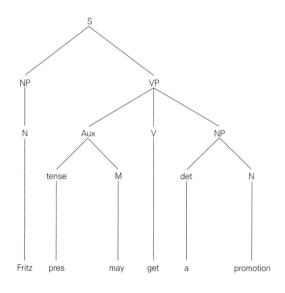

4) 시제와 시제의 복잡성

시제를 더 자세히 살펴보면, 시제와 동사의 관계가 단순하지 않다는 사실이 명백해진다. 시제는 "Macarena could visit her sick friend in the morning(마카레나가 아침에 아픈 친구를 방문할 것이다)"와 같은 문장에서 증명하듯이, 단순히 어떤 행위가 언제 일어났는지를 나타내는 것이 아니다. 이 문장에서는 동사 visit(방문하다)에 시제가 없고, 대신 시제 표지가 양태에 붙어 있다. 그러나 양태가 과거 시제임에도 불구하고 그 행위는 미래에 일어나는 것이다. 많은 학생들이 이 개념을 이해하는 데 어려움을 겪는다.

■ **용법 노트**

양태가 기능어임에도 불구하고 그것은 의미 내용을 가지고 있다. 예를 들어,

can과 may는 같은 것을 의미하지 않는다. can은 능력을 나타내는 반면에 may는 조건적 미래뿐 아니라 허락을 나타낸다. 허락을 요청하는 것에 관해서 대중적 용법은 대체로 may를 제거하고 can으로 대체한다. 만약 어떤 학생이 화장실 사용에 대한 허락을 원한다면, 그 또는 그녀는 분명히 "May I use the rest room"보다 "Can I use the rest room?(화장실을 사용해도 될까요)"으로 물어볼 것이다. 백화점에서 점원도 "May I help you?"가 아니라 "Can I help you?(도와드릴까요)"로 물을 것이다. 그러나 공식적인 표준 용법은 계속해서 이 단어들의 차이를 구분하며 이것은 학생들이 그 차이를 가치 있는 목표라고 이해하도록 한다. may는 두 가지 다른 의미를 나타낼 수 있기 때문에 결국 중의성(ambiguity)을 유발하게 된다. 아래 문장들을 살펴보자.

25. Fritz can play the piano.
    프리츠가 피아노를 연주할 수 있다.

26. Fritz may play the piano.
    프리츠가 피아노를 연주할지도 모른다./~연주해도 된다.

문장 25는 연주할 수 있는 Fritz의 능력을 의미한다. 문장 26은 Fritz에게 연주할 수 있도록 허락하는 것으로 이해될 수 있거나, Fritz가 미래의 언젠가 피아노를 연주할 수 있는 것으로 이해될 수 있다. 그 조건은 불확실하다. 만약 파티에 있는 Fritz를 생각한다면 쉽게 이 미래 조건절(future conditional)을 상상할 수 있다. 문장 27은 미래 조건절로서 may의 또 다른 예이다.

27. Buggsy may take a trip to Las Vegas next week.
    벅시가 다음 주에 라스베이거스로 여행을 갈지도 모른다.

may의 과거 시제 형태가 might이라는 것은 주목할 만하다. might이 may보다 더 불확실하거나 의심스러운 미래를 의미한다는 점에서 이 단어들은 차이가 있다. 그러므로 Buggsy가 여행을 갈 가능성이 문장 27에서보다 문장 28에서 더 불확실하다.

28. Buggsy might take a trip to Las Vegas next week.
   벅시가 다음 주에 라스베이거스로 여행을 갈지도 모른다.

다른 많은 용법 차이처럼, 이것은 사라지고 있는 것처럼 보인다. 심지어 공식적인 표준 영어 화자와 필자도 그 두 형태를 거의 구분하지 않는다. 그러나 가능한 한 정확하게 언어를 사용하는 것에 관심이 있는 누군가는 실제로 그것을 구분할 것이다.

will과 shall의 차이는 훨씬 더 복잡하고, 이것 역시 미국식 용법에서는 실제적으로 사라졌다. 전통적 구분에서 shall은 "I shall go to the movie(나는 영화관에 갈 것이다)"에서처럼 일인칭 단순 미래를 나타내기 위해 사용된다. 그러나 shall은 2인칭과 3인칭에서는 사용될 수 없고, 대신 "They will end the strike soon(그들은 곧 파업을 끝낼 것이다)"에서처럼 will로 대체되어야 한다. 일인칭에서 will의 사용은 단순 미래를 나타내는 것이 아니라 "I will give you the loan(나는 너에게 돈을 빌려줄 것이다)"에서처럼 약속된 행위를 나타낸다. 2인칭과 3인칭에서 shall의 사용은 명령을 의미한다. 현재 미국식 영어에서 표준 화자들 사이에서조차 shall이 넓게 사용되는 두 가지 예가 있다. 즉 법률 문서와 "Shall we go now?(지금 갈까요)"에서처럼 질문에서 사용된다.

5) Do 보충법

영어에서 단어 do는 다음 예문에서처럼 진술을 강조하는 데 사용된다.

29. Fred *does* like the veal.

    프레드는 송아지 고기를 정말 좋아한다.

30. Macarena *did* deposit the check into her account.

    마카레나는 그녀의 계좌에 수표를 입금했다.

문장 30: Macarena *did* deposit the check into her account.

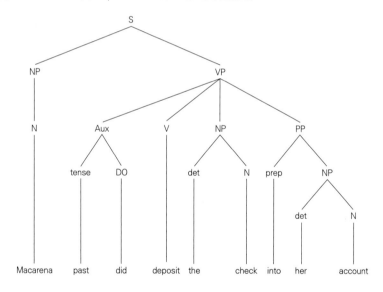

do가 강조를 위해 사용될 때, 그것을 'do 보충법'이라고 말하고 do는 조동사의 일부로 분석된다. 비록 흑인 영어 방언에서는 가능하다고 할지라도, 표준 영어에서 do는 다른 양태를 나타낼 수 없다. 그러므로 우리는 다시 한 번 조동사에 대한 규칙을 바꿀 필요가 있다.

Aux ⟶ tense (M) (DO)

문장 30의 도해는 우리의 현재 분석이 어떻게 보이는지 설명한다.

핵심 개념 적용하기

■ 지시 사항: 다음의 문장들을 분석해 보고, 구성 요소에 따라 구분해 보자.

1. Fred and Macarena drove to the beach.
   프레드와 마카레나는 바닷가로 차를 몰고 갔다.

2. Fritz called Macarena several times.
   프리츠가 마카레나를 여러 차례 불렀다.

3. Rita de Luna did return the telephone call.
   리타 드 루나가 전화 통화에 답했다.

4. Fritz polished the lenses of the telescope and considered the possibilities.
   프리츠가 망원경 렌즈를 닦고 가능성을 숙고했다.

5. They would be at that special spot near Malibu.
   그들은 말리부 근처의 특별한 지점에 있을 것이다.

6. Quickly, Fritz made himself a chicken salad sandwich and poured lemonade into the thermos.
재빨리 프리츠는 치킨 샐러드 샌드위치를 만들고 레몬에이드를 보온병에 따랐다.

7. Fritz could drive to Malibu in 40 minutes from the apartment in Venice.
프리츠는 베니스의 아파트에서 말리부까지 40분 안에 차를 몰고 갈 수 있다.

8. Buggsy must employ a dozen goons.
벅시는 12명의 패거리를 고용해야 한다.

9. If Buggsy were fully retired, he would become bored.
완전히 은퇴한다면, 벅시는 지루해질 것이다.

10. Mrs. DiMarco does forget things sometimes.
디마르코 부인은 때때로 물건을 잊어버린다.

11. Someday, he will regret those poor eating habits.
언젠가 그는 그런 나쁜 식습관을 후회할 것이다.

12. If Buggsy were honest, he would turn himself over to the police.
벅시가 정직했다면, 그는 스스로 경찰에 자수했을 것이다.

13. They might vacation in Acapulco.
그들은 아카풀코에서 휴가를 보낼지도 모른다.

14. She can spend money in some remarkable way.
그녀는 조금 놀라운 방법으로 돈을 쓸 수 있다.

15. Fred and Fritz do get jealous of each other.
프레드와 프리츠는 서로 정말 시기한다.

5. 동사의 진행형

영어에서 동사의 진행형은 행위의 계속성을 나타내고 상의 특성이라고 간주된다. 진행형은 be와 접사 -ing가 붙은 동사로 만들어진다. 진행(prog)은 조동사의 일부로 분석되는데, 그것은 구-구조 규칙을 또 다시 조정할 필요가 있음을 의미한다.

> Aux → tense (M) (DO) (prog)
>
> prog → be -ing

　이 새로운 규칙은 다음과 같은 문장을 분석할 수 있게 해 준다.

31. Macarena was dancing at China Club.
    마카레나가 차이나 클럽에서 춤을 추고 있었다.
32. The band members were playing a hot salsa.
    음악대 단원들이 강렬한 살사를 연주하고 있었다.
33. They are thinking about the next break.
    그들은 다음 휴식에 대해 생각하고 있다.

1) 동사의 진행형과 서술 형용사

다음과 같은 영어 문장들은 분석에 어려움이 있다.

34. Raul was running.
    라울이 달리고 있었다.

35. His toe was throbbing.

　　그의 발톱이 욱신거렸다.

　　이 문장들의 구조는 매우 유사해 보이고 실제로 둘 다 진행형 동사구를 가진 것으로 분석하는 것이 온당해 보일지 모른다. 그러나 그러한 분석은 정확하지 않다. 문장 34는 진행형 동사구를 가졌지만, 문장 35는 그렇지 않다. 대신 VP가 연결 동사와 서술 형용사로 구성되어 있다. 이 문장들의 수형도는 두 문장 사이의 차이를 분명히 보여 준다.

문장 34: Raul was running.

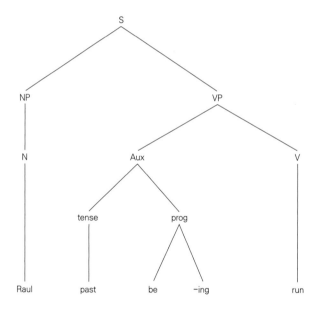

문장 35: His toe was throbbing.

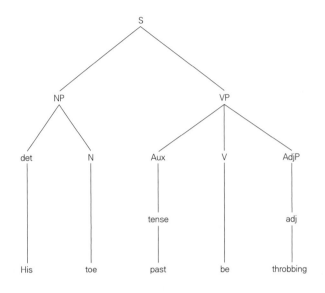

    그 차이를 이해하기 위한 핵심은 이 문장들에서 두 주어의 역할이 구별된다는 것을 인지하는 것이다. 문장 34에서 주어는 행위를 수행하는 행위자(agent)이다. 문장 35에서 주어는 행위자가 아니고 행위를 수행하지도 않는다. 다시 말해서, 행위가 수행되지 않았기 때문에 이 경우 throbbing은 행위를 기술할 수 없다. 그 대신 throbbing은 존재에 관한 정보를 제공한다. 이런 면에서 진행형은 항상 동작주를 가진다고 말할 수 있다. 주어가 행위자가 아닐 때 동사구는 항상 연결 동사와 서술 형용사로 구성된다. 이 분석 방식은 다음 문장들의 구조에 의해서도 확인된다.

- Mrs. DiMarco was boring.

  디마르코 부인은 지루했다.
- Mrs. DiMarco was boring Raul.

디마르코 부인이 라울을 지루하게 했다.

첫 번째 예에서는 Mrs. DiMarco가 동작주가 아니지만 두 번째 예에서는 동작주이다. 예상할 수 있듯이 기능의 차이는 의미의 차이뿐만 아니라 문법적 분석의 차이도 야기한다. 추가적인 증거는 "She had a throbbing headache(그녀는 머리가 지끈지끈 아팠다)"에서와 같이 throbbing(지끈지끈)이 단순 형용사로도 기능할 수 있다는 사실에서 기인한다. 다음은 설명을 위한 몇몇 추가적 예시이다.

- Macarena *was jogging* along the beach. (동사의 진행형)
  마카레나가 해변을 따라 조깅하고 있었다.
- The waves *were glistening.* (서술 형용사)
  파도가 반짝였다.
- Buggsy *was watching* from the deck of his beach house.
  (동사의 진행형)
  벅시가 해변 별장의 갑판에서 지켜보고 있었다.
- He found that the sight of all the happy people *was tiring.*
  (서술 형용사)
  그는 모든 행복한 사람이 지쳐 있다는 것을 알아냈다.

6. 동사의 완료형

영어에서 동사의 완료형은 have와 과거 분사 접사 -ed/-en이 붙은 동사로 구성된다. 그것은 하나 이상의 시간 관계를 나타낸다.

- 과거 완료는 예를 들어, 한 사건이 다른 사건 이전에 발생했다는 것을 나타낸다.
- 현재 완료는 어떤 사건이 다시 일어나거나 그것이 이미 발생했다는 것을 나타낸다.
- 미래 완료는 다른 사건이 발생할 때까지 어떤 사건이 계속 일어나고 있을 것이라는 사실을 나타낸다.

이 세 가지 가능성은 각각 아래의 문장에서 설명된다.

36. Fred *had eaten* at Spago many times before that fateful day. (과거 완료)

   프레드는 그 운명의 날 전에 스파고에서 여러 번 식사를 했었다.

37. Macarena *has looked* everywhere for the diskette. (현재 완료)

   마카레나는 디스켓을 찾기 위해 모든 곳을 살폈다.

38. Fritz *will have driven* 150 miles before dark. (미래 완료)

   프리츠는 어두워지기 전에 150마일을 운전해 갈 것이다.

진행형처럼 동사의 완료형도 조동사의 일부로 분석되며 그것을 여기에서는 'perf'로 줄여 쓰겠다. 구-구조 규칙에 필요한 조정을 한 결과는 다음과 같다.

Aux → tense (M) (Do) (prog) (perf)
Perf → have -ed/-en

7. 소유격

영어는 "her book(그녀의 책)" 또는 "Maria's book(마리아의 책)"처럼, 대명사 또는 명사와 소유격 표지를 사용하여 소유격을 만든다. 소유격은 한정사의 범주 안에 있는 것으로 간주된다. 지금까지 한정사에 대한 논의는 오직 관사만 포함해 왔는데, 이제 이 문법 범주의 개념을 확장시킬 필요가 있다. 아래와 같은 표현을 사용하여 소유격의 특성의 기술할 수 있다.

$$\text{det} \rightarrow \left\{ \begin{array}{l} \text{pro} \\ \text{NP + poss} \\ \text{art} \end{array} \right\}$$

$$\text{poss} \rightarrow \text{'s}$$

이 분석은 한정사가 대명사, 명사+소유격 표지, 또는 관사라는 것을 보여 준다. 명사 소유격의 근본적인 특성을 분석하기 위해 문장 39를 사용할 수 있다.

39. Fred's shirt had a hole in it.
    프레드의 셔츠에 구멍이 나 있었다.

대부분의 문법적 분석은 합당한 이유에서 소유 대명사에 거의 주의를 기울이지 않는다. 문제는 대명사에 있다. 소유격 her를 'she+poss'로 나타내는 것은 직관에 맞지 않아 보인다. 왜냐하면 her가 독립된 대명사가 아닌 다른 것으로 존재해야 할 아무런 이유가 없기 때문이다. 일반적으로 명사에 소유격 표지를 붙여서 소유격 명사를 만든다. 그러나 소유 대명사는 독립된 어휘 항목으로 존재하지 결코 만들어지지 않는다. 즉, 소유 대명사는 이미 어휘 목록에 존재한다. 처음에는 소유격 NP와 대명사가 한정사로 분류되는 것이 이상해 보일지도 모른다. 그러나 그것들은 그럼에도 불구하고 관사와 공통점이 있다. 예를 들어 a에 n을 더해서 an을 만들지 않는다. 즉, 두 형태는 독립적으로 존재한다. 이것은 소유 대명사도 마찬가지이다. 결국 대부분의 분석은 소유 대명사를 NP의 영역에서 제외시키고 그것을 한정사의 영역에 둔다.

8. 제한적 수식과 비제한적 수식

다음 문장들을 살펴보자.

40. The goon with a gun in his hand stood guard at the entrance.
    손에 총을 든 불량배가 입구에서 보초를 섰다.

41. The goon, with a gun in his hand, stood guard at the entrance.
    불량배가, 손에 총을 들고, 입구에서 보초를 섰다.

42. Buggsy's girlfriend Rita loved Porsches.
    벅시의 여자친구 리타는 포르쉐를 좋아했다.

43. Buggsy's girlfriend, Rita, loved Porsches.
    벅시의 여자친구, 즉 리타는, 포르쉐를 좋아했다.

이 문장들은 매우 유사하지만 동시에 상당히 다르다. 우선 수식어 with a gun in his hand(손에 총을 든)와 Rita(리타)가 각각 명사구 The goon(불량배)과 Buggsy's girlfriend(벅시의 여자친구)에 대한 정보를 제공하기 위해 형용사적으로 기능하고 있다는 것을 안다." 문장 40에서는 불량배들이 있고, 그들 중 한 명이 손에 총을 가지고 있다고 이해한다. 문장 41은 오직 한 명의 불량배가 있고, 그가 마침 손에 총을 가지고 있는 상황이 생긴 것이다. 문장 42와 43에도 비슷한 상황이 존재한다. 즉 문장 42에서는 벅시가 한 명 이상의 여자 친구가 있는데 리타라는 이름의 여자 친구가 포르쉐를 좋아한 다고 이해한다. 반면에 문장 43은 벅시가 한 명의 여자 친구가 있고, 그녀가 포르쉐를 좋아하고, 그녀의 이름이 리타인 것이다.

각각의 경우에서 문장의 차이를 만드는 것은 수식어의 특성이다. 문장 40과 42에서 각각의 전치사구 'with a gun in his hand'와 명사구 'Rita'에 는 구두점이 없는 반면에 41과 43에는 구두점이 있다. 게다가 문장 40의 전 치사구는 그를 다른 불량배들과 구별함으로써 그 불량배를 한정한다. 문장 42의 명사구 'Rita'에 대해서도 똑같이 말할 수 있다. 반면에 문장 41과 43 에서 수식어는 콤마로 나누어져 있고, 그것은 제한된 정보가 아니라 단지 부가적 정보를 제공한다. 두 가지 유형의 구조를 구분하기 위해서 '제한적 수식'과 '비제한적 수식'이라는 용어를 사용한다. 제한적 수식어는 한정된 정보를 제공하고 구두점을 찍지 않는데 비제한적 수식어는 비제한적 정보 를 제공하고 구두점을 찍는다.

교수 도움말

제한적 수식과 비제한적 수식은 쓰기 수업에서 매우 혼동되는 주제 중 하나이다. 예를 들어, 고등학생이 되면 대부분 학생들은 제한적 용법을 사용해야 할 때 비제한적 용법을 사용하고, 혹은 그 반대로 사용한다. 이것은 문학 작품의 제목과 관련하여 가장 흔히 볼 수 있는데, 학생들 은 흔히 다음과 같은 문장을 생성한다.

- ?Steinbeck's novel, The Grapes of Warth, was inspired by the wave of socialism that swept America in the 1930s.

---

11   또한 Rita는 NP를 재명명한다. 이러한 방식으로 기능하는 명사들을 종종 동격 명사구라 한다.

?스타인벡의 소설, 즉 『분노의 포도』는 1930년대 미국을 휩쓸었던 사회주의의 물결에서 영감을 받았다.

문제는 스타인벡이 하나가 아닌 여러 소설을 썼다는 것이다. 제목이 비제한적 수식어로서 구두점이 사용되었기 때문에, 그렇지 않았다면 그 또는 그녀가 믿었을 것을 필자가 전한다. 존 스타인벡에 대하여 무언가 알고 있는 독자를 위해 썼다면 이것은 좋은 위치가 아니다. 정확한 형태는 다음과 같다.

- Steinbeck's novel The Grapes of Warth was inspired by the wave of socialism that swept America in the 1930s.
  스타인벡의 소설 『분노의 포도』는 1930년대 미국을 휩쓸었던 사회주의의 물결에서 영감을 받았다.

대부분의 학생들은 '제한적'과 '비제한적'이라는 용어를 기억하는 데 어려움을 느낀다. 그래서 많은 경우 구두법의 역할에 초점을 맞추는 것이 보다 쉬울 수 있다. 수식어 주변에 구두점이 없을 때, 다시 말해, 그것이 제한적으로 기능할 때 그 수식어는 여러 개 중 하나를 정의하고 있다. 수식어 주변에 구두점이 있을 때, 즉 그것이 비제한적으로 기능할 때 그 수식어는 불분명하고 단지 부가적인 정보를 제공하고 오직 하나만 있다. 물론 이를 구분하기 위해서 어떤 상황에서는 일정량의 지식이 필요하다. 만약 학생이 스타인벡에 대해 어떤 것도 알지 못한다면, 올바른 구두법을 결정하는 것은 진짜 문제가 된다. 그러나 이 문제를 해결하는 것은 학습 기회를 제공한다.

9. 종속절

162~167쪽에서 종속절(SC)을 논의했고, 종속절이 항상 종속 접속사로 시작한다는 것을 알았다. 어떤 문장이 종속절[또는 다른 유형의 의존절(dependent clause)]을 포함할 때, 그것은 복합문(complex sentence)이라고 불린다. [대등 독립절과 적어도 하나의 의존절이 있는 문장을 합성-복합문(compound-complex sentence)이라고 부른다.][12] 더 일반적인 종속 접속사 중

---

12 본래 compound sentence는 '이어진문장'(엄밀히는 '대등하게 이어진 문장'), complex sentence는 '안은문장'에 해당한다. 이 번역서에서는 둘 다 '복합문'으로 번역하기로 한다. compound-complex sentence는 대등절과 안긴절이 모두 나타나는 복합문을 뜻한다. [역주]

몇몇은 이미 목록으로 보였는데, 편의상 여기에서 다시 나타낸다.

because	if	as
until	since	whereas
although	though	while
unless	so that	once
after	before	when
whenever	as if	even if
in order that	as soon as	even though

종속절은 부사류로 기능한다. 그러므로 종속절은 부사구 또는 전체 절을 수식한다. 후자의 경우에 그것은 문장 수준의 수식어이다. 이 차이는 수식어의 제한적 또는 비제한적 특성과 관련이 있다. 이 두 가지 가능성을 검토해 보자.

44. Fred drove to Las Vegas because he liked the desert air.
    프레드는 사막 공기를 좋아해서 라스베이거스로 드라이브를 갔다.

45. Macarena exercised until she was exhausted.
    마카레나는 기진맥진할 때까지 운동을 했다.

46. Although he was uncultivated, Buggsy liked opera.
    비록 그가 교양이 없긴 하지만, 벅시는 오페라를 좋아했다.

47. Fritz wore a sweater, even though the evening was warm.
    저녁이 따뜻했음에도 불구하고 프리츠는 스웨터를 입었다.

48. Raul, because he was young, showed the confidence of youth.
    라울은, 젊었기 때문에, 젊음에 대한 자신감을 보였다.

문장 44와 45에서, 종속절(SC)은 제한적 수식어이다. 이것은 종속절이 동사구에 필수적이거나 제한적인 정보를 제공한다는 것을 의미한다. 그러나 문장 46과 48에서는 종속절이 각각 처음, 끝, 중간 위치에 있는 비제한적 수식어이다. 비제한적 종속절은 문장 수준의 수식어이다. 그러나 만약 필자가 처음 위치의 수식어에 대한 길이 관습을 사용하고 있다면, 문장 처음 위치의 어떤 종속절은 구두점이 없을지도 모른다. 그럼에도 불구하고 그러한 처음 위치의 종속절은 비제한적으로 여겨진다. 부사류로서 종속절은 VP 또는 S를 수식해야 하기 때문에 비제한적이어야 한다. 처음 위치에서, 종속절은 오직 S를 수식할 수 있다.

어떤 동사에 대해서는 종속절이 보충어(complements)로 기능한다.

49. We wondered *whether the fish were fresh*.

우리는 물고기가 신선한지 궁금했다.

50. They could not decide *whether the trip was worth the cost*.

그들은 그 여행이 그만한 대가의 가치가 있는지 결정할 수 없었다.

이상적으로는 이 모든 구조를 기술하고 종속절이 동사구의 일부 또는 문장 수준의 수식어로서 부사류로 기능하는 것을 포착하는 구-구조 규칙을 세울 수 있을 것이다. 그러나 그 규칙에서 그러한 정보를 제공할 방법은 없다. 그래서 단지 구조를 기술하는 규칙에 만족해야 할지도 모른다. 따라서 오직 도해만이 종속절이 어떻게 기능하는지 보여 줄 수 있다. 규칙에 대한 여러 가지 가능성이 존재하지만, 가장 단순한 것은 대등 관계에 사용한 XP 규칙과 유사한 것으로 보인다. 만약 종속절을 S̄(bar-S라 읽음)라고 생각한다면, 규칙은 다음과 같을 것이다.

XP → XP S̄

S̄ → Sconj NP VP

첫 번째 표현은 어떤 구, 즉 XP가 S̄를 더한 구로 다시 쓰일 수 있다는 것을 말한다. 다음으로 S̄는 종속 접속사(Sconj), 명사구, 동사구로 다시 쓰일 수 있다. 다른 방식으로 진술하면 XP는 그것에 붙은 S̄를 가질 수 있다. 대등 규칙에서처럼 XP는 절 또는 구를 나타낼 수 있다. S̄가 S또는 VP에 붙는 규칙 이외의 것은 제약(constraint)으로 설명해야 한다. 문법이 주로 현재 사용되는 문장을 기술하는 것에 관심이 있기 때문에 이렇게 할 수 있다. 만약 구조주의자가 문법에 생성적 요소를 부여했었더라면, 즉 사람들이 종속절로 문장을 생성하는 방식에 더 관심이 있다면 그것은 위치의 문제를 설명하는 표현을 발전시키려고 시도했을지도 모른다. 이러한 관심이 없다면 이 쟁점은 고려할 가치가 없다. 왜냐하면 위치는 기술되는 발화에 주어진 것이기 때문이다.

우리는 당연히 매우 일반화할 수 있는 규칙을 원한다. 그래서 이 장에서 간단히 다른 유형의 종속절을 포함하는 S̄의 정의를 확대시켰고, 이것은 S̄가 다양한 유형의 구에 붙는다는 것을 의미한다.

다음의 두 가지 수형도는 종속절 수식의 특성에 대한 이해를 용이하게 한다. 문장 45와 46에 대한 이 수형도를 살펴보자.

문장 45: Macarena exercised until she was exhausted.

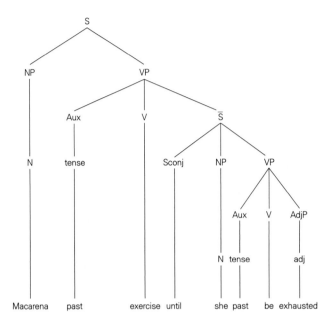

문장 46: Although he was uncultivated, Buggsy liked opera.

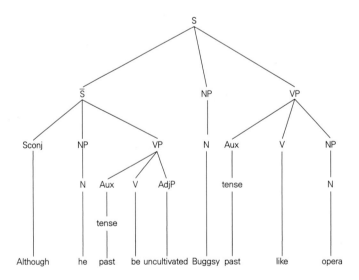

10. 보문절

앞서 종속절과 연결 동사에 관한 비표준 영어에서의 공통적인 문제점을 보았다.

- *The reason is because it's important.

종속절은 연결 동사 뒤에 올 수 없다. 즉 명사 구성, 형용사 구성, 전치사구만이 연결 동사 뒤에 올 수 있다. 그러므로 이러한 예문에 대해 표준 영어는 다음을 요구한다.

- The reason is *that it's important.*
  그것이 중요하다는 것이 그 이유이다.

앞서 이 구성을 논의했을 때, 문장의 이탤릭체로 된 부분에 대한 분석은 없었다. 지금 그것에 더욱 가까워 보이는 문법적 도구와 어휘를 가지고 있다. 그 구성은 '보문절'로 알려진 '복합 명사 구성'이다.

보문절은 꽤 다재다능하다. 그들은 주어, 목적어, 명사 보어, (앞에서 살펴보았듯이) 동사 보어, 그리고 형용사 보어로 기능할 수 있다. 다음 문장들은 이 가능성들을 설명한다.

51. *That Macarena liked Buggsy* surprised everyone. (주어)
    마카레나가 벅시를 좋아했다는 사실이 모두를 놀라게 했다.
52. Raul knew *that he should get* a job. (목적어)
    라울은 그가 직장을 얻을 것이라는 사실을 알고 있었다.

53. Mrs. DiMarco scoffed at the idea *that she should remarry.*

(명사구 보어)

디마르코 부인은 그녀가 재혼할 것이라는 생각을 웃어넘겼다.

54. The problem was *that Buggsy's wife could be mean.*

(동사구 보어)

문제는 벅시의 부인이 심술궂을지도 모른다는 것이었다.

55. Macarena was sad *that she had missed the concert.*

(형용사구 보어)

마카레나는 음악회를 놓쳐서 슬펐다.

56. Raul knew nothing except *that he loved Maria.*

(전치사의 목적어)

라울은 그가 마리아를 사랑한다는 것 말고는 아무것도 모른다.

보문절은 항상 주어와 서술어를 가지며, 보문화 접속사(comp) that으로 시작한다. 그러나 목적어로 기능하는 보문절의 경우에 보문화소의 삭제에 대한 선택권을 가지고, 그 결과 52a와 같은 문장이 나타난다.

52a. Raul knew *he should get a job.*

라울은 그가 직장을 얻을 것이라는 사실을 알고 있었다.

(52a와 같은 문장이 수형도로 분석될 때, 영[∅]부호가 보문화소의 위치를 차지한다.)

다시 관련된 구-구조 규칙을 조정함으로써 이 구성을 기술할 수 있다. § 규칙에 보문화소를 더하는 것이 필요하다.

$$\bar{S} \rightarrow \left\{ \begin{array}{c} \text{Sconj} \\ \text{comp} \end{array} \right\} \text{NP VP}$$

$$\text{comp} \rightarrow \left\{ \begin{array}{c} \text{that} \\ \emptyset \end{array} \right\}$$

다음 수형도는 51, 52, 52a로 표현되는 종류의 문장을 분석하는 방법을 나타낸다.

문장 51: *That Macarena liked Buggsy* surprised everyone. (주어)

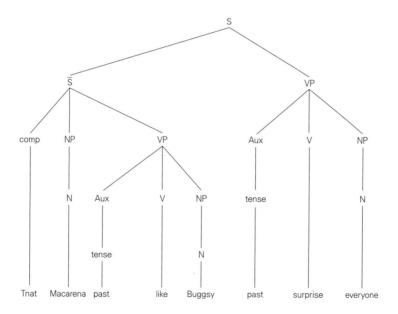

문장 52: Raul knew *that he should get* a job. (목적어)

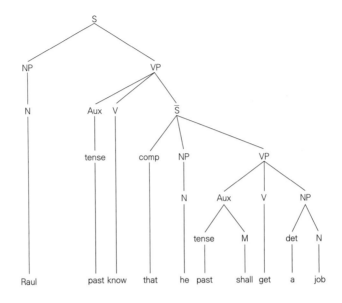

문장 52a: Raul knew *he should get a job.*

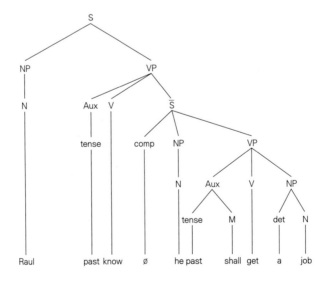

■ 지시 사항: 아래 문장들을 분석하면서 이전에 배운 개념들을 잘 이해하고 있는지 점검해 보자. 여러분들은 문법적 관계를 보여 주기 위해 수형도를 그릴 수 있다

---

1. Buggsy's goons had come from New Jersey.
   벅시의 패거리들이 뉴저지에서 왔다.

2. Fritz realized that he could have forgotten the meeting.
   프리츠는 그가 회의를 잊었을 수 있다는 것을 깨달았다.

3. Macarena liked Fritz, even though she hated his apartment.
   비록 그녀가 그의 아파트를 싫어할지라도, 마카레나는 프리츠를 좋아했다.

4. That Buggsy flirted with Macarena and Rita de Luna shocked the host of the party.
   벅시가 마카레나와 리타한테 집적거린 것은 파티 주관자를 화나게 했다.

5. Buggsy's goons got nice tans after they arrived in L. A. from the East Coast.
   벅시의 패거리들은 동부 해안에서 LA로 온 이후에 피부가 보기 좋게 탔다.

6. Macarena sometimes wondered whether she should settle down.
   마카레나는 때때로 그녀가 정착할 수 있을지 궁금했다.

7. When she thought of her childhood in cold Chicago, Mrs. DiMarco was happy that she lived in L. A.
   추운 시카고에서의 어린 시절을 생각하고는 디마르코 부인은 그녀가 LA에 산다는 것에 행복해했다.

8. Mrs. DiMarco's nephew had lost his way after his parents died.
   디마르코 부인의 조카는 그의 부모님이 돌아가신 이후에 길을 잃었다.

9. She knew that he ran with a dangerous crowd but was unsure that she could help him.
   그가 위험한 무리와 함께하고 있다는 것을 알았지만 그녀는 그를 도울 자신이 없었다.

10. Although Fritz had had little success with women, he thought that he was a ladykiller.

비록 여자들과의 교제에 거의 성공한 적이 없었지만, 프리츠는 자기가 여자들에게 인기 있는 사람이라고 생각했다.

11. The fact that he was obnoxious troubled everyone.
그가 아주 불쾌해했다는 사실이 모두를 힘들게 했다.

12. He believed that he had bad luck.
그는 운이 나빴었다고 믿었다.

13. Macarena's friends disliked Fritz immensely, and because they were her friends, they suggested that she find a better beau.
마카레나의 친구들은 프리츠를 굉장히 싫어했다. 그들은 친구였기 때문에 그녀가 더 나은 연인을 찾길 제안했다.

14. Fred was more kind, but he brooded and often was downcast because he felt unappreciated.
프레드는 더욱 친절했지만 그가 인정받지 못했다고 느꼈기 때문에 종종 풀이 죽고 화나는 일을 되씹어 생각했다.

11. 관계절

여러 면에서 관계절(RC)은 영어에서 더욱 흥미로운 구조 중의 하나인데, 그것이 어떻게 수식어로 작용하는가 하는 부분 때문이다. 관계절은 명사구에 정보를 제공하고, 문장 수준의 수식어로 기능할 수 있다. 관계절이 그렇게 기능할 때, 그들은 통사적 요소, 즉 흥미로운 배열이라기보다는 독립절의 의미를 수식한다. 관계절을 흥미롭게 만드는 또 다른 요소는 관계 대명사(RP)이다. 다른 종속절, 즉 종속절과 보문절이 연결어(각각 종속 접속사와 보문화소)를 통해 주절에 어떻게 연결되는지 보았다. 관계절은 관계 대명사를 통해 주절에 연결되지만, 관계 대명사는 연결어 그 이상이다. 관계 대명사는 한 문장에서 중복되는 명사구를 대체한다는 점에서 보통의 대명사와 같다. 게다가 관계 대명사는 관계절의 주어 또는 목적어로 기능한다. 그러므로 관계 대명사는 한 문장에서 세 개의 통사적 기능을 수행할 수 있는 반면에 종속 접속사와 보문화소는 오로지 하나만 수행할 수 있다.

일반적인 관계 대명사는 다음과 같다.

who	whom	that
which	whose	where
when	why	

관계절은 그것을 주절에 연결시켜야 하기 때문에 항상 관계 대명사로 시작해야 한다. 다음 예문에서 연결 기능을 볼 수 있다.

57. Buggsy bought the house *that* had belonged to Liberace.
  벅시는 리베라체 소유였던 집을 샀다.

58. The boy *who* drove the van played the blues.
  그 승합차를 운전했던 소년이 블루스를 연주했다.

59. The book *that* Fritz borrowed lacked an index.
  프리츠가 빌린 책은 색인이 없었다.

두 개(또는 그 이상)의 절이 하나의 문장으로 연결되는 과정을 겪은 종속절이 포함된 문장을 이해하는 것은 항상 중요하다. 관계절의 경우에 관계 대명사는 두 개의 절에서 중복되는 명사구를 대체한다. 예를 들어, 문장 57~59는 다음의 절들로 구성된다.

57a. Buggsy bought *the house*. *The house* had belonged to Liberace.

　　벅시는 집을 샀다. 그 집은 리베라체 소유였다.

58a. *The boy* played the blues. *The boy* drove the van.

　　그 소년이 블루스를 연주했다. 그 소년은 승합차를 운전했다.

59a. *The book* lacked an index. Fritz borrowed *the book*.

　　책은 색인이 없었다. 프리츠는 그 책을 빌렸다.

　　관계 대명사를 사용하지 않고 이 절들을 결합하려 한다면, 그 결과는 비문법적이 될 것이다.

57b. *Buggsy bought the house the house had belonged to Liberace.

58b. *The boy played the blues the boy drove the van.

59b. *The book lacked an index Fritz borrowed the book.

1) 관계 대명사 이동

관계 대명사가 문장 안에서 하는 다양한 기능은 많은 학생들에게 어느 정도의 혼란을 일으킨다. 특히 문제가 되는 것은 59와 같은 문장인데, 거기에서 관계 대명사는 목적어 명사구를 대체한다. 문장 59a는 분명히 The book이두 번째 절(Fritz borrowed the book)에서 목적어 명사구로 기능하는 것을 보여 준다. 목적어가 명사 뒤에 온다는 사실로부터 혼동이 일어난다. 학생들은 직관적으로 이것을 알고 있다. 그것은 영어 어순의 기본 특성을 나타낸다.

　　그러나 관계 대명사는 독립절에 관계절(RC)을 연결해야 한다. 결과적으로 the book을 관계 대명사로 바꿀 때, 그 대명사는 동사 뒤의 위치에서 주어 앞이라는 새로운 위치로 이동해야 하고 그렇게 함으로써 SVO의 표준 어순을 어기게 된다. 이러한 위반은 많은 영어 원어민 화자가 문장 59에서 단어 that이 목적어라는 사실을 인지하기 어렵게 만든다. 이 문제는 관계 대명사 who와 whom에 관하여 가장 두드러진다. 주어를 관계화시킬 때 who를 사용하는 반면에 목적어를 관계화시킬 때 whom을 사용한다. 그것은 다른 경우이다. 거의 모든 영어 원어민 화자가, 심지어 일반적으로 다른 대명사에서는 올바른 격을 사용하는 데에 거의 어려움을 겪지 않는 사람들조차, 올바른 형태를 사용하는 것에 어려움을 겪는다.

교수 도움말

주격 관계 대명사와 목적격 관계 대명사의 차이에 대해 학생이 이해하도록 돕는 효율적인 방법은 문장 57~59에서 볼 수 있듯이, 문장을 가져와서 두 개의 분리된 절로 나누어 보는 것이다. 관계화된 목적어 NP가 있는 문장에 대해 단계적으로 관계화의 과정을 밟아 나아가라. 학생이 해당 절에서 목적어 NP를 파악해서, 그 NP를 관계 대명사로 바꾸게 한 후, 두 절을 결합하는 연결 요소가 필요하다는 것을 강조하라. 몇 번의 연습 후에, 읽기 과제 활동으로 이동하라. 학생들이 팀을 이루어 그들의 읽기에서 관계절을 찾도록 하고 칠판에 그 구조를 설명하도록 하라. 진정한 숙련도 검사는 학생들이 그들의 쓰기에서 관계절을 어떻게 사용할 수 있는지에 달려 있으므로, 학생들에게 그들의 쓰기 과제 중 하나에서 관계절을 확인하게 하라.

■ 용법 노트

who와 whom의 차이는 격과 관련이 있고, 이에 대해 119~124쪽에서 검토했다. Who는 항상 관계절의 주어로 기능하고 주격인 반면, Whom은 항상 관계절의 동사 또는 전치사의 목적어로 기능하고 목적격이다. 다음 문장을 살펴보자.

- The man *who owned the BMW* worked at a bank.

BMW를 소유한 그 남자는 은행에서 일했다.

- The man *whom I knew* worked at a bank.

내가 아는 그 남자는 은행에서 일했다.

이 관계절들의 구조는 상당히 차이가 있다. 첫 번째 경우에 who는 owned의 주어로 기능하고 두 번째 경우에는 I가 knew의 주어로 기능한다. 비록 그것이 절의 처음 위치에 나타난다고 할지라도 whom은 knew의 목적어이다. 특히 말을 할 때 대부분의 사람들은 이 차이에 크게 주의를 기울이지 않는다. 즉, 그들은 그것이 내면화되도록 공식적인 표준 용법에 충분히 노출되지 않았었다. 그래서 who/whom을 구별하여 쓰는 것은 문법적 지식에 대한 의식적인 적용을 요구한다. 심지어 이 지식을 가진 사람들도 자주 그것을 적용하는 것에 실패한다. 왜냐하면 대화의 흐름이 적용을 방해하거나 whom의 사용이 그들을 엘리트주의자처럼 들리게 할 것을 두려워하기 때문이다.

관계 대명사가 목적어일 때, 그것은 문장에서 생략 가능하고(The man I knew worked at a bank.), 그렇게 하는 것이 조금 도움이 되기도 한다. 사람들은 이런 생략을 매우 자연스럽게 하고 있고, 그래서 그들은 새롭게 배워야 할 필요가 없다. 아마도 더 문제가 되는 것은 "Ask not for whom the bell tolls…(누구를 위하여 종이 울리는지 묻지 마라)"에서와 같이 관계 대명사가 전치사의 목적어로 기능하는 경우이다. 몇몇 화자는 그러한 구성(for who the bell tolls)에서 주격을 사용할 것이다. 그러나 다른 많은 사람들은 쉽게 이러한 구성의 사용을 완전히 피한다.

가장 일반적인 회피 방법은 대명사 that을 사용하는 것이다. 사실 이 방법은 매우 흔해서 많은 사람들은 지금 이 단어들이 호환 가능하다고 믿는다.

- ?The boy *that* found the wallet turned it in at the police station.
- The boy *who* found the wallet turned it in at the police station.

  지갑을 발견한 소년이 그것을 경찰서에 가져다 놨다.

공식적인 표준 영어에서 이 관계 대명사들은 호환이 가능하지 않다. 공식적인 표준 용법에서 who는 사람에 대해서 사용되고, that은 그 외의 모든 것에 대해서 사용된다고 규정한다. 심지어 비표준 화자들조차 아래와 같은 문장에서 이 대명사들을 호환하여 사용하지 않는다는 사실이 증명하듯이 이 관습은 어떤 일관성에 따라 사용되었다.

- The lamp *that* is on the table cost $300.

  그 탁자 위에 있는 램프는 300달러이다.

- ?The lamp *who* is on the table cost $300.

이 흥미로운 예는 왜 영어가 그렇게 비슷한 두 개의 관계 대명사를 가지고 있는지에 대한 의문을 갖게 한다. 두 단어는 모두 고대 영어(Old English) 어근을 가지고 있어서, 다른 언어로부터 단어를 잘 받아들이는 영어의 능력 때문이라고 말할 수도 없다. 아마 이 대명사들은 영어가 뭔가를 구별하는 데에 관심을 가졌던 시대를 반영한다. 스페인어가 "La muchacha es linda(The girl is pretty, 그 소녀는 예쁘다)" 대(對) "El muchacho es lindo(The boy is cute, 그 소년은 귀엽다)"에서처럼 성을 확인하는 것에 관심을 가졌던 방식과 같다. 어쨌든 모든 상황에서 사용하기 위해 하나의 형태 that으로 바뀌는 것을 목격하고 있는 것 같다. 만약 이러한 변환이 계속된다면 who와 whom 둘 다 결국 현대 영어에서 사라지게 될 것이다. 그동안에 학생들은 많은 사람들이 여전히 that과 who/whom을 구별하고 있다는 것을 인지할 필요가 있다. 그리고 학생들은 그들 스스로 발견한 상황에 따라 그들의 언어를 조정할 준비가 되어야 한다.

2) 관계절과 수식 유형

어떤 다른 수식어들처럼 관계절은 제한적 또는 비제한적으로 기능할 수 있다. 제한적 관계절은 한정되거나 필수적인 정보를 제공하고, 그래서 그것은 구두점으로 시작하지 않는다. 반면에 비제한적 관계절은 추가적이거나 비본질적인 정보를 제공하므로 구두점으로 시작한다. 우리가 이제까지 검토한 비제한적 종속절은 부사류였고, 항상 문장 수준의 수식어였다. 비제한적 관계절은 때로는 문장 수준의 수식어이고 때로는 아니기 때문에 이 점에서 차이가 있다. 다음을 살펴보자.

60. The book, *which was a first edition*, had a gold-inlaid cover.
    그 책은, 초판이었는데, 금이 박힌 덮개가 있었다.
61. Fred vacationed in Mexico, *which disturbed his parents.*
    프레드는 멕시코에서 휴가를 보냈는데, 그것이 그의 부모님을 불안하게 만들었다.

문장 60에서 관계절은 비제한적임에도 불구하고 분명히 명사구 The book을 수식한다. 그러나 문장 61에는 단일 머리어가 없고 대신 관계절이 독립절의 의미를 수식하고 있다. 그 의미는 "the fact that Fred vacationed in Mexico(프레드가 멕시코에서 휴가를 보낸 사실)"로 기술될 수 있다. 전체 절이 수식을 받고 있기 때문에 문장 61에서 관계절을 문장 수준의 수식어로 간주해야 한다. 우리는 다음과 같은 점에 주의해야 한다. 문장 수준의 수식어로 기능하는 관계절은 항상 관계 대명사 which(in which는 흔한 예외이다)로 시작한다. 그러나 관계 대명사 which로 시작하는 모든 관계절이 문장 수준의 수식어는 아니다.

다음은 두 유형의 비제한적 수식어 사이의 차이를 보여주는 추가적인 예이다.

62. Fritz enjoyed talking about his feeling, *which drove Macarena crazy*. (문장 수식어)

프리츠는 그의 기분에 대해 말하는 것을 즐겼는데, 그것이 마카레나를 미치게 만들었다.

63. The Malibu house, *which Buggsy used simply for relaxation*, was damaged in the mud slide. (명사구 수식어)

그 말리부 집은 벅시가 단지 기분전환에 사용했는데, 산사태에 피해를 입었다.

64. Buggsy took up golf, *which troubled his wife*. (문장 수식어)

벅시가 골프를 시작했는데, 그것이 그의 부인을 괴롭혔다.

65. Mrs. DiMarco's properties, *which were extensive*, provided her with a very comfortable living. (명사구 수식어)

디마르코 부인의 건물들은 아주 넓었고, 그녀에게 매우 편안한 생활을 제공했다.

66. China Club always had an attractive crowd, *which appealed to Fritz*. (문장 수식어)

차이나 클럽은 항상 매력적인 사람들이 많았고, 그것이 프리츠의 마음을 끌었다.

앞에서 보문절이 목적어로 기능할 때를 살펴보았는데, "She knew

that Fred was tired/She knew Fred was tired(그녀는 프레드가 지쳤다는 것을 알았다)"에서와 같이 영어는 보문화소의 삭제를 허용한다. 또한 영어는 다음 문장들이 보여 주듯이 같은 조건에서 관계 대명사의 삭제를 허용한다.

67. The dress that Macarena wanted was expensive.
   마카레나가 원했던 그 옷은 비쌌다.
67a. The dress Macarena wanted was expensive.
   마카레나가 원했던 그 옷은 비쌌다.

관계절의 문법은 구-구조 규칙에 약간의 조정을 요구한다. 어떤 관계절이 주어로서의 관계 대명사를 가진다는 것을 기술하기 위해 NP 선택항을 만들어야 한다. 물론 RP는 관계 대명사를 나타낸다.

$$\bar{S} \rightarrow \begin{Bmatrix} \text{Sconj} \\ \text{comp} \\ \text{RP} \end{Bmatrix} \text{(NP) VP}$$

이 문장들 중 몇 개의 도해는 관계절 문장의 구조를 보여 줄 것이다. 비제한적 수식어에 대한 도해는 문장 수준 수식어와 명사구 수식어(NP) 간의 차이를 보여 주기 때문에 특히 흥미롭다.

문장 57: Buggsy bought the house *that* had belonged to Liberace.

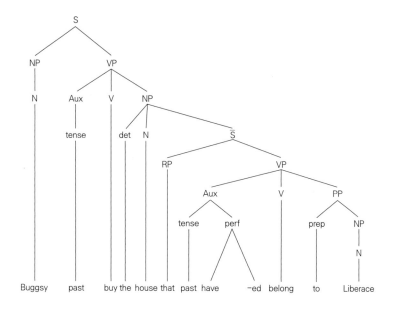

문장 59: The book *that* Fritz borrowed lacked an index.

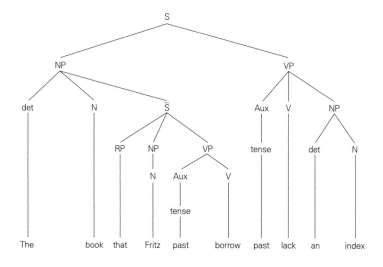

문장 60 : The book, *which was a first edition*, had a gold-inlaid cover.

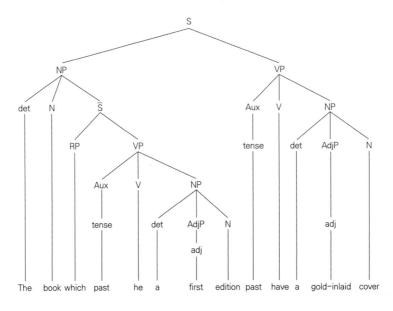

문장 61 : Fred vacationed in Mexico, *which disturbed his parents*.

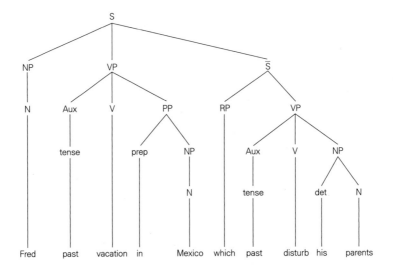

대부분의 사람들은 관계 대명사 that과 which를 동일한 것으로 다룬다. 사실 많은 교사들이 이 단어들에 대해 묻는 학생들에게 그것들이 호환 가능하고 다양한 글쓰기에서 대안적으로 사용될 수 있다고 말한 것으로 알려져 있다. 그러나 공식적인 표준 용법은 매우 분명한 선에서 그것들을 구분한다. 즉 that은 오직 제한적 관계절을 시작할 때 사용하고, which는 일반적으로 비제한적 관계절을 시작할 때 사용한다. '일반적으로'라는 단어는 여러 유형의 관계절이 있기 때문에 중요하다. 그리고 어떤 것은 그것이 제한적임에도 불구하고 "The deposition in which the answer appeared had been sealed by the court(그 답이 언급된 증언 녹취록이 법원에 의해서 봉인되었다)"에서와 같이 관계 대명사 which가 연결된다. 이 구성은 다음 부분에서 더 자세히 검토된다.

3) 관계절과 전치사구

관계절의 또 다른 흥미로운 특성은 그것이 종종 전치사구에 연결된다는 것이다. 그렇게 될 때, 전치사구에 있는 명사구는 관계 대명사이다. 다음 예문을 보자.

68. The triangle *in which they were embroiled* defied logic.
    그들이 논쟁에 휘말리게 된 그 삼각형은 논리로 설명이 불가능했다.
69. We knew several people *for whom banishment was too kind*.
    우리는 추방이 너무 가벼운 형벌인 몇몇 사람들을 알았다.

만약 관계화되기 전의 종속절을 살펴본다면 이 구성을 이해하기가 더 쉬울지 모른다.

68a. The triangle defied logic. They were embroiled in the triangle.

　　그 삼각형은 논리로 설명이 불가능했다. 그들은 그 삼각형에 대한 논쟁에 휘말렸다.

69a. We knew several people. Banishment was too kind for several people.

　　우리는 몇몇 사람을 알았다. 추방은 몇몇 사람들에게 너무 가벼운 형벌이었다.

　　앞에서 전치사로 문장을 끝내는 것에 대한 일반적인 학교의 지침을 살펴보았다.(그리고 폐기했다.) 최소한 한 문장이 전치사로 끝날 때 무엇이 연결되어 있는지 생각해 볼 수 있는 기회가 되었다. 문장 70과 70a를 보라.

70. Macarena hated the clothes *which Fred arrived in.*

　　마카레나는 프레드가 입고 온 옷들을 싫어했다.

70a. Macarena hated the clothes. Fred arrived in the clothes.

　　마카레나는 그 옷들을 싫어했다. 프레드가 그 옷들을 입고 왔다.

　　문장 70은 NP에서 전치사구가 관계 대명사와 연결되어 있다는 점에서 문장 68과 매우 유사하지만, 전치사구가 쪼개져 있다는 점에서 다르다. 즉, 관계 대명사가 관계절의 시작 부분에 있지만 여전히 전치사가 동사를 뒤따른다. 영어는 이러한 종류의 구성을 허용한다.

　　70a를 살펴보면 관계절에 대해서 중요한 패턴을 알 수 있다. "Fred arrived in the clothes"와 같은 절을 가질 때, 관계화된 NP는 동사 또는 전치

사의 목적어에 위치하게 되고 관계 대명사를 절의 앞부분으로 이동시킨다. 주어 NP를 관계화시킬 때는 이렇게 하지 않는데, 그것은 이미 절의 앞부분에 있기 때문이다. 문장 70처럼 관계화된 NP가 전치사의 목적어일 때, 전체 PP를 절의 앞부분으로 이동시키거나 또는 관계 대명사만 이동시키는 선택항을 가지게 된다. 두 번째 선택항은 문장 70과 같이 전치사가 문장 끝에 오는 결과를 낳는다. 이 분석을 통해 전치사구로 문장을 끝내지 말라는 경고가 왜 잘못되었는지에 대해 문법적인 이유를 알 수 있다.

구-구조 규칙에 대한 몇 가지 조정은 전치사구의 일부인 관계절을 가진 문장을 설명할 수 있게 해 준다.

$$\bar{S} \rightarrow \begin{Bmatrix} \text{Sconj} \\ \text{comp} \\ \text{RP} \\ \text{PP} \end{Bmatrix} (\text{NP}) \; \text{VP}$$

$$\text{PP} \rightarrow \text{prep} \begin{Bmatrix} \text{NP} \\ \text{RP} \\ \varnothing \end{Bmatrix}$$

이 규칙들은 전치사의 목적어가 관계 대명사일 때 전치사구가 있는 관계절을 기술할 수 있게 한다. 또한 그 규칙들이 관계절의 영역을 벗어난 관계 대명사 목적어를 가진 전치사구가 비문법적일 것이라는 점을 나타낸다는 사실에 주의해야 한다. 영(∅) 표지는 이동한 관계 대명사의 자리를 채운다. 몇몇 다른 경우에서처럼, 여기에는 규칙 안에 쓸 수 없었던 특징이 있다. 그리고 그것을 표현 이외의 것으로 생각해야 한다. 즉 관계절의 RP가 주어로 기능하고 있을 때에만 선택적 NP가 발생하고, 만약 그렇지 않으면 NP는 필수적이다.

다음 도해가 전치사구에서 관계 대명사의 역할을 설명한다.

문장 68: The triangle *in which they were embroiled* defied logic.

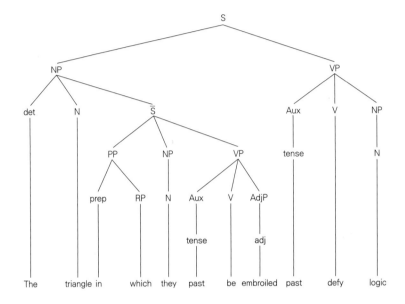

12. 부정문

"yes"라고 말해야 할 때조차도 영어에서 "no"를 말하는 수많은 방식이 있음에도 불구하고, 문법적으로 우리는 no, not, never를 사용하여 부정문을 만든다. 엄밀히 말해서 이 단어들은 부사류이지만, 다음의 구-구조 규칙에서 보여 주는 것처럼 구-구조 문법에서는 그것들을 조동사에서 부정 표지로서 분석한다.

$$\text{Aux} \rightarrow \text{tense(neg) (DO) (M) (prog) (perf)}$$

$$\text{neg} \rightarrow \left\{ \begin{array}{l} \text{no} \\ \text{not} \\ \text{never} \end{array} \right\}$$

부정문의 흥미로운 특징은 단순 행위 문장의 동사구에서 그것이 'do 보충법'을 유발한다는 것이다. 다음 예문들을 보라.

71. Fred kissed Macarena.

　　 프레드가 마카레나에게 키스했다.

71a. Fred *did not* kiss Macarena.

　　 프레드가 마카레나에게 키스하지 않았다.

다음 문장에서 알 수 있듯이, 이상하게도 부정은 동사의 진행형이나 완료형에서 이러한 효과를 가지지 않는다.

72. Buggsy is inviting Micheal Star to his next party.

　　 벅시가 다음 파티에 마이클 스타를 초대한 상태이다.

72a. Buggsy is not inviting Micheal Star to his next party.

　　 벅시가 다음 파티에 마이클 스타를 초대하고 있지 않은 상태이다.

73. Buggsy had left the waiter a huge tip.

　　 벅시가 웨이터에게 엄청난 팁을 남겼다.

73a. Buggsy had not left the waiter a huge tip.

　　 벅시가 웨이터에게 엄청난 팁을 남기지 않았다.

• 지시 사항: 다음의 문장을 분석하여 그들의 구성 요소를 밝혀 보자.

1. The movie that Universal made on the USC campus disrupted classes.
   유니버셜이 USC캠퍼스에서 만든 영화가 수업을 방해했다.

2. Raul played the part of a man who won the lottery.
   라울이 복권에 당첨된 남자 역을 맡아 연기했다.

3. He liked the work, which thrilled his aunt.
   그는 그 일을 좋아했는데, 그것이 그의 고모를 흥분시켰다.

4. Raul did not want the part.
   라울은 그 역을 원하지 않았다.

5. Raul did not complain.
   라울은 불평하지 않았다.

6. The actress who played his wife had amazing red hair.
   그의 부인을 연기한 여배우는 놀라운 빨간 머리를 하고 있었다.

7. The director whom Raul had met at a beach party gave him some acting lessons before filming.
   라울이 바닷가 파티에서 만난 그 감독이 그에게 촬영 전에 약간의 연기 지도를 해 주었다.

8. Fritz, who knew Raul slightly, was jealous when he heard about film.
   프리츠는 라울을 조금 알고 있었는데, 그가 영화에 대해서 들었을 때 시기했다.

9. Fritz was not happy with career in banking because it lacked glamour.
   프리츠는 그것이 매력이 없었기 때문에 은행원 일이 행복하지 않았다.

10. He knew that Mrs. DiMarco had pawned the bracelet that he had given her for the rent.
    그는 디마르코 부인이 그가 그녀에게 빌려준 팔찌를 저당 잡힌 사실을 알았다.

11. The bracelet, which had been a gift for Macarena, looked like an heirloom.

그 팔찌는 마카레나를 위한 선물이었는데, 가보처럼 보였다.

12. Fritz thought that he could ask Buggsy for a loan that would buy back the bracelet, but he was afraid of a goons, who always looked mean.

프리츠는 그 팔찌를 되 사울 돈을 벅시에게 빌려 달라고 할까 생각했지만, 그는 패거리가 두려웠고, 그 패거리는 늘 비열해 보였다.

13. Meanwhile, Fred had decided that Macarena, whom he loved, was the woman for him.

한편, 프레드는 그가 사랑했던 마카레나가 그를 위한 여자였다고 굳게 마음먹었다.

14. He did not have much money, but he went to Beverly Center for an engagement ring.

그는 돈이 많지 않았지만, 약혼반지를 위해 비벌리 센터에 갔다.

15. He knew a jeweler there who would give him a good price.

그는 거기에서 그에게 좋은 가격에 줄 보석상을 알았다.

16. The ring that Fred wanted was very expensive, which did not surprise him.

프레드가 원한 반지는 매우 비쌌는데, 그것은 그에게 놀랍지 않았다.

17. Reluctantly, he turned his attention to a smaller ring that had been marked down.

마지못해, 그는 가격이 낮은 더 작은 반지로 관심을 돌렸다.

18. The jeweler Fred knew was not working that day, which was a disappointment.

프레드가 아는 보석상은 그날 일하지 않았고, 그것은 실망스러웠다.

19. A young woman who had eyes as blue as Pacific helped him at the counter.

눈이 태평양만큼 푸른 젊은 여자가 계산대에서 그를 도와주었다.

20. She told him that some girl was really lucky, which made Fred blush.

그녀가 그에게 어떤 여자인지 매우 운이 좋다고 말했는데, 그것이 프레드 얼굴을 빨갛게 만들었다.

21. Suddenly, he wondered whether he should ask Macarena about marriage before buying the ring.

갑자기, 그는 그가 반지를 사기 전에 마카레나에게 결혼에 대해 물었어야 했는지 궁금했다.

22. The young woman, whose name was Maria, told him that most women do not like surprise of this kind.

    그 젊은 여자는, 이름이 마리아였는데, 대부분의 여자들은 이런 종류의 놀랄 일을 좋아하지 않는다고 말했다.

23. At the moment, Raul, who had a date with Maria, walked into the store, which interrupted the moment.

    그때 라울은 마리아와 데이트가 있었는데, 그 가게로 걸어 들어와 그 순간을 방해했다.

24. Maria remembered the day when she met Raul.

    마리아는 라울을 만났던 그날을 회상했다.

25. Fred could not think of a reason why he had not talked to Macarena about his dream.

    프레드는 그가 마카레나에게 그의 꿈에 대해 말하지 않았던 이유를 생각할 수 없었다.

13. 동사의 부정형

지금까지 연구해 온 모든 동사 구성은 시제가 있는, 또는 소위 정형(定形)의 동사이다. 그러나 더 흥미로운 몇몇 문법적 구성은 시제가 없는 또는 부정형(不定形)의 동사와 관련이 있다. 시제가 없는 동사 형태의 두 가지 주요 유형이 있는데, 그것은 부정사와 원형 부정사(inf)이다. 부정사는 'to+동사'인 반면에 원형 부정사는 단어 to가 없다. 이 구성은 지금까지 본 어떤 것과도 상당히 다르고, 그것을 분석하는 것은 다른 부분에서 필요로 했던 것보다 훨씬 높은 추상적 개념의 수준을 요구한다. 부정 동사 구성이 앞에서 살펴본 어떤 절과도 유사점이 없지만 그 성격을 밝히는 것은 이 책의 범위를 넘어서는 것이므로, 부정 동사 구성은 절이 되는 것으로 간주할 것이다.

　다음 예문에서 나타나는 것처럼, 동사의 부정형은 주어, 명사구 보어, 서술 보어, 부사류 수식어로 기능한다.

74. *For him to invite Rod Harris* is crazy. (주어)

   그가 로드 해리스를 초대하는 것은 미친 짓이다.

75. Mrs. DiMarco had a job *for him to do*. (명사구 보어)

   디마르코 부인은 그가 할 수 있는 일을 갖고 있었다.

   단어 for는 일반적으로 전치사이겠지만, 74와 75에서는 보문화소로 기능하고 있다.

76. Macarena wanted *to hold the baby*. (서술 보어)

   마카레나는 아기를 껴안고 싶었다.

   동사의 원형 부정형은 예문 77에서 설명되는데, 서술 보어로 기능하고 있다.

77. Raul's mother made him *eat his vegetables*. (서술 보어)

   라울의 어머니는 그에게 야채를 먹게 했다.

   문장 78과 79에서처럼 부사류 수식어로서 동사의 부정형은 문장 수준 수식어이다.

78. *To appear calm*, Fred smiled. (부사류)

   차분하게 보이려고 프레드는 미소지었다.

79. Macarena, *to stay awake*, made a pot of coffee. (부사류)

   마카레나는 깨어 있기 위해서 커피 한 주전자를 만들었다.

또한 동사의 부정형이 부정 표지를 가지고 나타나는 예도 있다.

80. Macarena answered slowly, *not to be coy but to be clear.*
마카레나는 천천히 대답했다, 수줍어하지 않고 분명하게.

이러한 구조들을 기술하려면 구-구조 규칙에 상당한 조정이 필요하다. 즉 S에 대한 규칙을 바꿔야 하고, 새로운 VP 규칙을 써야 하고, 조동사와 보문화 접속사에 대한 규칙도 바꿔야 한다.

$$\bar{S} \rightarrow \left(\left\{ \begin{array}{c} Sconj \\ comp \\ RP \\ \varnothing \end{array} \right\} \right) (NP) \left\{ \begin{array}{c} VP \\ \overline{VP} \end{array} \right\}$$

$$\overline{VP} \rightarrow Aux\ (inf)\ V\ (NP)\ (Adjp)\ (AdvP)\ (PP)$$

$$Aux \rightarrow \left(\left\{ \begin{array}{c} \varnothing \\ (tense)(neg)(do) \\ (m)(prog)(perf) \end{array} \right\} \right)$$

$$comp \rightarrow \left\{ \begin{array}{c} that \\ for \\ \varnothing \end{array} \right\}$$

이 모두는 무엇을 의미하는가? 자, S̄규칙을 수정했을 때 우리는 종속절 표지 주변에 소괄호를 넣었다. 즉 이것은 그 표지가 선택적이라는 것을 나타낸다. 부정 동사 절이 눈에 보이는 목적어를 가지지 않는다는 사실을 기술하기 위해 명사구에 대해서도 같은 작업을 해야 한다. 그때 'bar-VP'라 부르는 새로운 구성소 V̄P를 추가할 필요가 있다. V̄P는 새로운 절의 핵심이 될 것이다.

수정된 규칙의 두 번째 줄은 새로운 절이 선택적 부정사 표지(inf)와 선택적 명사구(NP), 형용사구(Adjp), 부사구(AdvP), 전치사구(PP)가 있는 동사를 가진다는 것을 나타낸다. 부정문을 기술하기 위해 조동사에 대한 표현을 조정해야 한다. 즉, 모든 구성소를 선택적인 것(영표지 또한 포함해야 함)으로 변형해야 한다. 마지막 단계는 보문화 접속사에 that뿐만 아니라 for도 포함시키도록 허용하는 것이다.

정련된 일련의 구-구조 규칙을 통해 다양한 문장을 분석할 수 있게 된다. 문장 78~80에서 보여 주는 것과 같은 도해를 보면 우리가 다룬 것들 중 대다수는 매우 흥미로운 구조를 가진다.

문장 78: *To appear calm*, Fred smiled. (부사류)

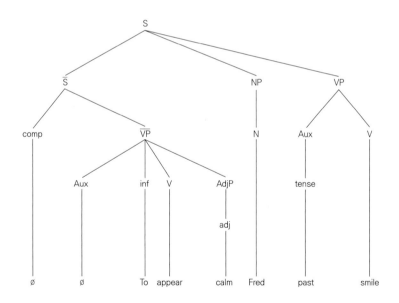

문장 79: Macarena, *to stay awake*, made a pot of coffee. (부사류)

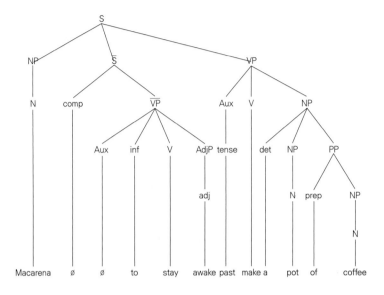

문장 80: Macarena answered slowly, *not to be coy but to be clear*.

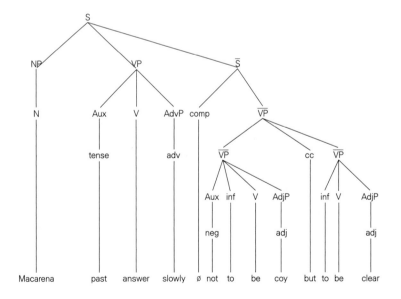

몇몇 다른 규칙에서와 마찬가지로, 문법은 글로 나타내기 어려운 제약을 추가해야 한다고 말하고 있다. 예를 들어, 종속절 표지는 S̄의 맥락에서만 선택적이고 S에서 NP는 V̄P의 존재에서만 선택적이다. 원형 부정사는 오직 make와 같은 특정한 종류의 동사와 함께 나타나고, 시제는 V̄P에서만 선택적이다.

이렇게 부가적인 규칙 제약을 추가해야 한다는 것은 구-구조 문법의 문제임에 틀림없다. 만약 이 제약들을 포함하는 그러한 방식으로 규칙을 쓸 수 있다면 문법은 아마도 더욱 명쾌해질 것이다. 그러나 아무도 그렇게 하는 방법을 알아내지 못했다. 이 장의 끝에 접근했을 때 변형-생성 문법이 제약의 문제를 해결한다고 직관적으로 생각하면서 다음 장을 기대할 것이다. 그러나 이 경우에 그 직관은 틀릴 것이다.

핵심 개념 적용하기

■ 지시 사항: 다음의 문장을 분석하여 그들의 구성 요소를 밝혀 보자. 이후 문장 다섯 개를 선택하고 이 장에서 설명한 구-구조 규칙을 사용하여 수형도를 그려 보자.

1. Fred wanted to talk to Macarena about marriage.
   프레드는 마카레나에게 결혼에 대해 말하고 싶었다.

2. For him to buy an engagement ring at this point would be foolish.
   이 시점에 그가 약혼반지를 사는 것은 어리석은 행동이 될 것이다.

3. Fred decided to discuss the matter with his priest.
   프레드는 그의 신부님과 그 일을 논의하기로 결심했다.

4. Her fondness for the two boys made Macarena tell them a lie.

두 소년에 대한 그녀의 애정은 마카레나가 그들에게 거짓말을 하도록 만들었다.

5. Buggsy told his goons that he had a message for them to deliver.
   벅시는 그가 그들에게 전달할 메시지가 있다고 패거리들에게 말했다.

6. Raul asked Maria to go with him to the dance.
   라울은 마리아에게 그와 춤추러 가자고 청했다.

7. Macarena was delighted to get the invitation to Buggsy's next party.
   마카레나는 벅시의 다음 파티 초대장을 얻어 기뻤다.

8. To tell the truth, she was impressed with Buggsy's money.
   사실, 그녀는 벅시의 돈에 감명 받았다.

9. For her to turn down the invitation would have been unthinkable.
   그녀가 그 초대를 거절하는 것은 상상도 할 수 없었을 것이다.

10. She decided to tell Fred and Fritz that she wanted to visit her sick aunt.
    그녀는 몸이 아픈 고모를 방문하고 싶다고 프레드와 프리츠에게 말하기로 결심했다.

14. 구-구조 규칙의 요약

다음 장에서 변형-생성 문법을 논하기 전에, 우리가 발전시킨 구-구조 규칙의 최종판을 점검하는 시간을 갖자.

1. XP → XP CC XP

2. XP → XP S̄

3. S → NP VP

4. NP → (det) (Adjp) N (PP)

5. VP → Aux V (NP) (AdjP) (AdvP) (PP)

6. V → $\begin{Bmatrix} V \\ V+ prt \end{Bmatrix}$

7. prt → particle

8. AdvP → $\begin{Bmatrix} adv \\ NP \end{Bmatrix}$

9. det → $\begin{Bmatrix} pro \\ NP + poss \\ art \end{Bmatrix}$

10. pro → possessive pronoun

11. poss → 's

12. tense → $\begin{Bmatrix} past \\ present \end{Bmatrix}$

13. neg → $\begin{Bmatrix} no \\ not \\ never \end{Bmatrix}$

14. AdjP → $\begin{Bmatrix} adj \\ NP \end{Bmatrix}$ (AdjP) (PP)

15. M → $\begin{Bmatrix} will \\ shall \\ must \\ may \\ can \end{Bmatrix}$

16. prog → be -ing

17. perf → have -ed/-en

18. PP → prep $\left\{\begin{array}{c} \text{NP} \\ \text{RP} \\ \varnothing \end{array}\right\}$

19. $\bar{\text{S}} \rightarrow \left(\left\{\begin{array}{c} \left\{\begin{array}{c} \text{Sconj} \\ \text{comp} \\ \text{RP} \\ \varnothing \end{array}\right\} \end{array}\right\}\right)(\text{NP}) \left\{\begin{array}{c} \text{VP} \\ \overline{\text{VP}} \end{array}\right\}$

20. $\overline{\text{VP}} \rightarrow$ Aux (inf) V (NP) (AdkP) (AdvP) (PP)

21. comp → $\left\{\begin{array}{c} \text{that} \\ \text{for} \\ \varnothing \end{array}\right\}$

22. Aux → $\left\{\begin{array}{c} \varnothing \\ \text{(tense) (neg) (DO) (prog) (perf)} \end{array}\right\}$

핵심 개념 적용하기

- 지시 사항: 다음의 문장을 분석하여 그들의 구성 요소를 밝혀 보자. 그리고 문장 다섯 개를 선택하고 이 장에서 설명한 구-구조 규칙을 사용하여 수형도를 그려 보자.

1. Mrs. DiMarco's nephew was Raul, who had a crush on Maria.
   디마르코 부인의 조카는 라울이었는데, 그는 마리아에게 반했다.

2. Maria worked in a jewelry store, but she did volunteer work at a hospital.
   마리아는 보석 가게에서 일했는데, 그녀는 병원에서 자원봉사를 했다.

3. Raul dreamed of being a movie star.

라울은 유명 영화배우가 되는 것을 꿈꿨다.

4. When Macarena accepted Buggsy's invitation to the party, she did not know that Fred and Fritz would be there.

마카레나가 벅시의 파티 초대에 응했을 때, 그녀는 프레드와 프리츠가 거기에 있을 것이라는 사실을 알지 못했다.

5. The party was at Buggsy's house in Beverly Hills, which Liberace had owned.

그 파티는 비벌리 힐스에 있는 벅시의 집에서 열렸는데, 거기는 리베라체 소유였다.

6. Macarena was impressed when she saw the celebrities at the party, and she was thrilled when Michael Star shook her hand.

마카레나는 그 파티에서 유명인들을 보고 감동했고, 마이클 스타가 손을 흔들자 흥분했다.

7. Buggsy, who was drinking too much champagne, pulled Macarena into a dark corner and whispered sweet nothings in her ear.

벅시는, 샴페인을 너무 많이 마시고 있었는데, 어두운 가장자리 부분으로 마카레나를 끌어넣고, 그녀의 귀에 사랑의 말을 속삭였다.

8. He promised to take her to Mexico if he could get his wife to go to Paris for a holiday.

만약 그가 부인을 파리로 휴가 가게 할 수 있다면 그는 그녀를 멕시코에 데려가기로 약속했다.

9. Macarena knew that she really wanted to take the trip.

마카레나는 그녀가 정말로 여행을 가고 싶어 한다는 것을 알았다.

10. Later, Macarena was stunned as Fred and Fritz walked into the party.

나중에, 프레드와 프리츠가 파티에 걸어 들어왔을 때 마카레나는 망연자실했다.

11. She set her drink down and walked over to her guys with an angry expression on her face.

그녀는 술을 단숨에 들이켜고 화난 얼굴로 아이들에게 걸어갔다.

12. Fred looked guilty because he remembered the party in Malibu when the paramedics had taken Buggsy away.

프레드는 위생병들이 벅시를 데려갔던 말리부에서의 파티가 기억나서 죄책감이 드는 것 같았다.

13. They gave Macarena a kiss, and she decided to mingle.

그들이 마카레나에게 키스를 했고, 그녀는 어울리기로 결심했다.

14. By accident, she stumbled upon Buggsy and Rita de Luna, who was wearing a white spandex jumpsuit that barely covered her anywhere.

우연히 그녀는 벅시와 리타 드 루나를 발견했다. 리타는 그녀를 거의 아무 데도 가리지 못하는 흰색 스판덱스 점프 수트를 입고 있었다.[13]

15. Macarena could not believe her eyes, because Buggsy was trying to whisper sweet nothings into Rita's ear.

벅시가 리타의 귀에 사랑의 말들을 속삭이려고 노력하고 있었기 때문에, 마카레나는 그녀의 눈을 믿을 수 없었다.

16. Rita, although aware of Buggsy's status, seemed uninterested.

리타는 벅시의 높은 지위를 깨달았음에도 불구하고 무관심해 보였다.

17. Macarena slipped away, but Michael Star grabbed her and pulled her to the dance floor, where he started to boogie.[14]

마카레나가 없어졌는데, 마이클 스타가 그녀를 잡아서 댄스 플로어로 끌어당겼고, 거기에서 그가 그녀와 춤을 추기 시작했다.

18. Suddenly, three goons lifted Michael up and carried him outside.

갑자기 세 명의 패거리가 마이클을 들어 올려서 그를 밖으로 옮겼다.

19. Macarena began to think that Buggsy might be rather selfish and possessive.

마카레나는 벅시가 상당히 이기적이고 소유욕이 강할지도 모른다고 생각하기 시작했다.

20. In that moment, she worried about Fred and Fritz because Buggsy would send the goons after them.

---

13   스판덱스(spandex)는 고무같이 신축성 있는 합성 섬유인데 수영복 등에 사용하고, 점프 슈트 (jumpsuit)는 바지와 상의가 하나로 붙어 있는 여성복을 가리킨다. [역주]

14   부기(boogie)는 본래 강하고 빠른 리듬의 블루스를 뜻하는데, 여기서는 동사형으로 빠른 팝 음악에 맞춰 춤을 추는 것을 뜻하고 있다.

그 순간에, 그녀는 프레드와 프리츠에 대해 걱정했는데 왜냐하면 벅시가 그들 뒤로 패거리들을 보낼 것이기 때문이었다.

21. She also felt flattered that Buggsy wanted her, but the matter of Rita de Luna presented a big problem.

   그녀도 벅시가 그녀를 원하는 것에 우쭐했지만, 리타 드 루나의 일이 큰 문제로 나타났다.

22. Macarena picked up another drink and thought about solutions as the music played.

   마카레나는 다른 음료를 집어 들고 음악이 흐르는 동안 해결책에 대해 생각했다.

23. She saw Fred and Fritz across the room, where they were talking intensely with Senator River Run and four young women.

   그녀는 방을 가로질러 프레드와 프리츠를 보았는데, 거기에서 그들은 상원 의원인 리버 런과 네 명의 젊은 여성과 열정적으로 이야기하고 있었다.

24. Because she watched the news, Macarena knew that the women were Brazilian quadruplets who had discovered a cure for baldness in the Amazon jungle.

   뉴스를 보았기 때문에, 마카레나는 그 여자들이 아마존 정글에서 대머리 치료법을 발견한 브라질의 네 쌍둥이라는 것을 알았다.

촘스키와 문법

1. 촘스키 혁명

학계는 이론적 진공 상태를 혐오한다. 구-구조 문법이 언어 기술에만 효과적이고 이론적 요소는 없지만, 구-구조 문법에도 무언가가 분명 존재한다. 구조주의자들은 주로 이론이 아닌 적용에 관심을 가져 왔다. 1950년대 중반 촘스키(Noam Chomsky)라는 젊은 언어학자가 구-구조 문법의 밑바탕이 되는 지배적 가설에 이의를 제기하면서 이 이론적 진공 상태를 채웠다.

문법에 대한 촘스키의 접근법과 그것의 영향을 조사하기 위해서는 실용주의에서 한 발 물러서야 한다. 1960년대 중반에서 1970년대 중반 사이에 언어와 문법에 대한 촘스키의 생각은 문장 결합, 문체 연구, 어린이들의 쓰기 완성도(maturity)에 대한 기초를 제공하고, 교사에게 작문, 독서, 언어적 오류와 성장에 대한 가치 있는 통찰력 제공을 약속함으로써 작문 교육에 대단히 중요한 영향을 끼쳤다. 그러나 이러한 영향은 서서히 사라졌다. 문장 결합은 과정으로의 변화를 견뎌내지 못해서 개별 문장보다는 글 전체에 초점을 두게 되었고, 약속된 통찰력은 결코 실현되지 않았다(좀 더 완전한 논의를 위해 Williams, 2003a 참고). 또한 언어와 문법에 대한 촘스키의 관점이 복잡하고 추상적이라는 것도 부인할 수 없다. 이 장과 다음 장에서는 촘스키 연구의 언어학적 영향력에 대한 것뿐만 아니라 그 원리와 이론을 탐구한다. 그것은 필연적으로 부담이 크다.

촘스키는 구조주의자로 훈련을 받았지만, 문법이 '언어 이론'을 반영할 수 있고, 결과적으로 '마음의 이론'도 반영할 수 있다는 생각에 흥미를 가지게 되었다. 그는 이러한 생각을 1955년 무렵에 '언어학 이론의 논리적 구조'라는 제목의 등사인쇄물에서 탐구하였다. 이것이 바로 첫 번째 저서『통사 구조Syntactic Structures』(1957)의 기초를 형성하였다. 이 책에서 촘스키는 구-구조 문법이 부적절하다고 주장하였고, 그는 언어학에 혁명을 불러일으킬 만큼 강력한 대안을 제시하였다.

『통사 구조』및 관련 연구들이 지닌 의의를 탐구하는 많은 서적들이 등장하였으며, 이후 등장한 연구들은 다만 이것을 짧게 요약하였다.『통사 구조』에서는 구-구조 문법이 결코 실행 가능한 지적 기획이 될 수 없다고 주장하였다. 또한 구-구조 문법을 대체할 새로운 문법을 제공했으며, 이성주의를 언어학의 필수 요소로 분명히 하였고, 이것은 언어 연구를 심리학의 한 분야로서 확고하게 세워 주었다. 그것은 인지 심리학의 새로운 분야에 활력을 불어 넣었고, 심리언어학이라는 언어 연구의 새로운 분야를 탄생시켰으며, 언어 철학을 연구하는 철학자들에게 영향을 주었다. 또한 학생들이 더 나은 필자가 되도록 도울 수 있는 새로운 도구를 영어 교사들에게 제공하였다. 이러한 지적 영향력을 고려한다면, 촘스키가 20세기의 아주 중요한 사상가 중 한 명으로 일컬어지는 것은 당연하다. 다른 저자들이 인용한 현대의 지식인을 살펴보면, 촘스키가 8위에 올라 있다(Harris, 1993, p. 79).

촘스키가 구-구조 문법의 단점을 지적한 것은 당연했다. 하지만 왜 촘스키는 구-구조 문법에 대해 여러 가지로 비판했을까? 가장 중요한 두 가지는 언어를 기술하고 설명하는 것과 관련된다. 구-구조 문법은 언어(language)보다는 언어들(languages)에 관심을 두었다. 구조주의자들은 특정 언어에서 문법의 기초를 형성했던 발화 코퍼스'나 말뭉치를 만듦으로써 해당 언어에 대해 가능한 많은 특질을 기록하기 위해서 그 언어를 연구했다. 이 발화들은 모어 화자가 실제로 사용한 문장과 표현이었고 '입증된 발화'라고 불렸다. 코퍼스는 입증된 발화로만 이루어졌고, 그 발화들을 기술하기 위해서 문법이 구축되었다.

촘스키는 이 총체적 접근법이 잘못되었다고 주장했다. 그는 문법이 입증된 발화에 근거를 두는 것은 특정 언어의 적절한 기술로 이어질 수 없다고 주장했다. 언어는 잠재적으로 무한한 것인데 비해 한정된 발화/문장에 근거를 둔다는 간단한 이유 때문이다. 코퍼스의 양이 아무리 많더라도 이 관점에서 보면 그것은 해당 언어의 상당 부분이라고 결코 생각할 수 없다.

결과로 나온 문법이 코퍼스를 기술할 수는 있을지라도 그 언어의 모든 문법적 문장을 기술하는 게 아니라는 것이다. 촘스키는 이를 문제점으로 지적했다. 결과적 문법은 언어가 본질적으로 창조적이라는 사실을 설명하지 못한다. 어느 한 상황에서 사용된 문장이 다른 상황에서도 정확히 반복되어 사용되지는 않는다. 즉, 구-구조 문법은 단지 입증된 발화만 기술할 수 있다. 그러므로 코퍼스가 형성되기 이전에 발화되었거나 아직 발화되지 않았거나 혹은 결코 발화될 일이 없는 잠재적 발화인 무수한 양의 문법적 문장을 기술할 수는 없다. 앞 장에서 논의했던 것처럼 구-구조 규칙이 방대한 양의 문장 집합체를 기술하기에 꽤 일반적이지만, 생성 가능한 문장의 수는 무한하기 때문에 이 집합체는 사소한 것이 된다.

---

1   언어 연구의 대상이 되는 텍스트의 집합을 코퍼스라고 한다. 가장 광범위한 의미로 사용되는 코퍼스는 어떤 종류와 형식의 것이든지 글 또는 말 텍스트를 모아 놓은 것이다. 한정한 외, 『한국어 정보처리 입문』, 커뮤니케이션북스, 2007, p. 40. [역주]

문장 1은 꽤 흔한 문장으로 이런 점을 설명할 수 있다.

1. The day was hot.
   날이 더웠다.

이 문장은 영어 코퍼스에 자주 등장하며, 다음 문장 1a도 자주 등장할 것이다.

1a. The day was very hot.
   날이 매우 더웠다.

문장 1b도 코퍼스 내에서 생각해 볼 수 있는데, 이는 상당히 흔하기 때문이다.

1b. The day was very, very hot.
   날이 매우 매우 더웠다.

그러나 입증된 발화와 일치하면서도 형용사 앞에 둘 수 있는 very의 개수는 한계까지 이를 수 있다. 가령 very가 53개 있는 문장이 발화되는 경우는 드물지만, 그 문장은 문법적일 것이다. 사실 1c와 같은 문장을 꽤 쉽게 상상할 수 있으며(n은 단어 very의 무한 반복과 동일하다), 또 그것이 문법적이라고 생각한다.

1c. The day was very ⋯ n hot.
   날이 매우 ⋯ n 더웠다.

구-구조 문법이 형용사 앞에 부사 강조어(very)를 무한히 끼워 넣을 수 있는 능력에 대해 설명할 방법이 없고, 그 문장이 문법적이라는 것을 촘스키는 정확히 관찰했다. 그는 "문법적인 문장의 집합이 현장 연구에서 언어학자들이 얻은 어떤 발화 코퍼스와도 동일하지 않을 것이 분명하다"(1957, p. 15)라고 결론지었다. 다시 말해서 특정한 문장들의 집합은 해당 언어의 문법을 충분히 밝힐 수 없다.

촘스키가 했던 두 번째 주요 비평은 특정 유형의 문장들이 서로 꽤 다르게 보일지라도 상당한 기저 관계를 가진다는 사실이다. 우리가 직관적으로 감지하는 문장의 가장 중요한 예는 피동태와 능동태이다. 그것들은 서로 관련이 있는 것으로 볼 수 있다. SVO 어순을 따르는 영어에서 가장 흔한 문장 유형은 문장 2와 같이 주어로서의 행위자와 목적어를 가지는 유형이다.

2. Macarena kissed Fritz. (능동형)
   마카레나가 프리츠에게 키스했다.

이 문장의 피동형은 문장 3과 같이 주어와 목적어의 순서를 뒤바꾸고, 전치사 by를 더하고, 주어를 전치사의 목적어로 바꿈으로써 동사구를 수식한다.

3. Fritz was kissed by Macarena. (피동형)
   프리츠는 마카레나에게 키스를 당했다.

이들 문장이 비록 동일하게 보이지 않지만, 그것들은 동일한 의미를 표현하고 피동형이 능동형에 기초하고 있다고 촘스키는 주장했다. 구-구조 문법은 그러한 문장들 사이의 관련성을 설명하지 않는다. 실제로 각 문장마다 서로 다른 문장 문법이 배정될 것이다.

문장 2:

S → NP VP

VP → V NP

문장 3:

NP be -en V PP

PP → prep NP

Prep → by

촘스키의 관점에서 보면 이 접근법은 우리가 직관적으로 명백하게 알고 있는 것을 설명하지 못한다. 다시 말해, 이 문장들은 서로 밀접히 관련되어 있다. 어찌됐든 문장 2는 문장 3으로 변형되었다. 그러나 그 관련성을 파악하는 유일한 방법은 문장의 이력을 검토하는 문법에 있다. 그것은 표면 아래와 우리가 멘털리즈[2]라고 생각할지도 모르는 것을 살펴보는 것이다. 멘털리즈는 최종 형태에 도달하기 이전, 변형되기 이전에 마음속에 존재하는 언어이다. 즉 촘스키는 사람들이 언어를 어떻게 생성하는가에 집중적으로 관심을 가졌고, 이런 점에서 그는 구조주의자들과 상당히 달랐다.

촘스키는 문장의 이력을 조사하는 능력이 문법에 생성적 요소를 부여한다고 제안했다. 생성적 요소는 언어 생성에 대해, 즉 사람들이 문장 내에서 일련의 단어를 연결하는 방법에 대해 무언가를 밝힌다. 또 그것은 마음

---

2 캐나다 출신의 하버드 대학교 심리학과 교수인 스티븐 핑커가 사용한 용어로, 사람은 자연 언어로 생각하는 것이 아니라 그 자연 언어로부터 독립적인 추상 언어로 생각하는데, 이 사고의 언어(language of thought)를 '멘털리즈(mentalese)'라 불렀다. [역주]

이 어떻게 작동하는가에 대한 것을 이해하게 한다고 그는 주장했다. 이러한 근거로 촘스키는 인지적 방향을 요구하는 문법을 발전시켰다. 왜냐하면 그것이 멘털리즈가 실제 언어로 변형되는 것에 집중했기 때문이다. 그는 마음에 대한 이론을 제공하는 언어 이론을 발전시키는 것을 목표로 하였다. 그의 언어 이론은 그 문법 속에 내재되어 있는데, 그는 그것을 변형 생성 문법이라고 불렀다.

□ 보편 문법

촘스키(1957)가 발전시켰던 문법은 변형 규칙에 대한 복잡한 집합으로 이루어져 있다. 언어나 문화에 관계없이 인간의 인지가 동일하다고 한다면, 인지적 언어 이론을 발전시키는 목표는 필연적으로 그 규칙이 모든 언어에 적용될 것을 요구한다. 그래서 촘스키(1995)는 그 규칙이 **보편 문법**과 연결되어 있다고 주장했다. 우리는 보편 문법이 전통 문법과 연결되는 언어적 보편성과 동일하다고 즉시 결론내리고 싶을지도 모른다. 그러나 이는 잘못일 것이다. 관련성은 있지만 아주 미약하다. 언어적 보편성은 언어 전체에 걸친 비교적 좁은 범위의 공유 자질을 의미한다. 이는 모든 언어가 주어와 서술어를 가지고, 친족어가 있고, 행위가 발생할 때 지시하는 수단을 가진다는 사실과 같다. 보편 문법은 이와 다르다. 촘스키(1995)의 말을 인용하면 다음과 같다.

> 인간의 두뇌는 언어(언어 능력)를 사용하고 이해하는 데 개입되는 다수의 능력을 제공한다. 그러므로 이것들은 매우 넓은 범위의 환경과 조건에 걸친 그 기능과 보편적인 인간 재능에 특화된 유용한 부분으로 보인다. 언어 능력 중 하나의 구성 요소는 생성 과정이다. … 그것은 '의미론(semantic)'과 '음성학(phonetic)'을 일반적으로 포함하여 구조적 기술(SDs)과 각 자질들의 복잡성을 발생시킨다.

이러한 구조적 기술이 그 언어의 표현이다. 특정한 언어의 이론이 그것의 문법이다. 그들이 만들어 낸 언어와 표현의 이론이 보편 문법(UG)이다. 다시 말해서 보편 문법은 언어 능력과 관련되는 구성 요소의 … 초기 상태의 이론이다. (p. 167)

구-구조 문법은 사실 19세기 말에서 20세기 초 아메리카 인디안 부족 언어들을 보존하려는 노력에서 발달했다는 것을 기억해야 한다. 사용되던 모습 그대로 언어를 보존하는 것이 목적이었고, 언어 이론이나 문법 이론을 발전시키기 위한 것이 아니었다. 사실 블룸필드(Bloomfield, 1933)와 같은 구-구조 문법학자들은 보편 문법의 주장을 경계했다. 왜냐하면 부분적으로 과거에 있었던 보편 문법 주장이 조사된 언어 기록을 왜곡하는 경우가 있었기 때문이다. 그럼에도 불구하고 촘스키의 논평은 학자들 사이에 아주 설득력 있게 퍼져 나갔다. 왜냐하면 그가 제안했던 대안이 부분적으로는 명쾌하고 강력했고, 흥미롭고 새로운 연구 방향을 제공했기 때문이다.

거의 50여 년이 지난 오늘날, 구-구조 문법을 대체하기 위해 촘스키가 제안했던 문법은 여전히 강력하고 실제로 미국의 언어 연구에서 중요한 것으로 남아 있다. 그러나 그것이 한때 가졌던 매력을 더 이상은 가지고 있지 않다. 그 이유 중 하나는 수년간 촘스키가 문법을 수차례 개정했다는 것이다. 이 개정은 완벽히 타당하고 과학적 원칙에 따른 것처럼 여겨졌지만, 그럼에도 불구하고 종종 별난 구석으로 보였다. 게다가 그 개정은 문법을 더욱 추상적으로 만들었고, 언어학에 상당한 훈련이 없는 사람이 그것을 이해하기 더 어렵게 만들었다.

이 장이 그 문법에 대한 깊은 분석과 그 변화 양상을 모두 보여 줄 수는 없다. 그 대신 촘스키의 1957년 초기 이론 중 몇몇 중요한 특징을 중심으로 개관하고 촘스키의 최근 이론을 약간 보여 주게 될 것이다.[3]

2. 심층 구조와 표층 구조

1957년 『통사 구조』에서 촘스키는 문법적 작용이 언어 생산 과정과 관련이 있음을 암시하고 있다. 그것이 작용하는 것을 실제로 보는 것은 아니다. 그 대신 기저 구조에 적용된 결과만을 본다. 1965년 『통사 이론의 여러 양상 *Aspects of the Theory of Syntax*』에서 촘스키는 논리와 같은 인간 정신의 보편적 특성이 언어에 내재해 있고, 그것이 발화의 실체를 결정한다는 전(前) 구조주의적 사상을 다시 받아들임으로써 이런 생각을 발전시켰다. 이런 논의는 능동태와 피동태에서 나타나는 문제를 효과적으로 설명해 주었다. "Fritz was kissed by Macarena(프리츠는 마카레나에게 키스를 당했다)"와 같은 피동태 문장은 기저 구조로서 그것에 대응하는 능동태 "Macarena kissed Fritz(마카레나가 프리츠에게 키스했다)"를 가질 것이다. 그다음에 이 구조는 문법적 변형 규칙을 통해 피동태로 변형된다.

촘스키는 『통사 구조』에서 언급한 기본적인 문법 구조를 '핵 문장(kernel sentences)'이라고 했다. 멘털리즈 또는 논리적 형태를 반영한다면, 핵 문장들은 발화를 야기한 복잡한 인지 과정에서 단어와 의미가 처음 나타난 곳이었다. 그러나 『통사 구조』에서 전반적인 초점은 의미가 아니라 통사이다. 사실 촘스키는 "Colorless green ideas sleep furiously(색이 없는 초록의 생

---

3   촘스키의 변형 생성 이론은 네 단계의 변화 과정을 겪는다. 1단계는 표준 이론(ST)이라고 불리는 1965년 『통사 이론의 여러 양상』을 중심으로 한 시기이고, 2단계는 1970년대 초반의 확대표준 이론(EST) 시기이고, 3단계는 1970년대 후반과 1980년대 초반을 아우르는 수정확대표준 이론(REST) 시기이고, 마지막 4단계는 1990년대 초반에 나온 최소주의 이론(Minimalism) 시기이다. 본 저서의 변형 생성 문법 내용은 주로 『통사 이론의 여러 양상』(1965)의 것들이며, 최근 이론은 최소주의 이론의 내용들이다. 한편, 우리나라의 학교 문법에 많은 영향을 끼친 변형 이론은 1965년의 표준 이론이다. 그것이 표준적인 이론(Standard Theory)이기 때문이다. [역주]

각이 맹렬히 잠잔다)"(1957, p. 15)와 같은 문장에서 그가 설명했듯이 의미는 크게 상관없다고 지적하였다.[4] 이 문장은 아무런 의미가 없지만 그럼에도 불구하고 문법적이다.

『통사 구조』가 인상적이었던 것과 마찬가지로, 어떤 언어 이론이 의미를 무시할 수 있다는 생각도 받아들이기 어렵다. 촘스키는 1965년 『통사 이론의 여러 양상』에서 그 문제에 답을 하였는데, 여기에서 그는 핵 문장의 개념을 버리고 심층 구조로서 문장의 기저 구성 요소를 발견하였다. 심층 구조는 다재다능한 것이었다. 즉 그것은 발화의 의미를 포함하였고, 심층 구조를 실제로 듣거나 읽는 것을 표현한 표층 구조로 바꾸는 변형 규칙에 대한 기초를 제공하였다. 그러므로 변형 규칙은 심층 구조와 표층 구조, 의미와 통사를 연결시켜 주고 있다.

변형이 심층 구조와 표층 구조의 교량 역할을 한다는 생각의 핵심은 변형이 의미를 바꾸지 않는다는 것이었다. 만약 변형이 의미를 변화시킨다면, 그 규칙을 정당화하기 어려울 것이다. 그것은 이해를 방해하기도 하고, 문장의 이력을 조사하는 문법을 발전시키고자 하는 촘스키의 목표를 실현하지도 못할 것이다. 심층 구조는 다음과 같이 지속된 반대 의견을 되받아치는 편리한 수단이었다. 곧 의미는 표층 구조에 있으며, 우리가 듣고 읽는 단어들은 그것을 사용한 사람들이 의도한 것을 의미한다는 반대 의견이다.

이러한 논의의 결과를 이해하는 것은 중요하다. 만약 의미가 표층 구조에 있다면, 정신과 발화 사이의 매개 구조가 필요하지 않으며 변형 규칙은 상관없는 것이 된다. 그러나 어떤 변형이 의미를 변화시킨다는 것은 분명하다. 이 문법의 초기 견해에서 부정문은 변형 규칙을 통해 기저 긍정문으로

---

4   촘스키(1957)는 "'문법적'이라는 개념이 어떤 의미론적인 의미에서 '의미 있는' 또는 '유의미한'과 동일시 될 수 없다"(p. 15)고 기술하였다.

부터 생성되었다. 즉, 부정 변형 규칙은 아래 문장처럼 긍정 표현을 부정 표현으로 바꾼다.

4. Maria wanted to dance with Raul.

　　마리아는 라울과 춤추기를 원했다.

4a. Maria did not want to dance with Raul.

　　마리아는 라울과 춤추기를 원하지 않았다.

4a의 심층 구조가 4이고, 그 의미는 명백히 다르다. 의문 변형은 단언을 질문으로 바꾸는 유사한 변화를 가져온다. 이와 같은 문장들은 변형 생성 문법에 큰 문제가 되었다. 『통사 이론의 여러 양상』이 출판되기 직전에, 리스(Lees, 1962)와 클리마(Klima, 1964)가 변형을 촉발하는 4a와 같은 문장의 심층 구조에 어떤 구-구조 표지를 명기하여 이 어려움이 제거될 수 있다고 제안했다. 예를 들어 부정문과 의문문을 지배하는 이 표지들은 모든 발화의 심층 구조에 있다고 가정하였고, 문맥적 신호에 의해 활성화된다고 이야기하였다. 일단 활성화되면 그것들은 변형을 야기한다. 그 결과, 문장 4a는 그것의 심층 구조로 문장 4가 아닌 문장 4b를 가질 것이다.

4b. neg Maria wanted to dance with Raul.

　　(부정형) 마리아는 라울과 춤추기를 원했다.

이러한 접근법은 문제를 현명한 방식으로 해결하였고, 촘스키는 이를 차용했다. 그러나 그 해결책은 매우 인위적이었고 만족스럽지 못했다. 사실 이는 그것이 해결했던 것보다 더 많은 문제를 야기했다. 의문과 부정에 대한 표지는 간단해 보인다. 그러나 변형의 결과로 의미 변화를 겪은 다음 문

장들을 어떤 종류의 표지가 지배할지 해결할 방법이 없다.[5]

- To solve the crossword is difficult.
  십자말풀이를 푸는 것은 어렵다.
- The crossword is difficult to solve.
  십자말풀이는 풀기 어렵다.

변형 생성 문법에서는 두 번째 문장이 '목적어-인상 변형'이라 불리는 것으로, 첫 번째 문장에서 나왔다고 명시한다. (The crossword가 두 번째 문장에서는 주어의 기능을 하지만, 첫 번째 문장에서는 목적어의 기능을 한다.) 첫 번째 문장에서 초점은 십자말풀이를 푸는 과정에 있는 반면, 두 번째 문장에서는 그렇지 않다. 그래서 첫 번째 문장의 의미는 총칭적일 수 있지만, 두 번째 문장에서는 그럴 수 없다.

또는 다음의 문장을 생각해 보자.

- Fritz gave the flowers to Macarena.
  프리츠는 마카레나에게 꽃을 주었다.
- Fritz gave Macarena the flowers.
  프리츠는 마카레나에게 꽃을 주었다.
- Fred cleared the table for his mother.
  프레드는 어머니를 위해 테이블을 닦았다.
- *Fred cleared his mother the table.
  *프레드는 어머니에게 테이블을 닦았다.

---

5   Lee(2001)에서 가져옴.

변형이 "Fritz gave the flowers to Macarena"에서 문법적인 "Fritz gave Macarena the flowers"를 끌어냈고, 또한 비문법적인 "Fred cleared his mother the table"을 생산했다는 사실을 표지가 어떻게 설명할 것인가?

언어 처리에 대한 심리 연구에서 해당 언어에 대한 어떤 유형의 표지도 찾을 수 없었다는 것이 문제가 된다. 또한 의미가 표층 구조에 있지 않고 다른 어디에나 있다는 어떤 증거도 찾지 못했다.[6] 이성주의자들은 그러한 증거가 쓸모없다고 답했고, 심층 구조에 그런 표지를 명기하기 위한 직관적 근거도 없다. 그러므로 이 문제들은 미해결 과제로 남아 있다.

핵심 아이디어 적용하기

1. 구-구조 문법과 변형 문법의 두 가지 차이점을 설명하시오.

2. 문장을 생성하기 위한 내재화된 규칙이 있다는 생각은 문장 구성에 대한 가정을 유도할 수 있다. 이러한 가정은 무엇인가?

3. 변형 문법의 이론적 특성이 교사들에게 중요한지에 대한 질문을 여러 해 동안 논의했었다. 이러한 논쟁의 핵심 쟁점은 무엇인가? 또한 이에 대한 당신의 입장은 무엇인가?

---

3. 변형 규칙의 기초

당분간 언어와 문법 이론에서 의미에 대한 쟁점은 한쪽으로 치워 두고 변형

---

6   다음 장에서 해석(construal)의 개념을 통해 보다 면밀하게 이 주장을 살펴본다. 이것은 문장의 표층 구조에서 의미에 중심을 두지만, 문맥과 독자/청자에 그것을 연결한다. 간단하게 말하면, 화자가 문장을 발화할 때 의미하는 것이 청자가 그것이 의미한다고 해석한 것이 아니다.

규칙 그 자체에만 관심을 두자. 변형 규칙은 수년간 상당한 변화를 겪어 왔다. 이 절은 단지 촘스키의 초기 연구에서 다루고 있는 일부 규칙을 소개하고, 이 장의 후반부에서 변형에 대한 현재의 접근법을 생각해 보고자 한다. 그러므로 여기에서의 목표는 깊게 분석하기보다는 변형 생성 문법의 일반 원리에 대한 이해를 제공하는 것이다.

촘스키는 1957년 『통사 구조』와 1965년 『통사 이론의 여러 양상』에서 몇몇은 필수적이고 몇몇은 수의적인 다양한 변형 규칙을 제안하였다. 그 규칙은 그 자체로 그것들의 지위를 명시한다. 가능한 모든 변형 규칙을 조사하기보다는 단지 몇 개의 예만 제시되었는데, 그것들은 영어의 보편적인 구성을 지배한다. 그러나 이 규칙들에 대해 논의하기 전 변형이 어떤 규약에 의해 지배된다는 사실에 주목해야 한다. 또한 '순서 규약(ordering convention)'과 '순환 규약(cycle convention)'은 더욱 중요하다. 문장이 여러 번 변형되었을 때, 그것은 규칙들의 순서에 따라 적용되어야 한다. 게다가 문장이 절을 포함할 때 가장 낮은 층위의 절에서 변형을 적용하여 위로 올라가야 한다. 이것이 순환 규약이다. 변형 생성 문법으로 구조를 분석할 때 이러한 규약들을 따르지 않으면 비문법적인 문장을 초래할 수 있다. 그러므로 변형 생성 문법에서 중요한 것은 언어 생산에 대한 형식주의적 모형이다. 이는 문법적 문장을 생산하기 위해 동일하게 엄격한 순서에 작용해야 하는 엄격한 규칙의 집합을 사용하는 것이다.

□ 피동 변형

촘스키(1957)에서 구-구조 문법을 비판할 때 중요하게 여긴 부분은 능동태와 피동태의 관계였다. 그러므로 먼저 피동태를 지배하는 규칙을 살펴보아야 한다. 타동사를 가진 문장만이 피동태가 될 수 있고 항상 그것을 능동형으로 유지하는 것에 대한 선택권을 가진다. 이것은 피동태 변형이 수의 규칙이라는 것을 의미한다.

문장 5를 생각해 보자.

5. Fred bought a ring.

프레드가 반지를 샀다.

만약 이 문장을 피동형으로 바꾼다면, 아래와 같다.

5a. A ring was bought by Fred.

반지가 프레드에게 팔렸다.

변형 생성 문법의 초기 견해를 따른다면, 문장 5는 문장 5a의 심층 구조를 나타낸다. 변형의 과정은 다음과 같다. 첫째, 목적어 NP(a ring)가 주어 자리로 이동했다. 둘째, 전치사 by가 나타나고 심층 구조의 주어(Fred)가 전치사의 목적어가 되었다. 셋째, 심층 구조의 동사 buy가 피동 동사 형태로 변하면서 be와 과거 분사 접사가 조동사에 나타난다.

문법 규칙은 이러한 변화들을 상징적으로 나타낸다. 이 규칙에서 기호 ⇒는 '~로 변형되다'라는 의미를 나타낸다.

피동 변형 규칙

NP_1 Aux V NP_2 (Fred bought a ring)

⇒

NP_2 Aux + be -ed/en V by + NP_1 (A ring was bought by Fred)

문장 5에 관하면,

NP_1 = Fred

NP_2 = a ring

V = bought

변형 생성 문법은 주어진 문장의 이력을 검토하는 것에 근거를 두고 있다. 문장의 이력을 검토하는 가장 효과적인 방법은 심층 구조와 그에 대응하는 표층 구조를 조사할 수 있는 수형도를 통하는 것이다. 그러나 그 과정은 구-구조 분석과 다르다. 왜냐하면 심층 구조에 대한 수형도와 표층 구조에 대한 수형도 하나씩 최소한 두 개의 수형도를 요구하기 때문이다. 조금 더 복잡한 문장에는 더 많은 수형도가 있는데, 각각은 문장의 이력에서 각각 다른 변형과 각각 다른 단계를 반영한다. 변형 생성 분석에서 수형도의 수는 변형의 수에 하나를 더한 수로 구성될 것이라는 지침으로 이해하면 간단하다. 다음 쪽에서 문장 5a의 검토를 통하여 이러한 과정이 어떻게 진행되는지 볼 수 있다.

피동 행위자 삭제

많은 예에서, 문장 6처럼 피동문의 행위자를 삭제한다.

6. The cake was eaten.

   케이크가 먹어졌다.

주어인 행위자가 불확실할 때, 6a처럼 심층 구조에서 그것이 나타날 자리(slot)를 채우기 위해 부정 대명사를 사용한다.

6a. [Someone] ate the cake.

문장 5a: A ring was bought by Fred.

심층 구조

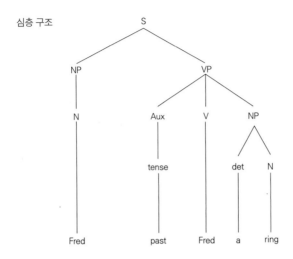

⇒ 피동 변형

표층 구조

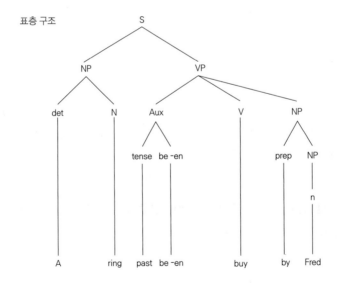

[누군가] 케이크를 먹었다.

그러나 이 심층 구조는 문장 6b의 표층 구조를 야기할 것이다.

6b. The cake was eaten [by someone].

그 케이크가 [누군가에 의해] 먹어졌다.

문장 6을 설명하기 위해서 변형 생성 문법은 주어인 행위자를 포함하는 전치사구를 제거하는 삭제 규칙을 제안한다. 그러므로 문장 6은 피동과 피동 행위자 삭제라는 두 개의 변형을 겪었다고 말할 수 있다. 삭제 규칙은 다음과 같이 나타낸다.

행위자 삭제 규칙

NP_2 Aux + be   ed/en V by + NP_1

$\Rightarrow$

NP_2 Aux + be -ed/en V

여러 경우에 피동 행위자의 삭제는 행위의 주체를 알지 못할 때나 행위자를 확인하고 싶지 않을 때 적용한다. 문장 7~10을 생각해 보자.

7. The plot of the play was developed slowly.

그 연극의 줄거리가 느리게 전개되었다.

8. The accident occurred when the driver's forward vision was obstructed.

운전자의 전방 시야가 방해받았을 때 그 사고가 발생했다.

9. The family was driven into bankruptcy.

   그 가족은 파산지경까지 몰렸다.

10. Buggsy's favorite goon was attacked.

    벅시가 좋아하는 패거리가 공격당했다.

문장 7에서, 느린 줄거리 전개가 극작가의 탓인지 감독의 탓인지 모를 수 있다. 문장 8에서 방해의 원인을 알 수 없지만, 연관된 법적 책임 때문에 누군가는 그 인과관계를 탓하고 싶어 하지 않는다는 시나리오를 상상할 수 있다. 한 여성이 운전하는 동안에 마스카라를 칠하면서 스스로 눈을 찔러서 전방 방해가 발생했을 수도 있다.

핵심 아이디어 적용하기

- 지시 사항: 다음 문장의 수형도를 그려 보자.
- 유의 사항: 변형 생성 문법은 변형을 거치는 문장에 대하여 두 개의 수형도를 요구한다.

---

1. Maria was thrilled by music in the park.
   마리아는 공원에서 음악을 듣고 신났다.
2. Mrs. DiMarco was stunned by the news.
   디마르코 부인은 그 소식에 망연자실했다.

3. The door was opened slowly.
   문이 천천히 열렸다.

4. Fred was stung by a swarm of bees.
   프레드가 벌떼에게 쏘였다.

5. The nest had been stirred up deliberately.
   둥지가 천천히 흔들렸었다.

■ 용법 노트

많은 작문 교사들은 학생들에게 글을 쓸 때 피동태를 사용하지 말라고 말한다. 그리고 '피동' 동사보다는 '능동' 동사에 초점을 두라고 충고한다. 그러나 교사들은 별로 혼동을 일으키지 않는 be 동사의 형태로서 그것들을 확인하는 것 외에는 보통 피동 동사를 피동태 구성과 관련짓지 못한다. 예를 들어, "The day was hot(날이 더웠다)"와 같은 문장을 쓴 학생들은 그것이 이 경우에 해당되지 않더라도 교사들이 was를 피동 동사라고 밝히고 "The sun broiled the earth(태양이 지구를 덥게 만들었다)"와 같은 것으로 수정하도록 권고한다고 생각할지도 모른다. 물론 이러한 수정은 본래의 의미를 전적으로 변화시키고, 어떤 맥락에서는 부적절할 것이다. 피동태를 사용하지 말라는 것은 문학에서 비평 에세이를 만들어 온 순수 문학 전통에서는 의미가 있지만, 그 전통 이외의 더 넓은 글쓰기 맥락에서는 잘못된 것이다.

과학과 사회 과학 분야에서 피동태는 확실히 자리를 잡았고, 이는 아주 적절한 관습이 되었다. 그것은 보통 과학 논문의 방법론 부분에 등장하는데, 거기에서 연구자들은 연구 절차와 데이터 수집 방법을 기술한다. 이 관습은 다른 연구자들이 유사 연구를 준비하는 데에 사용할 수 있도록 절차에 대한 객관적인 설명을 제공한다는 가치 있는 목적에 기초한다. 이러한 객관성은 대체로 허구다. 왜냐하면 과학 논문을 읽는 누구라도 그 연구를 준비하고 자료를 수집한 사람이 그 저자라는 것을 알기 때문이다. 그럼에도 불구하고 피동태는 "The data were collected via electrodes leading to three electromyograms(그 자료는 세 개의 근전도를 이끄는 전도를 통해 수집되었다)"의 문장처럼 객관적인 느낌을 만들었다. 이는 문장의 초점이 행위자인 연구자에서 그 행위로 이동하였기 때문이다. 또한 이는 주장하는 것과 반대로, 객관성의 허구에 대한 간계에 불과하다.

피동 구성이 인문학 외부에서 광범위하게 사용되고 있으며, 이는 피동 구성을 전적으로 금하는 것이 잘못되었다는 것을 나타낸다. 그러나 다른 많은 상황에서 피동태는 부적절하다. 과학 논문에서조차도 피동태는 주로 방법과 결과의 두 부분에서만 나타나기도 한다. 서론과 결론 부분에서 저자는 능동 구성을 사용하는 경향이 있다. 게다가 학교에서 하는 대부분의 글쓰기는 내부인인 특정 청중에게 전하는 것이 아니라는 점에서 저널 쓰기에 해당한다. 이는 과학 논문이나 실험 보고서가 그런 것과 같다. 바로 그 본질로 인해 저널 쓰기는 외부인을 위해 외부인에 의해 행해진다. 그리고 이것은 명료성, 간결성, 청중의 흥미 유발이라는 목적과 관련된 관습을 따른다. 이러한 목적을 가진 글쓰기는 피동태를 아주 빈번하게 사용하지 않을 것이다. 간단하게 사람들이 쉽게 알아볼 수 있는 주어를 가진 능동태로 문장을 처리하는 것이 더 쉽다.

피동태는 주어인 행위자를 삭제하기 때문에 많은 사람들이 책임이나 비난을 부과하는 것을 피하기 위해서 피동태를 사용한다. 예를 들어 297쪽의 문장 8은 특정 라인의 자동차 엔진 덮개 잠금장치 결함에 대한 자동차 회사의 보고서에서 가져온 것이다. 운전자의 전방 시야는 자기 차의 the hood(삭제된 주어 행위자)에 의해 방해받았는데, 시속 60마일에서 잠금장치가 풀려 전면 유리를 감싸 버렸다. 이 보고서 작성자는 회사의 책임과 잠재적인 법적 의무를 부과하지 않으면서 주어 행위자를 포함시킬 방법이 없어 명백한 이유를 피하고 있다. 행위자를 삭제한 피동태를 사용하면, 책임을 부여하지 않은 채 그 사고 상황을 기술할 수 있게 해 준다. 결국 책임은 법정이 결정하도록 남겨진다.

산업체와 정부가 그러한 회피 자료의 유일한 출처는 아니지만 주된 출처이기는 하다. 여러 다른 이유 때문에 신중하고자 하는 사람의 말이나 글에 피동태가 자연스럽게 나타난다. 결론적으로 피동 구성에 관한 용법 문제는 상황을 중심으로 나타난다.

---

4. 관계절 형성

일반적으로 관계절은 명사에 대한 정보를 제공하는 수식어 기능을 한다. 게
다가 관계절은 명사 반복을 피하게 해 준다. 다음 문장을 생각해 보자.

11. The message, *which Macarena had left near the flowers*, baf-
    fled Fred.

    그 메시지는, 마카레나가 꽃 근처에 남긴 것인데, 프레드를 당황시켰다.

12. The wallet *that held Macarena's money* was in the trunk.

    마카레나의 돈이 든 지갑이 트렁크 속에 있었다.

13. The woman *whom I love* has red hair.

    내가 사랑하는 여자는 빨간 머리이다.

이 문장들은 각각 독립절과 관계절을 포함하고 있다. 각 관계절은 관계
대명사로 시작된다. 각각의 절은 다음에 보이는 것과 같다.

11a. the message baffled Fred/*which* Macarena had left near the flowers

그 메시지는 프레드를 당황시켰다/마카레나가 꽃 근처에 남긴 것

12a. the wallet was in the trunk/*that* held Macarena's money

그 지갑이 트렁크 속에 있었다/마카레나의 돈이 든 것

13a. the woman has red hair/*whom* I love.

그 여자는 빨간 머리이다/내가 사랑한 사람

관계절이 있는 문장에서 기저(underlying) 절을 확인할 수 있다는 것은 그 문법을 이해하는 데 있어서 중요한 것이다. 이런 이유로 각 문장의 심층 구조를 고려한다면, 관계화하는 중에 대치되는 기저 명사구를 볼 필요가 있다. 그 결과 다음에 제시된 절의 쌍이 나타난다.

11b. the message baffled Fred/Macarena had left *the message* near the flowers

그 메시지는 프레드를 당황시켰다/마카레나가 그 메시지를 꽃 근처에 남겨 두었다

12b. the wallet was in the trunk/*the wallet* held Macarena's money

그 지갑이 트렁크 속에 있었다/그 지갑에는 마카레나의 돈이 들어 있었다

13b. the woman has red hair/I love *the woman*

그 여자는 빨간 머리이다/나는 그녀를 사랑한다

변형 생성 문법에서, 관계절은 다음 규칙에 의해 만들어진다.

관계절 규칙

$$NP_{1\,S}[Y\ NP_2\ Z]_S$$

$$\Rightarrow$$

$$NP_{1\,S}[\text{wh-pro}\ Y\ Z]_S$$

$$\text{wh-pro} \rightarrow \left\{ \begin{array}{c} RP \\ prep + RP \end{array} \right\}$$

이 규칙은 본래 문장보다 더 복잡해 보인다. Y와 Z는 변형에 영향을 주지 않는 구성 요소를 설명하기 위해서 변형 생성 문법이 사용하는 변수이다. 몇 가지 중요한 요인이 있는데 첫째, NP_1이 NP_2와 동일해야 한다. 둘째, S와 괄호에 의해 표시되는 절이 있어야 하며, 셋째, 그 절이 NP_1에서 나뉜다는 것이다. 변형은 NP₂를 가져와서 그것을 관계 대명사로 바꾼다. 그것은 wh-pro로 표시되는데, 이는 대부분의 관계 대명사가 'wh'라는 철자로 시작되기 때문이다. NP₂가 절의 주어인 경우에 변수 Y의 자리는 공백이 되고, NP₂가 목적어인 경우에는 목적어 앞에 있는 모든 것이 Y에 해당할 것이다.

문장 11에서 13까지의 수형도는 변형이 어떻게 일어나는지를 보여준다.

핵심 아이디어 적용하기

■ 지시 사항: 다음 문장의 심층 구조를 밝혀 보자.

1. Macarena was the woman who danced on the bar at China Club.
   마카레나는 차이나 클럽 바에서 춤을 춘 여자였다.

2. The high heels that she was wearing almost slipped on the slick surface.
   그녀가 신고 있는 하이힐이 매끄러운 표면에 미끄러져 넘어졌다.

3. A bartender who knew her grabbed Macarena's arm.
   마카레나를 아는 바텐더가 그녀의 팔을 붙잡았다.

4. The patrons who were seated at the bar laughed at her in good fun.
   바에 앉아 있던 단골손님들이 그녀의 우스갯소리에 웃었다.

5. Macarena dropped the drink that she had in her hand.
   마카레나가 자기의 손에 있던 음료수를 떨어뜨렸다.

문장 11: The message, *which Macarena had left near the flowers*, baffled Fred.

심층 구조

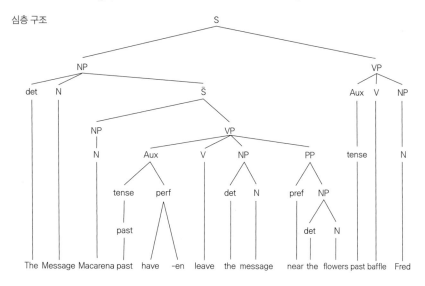

문장 11: The message, *which* Macarena had *left near the flowers*, baffled Fred. (계속)

⇒ 관계절 변형

표층 구조

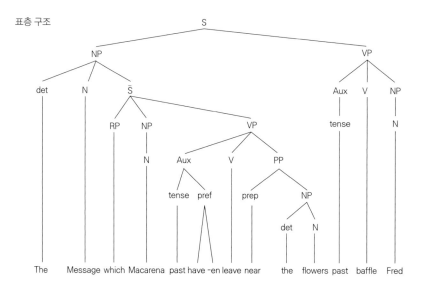

문장 12: The wallet that *held Macarena's money* was in the trunk.

심층 구조

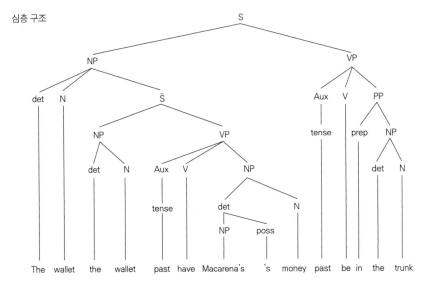

문장 12: The wallet that *held Macarena's money* was in the trunk. (계속)

⇒ 관계절 변형

표층 구조

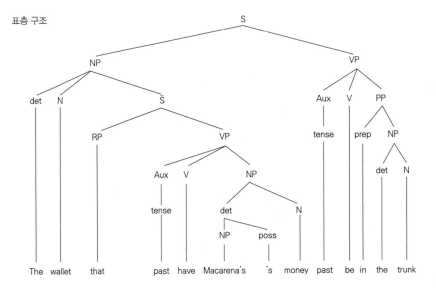

문장 13: The woman *whom I love* has red hair.

심층 구조

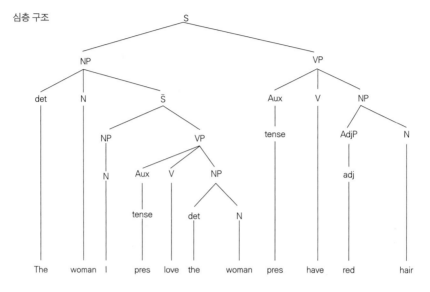

문장 13: The woman *whom I love* has red hair. (계속)

⇒ 관계절 변형

표층 구조

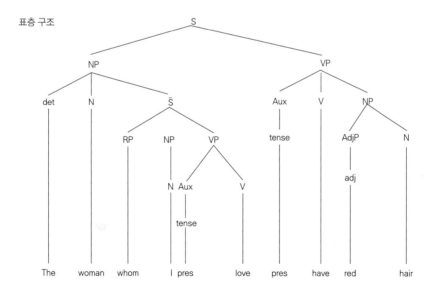

1) 전치사구에서 명사구 관계화화기

관계절 규칙은 때때로 동일한 명사구가 전치사의 목적어로 나타나는 것을 인정한다. 그래서 문장 14와 같이 그것을 관계화해야 한다. 이 절차는 어떤 흥미로운 문법적 질문을 불러일으킨다.

14. Fred loved the house *in which the couple lived*.
    프레드는 그 부부가 살던 그 집을 좋아했다.

이 문장은 아래의 절들로 구성되어 있다.

- Fred loved the house/the couple lived in the house
  프레드는 그 집을 좋아했다/그 부부가 그 집에 살았다

관계절 변형 규칙에 어떤 문제가 있음을 즉시 알 수 있다. 그것은 전치사구 전체를 옮긴다. 그러나 영어에서는 문장 14a에서와 같이 단지 명사구만 이동하게 할 수 있다.

14a. Fred loved the house which the couple lived in.

14a의 기저 구조는 문장 14에 대한 것과 정확히 동일하다.

- Fred loved the house/the couple lived in the house

관계화는 처음에 다음과 같은 것을 생산한다.

- Fred loved the house/the couple lived in which

　이때 전치사구 전체를 이동할지 관계 대명사만 이동할지 결정하도록 하는 어떤 기제나 작용이 있어야 한다. 여기서 변형 규칙은 실망스럽다. 필요한 기제를 제공하도록 그 규칙을 다시 쓸 명쾌한 방법이 없다. 그래서 임시방편으로 그것을 외부에서 제공하게 하였다.

■ 용법 노트

앞의 용법 노트(259쪽)에서 대부분의 사람들이 관계 대명사 which와 that을 서로 교체하여 사용한다고 언급하였다. 비록 이 단어들이 매우 유사할지라도, 그것들이 완전히 동일하지는 않다. 일반적으로 which는 비제한적 관계절에서 사용되는 반면에 that은 제한적 관계절에 사용된다. 그러나 문장 14a에서 보여 주는 것처럼 또 다른 차이점이 있다. 즉 which는 전치사의 목적어로 기능할 수 있지만 that은 그럴 수 없다. 이미 언급했듯이 변형 생성 문법은 문장 14와 14a 사이에 놓이는 중간 단계가 있다고 제안하는데, 문장 14와 14a에서 기저형은 다음과 같다.

- Fred loved the house/the couple lived in which
  프레드는 그 집을 좋아했다/그 부부는 거기에서 살았다

　그럼에도 불구하고 문장 14a보다는 14b를 사용하는 사람들이 더 자주 목격된다는 결론과 함께 일반적인 용법에서는 which와 that을 동일한 것으로 처리한다.

14b. ?Fred loved the house that the couple lived in.

이 문장이 아주 흔할지라도, 면밀히 분석해 보면 그것이 문법 규칙을 어길 수도 있다는 것을 알게 된다. 문장 14b는 중간 기저형으로 다음과 같은 것을 가질 것이다.

- Fred loved the house/the couple lived in that

이제 전치사구 전체를 관계절 앞으로 옮겼을 때 일어날 일에 주목해 보자.

- *Fred loved the house in that the couple lived.

2) 다른 관계 대명사

15와 같은 문장은 전치사구에서 관계화된 문장보다 훨씬 더 흥미롭다.

15. They drove to Big Sur, *where the sea otters play*.
    그들은 빅서로 차를 몰았는데, 거기에는 바다 수달이 놀고 있다.

이 문장의 심층 구조는 15a에 따른 무언가가 되어야 할 것이다.

15a. They drove to Big Sur/the sea otters play at Big Sur
     그들은 빅서로 차를 몰았다/바다 수달이 빅서에서 놀고 있다

두 절 모두 Big Sur를 중복할 수 있지만, 이 명사구를 지배하는 전치사구를 중복할 수는 없다. 전치사 at이 심층 구조에는 필요하지 않고, 전치사

를 표지(예를 들면 Z)로 대치할 수 있다고 제안하는 것이 가능하다. 그래서 그것이 NP를 관계화할 때 변형은 이 표지를 생략할 수 있다. 그러나 이러한 접근은 임시적이고 직관에 어긋나 보인다. 또한 그것은 14와 같은 문장(Fred loved the house in which the couple lived)의 분석과 일치하지 않는데, 여기에서 전치사 in은 표층 구조뿐 아니라 심층 구조에서도 진짜 전치사이다. 문장 14에서, 전치사는 생략될 수 없다. 왜냐하면 그렇게 하는 것이 비문법적인 구성을 생산하기 때문이다.

- *Fred loved the house *which the couple lived*.

그러므로 15와 같은 문장의 심층 구조에 전치사구는 어울리지 않는다고 어쩔 수 없이 제안하게 된다. 이 제안을 더욱 타당하게 하기 위해서, 관계대명사 where를 포함하는 관계절은 which, who, whom과 같은 관계 대명사를 포함하는 관계절과 다르다고 제안해야 할 것이다. 이러한 제안을 수용할 때, 전치사 at에 무슨 일이 생겼는지 설명하는 것은 꽤 간단하다. 즉 그것은 관계 대명사에 흡수되었다. 그러나 원칙상 전 구조에 동일한 관계화를 기대할 것이다.

게다가 다음과 같이 비표준적이거나 비문법적이지만 넓게 사용되는 구성과 관련이 있다.

- *Where is he at?

이 흔한 문장에서 at은 불필요하다. 왜냐하면 그것이 where라는 단어 안에 내포되기 때문이다. 동일한 원리가 문장 15에서 설명된 유형의 관계절에도 적용된다고 결론지을 수 있는가? 어떤 근거로 그러한가?

16, 17과 같은 문장도 똑같이 문제가 있다.

16. The reason why Fred was late was unknown.

프레드가 늦은 이유는 알려지지 않았다.

17. Fred bought a thong swimsuit, which horrified his mother.

프레드가 가죽 끈 수영복을 샀는데, 그것은 그의 어머니를 몸서리치게 만들었다.

문장 16이 다음 절들로 구성되어 있다고 분석해야 한다.

16a. The reason was unknown/Fred was late for the reason

그 이유는 알려지지 않았다/프레드는 그 이유 때문에 늦었다

문장 15에서와 같이, 관계화가 단지 명사구만이 아니라 전치사구 전체를 바꾼다고 가정하게 된다.

문장 17은 관계 대명사에 대한 선행사가 없기 때문에 더욱 문제가 된다. 그 관계 대명사는 독립절에서 명사구를 중복하지 않는다. 그 대신에 그것은 독립절의 의미적 내용을 대신하는 것처럼 보인다. 문장 17이 다음 절들로 구성되어 있다고 분석할 수 있다.

17a. Fred bought a thong swimsuit/the fact that Fred bought a thong swimsuit horrified his mother

프레드가 가죽 끈 수영복을 샀다/프레드가 가죽 끈 수영복을 샀다는 사실이 그의 어머니를 몸서리치게 만들었다

3) 변형 생성 문법의 점진적 쇠퇴

앞의 분석들은 별로 만족스럽지 않다. 또한 그것들은 전개될 일에 대한 전조(前兆)가 된다. 초기부터 변형 생성 문법은 문장의 이력에 주목하는 것이 중요하다고 제안하였다. 그러나 이전 논의에서 제안한 것처럼, 심층 구조와 표층 구조를 조화시키는 것은 수많은 문제를 야기한다. 만약 그 문법에 좀 더 깊숙이 들어간다면, 이 문제가 심층 구조에 대해 갈수록 임시적이고 심지어 부자연스런 설명을 강요함으로써 더욱 심각해지는 것을 볼 수 있다.

촘스키가 처음에 그 문법을 만들었을 때는 통사론과 의미론 사이에 명백한 구분이 있었다. 그러나 16, 17과 같은 문장은 이러한 구분이 인위적이고 만족스럽지 못함을 지적한다. 문장에서 관계 대명사의 주된 통사적 기능은 종속절과 독립절을 연결하는 것이다. 그러나 또한 그것은 그 문법에서 설명될 수 없는 명백한 의미적 요소를 가지고 있다. 결론적으로 303쪽에서 관계절에 대해 제시한 변형 규칙이 문장 15~17에 작용하지 않는다는 것이다. 문장 15와 16을 설명하기 위해 추가 규칙을 만드는 것이 가능하다. 그러나 그러한 규칙은 특수한 규칙보다 보편적인 규칙을 제공하려는 변형 생성 문법의 목적에 반대되는 것이다. 문장 17을 위한 추가 규칙을 만드는 것은 불가능하다. 왜냐하면 변형 규칙은 의미적 내용에 관한 문제를 말하지 않고 설명할 수도 없기 때문이다. 결론적으로, 그러한 문장의 심층 구조를 분석하기 위해 직관과 추측에 의존해야 한다. 또한 변형 규칙으로 나타낼 수 없는 언어학적 특질을 설명하기 위해서 임시적 제약을 끝없이 확장하는 데 의지해야 한다. 초기부터 그 문법의 엄격한 공식을 통해 추측 작용을 제거하려 노력한 변형 생성 문법에서 그러한 의존성은 바람직한 것이 아니다. 이것은 변형 생성 문법에서 만족스럽게 해결되지 못했던 몇 가지 문제 중 하나이다. 이러한 사실에 덧붙여 심리학과 신경과학에서의 연구도 변형 규칙이 실재한다는 증거를 발견하는 데에 실패하였다(Williams, 1998의 요약). 그래서 변형 생성 문법의 근거가 의심스러워 보인다.

5. 최소주의 이론

촘스키는 눈에 띄는 그 문제들을 꽤 일찍 알아차렸다. 그러나 촘스키는 그 문제를 해결하려는 다른 언어학자들의 노력에 강력히 맞섰고, 그래서 뒤이은 논쟁이 "언어학 전쟁"(Harris, 1993)이라 불리게 되었다. 언어와 문법의 이론에서 의미의 역할이 그 논쟁의 핵심이었다. 많은 언어학자들이 실행 가능한 언어 이론은 의미를 설명할 수 있어야 한다고 주장하였다. 반면에 촘스키는 의미는 상관없다고 확고부동하게 주장하였다. 해리스(Harris)에 따르면, 레이코프(Lakoff)와 로스(Ross) 같은 언어학자들이 문법 이론에 의미를 가져오는 방법을 개발하는 것이 중요하다고 강조했을 때 촘스키의 반응은 격렬하였다.

> (그는) 성공적인 초기 연구를 거부하고 『통사 이론의 여러 양상』 모델로 급진적인 변화를 제안하면서, (아주 미약한 증거에 기반한 모든) 변화를 위한 임시 탈출구를 열었다. 그 급진적인 제안은 누구나 아는 것처럼 유능한 그의 동료들의 연구나 그들과 함께 해 온 몇몇 후학들의 연구를 심각하게 손상시키고 말았다. (p. 142)

결과적으로, 의미를 밝히는 데에서 심층 구조의 역할을 축소하는 것으로 촘스키는 변형 생성 문법을 개정할 수밖에 없었다. 동시에 그는 보편 문법을 더욱 강조했고, 언어가 선천적 정신 능력이라는 주장을 강화하였다. 각각의 수정은 역설적이게도 문법을 더욱 추상적으로 만들었고, 언어 자체로부터 멀리 떨어지게 만들었다. 테일러(Taylor, 2002)가 언급했듯이, 촘스키는 실체와 과정을 눈에 보이지 않게 만들었다. 그러므로 작문과 언어 과목 교사가 그 수정이 교실에서 훨씬 유용한 점을 발견할 수 있을 것 같지는 않다. 1993년에 제안되었던 『원리와 매개변항 이론*Principle and parameters theory*』에서는 여러 관점에서 보았을 때 『통사 구조』(1957)와 『통사 이론의 여러 양상』(1965)에서 발전시킨 그 문법으로부터 극적인 탈출을 제시하였다. 2년 뒤 촘스키(1995)는 그 이론을 정교화하여 그것을 '최소주의 이론(minimalist program: MP)'이라고 다시 명명하였다. 비록 기타하라(Kitahara, 1997) 같은 여러 언어학자들이 소수의 개정을 하였을지라도 현재 최소주의 이론은 언어와 문법에 대하여 가장 충만하게 발전된 촘스키의 아이디어를 반영한다.

최소주의 이론을 상세하게 이해하는 것은 고도의 언어학적 훈련을 요구하며, 이 책에서는 더 자세히 탐구할 필요성도 없다. 그럼에도 불구하고 일반 원리에 대한 논의는 가능하며, 그 이론이 무엇에 대한 것인지는 생각해 볼 수 있다. 최소주의 이론은 완전히 새로운 것이 아니라 변형 생성 문법의 실질적인 수정으로 간주된다. 즉 촘스키는 변형 생성 특성의 일부를 포함하고, 다른 것을 제거하였으며, 어떤 경우에는 새로운 방향으로 나아갔다. 다음은 최소주의 이론(MP)에 대한 개관이다.

1) 언어 능력과 언어 습득

언어 습득에 대한 의문은 독서와 작문을 가르치는 사람들에게 특히 흥미로운 것이다. 아이들이 학교에 들어가기 전까지, 아이들은 그들 가정 언어의 거의 모든 문법적 특질을 익힌다. 이러한 특질이 변하기 쉬운 것인가에 대한 의문은 중요하다. 왜냐하면 가정 언어가 학교 언어와 거의 일치하지 않기 때문이다.

  습득에 대한 연구는 두 개의 주장으로 형성되는데, 정확하게 말하면 이들은 언어 이해에 대한 중요한 논리적 문제를 제시한다. 첫째, 아이들은 한정된 수의 문장을 경험하지만 이론적으로 무한한 수의 문장을 생산할 수 있는 문법 도구를 발달시킬 수 있다. 둘째, 아이들이 마주하는 언어의 대부분은 질적으로 불완전하다. 바꿔 말하자면, 습득은 빈약한 자극에도 불구하고 진행되어야 한다. 그 문제를 설명하기 위해 변형 생성 문법은 선천적인 '언어 습득 장치(LAD)'를 제안하였다. 언어 습득 장치는 제한되고 왜곡된 자료로부터 아이의 가정 언어에 대한 특정한 문법 규칙을 유도한다. 대개는 3세까지, 늦어도 반드시 6세 이전에 대부분의 규칙을 가진다. 그리고 아이들은 그 규칙들을 지속적으로 적용한다.

  최소주의 이론(MP)은 약간 다른 모델을 제공한다. 촘스키(1995)는 "언어 습득이 허용되는 방식 내에서 초기 상태의 매개변항을 고정시키는 과정으로서 해석된다"(p. 6)라고 언급하였다. 이 진술은 약간의 설명이 요구된다. 그것은 각각의 아이들이 보편 문법을 포함하는 언어 능력을 가지고 태어난다는 생각에 근거한다. 인간이 선천적인 언어 능력을 가지고 있다는 촘스키의 주장이 처음에 『통사 이론의 여러 양상』(1965)에서 강하게 표명되었음에도 불구하고, MP는 언어 능력이 다른 인지적 작용과는 별개인 그 자체의 원리에서 작용된다는 개념을 강조함으로써 그것을 수정하였다. 존슨과 래핀(Johnson & Lappin, 1997)이 지적했듯이, 촘스키의 언어 능력은 "본질적으로는 생물학적 기관이다. 이런 이유로 보편 문법(UG)의 특성은 정신의 특성을 생물학적으로 밝히게 된다"(p. 45).

보편 문법에 덧붙여

보편 문법과 언어 능력의 특성에 대한 촘스키(1995, 2000)의 논의는 구체적이지도 않고 명백하지도 않다. 촘스키(1995)에 따르면, "[보편 문법의] 초기 상태에 대한 이론이 제한된 변형만을 허용해야 한다는 것은 명백하다. 곧 특정 언어는 경험에 앞서 널리 알려져야 한다"(p. 4). 이 때문에 태어나면서부터 보편 문법은 제로의 초기 상태인데, 이것은 '경계'를 가진 카오스로 생각할지 모르는 것이다. 이 경계는 잠재적 언어 즉 특정 문법의 카오스를 포함하고, 문법의 범위가 무한하지 않고 인지적 과정에서의 제약 때문에 제한이 필요하다는 것을 확실히 한다. 아이들의 가정 언어는 특정 언어의 문법을 "고정시킨다". 예를 들어 가정 언어가 영어라면 기본적 매개변항으로 SVO를 고정시키고, 가정 언어가 일본어라면 SOV로 고정시킨다.

'보편 문법'이라는 용어 그 자체는 당혹스러울 수도 있다. 약 5,000개 정도의 개별 언어가 있지만 그들의 문법은 놀라울 정도로 유사하다. 표면적으로는 이것을 기대할 이유가 없다. 중요한 예 한 가지만 생각해 보자.

3장에서 핵어를 검토하고 구가 수식어를 형성하기 위해 그것에 어떻게 첨가되는지 보았다. 핵어에 대한 아이디어는 언어의 기본 구조에도 적용된다. 영어의 SVO 유형에서, 목적어는 동사를 뒤따른다. 이 유형은 전치사구에서도 반복된다. 즉, 목적어 명사구는 전치사를 뒤따른다. 이러한 예에서, 동사와 전치사는 그들의 명사구 목적어에 대한 핵어의 역할을 한다. 게다가 이와 같은 유형은 다른 많은 언어에서도 발견된다. 결과적으로, 핵어가 '앞에' 또는 처음 위치에 있다는 것을 나타내기 위해 그것들을 "전치사적" 언어라고 부른다.

일본어를 살펴보면 이와 반대 유형인 SOV를 발견할 수 있다. 즉 핵어가 명사구 목적어를 뒤따른다. 따라서 영어 문장 "Fred drank sake(프레드가 샤케를 마셨다)"는 일본어에서 "Fred sake drank(Fred-wa sake-o nom-da)"로 구조화될 것이다. 그러므로 일본어와 이러한 유형을 가진 다른 언어들을 "후치사적" 언어라 부른다. 흥미로운 것은 모든 인간 언어의 약 95퍼센트가 전치사적 언어이거나 후치사적 언어라는 것이다.

보편 문법에 대한 아이디어는 부분적으로 이러한 관찰에 기초하고 있다. 촘스키(1965, 1995)는 인간이 단지 하나의 문법만을 가지며 변이의 양도 심하게 제한되어 있다고 제시하였다. 습득은 그것이 전치사적인지 후치사적인지와 같은 아이들의 가정 언어를 특징짓는 특정한 매개변항 장치를 수반한다. 즉각적으로 제기되는 질문은 문법의 이 특징이 언어에 유일한 것인지 아닌지 또는 대개 그것이 인간 인지의 특징인지 아닌지이다. 현재의 지식 상태로서는 이 질문에 대하여 명쾌한 답을 줄 수 없을지라도, 인지 작용이 상당히 위계적으로 보이는 것은 사실이다(Bradshaw, Ford, Adam-Webber, & Boose, 1993; Grossberg, 1999; Pinker, 2002; Schilperoord, 1996).[7] 언어에 위계를 적용하는 것은 어떤 발화나 문장의 가장 중요한 부분이 마지막이나 중간보다는 처음에 놓이는 경향이 있을 것이라는 사실을 의미한다. 그리고 이것이 바로 우리가 알고 있는 바이다. 즉, 대부분의 언어는 주어를 처음에 놓는 어순을 가진다. 이러한 근거에서 만약 언어학적 과정이 유일한 것이 아니라 일반적인 인지 작용의 특성화된 표명이라면, '보편 문법'이라는 용어가 습득과 언어 즉 특정 문법을 더 잘 이해하는 데에 오히려 방해가 될 수 있다고 제안하는 것은 타당해 보인다.

언어 능력은 어휘부, 논리 형식, 음성 형식, 연산 체계의 네 부분으로 구성된 것으로 여겨지는데, 이들 모두는 보편 문법에 의해 지배받는다. 촘스키(1995, 2000)에 따르면, 이 네 부분은 언어를 생산할 수 있게 하는 아주 복잡한 방법으로 함께 작용한다. 그래서 최소주의 이론에서 언어 습득은 다음

---

7   그러나 에드먼드선(Edmondson, 2000)이 인지 작용에서 위계는 모든 행동, 심지어 정신생리학적 행동도 연속적이라는 사실에 기초한 착각일 수도 있다고 지적한 점에 주의해야 한다. 그가 말했듯이, "인지적 실체에서 연속된 명령의 영향에 대한 중요한 부산물은 조직의 원리 즉 위계처럼 보이지만 사실 행위의 인공물인 구조의 발생이다"(p. 9).

의 단계로 이루어진다.

1. 태어나면서 언어 능력은 보편 문법을 포함한다.
2. 출생은 영아들이 가정 언어 환경에 몰두하게 하고, 그것은 보편 문법
   의 매개변항을 "고정하고(fixes)", 그래서 그것은 가정 언어의 문법
   과 일치한다.
3. 또한 몰입은 아이들에게 실제 세계와 관련되는 개인적 단어 목록인
   어휘부를 제공한다.
4. 언어 생산은 어휘부에서 단어를 선택하는 것과 논리 형식과 음성 형
   식에 그것을 더하는 것으로 이루어진다.

습득에 대한 최소주의 이론(MP)의 설명은 습득과 관련된 문제를 해결
한다. 만약 아이들이 문법의 핵심 요소를 가지고 태어난다면, 아이들은 제
한되고 왜곡된 입력으로부터의 귀납에 어려움이 거의 없을 것이다. 이유는
간단하다. 즉, 아이들은 이미 그 언어를 "안다". 그래서 입력의 부족이 습득
을 해치게 되지 않을 것이다. 마찬가지로, 왜곡된 입력이 보편 문법의 매개
변항에 의해 여과될 것이고 습득에 어떠한 영향도 미치지 않을 것이다.

2) 연산 체계

연산 체계는 MP의 핵심적인 특징이다. 촘스키(1995)는 이 체계가 어휘부로
부터 항목들을 선택하고 그것들을 논리 형식과 음성 형식에 할당한다고 제
안하였다. 논리 형식은 의미를 포함하고 음성 형식은 소리 대응의 표현이
다. bad와 같은 단어가 맥락과 어형 변화에 따라 나쁘거나 좋은 것을 의미
할 수 있다는 것을 생각해 봄으로써 그 과정이 어떻게 일어나는지 상상할

수 있다. 연산 체계는 맥락을 추산하고, 단어 bad를 선택하고, 적당한 의미를 할당할 것이다. 그러나 의미 내용을 가진 단어의 논리 형식이 상당히 명료할지라도, 의미 내용을 현저하게 덜 가지고 있는 기능어에 대해서는 그것이 전혀 명료하지 않다는 것에 주목해야 한다. 그것을 명제와 속성의 일련의 연결로 간주할 것이다.

여기서 보여 준 언어 습득 모형에서, 연산 체계 또는 그와 같은 어떤 것도 불가피한 것이다. 만약 언어 능력이 단지 모든 이용 가능한 문법 유형을 자세히 살펴보는 것이라면, 최소의 '학습'이 수반된다. 언어 생산의 실제 인지 작용은 그것의 무수한 속성을 모두 가진 올바른 단어들을 선택하는 것과 그것들을 올바른 형식으로 배치하는 것으로 구성되어야 한다. 어떤 종류의 분류와 처리 능력은, 그것이 메커니즘이 아니라면, 이렇게 하는 것이 요구될 것이다.

그러나 연산 체계는 새로운 아이디어가 아니다. 인지에서의 작업 대부분은 연산 모형에 근거를 둔다. 그래서 언어에 대한 그것의 적용은 직관적이고 상식적으로 보인다. 그것의 가장 단순한 형식에서, 인지의 연산 모형은 정보를 처리하고, 작은 양의 데이터를 더 큰 양의 데이터로 변환함으로써 아이디어와 언어를 생성한다는 것을 사실로 상정한다. 때때로 이 과정은 '합성성(compositionality)'으로 언급된다. 원칙적인 방법으로 알파벳 글자들을 조합하여 문어 단어를 만드는 방법이 유용한 비유이다. 예를 들어, run이라는 단어는 r, u, n이라는 글자를 조합해서 만들어졌다. "언어 처리는 더 큰 언어 단위를 만들기 위해 작은 언어 단위를 결합시키는 것과 관련된다는 생각은 … [매우 설득력 있다.] 그것의 매력에서 벗어날 수 있는 사람은 거의 없다"(William, 1993: 545)는 것에 주목해야 한다. 그러므로 촘스키(1995)의 연산 체계에서 수십 년간 심리학을 지배했던 인지에 대한 관점을 인식한 것에 놀랄 필요가 없다. 촘스키의 연산 체계를 주목할 만한 것으로 만든 것은 그것이 "엄격한 합성성"이라 부르는 것을 반영했다는 사실이다. 합성의 생산물은 단지 단어의 형식뿐만이 아니라 그것의 의미까지이다. 이 때문에 개별 문장의 의미는 개별 단어의 결합으로 구성된다.[8]

3) 언어 능력과 언어 수행

촘스키는 대부분의 초기 연구에서, 사람들이 오직 문법적인 문장을 생산할 수 있는 문법 규칙을 발달시키고 있을 때조차 오류를 생산하기 쉽다는 사실을 설명하기 위한 수단으로서 '언어 능력(competence)'과 '언어 수행(performance)'을 제안하였다. MP는 언어 능력/언어 수행의 구분을 함유하지만, 그 용어들은 다른 의미를 가진다. 변형 생성 모델에서 언어적 능력은 어떤 발화가 문법적인지 아닌지에 대해 정확하게 판단할 수 있는 모국어 화자의 타고난 능력이다. 다양한 환경적 요인이 미묘한 언어 능력을 전복시킬 수 있다는 사실을 고려하면, 언어 수행은 언어를 가지고 실제로 문법적으로 행하는 것이다. 최소주의 이론에서, 언어 능력(competence)은 언어 능력(language faculty)과 보편 문법이 언어를 생성하기 위한 "완벽한" 체계를 나타낸다는 촘스키(1995, 2000)의 관점과 더욱 밀접하게 연관되어 있다. 예를 들어, 그는 언어 능력이 "유일할 뿐 아니라 어떤 흥미로운 면에서는 최적 조건"(1995, p. 9)이라고 진술하였고, "언어 능력은 '완벽'에 가까울지도 모른다는 암시가 있다"(2000, p. 9)라고 진술하였다. 이러한 수정은 그것을 문

---

8 문장의 의미에 대한 원리로 합성성의 원리가 있는데, 이 원리에 의하면 문장의 의미는 그 문장을 이루고 있는 어휘들의 의미와 그 문장이 가지는 문법적 구조의 특질이 부여하는 의미로부터 얻어진다. 이러한 합성성의 원리를 직접·간접으로 적용하여 문장의 의미를 구하려는 노력이 논리학의 전통을 잇는 형식의미론에서는 물론 변형 생성문법에 연계되는 의미이론에서도 계속되고 있다. 이응백·김원경·김선풍(1998), 『국어국문학자료사전』, 한국사전연구사. [역주]

법성 판단에서 생물학에 바탕을 둔 구성적인 과정으로 바꿈으로써 언어 능력의 개념을 상당히 변화시켰다. 이러한 이유로 언어 능력은 대체로 개인(individual)이 아니라 언어 능력의 소유자인 인간(human)과 관련된다.

언어 수행 또한 다른 의미를 갖는다. 한편으로, 촘스키(1995)는 언어 수행이 해당 언어를 생산하기 위해 필요한 언어와 정신의 메커니즘을 가지는 것으로 구성된다고 단언하였다. 그러나 그렇게 함으로 해서 그는 이 제안의 한계를 인식하였고, 언어 수행에 대한 완전한 설명은 "생산과 해석 이론, 그 중에서 언어 수행 이론의 개발"을 요구한다는 것에 주목하였다. "일반적으로 문제는 손이 닿지 않는 곳에 있다"(p. 18). 그러므로 MP에서 언어 수행은 사람들이 언어를 생성하고 이해하는 방법, 촘스키가 우리를 넘어서는 것으로 간주했던 일을 모형화해야 하는 이론적인 기초를 가진다.

4) 변형 규칙의 종말

최소주의 이론의 가장 주목할 만한 특징은 변형 규칙과 심층 구조의 삭제이다. 촘스키(1995)가 말했듯이, "D-구조는 그것이 야기한 문제와 함께 사라졌다"(p. 189). 어휘부는 한때 변형 규칙에 의해 수행되었던 수많은 기능에 대한 책임을 맡는 중심적인 역할을 가진다. 촘스키(1995)는 다음과 같이 설명했다.

> 어휘부는 각각의 특질들이 연결된 체계인 어휘적 요소의 집합이다. 그것은 각각의 그러한 요소에 대해 특유한 음성적·의미적·통사적 속성을 구체적으로 명기해야 한다. … 동사 hit의 어휘 목록은 질문에서 언어에 대해 매개변항화된 일반적 원리의 작용을 통해 그것의 소리, 의미, 통사적 역할을 결정하기 위한 그것의 속성에 대해 충분히 명기해야 한다. (pp. 103-131)

다른 방식으로 말하면, 연산 체계는 어휘부에서 단어를 선택하고, 각 단어와 관련된 다양한 의미적·통사적 제약에 따라서 그것을 언어적 표현으로 결합한다.

변형 생성 문법으로부터의 이러한 탈출은 그 영향을 판단하기 위해 신중하게 검토되어야 한다. 최소주의 이론은 멘털리즈의 형식으로 의미를 유지하지만, 이제 의미는 어휘부를 구성하는 개별 단어 속에 머무르는 것으로 여겨진다. 문장의 의미는 단어들의 특정한 결합으로부터 발생한다. 이로 인한 이점은 즉각적으로 나타난다. 더 이상 의미를 변화시키거나 때때로 비문법적인 문장을 생산하는 변형의 곤란한 상황에 직면하지 않는다. 단어의 구조적 제약이 스스로 어떤 단어가 주어 또는 동사로 기능할지에 대해 지시할 것이기 때문에 통사가 의미를 결정한다.

MP에서, 결합의 과정 또는 변형 생성 용어에 따르면 파생의 과정은 단지 4개의 규칙만 포함한다. 즉, 병합하기(merge), 일치하기(agree), 이동하기(move), 문자화하기(spellout)이다. 단순한 문장을 생각해 보고, 그 과정이 어떻게 작용되는지 보자.

18. Fred kissed Macarena.
   프레드가 마카레나에게 키스했다.

이 문장의 세 단어는 각자 관련된 특징에 따라 어휘부에 존재한다. 예를 들어, Fred와 Macarena는 고유 명사이고 단수이다. kissed는 과거 시제가 표시된 타동사이다.[9] (이 단어들은 부가적인 특징을 가진다. 두 고유 명사는 사

---

9   원문에는 'kiss'라고 표시되어 있다. 그러나 과거 시제가 표시되었다는 설명이 나오므로 'kissed'라고 해야 맞다고 생각하여 여기서는 'kissed'라고 하였다. [역주]

람을 가리키는데, Fred는 남성이고 Macarena는 여성이다. Macarena는 스페인계 이름이며, 남성과 여성은 'kissing'이라는 행위에 빠져 있다. 그러나 이 특징들이 다음 장에서 연상 네트워크를 고려할 때에는 관련이 있을지라도, 이 지점에서는 특별히 관련이 없다.) 연산 체계는 이 단어들을 선택하고, 두 개의 명사와 한 개의 동사를 가진 동사구로 이루어진 시제 구를 만들기 위해 '병합하기'라 부르는 작용을 사용하여 그 단어들을 결합한다. 동사와 행위자 명사의 일치를 위해서, 또 동사의 시제를 일치시키기 위해서, 연산 체계는 '일치하기'라 불리는 작용을 적용한다. 다음으로, 행위자 명사는 시제 구의 머리로 재배치되어야 한다. 이 과정은 '이동하기'라 불리는 작용을 통해서 수행된다. 마지막 작용은 목표 문장을 생산하는 '문자화하기'라 불리는 문법/음성학 인터페이스 규칙으로 언급되는 것으로 구성된다. MP는 이러한 작용이 모든 문장을 지배한다고 주장한다. 뒤(p. 325)에 나오는 수형도는 파생에서 그 단계들을 설명하고 처리 과정을 시각화하는 보조물의 역할을 한다.

5) 문법의 종말?

보편 문법을 강조함에 따라, 촘스키(1995)는 모든 언어가 단어를 형성하는 방법을 제외하고는 모두 동일하다고 제안하였다. 곧 "언어 변이는 그 특성상 형태론적이라고 할 수 있으며, 단지 연산 때 어떤 부분이 외현적으로 실현되어 나타나느냐는 비판적인 질문만 남을 뿐이다"(p. 7). 이 개념은 1장에서 논의한 구-구조 문법의 발전에 앞서 존재했던 언어에 대한 전통적 관점과 여러 면에서 유사하다.

　　촘스키(1995)의 주장으로부터 곧바로 의문이 생긴다. 문법은 어떤가? 일본어와 영어의 경우와 같이 그들이 매우 다른 문법을 가지고 있을 때, 언어 변이가 어떻게 형태론적으로 제한되는가? 촘스키의 대답은 대담해 보인

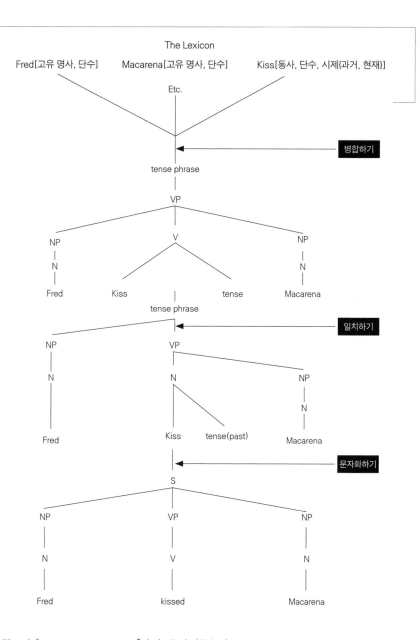

The Lexicon

Fred[고유 명사, 단수]　　Macarena[고유 명사, 단수]　　Kiss[동사, 단수, 시제{과거, 현재}]

Etc.

병합하기

tense phrase

VP

NP　　　　　V　　　　　NP

N　　　　　　　　　　　　N

Fred　　　Kiss　　　tense　　　Macarena

tense phrase

일치하기

NP　　　　　VP

N　　　　　N　　　　　NP

N

Fred　　　Kiss　　tense(past)　　Macarena

문자화하기

S

NP　　　　　VP　　　　　NP

N　　　　　V　　　　　N

Fred　　　kissed　　　Macarena

[그림 5.1] "Fred kissed Macarena"의 최소주의 이론 분석

다. 그는 문법의 개념을 그 자체로 제거하였다.

> 전통적인 의미에서 구성의 개념은 효과적으로 사라진다. 아마도 그것이 기술적
> 분류학에는 유용하지만 이론적인 지위는 없다. 그러므로 동사구나 의문사, 관계
> 절, 또는 피동태와 인상 구성과 같은 그러한 구성은 없다. 정확히 말하면, 이러한
> 기술적인 가공물을 형성하기 위해 상호 작용하는 일반적인 원리만 있을 뿐이다.
> (pp. 25-26)

6. 최소주의 이론에 대한 비판

최소주의 이론에 대한 충분한 비판은 이론의 복잡성 때문에 너무 길 것이
다. 그러나 핵심 요소에 대한 일부 논의는 가능하다. 틀림없이 생산 규칙에
대한 MP의 일반화와 심층 구조의 제거는 변형 생성 문법에 대한 중요한 개
선을 제공한다. 변형 생성 문법 규칙은 실제 언어 생산을 반영하기에는 너
무 수가 많고 복잡하여 언어학과 인지 과학의 많은 작업에서 부딪혔다. 게
다가 이 연구들에서는 의미가 심층 구조에 머문다는 어떤 증거도 발견되지
않았다. 심층 구조를 제거함으로써 최소주의 이론은 표층 구조가 단지 통사
론의 표명이라는 주장뿐 아니라 이 변형 생성 주장의 본질적인 문제점을 극
복한다. 적어도 상식은 우리에게 의미가 전체 언어 체계에 스며든다고 말하
고, MP는 이것을 고려한다.

　보편 문법의 탐구는 언어학적 분석을 향한 하나의 분명한 단계를 보
여 준다. 비록 그 용어가 오해되거나 (앞에서 논의된 것처럼) 부적절할지라도,
MP가 미래의 연구를 위해 중요한 부분이라는 것을 밝히는 데에는 아무런
문제가 없다. 세계의 언어들은 가장 깊은 층위에서 왜 거의 변이가 보이지

않는가? 언어의 구조는 두뇌 작동의 한계를 드러내는가?

최소주의 이론의 다른 특징들은 약간의 문제가 있다. 『통사 구조』에서 촘스키는 구-구조 문법이 기술적 또는 설명적 타당성이 부족한 것이 결정적인 문제라고 주장했다. 즉, 구-구조 문법은 언어를 충분히 기술하거나 설명하지 못한다. 변형 생성 문법은 기술적으로 그리고 설명적으로 타당하기 때문에 우월하다고 그는 주장하였다.

시간이 흐름에 따라 이러한 주장이 부정확하다는 것이 드러났다(Harris, 1993 참고). 촘스키(1995)에 따르면, 최소주의 이론은 변형 생성 문법의 결점을 제거한다. 예를 들어 "만약 … 언어 능력의 초기 상태를 정확하게 기술한다면 보편 문법 이론은 사실이다. … 그것이 기술적으로 적절한 문법을 제공할 경우에 … 보편 문법의 참된 이론은 설명적 타당성 조건을 충족한다"(pp. 18-19)라고 그는 언급하였다.[10] 물론 문제는 보편 문법이 언어 능력의 초기 상태를 정확히 기술하는지, 또는 MP에서 기술된 것과 같은 언어 능력이 있는지 확인할 수 있는 방법이 없다는 것이다. 더욱이 MP는 기술(description)을 하지 않는다는 설명에 너무 많이 초점을 둔다. 다른 방식으로 진술하면, MP는 언어 생산과 관련된 인지적 작용을 좁게 기술하는 것을 목표로 하고 언어의 '기술적 분류학'을 간단히 묵살한다. 이 분류학은 특히 교사와 언어의 구조를 다루는 사람들에게는 하찮은 것이 아니다. 게다가 인지 작용에 대한 기술은 필연적으로 은유적이다. 즉, 그것은 실제 정신 활동에 대한 사실적인 설명을 전하지 않는다. 그리고 기술을 지원하기 위한 인지와 신경과학의 경험적 자료가 전체적으로 부족하다는 것을 고려할 때, 그것은

---

10   촘스키는 일찍이 문법 모형이라면 타당성을 확보해야 한다고 말하고 있다. 그것은 관찰적 타당성, 기술적 타당성, 설명적 타당성의 세 단계를 가지고 있는데, 뒤로 갈수록 더욱 그 힘이 강하다고 말하고 있다. [그는] 전통 문법은 관찰적 타당성, 구조 문법은 기술적 타당성, 변형 문법은 설명적 타당성을 지니고 있다고 주장해 왔다.

결코 가능하지 않다고 쉽게 결론을 내릴 수 있다. 테일러(Tylor, 2002)는 이러한 맥락에서 "이론은 인간의 인지에 관해 독립적으로 세워진 사실로부터 파생된 고민에 의해서가 아니라 그것의 내적 논리에 의해 주도되어 왔다"(p. 8)라고 말했다.

1) 언어 능력

테일러(Taylor, 2002)의 비판은 사소한 것이 아니다. 인간이 언어를 개발하고 사용하려는 경향을 가지고 있다는 것은 실제로 논란의 여지가 없다. 예를 들어 인간의 두 발 보행처럼 이러한 경향도 선천적이라는 것을 부정할 수 없다. 그러나 언어 능력이 유일한 생물학적 기능인가? 또는 언어 능력이 진화의 시간을 넘어 언어가 통합되어 가는 인지 과정의 혼합물인가? 우리는 뇌의 두 영역인 브로카 영역(Broca's area)과 베르니케 영역(Wernicke's area)이 언어를 처리하는 데 중요한 책임을 지고 있다는 것을 안다. 뇌의 좌반구 영역에 손상을 입으면 언어 생산과 이해에 심각하게 방해를 받는다. 그러나 그들은 촘스키(1995)의 언어 능력을 수용할 수 있을 것 같지 않다. 왜냐하면 이 영역은 대뇌 피질, 편도선, 해마상 융기, 소뇌, 기저핵 등과 같은 다른 영역과 상호 작용을 하기 때문이다. 예를 들어 두뇌 화상 진찰은 단순한 구술 반응에 대한 작문이 청각 피질 속에서 시작되는 것을 보여 주는데, 이는 베르니케 영역을 활성화시키고 차례로 모이랑(angular gyrus)을 활성화시킨다.[11]

---

11 이러한 화상 진찰 연구는 그 자체의 문제가 있다. 파브로(Fabbro, 2001)가 지적했듯이, 많은 연구에서 "두뇌 활동은 너무 복잡한 작업으로 연구되었고, … 그것의 언어학적·실용주의적 본성은 아직도 거의 알려지지 않았다. 이러한 작업은 일반적으로 많은 언어학적·실용주의적·정서적인 구조를 동시에 활성화하였고, 그래서 데이터를 해석하는 것을 어렵게 만들었다"(p. 216).

아마도 누군가는 뇌의 다른 영역과의 연결이 궁극적으로 중요하지 않다는 논의와 그럼에도 불구하고 언어 능력은 브로카 영역에 중심이 있다는 논의를 제기할 수 있을 것이다. 그러한 논의는 몇 가지 이유에서 문제가 있다. 촘스키(1995)는 언어 능력의 독점적 기능이 언어 처리 과정이라고 제안하였다. 그러나 지금까지 두뇌의 어떤 영역도 이러한 독점적 기능을 가지고 있다는 증거가 없다. 그로진스키(Grodzinsky, 2000)는 브로카 영역이 통사에 책임이 있다기보다는 어떤 위치에서 또 다른 위치로 구를 이동시키는 것과 관련된 "메커니즘에 대한 신경 기지(基地)"(p. 4)라고 주장하였다. 밀러 외(Müller, Kleinhans, & Courchesne, 2001)와 밀러와 바소(Müller & Basho, 2004)에서는 브로카 영역이 시각 및 청각 기능과 관련된 "비언어적 처리"에 일정하게 연관되어 있다는 것을 발견하였다.

게다가 뇌 영상 연구의 대부분은 이중 언어 사용자들이 언어 처리를 위한 두 개의 다른 부분을 가진다는 것을 나타낸다(Bhatnagar, Mandybur, Buckingham, & Andy, 2000; Dehaene, 1999; Fabbro, 2001; Hernandez, Martinez, & Kohnert, 2000; Illes et al., 1999; Kim, Relkin, Lee, & Hirsch, 1997; Paradis, 1999; Perani et al., 1998). 이 연구는 최소주의 이론에 의해 기술된 국부적인 언어 능력이라는 개념이 실행 가능하지 않다고 제안하였다. 대뇌 피질의 넓은 측면이 좌반구 뇌가 정확성을 가진 "언어 중심"이라고 진술할 수 없는 언어 처리에 관련된다(Bhatnagar et al., 2000; Ojemann, 1983). 파브로(Fabbro, 2001)의 보고에 따르면 우반구 뇌는 "특히 제2 언어를 학습할 때, 결정적으로 언어 사용의 실행적인 면의 처리 과정을 포함한다"(p. 214). 또한 파브로는 "제2 언어가 학교에서 공식적으로 학습되고 주로 사용될 때, 제1 언어보다는 대뇌 피질에서 더 넓게 나타나는 경향이 있고, 반면에 제1 언어에서 종종 발생하는 것처럼 제2 언어가 비공식적으로 습득된 것이라면, 그것은 피질 아래 구조(기저핵과 소뇌)와 더 관련될 것이다"(p. 214)라고 언급했다.

이러한 결론은 선천적으로 곧 죽음에 이를 수 있는 뇌반구 질병을 가진 아이들에 대한 다양한 연구에 의해 지지받았다. 어떤 경우에 좌반구 전체가 제거되었지만, 그럼에도 불구하고 이 아이들은 최소한의 결손이 있는 언어 기능을 발달시켰다(Day & Ulatowska, 1979; Dennis & Kohn, 1975; Dennis & Whitaker, 1976; Kohn, 1980). 우반구는 언어 처리에 대한 책임을 맡기 위해 스스로 "배선을 바꾼다".

또한 신경논리적 언어 기능이 사람에 따라서 심지어는 단일 언어화자 들 사이에서도 상당한 정도로 다르다는 사실에 주목할 필요가 있다. 사람들 이 뇌종양 제거 수술을 받을 때, 그 작용은 환자가 깨어나도록 한다. 그래서 의료팀이 환자들에게 질문에 구술로 답하게 함으로써 다양한 언어 영역의 위치를 발견할 수 있다. 촘스키(1995, 2000)가 주장했던 것처럼, 언어 능력 이 신체적인 기관이라면 그것이 모든 사람에게 거의 동일한 장소에 위치하 고 있을 것으로 기대하는 것은 타당해 보인다. 이러한 견지에서, "언어에 대 한 신경적 기반이 완전히 이해되지 못하였다"(2002, p. 19)라는 신경과학협 회의 평가는 중요성을 더한다.

분명히 누군가가 문법 이론이나 언어 이론이 의학과 신경과학에서의 결 론과 일치할 필요는 없다고 주장할 수 있지만, 어떤 이론이 경험적 확인이 부 족하다는 것이 적절한가? 결론적으로 그가 "생물학적 기관"(2000, p. 117)이 라고 불렀던 집중화된 언어 기능에 대한 촘스키(1995, 2000)의 주장은 지지 할 수 없을 것 같다. 정반대의 증거가 두뇌 연구를 통해 나타나지 않는 한, 기 껏해야 "언어 능력(language faculty)"은 언어를 생산하고 처리하게 하는 일 련의 인지 과정을 기술하기 위한 서투른 단어 선택이라고 결론 내릴 것이다.

2) 습득과 선천성

언어 습득에 대한 MP 모형을 논의할 때, 아이들이 언어를 어떻게 습득하는지에 대한 이해가, 아이들은 빈곤한 입력과 양적 질적 결핍에도 불구하고 언어를 발전시킨다는 주장에 근거하고 있음을 볼 수 있다. 이 주장은 대단히 강력해서 습득과 관련된 모든 연구와 사고의 대다수를 형성한다.

그러나 정확히 이 주장의 근거는 무엇인가? 상대적으로 언어 습득의 이러한 국면을 조사해 온 연구는 별로 없고, 자극 결핍 모형을 지지할 만한 증거도 거의 없다고 보고되어 왔다. 예를 들어, 풀럼(Pullum, 1996)과 샘슨(Sampson, 1997)은 어느 면에서도 부모의 언어가 부족하지 않았다는 것을 발견하였다. 뉴포트 외(Newport, Gleitman, & Gleitman, 1977)는 "아이들에 대한 어머니의 발화는 확고하게 잘 형성되었고, 단지 아이들에게 말한 1,500개 이상의 발화 중 하나의 발화만이 눌변(말더듬)이었다"(p. 89)라고 보고하였다. 헨드릭스(Hendricks, 2004)는 다양한 연구를 검토한 후 아이들에 대한 언어 입력이 "퇴보하지도", "빈약하지도" 않아 보인다고 결론 내렸다(p. 2). 아마도 부모 및 부모나 다른 어른 그리고 아이들의 상호 작용을 관찰해 온 사람에게는 이러한 결론이 명백할 것이다. 왜냐하면 가벼운 평가에서조차도 부모나 다른 어른들이 아이들과 빈번하고 확실하게 이야기하고 있다는 것을 알 수 있기 때문이다. 실제로 다양한 연구가 부모들이 유아가 언어에 몰입하도록 할 뿐만 아니라 각 발화가 분명하게 조음되도록 하기 위해서 억양과 리듬을 수정하도록 동기를 부여하는 데 일종의 생물학적 명령이 작용한다는 것을 의심하도록 이끌었다(Fernald, 1994; Fernald, Swingley, & Pinto, 2001).

여기서 그 어려움은 미묘하다. 부분적으로 MP의 보편 문법은 자극 가설의 빈약함에 의해서 생긴 논리적인 문제를 해결하기 위해서 제안되었다. 만약 이 가설이 틀렸다거나 또는 적어도 자료에 의해 뒷받침되지 않는다면,

보편 문법에 대한 근거는 의심스러워진다. 언어가 보편 문법을 가진 특정한 능력이라기보다는 보편적 인지 과정의 산물인지가 또다시 중요한 쟁점이 된다.

다음 장에서 언어 습득에 대하여 더욱 면밀하게 살펴볼 것이다. 그러나 이 시점에서 촘스키의 형식주의 모델에 대한 대안이 존재한다는 것에 주목해야 한다. 예를 들어, 러멜하트와 맥클랜드(Rumelhart & McClelland, 1986)에서는 언어 습득이 문법과 관련된 어떤 선천적인 장치가 아니라 패턴 인식에 대한 인간의 재능과 관련되어 있다고 제시하였다. 어떤 관점에서 문법은 단어 조합의 패턴이다. 이 패턴을 내면화하고, 언어를 생산하기 위해서 그것을 사용하는 능력은 분명할 뿐 아니라 다른 모든 패턴-인식 과정과는 구분된다는 것이 촘스키(1995)의 논의이다. 이러한 관점에서, 언어는 다른 모든 정신 능력과 근본적으로 다른 완벽한 체계를 보여 준다(Chomsky, 2000).

일반적으로 인간의 정신 능력은 자연적인 선택 과정을 통해 진화해 왔다고 이해된다. 따라서 언어 능력이 어떻게 다른 정신 능력과는 별개로 발전될 수 있었는지 조금은 불가사의하다. 우리가 아는 한, 언어는 10만 년 전에서 4만 년 전 사이에 나타난, 상대적으로 최근의 현상이다. 촘스키(1972), 굴드(Gould, 1991), 그리고 다른 연구자들은 이러한 근거로 언어가 자연 선택을 통한 적응으로 진화하기에는 시간이 불충분했고 그래서 선택적 진화가 있었다고 주장하였다. 선택적 진화는 새로운 일을 하기 위해 이전에 진화된 기능을 선택하는 것을 말하는 용어이다. 그러나 러멜하트와 맥클랜드(1986)의 생각이 옳다면, 언어는 진화적 과정을 통해 발전했을 뿐 아니라 패턴 인식의 일반적인 인지 기능에 대한 전문적인 적응의 결과이다. 이 경우에, 패턴을 인식하고 인과 관계를 규명하는 우리의 능력이 선천적인 것과 같은 의미에서 언어는 선천적이다.

칼빈(Calvin, 2004)은 신경생물학 분야에서 자신의 연구를 끌어왔다. 그는 언어의 기원이 초기 유인원들 사이에서 개선된 계획과 연관된다는 논의를 강력하게 펼쳤다. 이 계획은 특히 인과 관계에 관한 구조화된 사고를 포함한다. 그런 이유로 언어가 조직적인 사냥의 결과로서 발전하였다고 제안했으며, 그것은 이미 수십 년 전에 인기를 끌었다. 즉, "침팬지가 발성을 사용하지 않고 모든 기본적 이동을 하였다는 것이 판명될 때까지이다. 오늘날 언어에 대한 하루하루의 수익 대부분이 사회화와 성적 선택이라고 가정하며, 거기에서는 구어적 치장(verbal grooming)과 잡담이 중요한 역할을 하게 된다"(p. 50). 칼빈의 관점으로 본다면, 언어의 진화는 확장된 신피질을 통한 일반적 인지 발달과 관련 있으며, 이는 180만 년 전 호모에렉투스에서 시작되었다. 만약 칼빈의 가정이 옳다면, 언어에 필요한 인지 기관은 실제의 언어보다 크게 앞서 왔을 것이다. 개선된 사회화와 성적 선택은 기존의 능력을 이용하는 진화적인 결과를 낳았다.

촘스키(1995) 관점의 기원은 플라톤으로까지 확장되는데, 플라톤은 광범위한 인간의 행동과 태도가 선천적이라고 믿었다. 17세기 이전에는 선, 도덕성, 수학적 능력, 심지어 신의 개념조차 선천적인 것으로 생각되었다. 선이나 도덕성의 불이행과 심지어 "선"을 구성하는 것이 무엇인가에 대한 의견 차이는 기능적 능력(capacity)에 근거하여 설명되었다. 도덕적인 사람은 옳고 그름에 대한 통제력을 가지고 적절하게 행동하는 반면에 그와 반대되는 사람은 어떤 면에서 정신적으로 결함이 있는 것으로 간주되었다. 만약 언어를 선천적인 "완전한 체계"로 여긴다면, 작문에서 비문법적 문장과 같이 일상적 기초에서 관찰할 수 있는 언어에서의 문제들이 불완전한 기능적 능력의 결과라는 불가피한 결론에 이른다. 완벽하게 기능적인 언어 능력은 오류를 생산할 수 없다. 이것은 어려운 영역이다. 특히 학생들의 발화와 작문에서 볼 수 있는 수많은 오류가 불완전한 기능적 능력의 결과라고 정당하게 결론 내릴 수 있는가? 그러한 결론은 많은 학생들이 간단하게 배울 수 없는 또 다른 것으로 불가피하게 이끌지 않을 것인가?

인지 문법

06

1. 인지 문법의 등장

변형 생성 문법(T-G)과 최소주의 이론(MP)의 강점과 약점이 무엇인지에 대해 5장에서 살펴본 바 있다. T-G 문법은 문법적인 문장을 생산하기 위해 엄격한 절차로 운용되는 엄격한 규칙의 집합을 적용하기 때문에 '형식주의적'이다. MP가 많은 측면에서 T-G문법과 차별성이 있지만 MP 역시 형식주의적이다. 즉 MP는 거의 규칙이 없지만, T-G 규칙과 동일한 양상으로 운용되는 점이 많다.

　형식주의의 쟁점은 중요하다. 왜냐하면 몇몇 학자들은 T-G 문법 또는 최소주의 이론이 언어의 본질을 이해하는 데 정말 도움이 되었는가에 의문을 갖고 있기 때문이다. 1957년 촘스키가 언어 연구는 마음을 반영해야 한다고 주장함으로써 언어학의 대변혁을 일으켰음을 상기해 보라. 결과적으로 모든 현대 문법이 어느 정도는 인지 연구와 관련되어 있고, 또 영향을 받았다. 이러한 특성은 현대 문법이 전통 문법과 차별화되는 중요한 요소 중의 하나이다. 촘스키가 문법과 인지의 연관성에 대한 초석을 마련했음에도 불구하고 많은 학자들은 그가 그 기반을 마련하지는 않았다고 주장한다. 일부 학자들은 심지어 그의 접근법이 근본적으로 결함이 있다고 주장한다. 즉, 그는 마음이 언어에 대해 무엇을 알려 줄 수 있는가를 탐색하지 않고 오히려 언어가 마음에 대해 무엇을 알려 줄 수 있는가에 초점을 두었다. 기술(technology)이 발전하여 뇌 작용을 이해하는 방법이 나타나기 전까지 그러한 접근은 타당했을 것이다. 그러나 과학과 기술이 매우 발전한 오늘에도 과연 그것이 타당하다고 할 수 있는가? 최소주의 이론에서 뇌가 실제로 작용하는 방식과는 별로 상관없이 인지적 작용의 체계를 기술(describe)한다는 점을 고려해 본다면, 이에 대한 답은 명백하다. 이 때문에 여러 학자들은 촘스키식 문법이 인지적이지 않다고 간주한다(Taylor, 2002).[1]

또한 5장에서 의미의 문제가 형식주의 문법에서는 충분히 설명될 수 없다는 것을 살펴보았다. 모든 점을 고려해 보면, 의미는 멘털리즈,[2] 어휘 혹은 문장에 존재하는 것으로 이해된다. T-G 문법이나 MP, 그 어떤 것도 사람들이 의사소통하기 위해 유의미한 맥락 안에서 다른 사람들과 언어를 사용한다는 것을 고려하지 않는다. 언어를 이해하는 것을 맥락이 결여된 예문을 이해하는 것으로 한정한다면, 의미가 문장 속에 있다고 주장할 수 있을 것이다. 그러나 실제 언어 사용을 고려한다면 그렇게 말할 수 없을 것이다. 사람들은 종종 그들이 뜻하는 바를 말하지 않으며, 또한 사람들은 의도된 것과 다른 방식으로 발화를 해석한다. 언어와 문법에 관한 실행 가능한 어떤 연구라도 이 요인들을 고려해야 한다는 제안은 타당해 보인다.

이 쟁점들은 수년간 학자들에게 골칫거리였고, 그것이 촘스키식 형식주의에 대한 대안을 찾기 위한 동기를 부여했다. 그러다가 1980년대 언어

1　테일러(John R. Taylor)의 2002년 저술 *Cognitive Grammar*(Oxford University Press)는 임지룡·김동환 번역 『인지문법』(한국문화사, 2005)으로 한국어판이 출간되어 있다. [역주]

2　멘털리즈(Mentalese)는 정신 속에 내재화된 언어를 뜻한다. [역주]

학자 랭가커(Ronald Langacker)와 인지과학자 러멜하트(David Rumellhart)가 샌디애고 캘리포니아 대학에서 만나면서 의미 있는 진전이 일어났다. 랭가커는 1987년과 1990년에 저서를 발표했는데, 그로 인해 부각된 것이 바로『인지 문법*cognitive grammar*』이다.

이어지는 논의는 인지 문법에 대한 심층적인 분석이라기보다는 5장에서 살펴본 변형 생성 문법과 최소주의 이론들처럼 개관 차원이 될 것이다. 이 장은 인지 문법에서 매우 중요한 원리 중 일부를 소개하는 데 그 목적이 있다. 논의의 시작점에서 주목해야 할 것은 인지 문법이 일련의 새로운 문법 규칙들로 구성된 것이 아니라는 것이다. 인지 문법은 새로운 문장 도식, 새로운 범주화, 혹은 새로운 문법적 분석과 관련되지 않는다. 인지 문법은 언어와 마음에 대한 언어의 관계를 바라보는 새로운 시각을 제공한다. 다음 절에서 그것이 무엇을 의미하는지 살펴볼 것이다.

2. 모듈성

변형 생성 문법과 최소주의 이론은 형식적인 규칙을 강조하고, 언어를 다른 인지 작용이나 정신적 능력과는 크게 상관이 없는 자율적 체계로서 다룬다. 이러한 접근은 뇌가 모듈 방식(modular)이라는 생각에 기초한다. 모듈 방식이란 서로 독립적으로 기능하는 별개의 처리 단위로 나뉘어 있음을 말한다. 뇌가 상당한 정도로 모듈 방식이라는 것은 명백하다. 예를 들어 청각, 후각, 미각과 같은 감각은 독립적인 모듈 체계로서 작동한다. 그러나 언어 역시 모듈 방식인지 아닌지는 논란도 많고 불확실하다(Barkow, Cosmides, & Tooby, 1992; Calabretta, Nolfi, Parisi, & Wagner, 2000; Carrunthers & Chamberlain, 2000; Chomsky, 2000; Fodor, 1983).

인지 문법은 모듈성(modularity)[3]에 대해서 제한적인 관점을 수용한다. 인지 문법에서는 언어가 다른 인지 기능과 복잡하게 연결되어 있으며, 언어는 인간 존재에 대한 사회적·문화적·생물학적·심리학적 측면의 중요한 일부라고 제안한다. 언어 처리는 뇌의 각각 다른 영역, 즉 수용적 언어(receptive speech)와 관련된 측두엽, 글쓰기와 관련된 두정엽, 운동성 언어(motor speech)와 관련된 전두엽 등의 복잡한 상호 작용을 포함하는 것으로 인식된다. 결과적으로 언어는 상호 연관된 인지 작용들의 다양성 속에 내재되어 있는 것으로 간주되고 필연적으로 인지 작용들의 영향을 받는다. 앞장에서 언급한 대로, 우리가 뇌 영상을 통해 상호 연관성을 볼 수 있지만, 기술에만 의존할 필요는 없다. 다시 말해, 인간의 감정 상태가 어떻게 언어에 영향을 주는지만 고려하면 된다.[4] 이와 같이 인지 문법은 뇌의 기능과 의사소통의 관점에서 언어와 언어의 구조를 설명하기 위해 노력한다.

예를 들어 램(Lamb, 1998)은 언어를 포함한 모든 인지적 활동이 마치 스위치를 켜고 끄는 것처럼 신경계의 점화와 억제의 복잡한 패턴으로 구성된다고 하였다. 램이 말했듯이, 이러한 패턴을 규칙과 변형의 관점에서 기술하려는 노력은 설득력이 없어 보인다. 그는 문법과 언어 연구가 신경인지적 처리에 대한 연구와 연관되어야 한다고 주장했다. 뒤에서 살펴보겠지만, 이러한 접근법은 언어를 가르칠 때 맞닥뜨리는 여러 문제를 해결하는 데 도움을 준다.

---

3 'Modularity'를 단위성, 개별성 등으로 번역하기도 하나 용어의 의미가 명확하게 전달되지 않으므로 여기서는 원어를 그대로 사용하여 '모듈성'이라는 용어를 사용한다. [역주]
4 감정은 뇌의 여러 영역에 연관되는데, 특히 변연계와 전두엽과 관련된다.

3. 의미 결정하기

T-G 문법과 MP는 언어가 연산적이고 합성적이라고 주장한다는 것을 상기해 보라. 즉 인지 메커니즘은 문법 규칙을 유도하고, 작은 언어 단위가 더 큰 언어 단위로 결합하는 것과 같은 다양한 언어 작용을 수행한다는 것이다. 이에 따르면 언어 모듈은 다양한 여러 과정을 담당하는 하위 모듈로 구성된다고 한다.[5] 연산(Computation)은 언어, 특히 문법이 언어 사용과는 크게 관계가 없다는 생각과 연관된다. 예를 들어 T-G 문법에서 언어 습득 장치는 최소 입력으로 문법 규칙을 유도한다. MP에서 보편 문법은 내재적이며, 입력은 어떤 매개변항의 집합에 불과하다. 또 T-G 문법과 MP 모두 발화보다는 예문을 주로 다룬다. 이 예문에는 메시지를 이해하는(또는 오해하는) 능력을 지닌 어떤 이에게 메시지를 전하려는 의도가 있는 어떤 이를 포함하는 맥락이 결여되어 있다. 그러나 T-G 문법과 MP는 이 사실에 대해 설명하지 않는다. 그뿐만 아니라 문장을 넘어 담화 단위를 검토하려는 시도도 없다.

　자율성이라는 개념은 읽기·쓰기·말하기를 가르치는 교사들에게 특히 문제가 된다. 왜냐하면 그것이 수사적인 문제를 고려하지 않기 때문이다. 문법에 대한 촘스키의 접근법은 늘 의미에 관한 그의 양면성과 모호성으로 인해 곤란을 겪어 왔다. 『통사 구조』에서 그는 변형 문법이 "완전히 형식적이고 비의미적"이라고 밝혔다(1957, p.93). 문법에 관한 그의 연구물 중에 언어의 수사적 측면을 고려한 것은 없다. 교사로서 우리는 학생과 함께 하는 우리의 일에 대해 알기 위해 이론과 연구를 끌어올 수 있어야 한다. 학

5　형식주의 문법에서 언어란 자율적이고 독립적인 조직이나 체계들의 연립적인 집합체로 간주되어야 한다고 주장한다. 즉, 언어는 음운 조직, 어휘 조직, 문법 조직, 의미 조직 등으로 이루어져 있으므로 그것을 분석하거나 기술하는 일도 마땅히 조직별로 수행되어야 한다고 보는 것이다. 이들은 모듈 이론을 가장 과학적인 언어처리 이론으로 보고 있다. [역주]

생들이 언어를 어떻게 사용하는지, 오류의 특징이 무엇인지를 더 잘 이해할 수 있게 하는 도구가 필요하다. 또한 학생들이 능숙한 독자와 필자가 되도록 도울 수 있는 방법에 대해 좀 더 분명히 이해할 수 있는 도구가 필요하다.

1) 사회적 행위로서의 언어: 은유와 상징

인지 문법은 수사학과 매우 유사하게 언어를 사회적 행위로 간주한다. 그러므로 의미는 사회적 맥락 안에서 언어로부터 발생하고 용법에 기반을 둔다. 단어에 자구적인 의미를 부과하는 경우는 거의 없기 때문에 우리가 사용하는 언어는 대개 은유적이고 상징적이다.

언어가 은유적이고 상징적이라는 이 개념이 특별히 어렵지는 않지만, 적어도 엄격한 의미에서는 합성성이라는 개념에 대한 심각한 문제를 야기한다. run과 같은 간단한 단어의 예를 들어 보자. 합성성은 'r + u + n'과 같이 구성 요소를 결합함으로써 단어를 만들어 내는 것을 가리킨다. 그 결과는 단어 run이지만 단어의 구성 과정 또는 단어 그 자체로써 단어의 의미에 대해 말해 줄 수 있는 것은 아무 것도 없다. run은 특정한 맥락 없이도 다음의 짧은 목록에서와 같이 많은 것을 의미할 수 있다.

1. 두 발이 땅 위에서의 걸음걸이 동안 지면을 떠나 도보로 신속하게 이동하는 행위
2. 야구에서의 득점
3. 여성의 스타킹에서 풀린 올
4. 행운의 연속
5. 예정 또는 정기 노선
6. 말을 타고 전속력으로 움직이는 것

7. 빠져나가는 것

8. 달아나는 것

9. 고름이나 점액을 내뿜는 것

10. 녹이는 것

이것에 기초해서 run이 은유이자 상징임을 알 수 있다. run의 의미 처리는 그것의 상징성을 인식하는 것뿐만 아니라 그것이 의미하는 것이 무엇인지를 인식하는 것까지를 요구한다. 결국 기의 작용(signification)은 어떤 것에 대해서 하나를 지정하려는 의도를 가진 화자/필자를 필요로 한다. 그 결과 단어의 의미를 그 단어를 사용하는 사람으로부터 분리할 수 없다. 마찬가지로 청자로부터 단어의 의미를 분리할 수 없다.

개별 단어에서 전체적인 표현으로 전환해 보면, 상황은 좀 더 복잡해진다. 어떤 사람이 "cool하다"고 말할 수 있는데, 그 의미는 대체로 체온에 대한 기술이 아니고 다른 어떤 것을 의미한다. 비슷한 효과에서 어떤 사람이 "hot하다"고 말할 수 있다. 실제로 한 사람을 설명하는 데에 다음과 같은 두 가지 표현을 모두 사용할 수 있다.

- Macarena is cool.

  마카레나는 매력적이다.

- Macarena is hot.

  마카레나는 매력적이다.

흥미롭게도 이러한 진술은 모순되는 것이 아니라 상호 보완적인 것으로 쉽게 이해될 수 있다. 사실 마카레나의 냉정함(coolness)은 그녀를 매력적으로(hot로) 만들 수도 있고, 반대의 경우도 마찬가지이다. 이와 비숫한 수많은 진술에서 의미는 단어 그 자체에 기초해서는 쉽게 산출될 수 없다. 테일러(2002)는 이러한 문제점을 다음과 같이 명쾌하게 진술했다. "복잡한 표현은 대체로 구성 요소들의 의미를 결합하는 것에 의해 산출될 수 있는 것 이상의 의미를 가지거나, 심지어 그 의미와는 많이 달라진다" (p. 13). 이러한 유형으로 가장 잘 알려진 표현은 "죽다(kick the bucket)", "잘난 체하는 태도를 버리다(come down off one's high horse)", "이상과 현실 사이에서 갈등하다(Everything's turning up roses)" 등과 같은 관용구이다.

언어의 은유적 성격으로 인해 많은 인지 문법학자들은 의미가 개별 단어에 존재하지 않을 뿐만 아니라 개별 단어들의 의미는 특정적이지 않고 개념적이라고 주장했다. 개념적 의미는 사방으로 퍼지는 각각의 단어들에 대한 연상의 연결망에 기댄다. 예를 들어, 단어 tree(나무)는 총칭적 개념 또는 범주를 지정하고 원형으로서 기능한다. 단어가 홀로 의미하는 것은 거의 없다. 그러나 연상의 연결망은 유의미한 방법으로 tree를 사용할 수 있게 함으로써 야자나무, 참나무, 단풍나무, 포플러 나무, 사과나무 등으로 확장된다. 특히 흥미로운 것은 인간이 패턴을 규명하고 추상화하는 것에 아주 능숙하기 때문에 사과나무와 같은 자연적 유기체와는 아무 관련이 없는 범주들에 tree라는 용어를 적용할 수 있다는 사실이다. 4장과 5장에서 실제의 나무와는 단지 '가지 구조(branching structure)'라는 하나의 공통적 자질을 가진 수형도(tree diagrams)를 문장 도식으로 받아들였다. 이처럼 인지 문법에서 의미의 개념적 성격은 언어를 상징적 체계로서 강조한다고 말할 수 있다.

의미에 대한 이러한 접근을 통해 우리는 인지와 문법과 의미 사이의 관계에 대해 더 잘 이해할 수 있다. 전치사와 같은 기능어에 대한 다음의 예시는 매우 흥미롭다.

1. The book was on the table.

   그 책은 탁자 위에 있었다.

2. The book was under the table.

   그 책은 탁자 아래에 있었다.

문장 1과 2는 명사구, 연결 동사, 전치사구로 구성되어 있어서 문법적으로 동일하다. 이 문장들의 서로 반대되는 의미는 문법이 아니라 개념적으로 다른 전치사에 기인한다. 이런 문장을 형성하는 능력은 포코니에와 터너(Fauconnier & Tuner, 2002)가 명명하였던 '개념적 혼성(conceptual blending)'을 통해서 책(the book)과 탁자(the table)의 정신 모형(mental model)에 대한 논리적인 명제를 세울 수 있는 능력에 기초한다.[6] 이 사례에서 의미는 문법과 관련된 것이 아니라 기저에 있는 논리적 명제에 관련되며, 이것은 탁자에 대하여 책의 위치를 정의 내린다.

이와 관련하여 인지 문법은 각각 다른 경험, 배경, 지식 등으로 인해 오해가 생길 뿐만 아니라 언어 오류가 발생한다고 제안한다. 예를 들어, 영어

---

6   포코니에와 터너의 개념적 혼성 이론은 레이코프와 존슨(Lakoff & Johnson, 1980)의 개념적 은유 이론과 포코니에(1997)의 정신공간 이론과 밀접하게 관련되면서 이 두 이론보다 의미 구성 방식을 더욱 동적이고 명시적으로 보여 주는 이론이다. 이 이론에서는 총칭 공간(generic space)이 두 개의 입력 공간(input space)을 연결시키고, 입력 공간에서 혼성 공간으로의 선택적 투사를 통해 인간이 창조적인 의미구성을 할 수 있다고 설명한다. 예를 들면, "저 외과 의사는 도축자이다"라는 문장이 '외과의사의 무능함'이라는 의미를 갖게 되는 이유를 도축의 수단과 외과의사의 목적 간의 충돌이 정신 공간에서 혼성되었기 때문이라고 설명할 수 있다. 그러나 본문에서 책과 탁자의 관계에서는 이러한 개념적 통합이나 혼성이 없으므로 개념적 혼성으로 의미구성이 되었다고 할 수 없다. "탁자(the table)에 대하여 책의 위치를 정의 내린다"는 기술은 오히려 탈미(Talmy, 2000)의 참조틀(reference frame) 또는 랭가커(Langacker, 1987)의 탄도체와 지표 개념을 통해서 쉽게 이해될 수 있다. 따라서 해당 문장의 '개념적 혼성 이론'은 오류인 것으로 보인다. [역주]

전치사 on과 in은 비영어권 화자에게 매우 어렵다. 즉 자동차를 탈 때는 in을 쓰지만(We get in a car), 기차를 탈 때와 버스, 비행기를 탈 때는 on을 쓴다(We get on a train, bus, and airplane). 스페인어 같은 많은 언어는 on과 in을 모두 나타내는 단일 전치사(en)를 쓴다. 그 결과 스페인어 화자는 이 전치사들(on, in)에 대해서 다른 개념적 범주로 이해할 수 없다. 전치사와 전치사구를 가르치는 것은 언어 수행에 별로 효과가 없을 것이다. 왜냐하면 자동차, 기차, 버스 안에 있다는 것과 관련된 정신 모형이 필수적인 개념을 형성하지 않기 때문이다.[7]

교수 도움말

대부분의 비원어민 영어 화자는 초급 수준인 경우에는 그림을 사용하는 것이 효과적인 전략이 될 수 있다. 전치사 'in'과 'on'에 관련된 개념적 관계를 시각화하는(그리고 그렇게 함으로써 내면화하는) 것이 도움이 된다. 탈 것에 대한 개념적 관계는 크기뿐만 아니라 대중교통인지 아닌지도 관련된다. 그래서 우리는 자동차, 트럭, 스포츠유틸리티차량(SUVs), 미니밴과 같은 작고 사적인 운송수단 안에 탄다(get in). 반면에 기차, 버스, 지상 위로 다니는 전차, 비행기에는 올라탄다(get on). 학생들은 그림과 그 아래 제시된 적절한 예문을 보면서 개념적 관계에 대한 정신 모형을 형성한다.

---

7 한국어 역시 스페인어에서와 마찬가지로 탈 것에 대한 정신 모형이 분리되어 있지 않고 '자동차/기차/비행기'가 단일 범주로서 '자동차에/기차에/비행기에 탄다'라는 표현을 한다. 한편, 영어 'put on'이 한국어에서는 네 종류의 공간적 장면으로 범주화된다. 'put cup on table(탁자 위에 컵을 놓다)', 'put magnet on refrigerator(냉장고에 자석을 붙이다)', 'put hat on(모자를 쓰다)', 'put lego block on lego stack(레고 더미에 레고 블록을 끼우다)' 등. 즉, 전경이 어떤 표면과 접촉하여 놓인다는 것을 암시하는 단일 정신 모형을 형성하는 'put on'이 한국어에서는 '놓다: 평평한 표면 위에 놓다', '붙이다: 표면들을 나란히 놓다', '쓰다: 모자를 머리 위에 얹다', '끼다: 꽉 맞물리게 하다'로 세분되어 있다. 외국인이 한국어를 배우는 데 어려움을 겪는 이유 역시 한국어의 개념적 관계에 대한 필수적인 정신 모형이 구축되지 않았기 때문이라고 할 수 있다. [역주]

2) 언어는 경험에 바탕을 둔다

언어가 여러 면에서 선천적인 것으로 보일지라도, 의사소통 능력 측면에서는 선천적이라고 할 수 없다. 특히 의미를 전달하고 해석하는 방식에 대해서는 더욱 그렇다. 인지 문법은 생각과 의미가 사람마다 다른 경험에 기초한다는 로크적 관점을 지지한다. 이러한 차이점은 사람들이 각기 다른 삶의 이력을 가지고 있기 때문에 발생한다. 예를 들면 아이들은 선천적 도덕성을 가지고 태어나지만, 조언과 지도를 통해 도덕성이 더욱 개발되어야만 한다. 부모가 아이를 기르는 초기 몇 년 동안 아이들의 도덕 교육에서 적절한 행동과 비적절한 행동에 대해 집중적인 지도를 하는 이유가 바로 이것이다. 모든 문화권의 부모들이 자신들이 무엇을 하고 있는지 의식하지 않고, 아이들이 언어를 발달시키고 옳고 그름에 대한 지각을 개발하도록 돕는 데 전념한다는 사실은 어느 정도는 선천성을 시사한다. 성격과 그에 따른 행동이 대체로 생물학적으로 결정된다고 지적하는 연구 결과들이 늘고 있다는 것을 간과하지 않더라도, 행동에서의 차이는 부분적으로 양육의 차이에서 기인한다고 말할 수 있다(Barber, 1996; Baumrind, 1989, 1991; Chao, 1994; Darling & Steinberg, 1993; Heath, 1983; Maccoby & Martin, 1983; Miller, Cowan, P., Cowan, C., & Hetherington, 1993; Pinker, 2002; Schwarz, Barton-Henrry, & Pruzinsky, 1985; Steinberg, Darling, & Fletcher, 1995; Steinberg, Dornbusch, & Brown, 1992; Weiss & Schwarz, 1996).

언어에 이 관점을 적용해 보면 흥미로운 사실이 드러난다. 언어에 대한 형식주의자 모형은 부분적으로 문제가 있다. 왜냐하면 모든 문장이 어휘부로 시작하고 언어가 단어로서 마음에 존재한다고 가정하고 있기 때문이다. 그러나 단어 그 자체로는 뇌의 어느 곳에도 존재하지 않는다. 그 대신 대뇌 피질을 통해 단어를 표상하는 세포 조직을 발견했다(Pulvermuller, 2003). 어휘부에 대한 논의를 단지 은유로서 받아들인다면, 언어의 본질을 고려할 때 합리적인 것 같지만 아무런 근거가 없다. 단어가 정말로 뇌에 저장되어 있다고 할지라도, 언어가 단어로 시작한다는 것을 받아들일 수는 없다. 포코니에와 터너(Fauconnier & Turner, 2002)에 따르면, "강력하고도 일반적인 개념적 통합 능력"이 언어의 핵심이다(p. 180).

그러나 언어에 대한 형식주의자 모형이 더 비난을 받는 것은 의미를 오직 마음속에만 존재하는 것처럼 취급하기 때문이다. 비록 "구조" 그 자체로는 "이론적 지위"가 없는 "인공물"로 치부했을지라도, 의미는 파생과 구조에 초점을 둘 때 종속적인 것이다(Chomsky, 1995, pp. 25-26). MP에서 구조적 파생에 대한 장황한 논의는 언어 처리에 대한 관점이 상향식이라는 것만을 나타내고, 언어 처리의 상당량이 하향식이라는 사실을 경시한다(Abbott, Black, & Smith, 1985; Foder, Bever, & Garrett, 1974; Kintch & van Dijk, 1978; Johnson-Laird, 1983; Sanford & Garrod, 1981; Smith, 1983).

다시 말하지만, 이것은 사소한 문제가 아니다. 형식주의자 문법은 의미를 전달하는 의사소통 행위로서 언어와 연관된 다양한 사실들을 설명하지 않기 때문에 언어 처리에 대한 만족스러운 모형을 제공할 수 없다. 다음 문장을 살펴보자.

3. The house had a three-car garage.
   그 집은 차 세 대가 들어갈 수 있는 차고가 있었다.
4. The House approved the minimum-wage bill.
   국회는 최저 임금 법안을 승인하였다.
5. The Louvre and the National house many of the world's great treasures.
   루브르와 국립박물관이 많은 세계적 유산을 소장하고 있다.

앞의 문장에서 house의 의미는 세상과 관련된 경험으로부터 유래된다. 예를 들어 문장 4를 생산하고 이해하려면 문법과는 상당히 거리가 먼 정부와 관련된 지식이 필요하다.

3) 의미 해석하기

다음의 가상 시나리오는 형식주의 문법가에게 더 곤란한 문제를 분명하게 보여 준다. 프리츠(Fritz)와 마카레나(Macarena) 부부는 집을 매매 시장에 내놓았다. 그들은 잠재적 구매자인 리타(Rita)를 만나 집을 구경시켜 주었다. 리타는 집이 정말 아름답다고 말한 뒤, 매매 가격을 묻는다. 프리츠와 마카레나는 가격을 제시하고 리타는 천천히 살펴본 뒤 다음과 같은 말을 한다.

6. The house needs new paint.
   이 집은 페인트를 새로 칠해야 될 것 같군요.

이 진술이 의미하는 것은 정확하게 무엇인가? 형식주의자들의 설명에 따르면 의미는 사실상 진술에 내재한다. 즉, 그 진술은 특정 실세계 상황을 어휘부와 문법에 의해 결정되는 언어 형식에 대응시키는 것이다. 그러나 리(Lee, 2001)와 그밖의 학자들(Williams, 1993, 2003a)이 주목한 바와 같이, 의사소통에서의 의미는 이러한 종류의 사상(寫像)으로는 거의 구성되지 않는다. 의미는 대신 언어 사건(language event)에 참여하는 사람들이 각기 다른 방법으로 진술을 해석하도록 이끄는 맥락적·상황적 요인의 복잡한 집합체를 수반한다. 그 때문에 위의 시나리오에서 문장 6의 발화는 프리츠와 마카레나에게 의미하는 것과 리타에게 의미하는 것이 동일하지 않다.[8] 이 문장은 리타가 집을 구매할 때 금전적 이익의 가능성을 의미할 수 있지만, 프리츠와 마카레나가 리타에게 집을 팔 때 금전적 손해를 의미할 수도 있다. 만약 리타가 집을 구매하는 시나리오로 결론을 내린다면, 이 현상의 더 많은 예를 보게 된다. 문장 7, 8은 이런 사실을 전달한다. 아래 두 문장 모두 동일한 실세계 상황을 매우 유사한 문법적 구조로 대응시키고 있지만, 그 의미는 매우 다르다.[9]

7. Fritz and Macarena sold their house to Rita for a good price.
   프리츠와 마카레나는 좋은 가격으로 집을 리타에게 팔았다.
8. Rita bought Fritz and Macarena's house for a good price.
   리타는 좋은 가격으로 프리츠와 마카레나의 집을 샀다.

진술의 의미를 해석하는 방법에 수많은 요인이 영향을 미칠 수 있다. 리(Lee, 2001)는 모든 언어 사용은 배경지식과 맥락으로 이루어진 틀(frame) 안에 존재하고, 언어는 이러한 틀과의 관련 속에서 이해된다고 주장했다. 그 때문에 "육지와 바다 사이의 경계를 육지 쪽에서 접근한다면 '해안(the coast)'이라고 부르지만, 바다 쪽에서 접근한다면 '해안가(the shore)'라고 말한다"(Lee, p. 10). 리는 틀이 문화 간 의사소통(cross-cultural communication)에서 자주 발생하는 오해를 설명하는 데 도움을 줄 수 있다고 제안했는데, "이는 좁은 의미에서 틀은 언어적 형태의 의미와는 아무 상관이 없다. … 틀 중심 접근법에서 … 개개인의 삶의 경험(특정한 문화 속에서 양육된

---

8 문장 6에서는 '페인트칠이 필요한 낡은 집'라는 것을 진술함으로써, 매수인 리타는 집수리가 필요하므로 그만큼 매매가를 더 낮추어 본인에게 유리한 상황을 만들려고 하는 것이고, 매도인 프리츠와 마카레나에게는 반대로 불리한 상황이 될 수 있음을 의미한다.

9 리타에게는 좋은 가격, 즉 저렴하게 집을 사는 것을 의미하고, 프리츠와 마카레나에게는 좋은 가격으로, 즉 비싸게 파는 것을 의미한다. [역주]

것을 포함해서)에 기초한 지식 차이는 모형으로 만들어질 수 있다"(p. 11)라고 하였다. 그래서 다른 언어로 된 농담을 이해하기가 어려운 이유, 즉 농담이 문화 특징적이라는 것을 이해한다. 영화 〈스타더스트 메모리즈Stardust Memories〉에서 우디 알렌(Woody Allen, 1982)은 농담의 가치를 높게 평가하는 사회에 태어난 것이 행운이라고 하면서 다음과 같이 말했다. "당신이 이러한 방식으로 그것을 생각한다면 … 내가 아파치 인디언이었다면 사람들은 코미디언을 전혀 필요로 하지 않았을 거예요. 안 그래요?"(p. 342).

틀은 또한 감정 상태를 포함해야 한다. 감정은 말하는 내용과 그것이 이해되는 방식에 영향을 미친다. 언어를 처리할 때, 단순히 단어의 의미를 찾는 것이 아니고 주로 단어의 기저에 깔린 의도를 이해하고 알아채기 위해 애쓴다. 구어 담화의 경우 의도를 이해하는 것이 단어 그 자체보다 더 중요하다. 문장 7, 8이 의미하는 것이 다르다는 것을 사람들이 어떻게 이해할 수 있는지에 대해 형식주의 문법에서는 설명할 수 없다. 이것이 형식주의 문법의 한계인데, 그 이유에 대해 다음과 같은 두 가지 해석이 가능하다. (a)연산 체계는 해석을 허용하지 않는다. 그리고 공간, 틀, 명제의 심리 모형을 포함하는 언어 습득 모델을 제공하지도 않는다. (b)언어 처리에 대한 상향식 모형은 그러한 문장으로부터 의미를 추출하기 위해 필요한 하향식 기제와 양립할 수 없다. 교사로서 우리는 실재 또는 의미를 형식과 분리시킬 수 없다. 수사학이 우리에게 주는 메시지는 바로 필자/화자는 청자가 메시지를 이해하는 방식을 알고 있어야 한다는 것이다. 그러나 형식주의 문법은 언어가 사회적 행위이고 형식과 의미가 분리될 수 없다는 것을 경시했다. 그리고 또 형식주의 문법은 어떤 문장의 의미는 오직 문장을 생산해 내는 사람의 마음에만 존재하는 것이 아니라 각 문장을 읽고 듣는 사람의 마음에도 존재한다는 사실을 경시하였다.

문법이 의미를 결정하는 유일한 것이라기보다 대체로 의미를 표현하는 것이 분명하다. 그렇지만 비문법적 구성 형태에서는 형편없는 문법이 의미를 방해할 수 있다는 것 역시 명백한 사실이다. 비문법적인 문장은 청중들에게 의도된 의미를 추측하도록 강요한다. 이러한 문제는 특히 작문에서 심각하다. 이전 절의 정보를 이용하여 학생들이 의미와 문법의 연관성에 집중할 수 있는 활동 세 가지를 개발해 보자. 이 활동을 학급 동료들과 공유하고, 이를 교수에 사용할 수 있는 수업 포트폴리오를 개발해 보자.

4) 맥락의 중요성

틀이 이해에 상당한 영향을 준다는 제의를 받아들인다면, 학생들이 글쓰기를 할 때 상당한 어려움에 직면한다는 것을 인식하게 된다. 큰 문제지만 잘 인식하지 못하는 것 중 하나는 교사와 학생이 글쓰기 과제에 대한 공통 틀을 일반적으로 공유하지 않는다는 것이다. 교사들은 학생들의 글쓰기 반응에 대한 특정한 기대를 가지고 각 과제를 이해한다. 그러나 학생들은 교사의 기대와는 상당히 다르게 지각하며, 다른 방식으로 이해하게 된다. 게다가 학생들이 자신에 대한 것이 아닌 다른 어떤 것에 대해 쓸 때, 그들은 의미 있는 의사소통을 위한 충분한 배경지식이 없는 상태이다. 그리고 글쓰기 과제가 일반적으로 맥락이 결여되어 있으므로, 학생들은 종종 그들이 생산하는 각각의 에세이를 위한 맥락을 만들어 내야 한다는 것을 인식하지 않는다. 필요한 틀은 결여되어 있어 만들어야 한다. 학생들이 겪는 어려움은 이뿐만이 아니다. 대부분의 교실 글쓰기 과업과 관련된 언어 행위는 인위적이기 때문에 맥락의 결여는 실행 가능한 의도를 조직하는 것을 어렵게 만든다는 것이다. 모든 구어 담화에는 의도가 내재되어 있지만, 작문은 전통적으로 교사가 부여한 과제에 따라서 생산된다. 이렇게 될 때 학생들의 '의도'는 단지 과제의 요구를 충족시키는 데에 그치게 된다. 이것은 의도와 언어적 행위를 비수사적인 것으로 만든다. 그렇기 때문에 학생이 주어진 과제에 대해 적절한 틀을 만들 수 있을지라도 실행 가능한 근본적인 의도가 없다면 그 과제물은 사회적 행위로서 실패할 것이다.

이런 문제들은 극복 불가능한 것이 아니라 골치 아프면서도 도전적인 것이다. 학교는 오직 자기 표현적 글쓰기 혹은 사적인 글쓰기에만 의존함으로써 문제를 지나치게 자주 회피해 왔는데, 이것은 더 많은 어려움을 야기한다. 실행 가능한 과제를 통해 학생들을 대학이나 직장에서 직면하게 될 그런 유형의 작문으로 이끌어 주어야 하는데, 이런 글쓰기는 대부분 자기표현과는 관련이 없다. 이런 과제는 또한 지나치게 길지 않고 고도로 맥락화되어야 한다. 과제는 학생들에게 그것이 요구하는 바가 무엇인지 그 틀을 공유할 수 있는 수단으로서 성공 기준을 제공해야 한다. 학생들이 성공적인 반응(글)이 무엇을 수반해야 하는지 추측해야 하는 것이 아니다.

교수 도움말

학생들이 글쓰기 과제를 맥락화할 필요성을 이해하면, 자신들의 글쓰기를 개선할 수 있다고 인지 문법에서는 제안한다. 학생들이 말하기를 할 때에는 맥락의 중요성을 암묵적으로 이해하고 있다. 즉, 그것은 의사소통 능력의 일부이기도 하다. 그러므로 학생들에게 글쓰기 모둠을 구성하여 글쓰기에 대해 토의하게 한 뒤, 글쓰기에 앞서 구두 작문을 하도록 요구해 보라. 이러한 활동은 말하기와 글쓰기 간의 교량이 되며, 이는 더 발전된 맥락화로 기능할 것이다.

4. 인지 문법과 언어 습득

제2장에서 언어 습득에 대한 지배적인 두 가지 모형, 즉 귀납 모형과 연상 모형을 살펴보았다. 두 모형 간의 차이점은 인지 문법에서 핵심적인 것이고, 인지 문법이 형식주의적 접근법으로부터 확실히 벗어났다는 것을 보여준다. 언어 습득의 과정을 자세히 살펴보고 두 모형에 대해 좀 더 면밀하게 알아보자.

1) 귀납 모형

지난 50여 년간 연구자들을 매료시켰던 질문은 언어가 문법적인가 아닌가에 대한 것이 아니라, 오히려 어린아이들이 어떤 가르침이나 노력 없이 어떻게 문법의 복잡성을 완전히 이해할 수 있는가 하는 것이었다. 부모와 다른 성인들은 유아들에게 문법을 가르치는 것이 아니라 단지 아이들과 대화를 한다. 그럼에도 불구하고, 아이들은 명시적인 교수 없이도 4세쯤이면 대부분의 문법 구문을 활용할 수 있다. 10세 또는 11세가 되면, 어린아이들은 문법적 구문 전부를 사용할 수 있다. 그러나 보통 표현은 이해보다 뒤쳐지고 글쓰기는 일반적으로 말하기보다 더 복잡한 구조를 가지고 있다. 이것이 바로 대부분의 사람들, 특히 어린아이들이 글쓰기에서 나타나는 복잡한 문법적 구성을 생산하는 것을 어려워하는 이유이다.

부모가 제공하는 입력의 본질은 언어 습득과 관련된 의문을 더욱 복잡하게 한다. 촘스키(1965, 1972)에 따르면, 어린아이들은 초기에 종종 왜곡된 언어 입력, 즉 어른들이 유아들과 말을 할 때 사용하는 "유아어"에 기초하여 문법적인 문장을 생산해 낸다. 아이들이 생산하는 발화가 문법적이기는 하지만 어른들의 발화를 단순히 반복하는 것은 아니기 때문에, 촘스키는 인간이 제한적이고 왜곡된 데이터를 가지고도 문법적인 규칙을 생산해 낼 수 있는 내재적인 언어 습득 장치를 가지고 있다고 제안했다. 이러한 설명에 따르면, 초기 2년 동안 아이들의 언어 습득 장치는 입력을 처리하고 가정 언어의 문법적인 규칙을 개발한다. 간헐적이기는 하지만 일단 귀납 규칙이 완성되면 아이들이 이런 규칙을 지속적으로 적용한다.

최소주의 이론은 언어 습득에서 보편 문법의 역할에 초점을 두고 있다. 하지만 이 역시 어른들에게서 듣게 되는 언어가 빈곤하다는 생각에 기초한 귀납 모형이다. 그가 "원리와 매개변항 이론(principles and parameters theory)"이라고 명명한 것으로, 촘스키(1981, 1995, 2000)는 언어 습득을 내재적인 문법 매개변항의 유한한 집합에 연결시켰다. 매개변항은 무엇이 문법적인지에 대해서뿐만 아니라 주어진 언어에서 무엇이 문법적일 수 있는지에 대해서도 규정한다. 매개변항에 맞지 않는 모든 입력은 무시되거나 삭제된다. 그래서 비록 유아어가 왜곡된 입력을 구성할지라도, 유아어는 문법 매개변항에 일치하고 유의미한 것으로 받아들여진다(Hudson,1980; Slobin & Welsh, 1973; Comrie, 1981; Cullicover, 1999; Jackendoff, 2002; Newmeyer, 1998; Pinker, 1995; Prince & Smolensky, 1993).

이것에 기초하여 혹자는 아이들이 부정확한 발화를 할 때, 부모가 개입해서 아이들이 문법을 발달시킬 수 있도록 부모가 주된 역할을 해야 한다고 제안하고 싶어 할지도 모른다. 그러나 부모와 아이 간의 상호 작용에 대한 관찰 결과는 이런 제안을 뒷받침하지 않는다(Bohannon & Stanowicz, 1988; Bowerman, 1982; Demetras, Post, & Snow, 1986; Hirsh-Pasek, Treiman, & Schneiderman, 1984; Marcus, 1993). 부모의 개입은 다소 임의적이며 그것은 종종 문법과 관련이 없고 대신에 전형적으로 발음과 사실성의 문제를 언급한다.

아이를 키워 봤거나 아이들과 많은 시간을 함께한 사람이라면 습득이 대응 절차[10]에 상당히 의존한다는 것을 알고 있다. 부모와 아이가 경험하는 유대감의 일부분인 옹알이와 유아어를 넘어서서, 아이들에게 세상에 있는 사물을 소개하고, 그 사물에 알맞은 이름을 제공하는 것을 포함하는 것이 일관된 교육 의제이다. 예를 들어 공(ball)의 경우, 부모가 공을 들고, 단어 "ball"이라고 발음할 것이다. 마침내 아이가 그 단어를 생산하려는 첫 번째 노력이 시작되는 날이 오고, 대부분의 경우에는 "ball"과는 다른 어떤 소리를 생산할 것이다. "ba"가 가장 일반적인 첫 번째 시도이다. 보통 부모는 단어를 길게 늘이면서 /l/ 소리를 강조하며 아이의 발화를 교정하려고 할 것이고, 아이는 부모의 발음을 흉내 내려고 최선을 다하면서 답할 것이다. 이러한 과정은 결국 두 발화를 근접하게 일치하도록 한다.[11]

이러한 관찰을 통해 언어를 이해할 때 사회언어학적 관습이 중요한 역할을 한다는 것을 알 수 있다. 하지만 부모 개입의 본질은 문법적인 발화의 급속한 확장을 설명할 수 없고, 혹은 이러한 발화의 90퍼센트 이상이 3.5세 정도가 되면 문법적으로 정확하다는 사실을 설명할 수 없다.

과거 시제의 과잉 일반화

5장에서 형식주의 문법이 연산적이고 규칙에 의존한다는 것을 살펴보았다. 형식주의자들의 시제 처리 방식은 그 과정이 일어나는 것이 어떻게 이해되는지를 분명히 보여 준다. 형식주의 문법은 일반적인 과거 시제가 규칙 기반 하위 모듈에 지배된다고 설명한다. "Fred walked the dog(프레드는 개를 산책시켰다)" 같은 문장을 생산할 때 하위 모듈이 활성화되는데, 즉 어휘부에서 walk라는 동사 형태를 가져오고 다음과 같은 규칙을 적용한다. "미시

---

10   대응 절차(matching procedure)란 지시 대상과 언어를 일대일로 대응시키는 과정을 말한다.
      [역주]
11   정확한 일치를 이루는 것이 불가능하기 때문에 세대에 걸쳐 언어의 변화가 나타난다.

제 동사에 접미사 -ed를 추가하라." 불규칙 동사는 다른 방식으로 다루어진다. 2~3세 사이의 아이들이 과거 시제 접미사를 첨가함으로써 불규칙 동사를 규칙화하는 것을 볼 수 있다. 예를 들면, held를 사용하는 대신에 아이들이 holded를 생산해 낼 것이다. 6~8개월 후에 아이들은 불규칙 형태를 정확하게 사용하기 시작한다. 이와 관련된 가설은 다음과 같다. 이 기간 동안에 아이들의 규칙 시제 하위 모듈이 규칙을 과잉 일반화하고, 마침내 하위 모듈에 그 규칙이 적용되지 않는다는 것을 판단한다는 것이다. 핀커(1999)는 제2의 시제 하위 모듈, 즉 불규칙 동사에 적용되는 것이 그때에 활성화된다고 추측했다. 그러나 이 하위 모듈은 시제 규칙에 적용되는 것이 아니라 불규칙 동사의 목록과 그것과 연관된 과거 시제형을 위한 저장고로서 제공된다.

핀커의 이 모형은 지나치게 복잡하고, 또한 문법 하위 모듈이 내재적이고 보편적인 문법에 의해 지배된다는 생각과 부합하지 않는 것처럼 보인다. 그러한 하위 모듈은 불규칙 동사를 처리하는 내재된 규정을 가지고 있는 것임을 예측할 수 있어야 하며, 그리고 그것은 거의 모든 언어에서 발생하는 것이다.

규칙-지배적인 체계에서 중요한 특성은 규칙 체계가 지속적으로 정확한 표현을 생산한다는 것이다. 규칙 체계는 결정적이어서 규칙이 자리를 잡은 이후에는 오류 따위는 예상할 이유가 없다. 규칙은 필연적으로 늘 같은 결과를 생산해야 한다. 이 과정은 농구 게임과 비슷하다. 선수가 3점 라인 밖에서 공을 넣으면 그 팀은 3점을 획득한다고 규정하는 규칙이 있다. 선수가 이 라인 밖에서 공을 넣기만 한다면 그 결과는 항상 같다. 그러나 언어에서 이러한 상황을 찾을 수 없다. 사람들이 말하기와 쓰기에서 빈번한 오류를 생산한다는 것이 사람들이 사실 지속적으로 정확한 표현을 생산하지는 않는다는 것을 시사한다.[12] 이는 어떤 언어 기제가 문장을 생산하는 데 관여

할지라도 마찬가지이다.

2) 연상 모형

인지 문법에서는 습득과 관련된 논리적인 문제를 단순화한다. 인지 문법은 마음과 언어에 대한 규칙-지배적 모형(rule-governed)을 부정하고, 러멜하트와 맥클랜드(Rumelhart & McClelland, 1986), 그리고 연결주의[connectionism, Searle(1992) 참조]를 연구한 학자들의 인지과학 연구에 기반을 둔 연상 모형으로 대체하였기 때문이다. 마음에 대한 규칙-지배적 모형을 거부하는 것은 상당한 이점이 있다.

신경 연결

인지과학 연구에서는 습득에 대한 형식주의 모형과 관련된 귀납 과정이 아이들이 언어를 습득할 때 일어나는 현상을 정확하게 기술하지 않는다고 본다. 언어 능력과 언어 수행의 구별이 언어 오류의 본질에 대하여 많은 것을 말해 주지 않는다는 것도 문제 중의 하나이다. 더 넓게 말하면, 이 모형들은 마음이 실제로 작동하는 방식에 대해 신경과학이 밝혀낸 것과 일치하지 않는다.

　연결주의[13]에서 유래한 습득에 대한 연상 모형은 이해하기 쉽다. 연결

12　많은 사람들은 말하기보다는 쓰기에서 빈번한 오류가 나타난다고 가정한다. 그러나 면밀히 관찰해 보면, 쓰기보다 말하기가 전형적으로 오류가 발생하기 쉽다는 것을 알 수 있다. 말하기는 너무 빨리 이루어지기 때문에 오류를 발견하기가 어려운 반면에, 쓰기는 면밀한 검토를 거치기 때문에 아주 작은 오류조차도 쉽게 밝혀진다는 것이 차이점이다. 듣기를 할 때 의미와 메시지에 온통 주의를 기울이지만, 반면에 읽기를 할 때, 특히 학생들의 보고서를 읽을 때는 형식에 중요한 주의를 둔다.

13　연결주의에서는 문장을 만드는 방식이 규칙에 의한 것이 아니라, 하나의 단어에 의하여 그것

주의는 학습을 '신경 연결망(neural networks)'이라는 용어로 기술한다. 이 연결망은 뉴런과 경로—수상돌기와 신경돌기—라고 불리는 세포들로 구성된 뇌 안의 생리학적인 구조이다. 이때 경로는 정보 처리를 용이하게 하는 결합 스위치인 시냅스를 통해 서로 의사소통하게 하는 뉴런을 허용한다. 학습은 뇌 세포 구조 안에서의 변화, 문자 그대로 새로운 지식을 수용하기 위해 연결망을 증가시키는 변화를 포함한다. 사람이 더 많이 배울수록 신경 연결망은 더 확장된다.

최소주의 이론과 같은 규칙-지배적 모형은 정신적 활동 또는 사고가 언어적이라고 가정한다. 즉, 어떤 주어진 문장도 멘털리즈로서 시작된다. 반면에 연결주의는 인지적 활동이 언어적이라는 가정은 오류라고 제안한다. 모든 사람이 생각을 할 때 마음의 목소리를 듣는다고 보고하기 때문이다. 연결주의는 앞에서 살펴보았듯이, 정신적 활동이 기본적으로(오로지 그것뿐인 것은 아니지만) 영상적이라고 제안한다.[14] '보는 것(seeing)'은 이해하는 것과 같은 뜻이기 때문에, 언어 그 자체는 이러한 제안의 본질을 포함한다. 우리는 문제를 '보고(look)' 쟁점에 '초점(focus)'을 두려고 노력한다. 누군가가 말하는 것을 들을 때, 그들의 요점을 '보려고(see)' 노력한다. 요점을 보려고 노력하지, 냄새 맡거나 듣거나 맛보는 것으로 처리하지는 않는다. 시각화(visualization)는 이해와 언어의 핵심에 있으며, 또한 정신적 활동의

과 연결된 다른 단어들이 동시에 활성화되거나, 또는 하나의 자극에 의하여 상호 관련이 있는 단어들이 병렬적으로 활성화되도록 신경조직이 조직되어 있다고 본다(Rumellhart & Mc-Clelland, 1996). [역주]

14 일부 교육자들은 정신작용이 대체로 영상적이라면, 아이들을 고도로 시각적인 활동에 몰입시키는 것이 학습을 강화시킬 것이라고 제안하였다. 그러나 Katz(1989)에서 언급했듯이, 이 활동들은 보통 언어적인 요소를 포함하지 않는다. 영상은 정신 작용에는 원래 포함 되어있는 것으로 보이지만, 언어는 그렇지 않다. 그래서 언어는 사회적 상호 작용에서부터 유발되어야 한다.

핵심으로 나타난다.

이 관점은 여러 가지 이유에서 중요하지만, 더 중요한 것 중 하나는 그 것이 언어 처리를 단어와 정신적 표상을 일치시키는 문제로서 이해되도록 하고, 현실 모형을 내면화하도록 한다는 것이다. 이 설명에 따르면, 언어의 구조는 규칙(rules)이 아니라 규칙성의 패턴(patterns of regularity)에 의해 지배된다(Remellhart & McClelland, 1986). 여기서 그 차이는 상당하다.

먼저 이 패턴들이 인간의 탄생 순간부터 스스로 성립되기 시작한다는 것을 주목해 보자.[15] 아이들이 세상과 맞닥뜨릴 때, 그들의 부모와 다른 성인 들은 아이들에게 사물의 이름을 알려 준다. 예를 들어, 아이들은 개를 보고 '개의 특질(dog-ness)' 즉, 네 다리, 털, 짖음, 핥기 등등과 관련된 정신적 영 상 혹은 모형을 발전시키는 결과물로서 즉시 '개(dog)'라는 단어를 알게 된 다. 아이들이 개와 관련된 경험을 많이 하고 자라남에 따라 아이들 각각이 가지는 '개의 특질'에 대한 정신 모형은 개를 대표하는 자질의 범위를 포함 하는 것으로 발전된다. 이 특질은 정신적 표상의 일부이며, '개'라는 단어를 구성하는 일련의 음성 혹은 음운이다. 그 표상은 뇌 속에 세포 구조로서 존 재한다.

뇌는 자기조직적인 체계로서 작용하고, 환경의 광범위하고 명시적인 안내에 의존하지 않는다(Elman et al., 1996; Kelso, 1995). 자기조직적인 체계 는 대개 정교한 균형의 상태이다. 이것은 이전 조건에 의해서 상당 부분 결 정되고, 환경적인 역동성에 의해서는 보다 적은 부분이 결정된다. 그리고

---

15 핀커와 프린스(Pinker & Prince, 1988)와 핀커(Pinker, 2002)는 연결주의(connectionism)가 본 질적으로 언어 습득이 언어적 입력의 기억과 경험에만 단순히 바탕을 둔다고 제안하는 행동 주의 모형(오래되고 진부한)과 동일하다고 강하게 비판했다. 그러나 중요한 차이점이 있다. 예 를 들어, 연결주의는 언어 능력이 선천적이고 유전적이라는 것을 인식했지만, 행동주의는 그 렇지 않다. 실제로 행동주의는 선천성과 관련된 모든 개념을 부정했다.

그것은 피드백 기제를 통해 정보를 제공한다(Smolin, 1997). 사소한 입력일지라도 상당한 영향력을 미칠 수 있다는 것이 인지와 언어에 대한 연구 결과 중 하나이다(Elman et al, 1996). 비록 일상적인 관찰자들에게는 아이들이 받은 언어적인 입력이 제한적이고 왜곡되어 보이지만, 아이들의 발달하는 뇌에 이 입력은 풍부하고 유의미한 것이다. 만약 아이들이 언어를 발달시키는 것이라면, 어른들의 언어는 절대적으로 필요하다. 그러나 유아는 그러한 시도에 상당한 내재적 자원을 가져오는 것이다.

뇌의 자기조직적인 특성은 아이들이 유사한 표상을 적절하게 범주화하고 다양한 방법으로 상호 참조하도록 해 준다. 개(dog)와 고양이(cat)는 애완동물의 범주에 속하지만, 그것은 네 다리 동물의 범주뿐만 아니라 문자 d로 시작하는 단어와 문자 c로 시작하는 단어의 범주에도 상호 참조될 수 있다. 여기서 상호 참조라는 것은 은유적이 아니다. 즉, 관련된 뉴런들을 이어 주는 실제 신경 연결들로 구성되어 있다는 것이다. 그 결과 연관된 자질을 모두 가진 관련 항목들의 매우 복잡한 신경 연결망이 형성된다. 이 모든 항목들과 특징들이 정확히 어떻게 분류되고 저장되고 상호 참조되는지는 미스터리로 남아 있지만, 한번 정신적인 표상이 뇌에 확립되면 아이는 자유자재로 그것을 처리할 수 있게 된다. 예를 들어, 개에 대한 정신 영상이 궁극적으로 그것과 연합된 자질 모두에, 즉 단어 'd-o-g'에 대한 음성적 표상과 문자적 표상 양쪽 모두에 연결된다.

문법에도 그와 비슷한 과정이 적용되는 것처럼 보인다. 아이들은 깨어 있는 모든 시간 동안 그들이 듣는 언어에 나타나는 규칙성의 패턴, 즉 문법을 확인하기 위해 그들 주변의 세계를 조직화하는 내재적 능력을 사용한다(Williams, 1993). 촘스키(1957, 1965)는 언어가 무한한 수의 문법적 발화를 가졌기 때문에 이러한 과정이 불가능하고 주장했다. 또 인간의 뇌는 그것을 무한수의 문법적 발화를 다 기억할 수 없다고 주장했다. 따라서 그는 상대적으로 적은 수의 생성 규칙에 기초하여, 모든 범위의 가능한 발화를 생성하기 위한 몇 가지의 기제를 가져야 한다고 결론지었다.

이 결론에는 적어도 두 가지 오류가 있다. 첫째, 드 보이슨-바디어스(de Boysson-Bardies, 2001)는 다음과 같이 지적하였다. "인간의 뇌는 뉴런을 포함하고 있다." "…… [각각의] 뉴런은 약 1,000개의 연결을 형성하고 …… 동시에 10,000개의 메시지를 수용할 수 있다." "수많은 연결 지점의 개수는 10^{15}개인데, 우주에 있는 별의 숫자보다 많은 것으로 추정된다." 다시 말하면, 인간의 뇌는 본질적으로 무제한적인 저장 공간과 처리 능력을 가진다. 뇌가 셀 수 없을 만큼 많은 문법 패턴을 기억할 수 있는 능력이 없다는 제안은 이러한 관점에서는 조금 억지스럽게 들린다. 진정한 인지적 도전은 저장이 아니라 정보의 검색에 있다. 둘째, 언어에는 무한히 가능한 문법적 발화가 있지만, 문법적 발화를 문법적 패턴과 혼동하는 것은 잘못이다. 이미 밝혀졌듯이, 어느 특정한 언어에서 수용 가능한 패턴의 수는 상대적으로 적고, 이러한 패턴들은 뇌 구조에 바탕을 둔 것으로 보인다. 감각을 통해 뇌로 가는 정보 입력의 선조적(linear) 흐름은 신경 통로를 통한 전기적 신호의 선조적 흐름으로 복제된다. 그리고 이것은 차례로 말하기와 쓰기의 선조적 흐름에 반영된다.

인지적 처리는 위계적 경향이 있어서 가장 중요한 것에서 덜 중요한 것으로 이동한다. 게다가 이 능력은 출생 때부터 발달한 만큼, 인과 관계를 확립하는 데 매우 능숙하다(Carey, 1995; Cohen, Amsel, Redford, & Casasola, 1998; Springer & Keil, 1991). 이러한 자질들은 문장 첫 머리에 있는 주어를 포함하는 행위자에 맞추어 언어가 구조화되는 경향이 있을 것이라고 예상하게 하는데, 그것이 바로 우리가 발견한 것이다.

인지 문법적 관점에서는 문법 규칙을 유도하기 위한 기제 또는 매개 변인 또는 생성 문법적 요소를 제안할 필요가 없다. 영어에는 SVO와 SVC의 두 가지 주요 문형이 있고, 다른 모든 패턴들은 본질적으로 이들의 변이형이다. 이런 패턴을 만드는 구성 요소는 알려진 모든 언어에서 보편적이다. 즉 주어, 동사, 목적어, 보어의 결합이 모든 언어의 기본 패턴을 형성한다. 그러므로 뇌 구조에 의해서 부과된 문법에 대한 내재적인 제약을 무시한다고 할지라도, 문법적인 패턴의 수가 이론적으로 무한하다고 주장할 수 없다. 제5장의 예, "The day was very … n hot"으로 돌아가 보면, 부사 very의 추가가 SVC라는 기본적인 문장 패턴에 영향을 미치지 않기 때문에, 이런 문장이 문법에 대한 어떤 중요한 것을 밝힐 것이라는 의견을 버려야만 한다. 게다가 두 가지 주요 문장 패턴(SVO, SVC)에서, 단지 12개의 문법적인 조합(3!+3!=12)만이 가능하다.[16] 그리고 이 중의 대부분은 OSV 문형과 같이 극히 드물어서 6개 이하의 언어가 해당된다고 입증되었다.

인간은 패턴 인식에 능숙하므로, 모든 언어에서 제한된 수의 문법적 패턴은 분명 우리 능력 범위 안에 있다. 그 작업은 매우 단순해서 심각하게 제한된 지능 능력을 가진 사람이라도 문법적으로 정확한 언어를 발달시키는 데 어려움이 없다.

언어 오류 설명하기

인지언어학은 언어 생산이 신경 연결망을 활성화하려는 의도에서 시작된다고 주장한다. 연결망은 많은 경우에는 영상의 형식으로, 어떤 경우에는 단어의 형식으로, 혹은 개념적 혼성을 통해 정신 모형을 교대로 생산해서 이 둘을 결합하는 형식으로 논리적인 명제를 생산한다. 정신 모형은 문장 패턴이 저장된 그 부분의 연결망을 활성화한다. 정신 모형에 내재된 명제의

---

16   수학적으로 3!는 3×2×1=6을 뜻한다. 즉 3!+3!은 3×2×1+3×2×1=6+6=12가 되는 것이다. [역주]

구조는 가능한 문장 패턴의 범위를 구체화한다. 어떤 하나가 '최적'으로 선택되면, 화자의 의도와 모형을 조화시킬 수 있는 단어들로 채워진다. 인지 문법은 본질적으로 정신적 명제들의 무한한 공급에 기초한 높은 창조성과 영어 어순에 내재된 높은 유동성을 설명한다. 언어의 창조적 특징은 생성 문법의 결과가 아니다.

언어 생산(production)에서의 이 모형은 규칙에 의지하거나 혹은 언어 능력(competence)과 언어 수행(performance)에 의지하지 않고, 인지 문법이 언어에서 오류에 대한 유효한 설명을 제공하도록 한다. 우리가 어떤 것을 말하려고 할 때, 그것과 다른 것을 말하면서 끝내는 경우가 종종 있다. 보통 '말실수'를 알아차리고 스스로 교정을 하지만, 다음과 같은 의문점이 남는다. 무엇이 오류를 야기하는가? 다음의 예를 생각해 보라. 가족과 함께 해변가로 드라이브를 가려고 하는데, 떠나기 전에 아들에게 개는 데려가고 고양이는 두고 가자고 말하고 싶다. 그런데 실제로는 "고양이를 데려가고 강아지를 두고 가자"라고 말한다. 왜 나의 의도대로 원하는 문장을 표현하지 못했는가?

세상에 대한 경험은 패턴으로 규정되고 처리된다. 포유류는 4개의 팔다리를 가졌고, 사람들은 행복할 때 웃으며, 새들은 날고, 개들은 짖고, 해는 아침에 뜨고 저녁에 진다. 많은 패턴들은 비슷한 특징들을 가졌기 때문에 그것은 필연적으로 중첩된다. 예를 들어 수많은 사람들은 토마토는 과일이지 채소가 아니며, 돌고래는 포유류이지 어류가 아니라는 것을 그들 스스로 상기해야 한다. 단어 수준의 언어 습득은 강아지와 고양이를 말하고 'dog-ness'와 'cat-ness'의 심리 모형의 결과를 얻는 재반복을 포함한다. 단어를 듣거나 말하려 하는 것은 신경 패턴의 한 집합과 또 다른 집합 사이의 연합을 촉진시키는데, 그 또 다른 집합은 목표에 관련된 다양한 특징들의 하위집합을 포함한다. 각각의 기폭 장치는 적절한 패턴들 사이의 연결 강도를 증가시켜 주고, 이것은 일련의 음운들을 정확히 일치시킬 가능성을 높여 준다.

개와 고양이의 경우에 우리는 주로 이 동물들을 범주화하는 방법에 따라서, 아마 애완동물 또는 포유류의 일반적인 집합 아래 몇몇의 하위 집합을 상상할 수 있다. 그 하위 집합들은 털이 있고, 사랑스럽고, 핥고, 소유권이 있는 등등의 개와 고양이의 특징뿐만 아니라 쥐, 기니아피그, 거북이, 스컹크 같은 다른 동물들에 대한 항목도 포함하게 될 것이다. 나의 시나리오에서는 내가 아들에게 개를 데려오고 고양이는 두라고 말하는 의도가 형성되면, 애완동물/포유류와 연관된 전체 연결망이 작동될 것이다. 개, 고양이, 스컹크, 기니아피그 각각의 표상들이 수많은 중첩된 특징들을 가지고 있고 그들이 서로 관련되어 있기 때문에, 그들은 목표로 하는 대상으로서 경쟁하게 될 것이다(Rumellhart & McClelland, 1986 참고). 이러한 경쟁은 개와 고양이 모두에 해당하는 자질 특성이 가장 우세할 수 있을 뿐만 아니라 실제로 그러한 일이 발생할 것이라고 시사한다. 결과적으로, 확률적 또는 통계적 근거에 따라서 어떤 경우에는 사람이 개를 고양이로 부르거나 혹은 그 반대로 부를 수 있다는 것을 예상할 수 있다. "'dog'로 특징지어진 일련의 음소와 'dog-ness'로 특징지어진 자질 사이에 연합의 연결 강도는 일관성을 갖기에는 불충분하다"(Williams, 1993, p. 559).

문법 또는 용법 오류에도 같은 원리를 적용할 수 있다. 예를 들어 학생들에게 "The reason is because"와 "I feel badly"의 비문법성에 대해 다음과 같은 올바른 형식을 제시하여 지도할 수 있다. 즉 "The reason is that(이유는 다음과 같다)"과 "I feel bad(유감이다)"가 바른 형식이다. 이 수업은 아래의 도식과 같이 상징적으로 표현할 수 있는 연관된 구조적 패턴으로 뇌에 저장될 것이다.

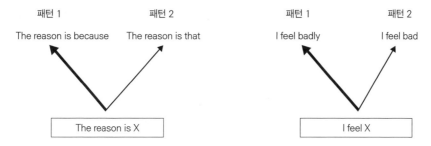

[그림 6.1] 연결 강도에 대한 시각적 표상

　　두 경우 모두 기폭 장치에 의해 활성화된 두 개의 잠재적인 목표로서의 대상이 존재한다. 지도 후에는 학생들이 올바른 목표로서의 대상을 선택하는 것이 가능하다. 그러나 학생들에게는 부정확한 형태에 대한 연결 강도가 정확한 형태에 대한 연결 강도보다 훨씬 더 클 것이다. 교육과 상관없이 압도적으로 많은 사람들이 일련의 오류들을 만들어 내는 언어적 환경에 속해 있기 때문이다. 이에 근거하면, 교육이 학교 내외에서 지속적으로 강화되지 않는 한, 또한 학생들이 그들의 언어를 바꾸게끔 동기가 부여되지 않는 한, 교육적 지도가 언어 수행에 대해서 제한적 효과를 가지게 될 것임을 확실히 예측할 수 있다.

　　인지 문법은 언어 습득이 경험과 현실의 내적 표상에 밀접하게 연결되어 있다고 제안한다. 문장 생산과 문법성, 사실 전체로서의 언어는 "환경과의 상호 작용을 통해 일반화된 규칙성의 다양한 패턴들 사이의 연상에 의지한다"(Williams, 1993, p.561). 이러한 관점에서 발화를 생산하는 행위는 경험으로부터 활용 가능한 언어 패턴의 범위에 대하여 실재에 대한 의도된 표상의 정신 모형을 대응시키는 것을 포함한다.

　　가르치는 것에 대한 함의가 매우 간단하지만 이것이 놀라운 일은 아니다. 아이들은 읽기, 쓰기, 그리고 말하기의 적극적 모델링을 포함하는 언어적으로 풍부한 환경에 놓여 있는 것 그 자체에서 혜택을 받는다. 그러므로 인지 문법은 많은 교사들이 이미 하고 있는 것들에 대한 이론적인 기초를 제공한다. 이 습득 모형이 아이들의 언어 기능을 확장시키기 위해 아이들을 다양한 장르와 청자에게 노출시킬 수 있도록 환경이 매우 다양해야 한다고 제안하는 것인지는 확실하지 않다. 범교과 글쓰기(Writing-across-the-curriculum: WAC)의 움직임은 그러한 접근법에 내재하는 장점들을 입증해 왔다. 그러나 WAC는 공교육에 넓게 영향을 미치고 있지도 않고, 영향을 미치고 있는 곳에서도 이행상의 오류 때문에 결과들이 특별히 의미 있게 여겨지지 않고 있다. 왜냐하면 WAC는 교과 내용 범위에서 쓰기 관습의 지식을 요구하는데, 대부분의 언어 교사들이 교과 지식은 부족하기 때문에, 단지 몇 개의 프로그램과 교과서들이 저널식 접근[17]에 머물러 있을 뿐이다. 다시 말해서, 교사들은 학생들이 과학에 대해서, 사회에 대해서, 그리고 인문학에 대해서 읽고 쓰기를 요구한다. 교사들은 학생들이 과학을, 사회를 읽고 쓰거나 인문학을 읽고 쓰기를 요구하지 않는다. 여기에서 이들 수업의 전형적인 과제는 그것의 문학적 요소를 분석하고 논의하기보다는 문학작품에 대해 느끼는 점들을 표현하는 감상문이다. 인지 문법으로부터 얻은 통찰을 통해 학생들이 그 교과에 대해서 읽기 쓰기를 할 때보다 그 교과 안에서 읽기와 쓰기에 직접 참여하게 될 때 더 많은 성장할 것이라는 것을 예측할 수 있다.

시제의 과잉 일반화 재고

앞서 시제의 과잉 일반화 현상을 살펴보았다. 그리고 그것이 언어 습득의 귀납 모형을 지지하는 것에 어떻게 사용되는지를 보았다. 이 설명에 따르

---

17 저널식 접근(journalistic approach)이란 교과 활동 중에 간단한 일지 쓰기 정도의 활동을 하는 것을 말한다. [역주]

면, 아이들은 동사 형태와 연관된 규칙을 만든 후에 지속적으로 불규칙 동사에 과거 분사 접사를 붙인다. 그러나 이 설명은 실제로 관찰하는 것과 일치하지 않는다. 아이들은 규칙적 형태와 불규칙적 형태를 가끔 정확하게 또 가끔 부정확하게 사용하고, 게다가 성인들조차도 같은 실수를 한다. 이것은 귀납 설명과 대조적으로 일관성은 나이가 든다고 해서 따라 오는 것이 아님을 가리킨다. 이러한 비일관적인 행동을 규칙-지배적 모형으로 적절하게 설명하기란 거의 불가능하다. 그러나 '경쟁형'이라는 용어로는 쉽게 이해가 된다. 즉, 과거 시제의 형태와 관련된 연상 연결이 어린 시절에는 충분히 발달되지 않아서 하나의 형태가 지배적으로 고정되지는 않는다.

연상 모형에 따르면, 수많은 중복 특징을 갖는 규칙성의 유사한 패턴들이 신경 연결망 안에 있기 때문에 오류가 발생한다. 이 패턴들은 어떤 의도에 따라 동시에 활성화된다. [그림 6.1]에서 보는 바와 같이, 이 모형은 두 패턴이 모두 구어에 나타나기 때문에, 두 구조에 대한 패턴들이 연결망에서 공존하고 있다고 볼 수 있다. 어떤 사람이 두 패턴들 중 어느 한쪽을 사용하는 것은 내적 규칙이나 규칙들의 적용을 방해하는 외적 자극에 의한 것이 아니라 다른 요소에 의해 결정된다(Goldrick & Rapp, 2001). 나이는 연결망 안에서의 결합력을 강화시켜서 사람들이 나이가 들수록 오류가 줄어든다. 그러나 이 모형에서는 통계학적으로 오류가 나이와 상관없이 언제나 무작위로 일어날 수 있다고 예측한다. 이 예측은 비록 문법이 그 언어의 하위 체계에 내재되어 있다 할지라도 모든 사람들이 말을 할 때 이런저런 유형의 오류를 범한다는 사실을 근거로 한다. 글쓰기에서의 오류들 역시 동일한 근거에 기반을 둔다. 이러한 맥락에서 언어 습득은 형식주의 문법이 제시했던 것처럼 언어를 생산하는 데 필요한 문법적 도구들을 발달시키는 과정이 아니다. 오히려 언어 습득은 신경 연결망을 발달시키는 과정이고, 그 과정은 언어를 위한 도구를 제공한다.

마찬가지로, 이 모형은 학교에서의 언어 교수가 왜 더디고 어려운지를 이해하게 한다. 아이들은 가정 언어가 정착된 상태로 학교에 온다. 비표준적 언어에 대한 결합력은 수년간 강화되어 왔지만, 표준 또는 공식적 표준 영어의 어떤 특징들에 대한 결합은 전혀 없을 수도 있다. 대부분의 아이들에게 나이는 단지 그 격차를 증가시키는 요인이 될 것이다. 왜냐하면 자신의 삶에서 표준 또는 공식적 표준 모형에 대한 노출이 불충분하기 때문이다.

언어 습득에서의 문법 역할

문법은 전체 언어 조직체 중의 중요한 것이지만, 그것은 단지 한 부분일 뿐이다. 문법은 어떤 관점에서는 단어 조합의 패턴이다. 인지 문법은 언어의 보편성 개념을 버리지는 않았지만 내재된 보편 문법에 대한 개념을 일축했다. 인지 문법은 또한 문법이 언어를 생산하기 위한 생성적인 요소를 갖는다는 제안을 거부했다. 언어 산출은 의도, 동기, 사회화, 이미지 형성, 그리고 논리적인 명제들과 관련된 복합적인 인지적·심리적 과정들의 결과이다.

게다가 언어 산출은 행동, 상황과 청자에 대한 이해, 운율 체계의 폭넓은 집합체를 포함하는 기초적인 의사소통 능력을 필연적으로 수반한다. 얼굴 표정과 신체 언어와 행동의 인지와 해석, 이것은 대화 속에서 말하는 순서를 바꿔 가며 말하는 데 필요하다. 그리고 상황과 청자에 대한 인지와 이해, 이것은 언어 사용에 있어서 격식의 수준을 좌우한다. (상사에게 이야기할 때는 피자와 맥주를 먹으며 친구와 사용하는 언어와 동일한 언어를 사용하지 않는다.) 또한 운율 체계, 이것은 시의 운율적 구조에 한정된 것이 아니라 구어의 리듬까지도 포함한다.

운율 체계는 언어에 매우 중요하다. 왜냐하면 구어의 리듬 패턴이 청자가 기대하는 것과 일치하지 않을 때, 의사소통은 심각하게 방해받기 때문이다. 예를 들어, 외국인의 억양을 이해할 때 어려운 점은 문법에 관한 것이 아니라 흔히 운율 체계에 관한 것이다. 언어 산출(표현)에서 운율 체계가 큰 역할을 하고 있음에도 불구하고 형식주의자들은 언어 습득에 대해 설명할 때 이러한 언어 수행의 특징에 주의를 기울이지 않는다.

예를 들어 핀커(1995)는 언어 습득에 대한 장황한 논의를 하고 있으나 (거의 50쪽 분량), 운율 체계에 대해서는 오직 5개의 문단만을 할애하였다. 게다가 이 다섯 문단들도 운율 체계와 문법의 연결에 대해 '아이들이 어떤 문법을 결정하기 위해 운율 체계를 사용하는가?'와 같은 의문점 제기로만 국한되어 있다. 핀커는 촘스키 언어학의 강력한 지지자로서 문법이 운율 체계에 영향을 끼칠 것이라고 결론을 내렸지만, 이후 통사와 운율 체계 사이의 사상(寫像)이 "일치하지 않는다"라고 인정하는 이상한 단계를 밟았다.

그보다는 아이들이 언어 습득의 과정에서 가정 언어의 리드미컬한 패턴들을 어떻게 숙달하는지에 대해 질문하는 것이 더 적절하다. 음향적인 신호로서 말소리를 관찰하면, 그것은 연속적이지만, 말소리를 연속된 흐름으로 듣지 않고 특정한 패턴을 따르는 분절음으로 듣는다. 갓 태어난 영유아들이 영어, 일본어와 같은 다른 언어의 운율적 패턴을 구분할 수 있다고 수많은 연구에서 밝혀졌다(Bagou, Fougeron, & Frauenfelder, 2002; Bahrick & Pickens, 1988; Christophe & Morton, 1998; Dehaene-Lambertz & Houton, 1998). 이 능력은 패턴 인지를 위한 보편적인 인간의 능력과 일치하는 것으로 보이나, 흥미롭지만 여전히 해결되지 않는 다음과 같은 질문을 제기한다. 만약 언어 습득이 귀납의 과정에 따르는 것이라면, 아이들이 귀납해 내는 말소리의 리듬 속에는 무엇이 있는가? 운율 체계 속에 '규칙'이 있는가? 운율적 패턴들이 단지 노출을 기반으로 하여 내재화되는가?

인지 문법은 언어를 아이들이 문법에 숙달한 산물로 보지 않고, 오히려 문법을 언어의 부산물로 본다. 이는 문법이 언어나 마음의 이론이 아니라는 점을 지지하는 것이다. 이것은 근본적인 언어학적 구조에 대한 질문을 지엽적인 것이 되게 한다. 이러한 관점에서 문법은 언어에 내재되어 있는 규칙성의 패턴들을 묘사하는 체계에 지나지 않는다. 문장의 표면 구조는 심리명제, 대응되는 음소, 그리고 어휘적 표상과 직접적으로 연결되어 있다. 예를 들면, 능동태와 피동태의 관련성, 그리고 관련된 문장의 다른 유형을 설명하기 위해 공식적인 문법적 조직체가 필요한 것은 아니다.

피동태 구조에 대한 논의를 다시 한 번 고려해 보자.

- Fred kissed Macarena.
  프레드는 마카레나와 키스했다.
- Macarena was kissed by Fred.
  마카레나는 프레드한테 키스 당했다.

인지 문법에서는 이 문장들이 어떻게 문법적으로 연관될 수 있는지는 별로 중요하지 않다. 더 중요한 것은 그들이 무엇을 전달하느냐이다. 우리의 직관은 이 문장들이 관련되어 있다고 말할지 모르나, 언어적 감각은 이 문장들이 다른 의미와 다른 강조점이 있다고 말해 준다. 프레드는 능동태의 초점이지만, 마카레나는 피동태의 초점이다. 그러나 많은 독자/청자들은 마카레나가 첫 번째 문장에서는 자발적인 참여자이나 두 번째 문장에서는 비자발적인 참여자임을 주목할 것이다.

문법적 분석을 위한 함의

이 유형을 분석해 보면, 인지 문법에서 왜 문법의 역할을 단지 표층 구조만으로 설명한다고 주장하는지 이해할 수 있다. 랭가커(1987)가 언급한 바에 따르면, 인지 문법은 "화자가 확립된 언어 관습에 대해 이해하는 인지적 조직의 측면으로 규정한다. 그것은 관습적인 언어 단위의 구조화된 목록으로 특징지어질 수 있다"(p. 57). 이에 따르면, 문법적 분석은 통사적 분석의 요구를 충족하기 위해 만들어 낸 언어가 아니라 관습적인 언어 지식, 다시 말해 실제 언어에서의 경험으로부터 얻어진 지식에 초점을 둔다. 구-구조 문법이 '관습적인 언어 단위'를 기술하는 데 이론적으로 적합하기 때문에, 인지 문법은 통사의 상징적 표상을 구-구조에 의존한다.

통사적 분석에 구-구조 문법을 사용하는 것은 구-구조 규칙이라는 의심을 불러일으키지만, 인지 문법에서의 이 작업은 2장에서 익숙해진 정형화된 기술을 뜻깊게 규칙화하는 것을 인정하지 않는다. 예를 들어, 랭가커(1990)는 구-구조 규칙을 "일반적인 진술"로 언급했다(p. 102). 따라서 이와 같이 NP VP 표기법이 규칙을 명시한다고 가정할 이유는 없지만, 그것이 문법적인 관계를 기술한다고 인정하는 것은 타당하다.

의미와 관련된 쟁점들은 자명해진다. 인지와 발화를 중재하는 단계를 발굴하려는 시도를 하지 않기 때문이다. 이 입장은 통사론과 의미론을 연결하는 즉각적인 이점을 가진다. 랭가커(1987, 1990)는 통사론과 의미론을 분리시키려는 시도에 반대하며 인지 문법에서는 "상징적 구조는 의미 구조 혹은 음운 구조와 뚜렷이 구별되지 않는다"(p. 105)라고 주장하면서 그 입장을 지지했다.

구-구조 문법이 언어의 이론을 제공하지 못한다는 촘스키(1957)의 비난은, 누군가가 문법이 이론적이 되어야 한다고 가정했을 때만이 가능한 주장이다. 이것이 가정이 되도록 하는 설득력 있는 근거는 없다. 인지 문법은 다른 가정으로부터 진행된다. 즉, 첫 번째 목표는 언어와 문법을 포함하는 실행 가능한 인지 이론을 발전시키는 것이다.

인지 문법은 많은 교사들이 이미 알고 있는 사실의 심도 깊은 이해를 가능하게 한다. 즉, 학생들이 더 나은 필자가 되게끔 도와주는 열쇠는 효과적이고 자기주도적인 독자가 되도록 하고 글쓰기 기회를 자주 갖도록 하는 것에 달려 있다는 것이다. 이론 기반 언어 수업의 일부인 또래와 교사들로부터의 피드백은 포괄적으로는 언어, 그리고 세부적으로는 글쓰기와 연결된 신경 연결망을 이루는 연결 경로를 강화한다.

또 인지 문법은 왜 문법 교수가 향상된 글쓰기로 이어지지 않는가를 더 잘 이해하게 한다. 명사나 동사를 식별해 내는 능력은 일련의 특정한 정신 모형과 연결되어 있으며, 기껏해야 문어 담화들과 연관된 모형들로 이루어진 신경 연결망과 희박한 관련을 갖는다. 문법 지식이 쓰기 지식에서 상당히 먼 어떤 영역에 저장되기도 하고, 또한 연결망 상의 다른 부분들에 연상을 어렵게 하는 방식으로 저장되기도 한다는 지적이 있다. 문법 교수는 문법을 책임지는 연결망의 부분들 내에서 결합 관계들을 강화하는 경향이 있지만, 그것이 연결망의 다른 부분들 사이의 결합을 강화시킨다는 증거는 없다.

교수의 영향은 상당하다. "필자는, 특히 숙련된 필자조차도 모든 글쓰기 과업이 가장 우선인 것처럼 접근해야 한다는 것이 타당하다. 필자들은 담화의 정신 모델을 전제, 단락, 예시, 논증, 문장, 문장을 구성하는 단어들과 부합시키고자 할 때마다 개별적인 창조 행위에 직면한다"(Williams, 1993, p. 564). 만약 인지 문법이 언어의 정확한 모델을 제공하는 것이라면, 언어 수업의 초점을 언어의 풍부함 속에 학생들을 몰입시키고, 내용과 형태에 대한 조사와 토론에 그들을 직접적으로 참여시키는 데에 두어야 할 것이다. 문법과 용법의 숙달은 저절로 뒤따를 것이다.

1. 문법 '규칙'을 반대하는 것은 언어의 정확성이라는 개념에 어떤 방식으로 영향을 미치는가?

2. 아이들과 함께 있는 부모나 어른들은 아주 어린아이들이 반복적인 상호 작용에 절대 싫증을 내지 않는다는 것을 안다. 이를 관찰한 결과가 인지 문법과 어떻게 연결되는가?

3. 몇몇 사람들은 비판적 사고 기술과 사고가, 언어보다는 영상에 가깝다는 생각(idea), 그 둘 사이의 중요한 연결 관계를 이해한다. 이 개념에 대해 생각해 보고 여러분이 알고 있는 연결 관계의 일부를 목록화하라.

4. 학생들에게 문법을 가르친다는 측면에서 인지 문법의 교육적 함의는 무엇인가?

5. 언어학자들이 거의 구어에 초점을 두고 있음에도 교사들은 대개 글쓰기에 초점을 두며, 문법은 역사적으로 글쓰기 기술을 향상시키기 위한 수단으로 잘못 알려져 왔다. 인지 문법이 독서와 작문을 가르치는 데 어떤 함의를 가질 수 있는가?

방언학

1. 방언의 특성

언어는 시간·국가·지리적 경계를 넘어 다양하게 나타나며, 성별·세대별·사회경제적 지위에 따라서도 다양하게 나타난다. 특정 언어 내에서 변이가 발생할 때, 이를 동일 언어 방언의 다른 형태라고 부른다. 그러므로 영어를 설명할 때, 영국 영어, 캐나다 영어, 미국 영어, 호주 영어, 캐리비안 영어, 인도 영어 등의 용어를 사용한다. 미국 내에서도 남부 영어, 보스턴 영어, 뉴욕 영어, 서부 해안 영어 등으로 나누어 말한다.

많은 사람들이 방언을 민족적인 것으로 잘못 연결시키는데, 대체로 방언은 지리적 요인과 사회경제적 요인의 결과이다(Haugen, 1966; Hudson, 1980; Trudgill, 2001; Wolfram, Adger, & Christian, 1998). 방언은 억양, 운율, 문법, 어휘 차원에 따라 다르다. 남성보다 여성이 정확성에 좀 더 관심을 갖는 경향이 있듯이, 남성 언어와 여성 언어 사이에는 눈에 띄는 차이가 존재한다. 그러나 방언이 대체로 성별에만 관련된 것은 아니다. 지리적 영향이 관찰되기도 하는데, 예를 들어 애리조나에서 온 사람은 대체로 "I have plenty enough(충분히 먹었어)"라고 말하지 않지만 캘리포니아의 많은 지역에서는 이렇게 말하는 것이 일반적이다. 다음과 같이 사회경제적 지위의 영향도 뚜렷하다. 즉 사회경제적 계층의 상위 1/3은 "I'm not going to the party(나는 파티에 가지 않을 거야)"라고 말하지만, 하위 1/3에 해당하는 계층은 "I ain't goin' to no party(나는 파티에 가지 않을 거야)"라고 말하는 경향이 있다. 아래의 경우와 같이 일부 방언적 특징은 지역과 사회경제적 지위에 따라 다르게 나타난다.

- Fred jumped off the table.
  프레드가 탁자에서 뛰어내렸다.
- Fred jumped off of the table.
  프레드가 탁자에서 뛰어내렸다.

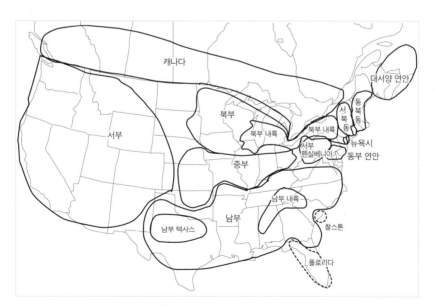

[그림 7.1] 북아메리카의 주요 방언. 『북아메리카 영어 지도책』 재인용.

[그림 7.1]은 라보브(William Labov)·애쉬(Sharon Ash)·보버그(Charles Boberg)가 제시한 것으로, 북아메리카에 있는 주요 지역 방언을 나타낸 것이다.

2. 방언의 발전

언어의 역사를 살펴보면 모든 언어가 특정한 어족과 맞아떨어지는 것을 알수 있다. 어족 중에서 가장 큰 규모는 인도-유럽어이며, 이는 영어, 스페인어, 독일어, 불어, 그리스어, 이란어, 러시아어 등을 포함한다. 세계 인구의절반 정도가 제1 언어로 인도-유럽어를 사용한다.

인도-유럽어는 6천 년 전에 동부 아나톨리아 지역 투란계어에서 나타나기 시작했다. 언어는 그 자체로 인도-유럽어보다 수천 년 전에 이미 존재했지만, 그 언어의 역사를 추적하는 것은 너무 먼 과거이기 때문에 살펴볼 수 없다. 일반적으로 학자들은 크로마뇽인이 4만 년 전부터 언어를 사용하였다는 것에는 동의하지만, 네안데르탈인의 언어 사용 여부에서는 상당히 의견이 엇갈린다. 인류가 언제부터 언어를 사용하기 시작했는지는 매우중요한 문제이다. 왜냐하면 이것이 인류의 진화를 이해하는 데 도움이 되기때문이다. 앞 장에서 언급했던 것처럼 일부 언어학자들은 인간에게 인지 능력이 먼저 존재했고 여기에서 언어가 진화되었다고 주장한다. 반면에 다른학자들은 이 의견에 대한 증거가 없다고 지적하며, 크로마뇽인들의 출현 이후에 언어가 빠르게 확산되었다고 주장한다. 만약 후자의 주장이 옳다면 언어의 역사는 매우 짧다.

지구상에는 약 5,000여 개의 다른 언어들이 존재하는데, 세계 인구의절반 정도가 인도-유럽어의 다양한 변이를 말한다는 사실은 놀라운 것이

다. 이 언어가 어떻게 그런 지배적인 영역을 차지하게 되었을까? 최근 미토
콘드리아 DNA(MDNA) 연구에서 이에 대한 답을 찾을 수 있다. MDNA는
우리 몸속에 있는 모든 세포에 존재하며, 이것은 어머니로부터 딸에게 그대
로 전달되어 변하지 않은 상태로 보존된다(임의적 변종은 제외함). 유전학자
사이크스(Brain Sykes, 2002)는 인간의 진화를 좀 더 알아보기 위해 비교적
안정된 유형의 DNA가 가진 상호성을 분석하여 수량화했다. 그의 발견은
매우 중요한 것이었다. 첫째, 일부 인류학자들이 주장하는 것처럼 현재 인
류는 네안데르탈인과 전혀 관련이 없다. 둘째, 현대 유럽인들은 빙하 시기
동안 각각 다른 시대에 살았던 7명의 여성 중 1명의 후손이다.

처음에는 오늘날 유럽인들이 이 작은 규모의 여성들의 후손이라는 생
각을 받아들이기가 매우 어려울 수도 있다. 그러나 생물학자들은 대부분의
혈통이 몇 세대 이상 살아남을 수 없다는 것을 안다. 가계도는 위에서 아래
로 내려오면서 그 범위가 좁아지는 경향이 있으며, 중간 부분이 일시적으로
증가하기도 한다. 또한 가장 강력한 혈통만이 살아남게 된다. 그러므로 인
도-유럽어에 대한 가능한 시나리오를 다음과 같은 설명할 수 있다. 일만 년
전 농업혁명 시기에 사용했던 인도-유럽어와 관련 없는 수많은 언어들이
분명 존재했다. 그러나 이 언어를 쓰는 사람들이 죽고 언어는 사라졌다. 이
와 반대로, 인도-유럽어를 말하는 사람들은 살아남아 유럽 전역에 퍼져 나
갔다. 몇몇 이주민들은 약 기원전 2000년 동쪽에서 아나톨리아를 침입하였
다. 그리고 히타이트 왕국을 건설했으며, 이곳의 공식어는 문자로 쓰는 방
식을 발견한 최초의 인도-유럽어 중 하나이다(Bryce, 2002).

살아 있는 모든 언어는 변한다. 그리고 투란코커스에서 온 인도-유럽
어 원주민 화자가 이주하고 또 그 무리가 나눠지고, 무리들 간의 접촉이 끊
어지면서 (언어) 변화의 속도는 가속화되었다. 『그림 동화 *Grimm's Fairy*
Tales』로 유명한 학자 야콥 그림(Jobs Grimm)과 그의 동생 빌헬름(Whil-

helm)은 1822년에 '소리 변화의 법칙"을 제안하였다. 오랫동안 예측할 수 있는 규칙적인 방식으로 자음군들이 서로 대치되었다는 것이다. b, d, g와 같은 인도 유럽어의 여린 유성 자음은 독일어에서 거센 p, t, k로 변하였다. 그림의 법칙에 근거하여 여전히 사용하고 있는 인도-유럽어인 산스크리트어에서 현대어와 상응하는 특정 단어의 진화를 추정할 수 있다. 예를 들어, '당기다'를 뜻하는 산스크리트어 char가 영어의 draw, 독일어의 tragen으로 의미 변화 없이 진화되었다.

대부분의 예에서 언어 변화는 언제나 미묘하게 나타난다. 과학과 기술의 진보와 관련되는 것, 그리고 정복과 관련되는 것은 예외이다. 예를 들어, 단어 modem은 1960년대 이전까지 존재하지 않았다. 이 단어는 컴퓨터의 발전으로 나타나게 되었다. 1066년 영국의 노르만 침략 이전까지 영어에는 프랑스어가 거의 없었는데, 이후 수많은 프랑스어가 영어 속에 빠르게 흡수되었다. 이러한 사건들이 없다면, 언어 변화는 단지 아이들이 어른에게서 들은 말에 자신의 말을 맞추기 위한 노력의 결과로 나타나곤 한다. 이러한 대응은 결코 정확한 것이 아니다. 시간이 흐르면서 아동의 언어와 어른의 언어 사이에 존재하는 아주 작은 변이는 어휘와 억양, 심지어 문법에서도 변화가 나타난다. 만약 특정 집단 내에 변화가 나타난다면 그 변화는 서로 동일화하려는 경향이 있다. 그러므로 결국 해당 집단 내의 모든 사람들은 어떤 면에서 결과적으로 동일한 언어를 사용하게 된다. 그러나 지리적 경계가 어떤 두 집단 사이의 빈번하면서도 잦은 왕래를 방해하게 되면 이 지리적 경계는 이런 동일한 변화를 방해하기도 한다. 교류가 빈번하지 않는 경우, 공통된 기초 방언을 가지고 있는 집단의 언어는 특정 시간 내에서 항

---

1   그들은 언어학적 자료를 위해 오래된 이야기를 수집하였으며, 이는 독일어 음운 변화의 법칙을 발견하는 계기가 되었다.

상 다른 방향으로 변화한다. 결과적으로 의미 있는 방언 차이는 3대 안에 나타나게 된다.

미국과 영국은 근본적인 방언 변화의 요인에 대해 흥미로운 설명을 제공한다. 비록 미국 식민지 주민들이 영국인들과 동일한 방언을 쓴다 하더라도 두 국가 사이에 있는 대서양으로 인해 다양한 차이가 나타난다. 일부 차이점은 주로 어휘와 관련된 것이다. 미국인들은 'truck'을 물건 옮기도록 고안된 탈 것을 가리키는 데 사용한다. 반면에 영국인들은 'lorry'라는 단어를 사용한다. 그런 식의 차이는 다른 곳에서도 찾을 수 있다.

발음의 경우를 살펴보면, 모음 직후에 나오는 r 소리('car'처럼)는 영국에서 거의 사라졌다. 그러나 미국 대륙 전반에 걸쳐 이 소리가 나타난다. (미국 남부 지방의 경우, 예외적으로 이 소리가 나타나지 않는다. 이 지역의 많은 곳에서 r 소리가 존재하지 않는다.) 흥미롭게도 우리가 예상할 수 있는 방향으로 변화가 나타나지는 않았다. 미국 내의 언어 변화는 천천히 그리고 보수적으로 일어났으나, 영국 내의 변화는 빠르게 나타났다. 이는 독립한 후 230년 동안 미국 인구가 영국보다 매우 적었고, 또 고립되어 있었기 때문이다. 작고 고립된 곳의 사람들보다 거대한 코스모폴리탄에 거주하는 사람들의 경험은 매우 빠르게 변한다. 이 점에서 1960년대 이후 미국의 빠른 성장은 중요한 언어적 변화를 낳았다. 또 2030년까지 인구가 두 배로 증가한다면 이러한 변화들은 이전 시대보다 더 가속화될 것이다. 이 첫번째 가정은 정확한 것이다.

사회경제학적 요인이 방언에 영향을 끼치지만 그것은 좀 더 복잡하게 작용한다. 모든 언어는 교육 및 재정적 성공과 관련된 특권층 방언을 갖고 있다. 미국 내의 특권층 방언은 표준 영어이며 수많은 사람들이 이를 사용하고 있다. 표준 영어가 학교와 일터에서 사용하는 언어이기 때문에 사람들은 표준 영어를 배우려고 한다. 이 텍스트에서는 공식적 표준 영어를 또 하나의 방언으로 다루고자 한다. 이는 글쓰기, 특히 학문적 글쓰기와 매우 관련되어 있으며, 교양 있는 엘리트 계층에 속하는 사람들과 관련되어 있다. 공식적 표준 영어를 사용하는 사람들의 수는 매우 적지만 그럼에도 불구하고 가장 널리 수용되는 방언에 해당한다. 표준 방언과 공식적 표준 방언의 중요성과 비표준 방언과의 많은 차이를 설명한다면, 미국 내의 많은 화자들이 왜 이중 언어를 사용하는지 이해할 수 있게 된다.

사회경제학적 요인은 교육 수준과 매우 밀접하기 때문에(Herrnstein & Murray, 1994), 이중 방언을 완벽하게 잘 사용하지 못하는 비표준 화자는 교육 수준이 대체로 낮게 나타나며, 그들은 가난한 노동자 계층으로 이어지기도 한다. 그러나 교육은 방언의 절대적인 지표가 될 수 없다. 대학은 예전에 그랬던 것보다 비표준 영어에 좀 더 관대해졌으며, 공교육에서 비표준 영어를 좀 더 세심하게 다루고 있고, 실제로 비표준 영어에 좀 더 관대해졌다는 확인되지 않은 결과들이 있다. 결과적으로 "I ain't got no money(나는 돈이 없어)"와 "Where's he at(그는 어디에 있어)" 등의 비표준 표현을 쓰는 대학 졸업자들과 대학 및 공교육 교사들을 꽤 자주 만날 수 있게 된다.

3. 학생과 방언

학업에서 성공하고자 하는 학생들은 자신의 가정 방언을 바꾸고자 한다. 이는 충분한 이유가 될 수 있으며, 실제 많은 사람들이 그렇게 한다. 고용주는 여러 가지 이유로 비표준 가정 방언을 수용하지 않으며, 그들은 직장에서도 자신의 언어를 바꾸기 위해 계속 노력한다. 언어는 아마도 자신이 누구인지를 정의하는 가장 중요한 요소일 것이며, 우리가 사용하는 언어를 근거로 우리는 끊임없이 판단되기도 하며 판단하기도 한다. 결과적으로 엘리트 집단과 동일시하고자 하는 욕구 때문에 많은 사람들은 자신의 가정 방언이 공식적 표준 영어가 아닌 경우, 표준 영어 때문에 자신의 가정 방언을 버리게 된다.

자신의 가정 방언을 바꾸는 것은 쉽지 않다. 첫째, 어휘, 강세, 리듬, 심지어 어떤 경우 문법 등의 새로운 언어적 특징을 숙달해야 하는 도전에 직면한다. 이때 동기가 비결이 될 수 있다. 예를 들어 배우가 되고자 LA로 간다면, 가장 먼저 뉴욕 방언, 남부 방언, 심지어 호주 방언을 바꾸기 위해서 발음 지도 교사를 고용해야 한다. 이러한 노력들은 대체로 성공적이다. 대스타 멜 깁슨(Mel Gibson)이 호주에서 성장하고 영화 속에서 호주 방언을 사용한 것을 기억하는 사람들은 거의 없다. 또한 십대들이 얼마나 빨리 자신의 방언을 바꾸는지 알고 있다. 수년 전 북 캐롤라이나 대학에서 근무할 때, 동북부 출신의 많은 학생들을 가르쳤다. 그들은 채플 힐(Chapel Hill)[2]에 도착한 후 몇 달간 뉴욕과 남부 방언을 섞어 사용했으나, 1년 이내 자신의 가정 방언은 일부 흔적으로만 남아 있었다. 널리 알려진 것처럼 십대들은 또래 집단에 맞추려는 욕구가 강하며, 이는 방언의 빠른 변환을 설명해 준다.

그러나 새로운 방언을 수용할 때 동기가 없으면 문제가 될 수도 있다. 우리는 우리와 가까운 사람들, 즉 가족이나 친구들과 상호 작용하며 스스로의 정체성을 발달시키고 형성한다. 몇몇 학생들은 특권 방언을 수용하면서 그들이 자신의 집과 지역 사회와의 유대관계를 잃었음을 깨닫게 된다. 우리는 종종 그들이 대학생이었을 때 직면했던 다음과 같은 어려움을 듣게 된다. 즉, 방학을 보내러 고향에 갔을 때 자신들이 현재 사용하는 언어가 자신의 부모와 친구들이 사용하는 언어와 다르다는 것을 발견한다. 그들은 고향에서 자신을 외부인(outsiders)으로 느끼게 된다. 1세대 대학생들이 이런 경

---

2   미국 북 캐롤라이나 주 북부의 도시로, 노스캐롤라이나 대학교 캠퍼스에 해당한다. [역주]

험을 특히 많이 한다. 대부분의 부모는 자신의 자녀가 대학 교육을 받기를 원하는데, 그것은 선한 의도이면서 그들이 갖는 최고의 소망이다. 그럼에도 불구하고 우리 사회는 계급의식 사회이며, 교육은 자녀들을 지역 사회의 경계와 더 멀어지도록 하며, 결과적으로 이는 친구와 가족들에게 종종 위협으로 느껴진다.

　이런 갈등은 이민자들의 엄청난 유입으로 공교육 내에서 매우 첨예하게 드러난다. 1980년대 중반부터 이민자들이 유입되기 시작했으며, 오늘날에도 여전히 지속되고 있다. 인구 조사국에서는 미국 내 이민자들의 불법 체류 비율이 매우 높다는 자료를 제시하고 있다. 결과적으로 이는 동화(assimilation)를 막는 장벽을 세우는 것이 된다. 이민자들 사이에는 모국(home country)에 대한 감정적 관계(재정적 관계와 함께)가 매우 강하게 유지된다. 이민자들은 자신들의 고향, 관습, 사고, 언어 등을 보존하는 공동체로 위안을 삼고자 하기 때문에 슬럼화[3]가 만연하게 된다.

　그 결과 이민자들, 학교, 국가에 매우 심각한 딜레마가 나타났다. 캘리포니아, 애리조나, 콜로라도 등의 몇몇 주에서 이중 언어 교육 프로그램이 폐지되었다. 그리고 그 외 많은 주에서 아동들을 영어 능숙도에 따라 재분류화하라는 압력을 강하게 받았고, 이런 상황은 앞으로 더 빈번하게 일어날 것이다. 이중 언어 사용자가 되는 것은 이민자 가정 자녀들에게 결과적으로 심각한 도전이 된다. 아이들은 능숙한 이중 언어 사용자가 되기 위해 표준 영어라는 또 다른 어려움에 직면하게 된다. 이 특권 방언을 숙달하지 못한 사람들은 자신들의 공동체 내에서는 내부인(insider)이지만, 더 넓은 사회와 직장에서는 외부인(outsider)이 된다. 대부분의 사람들은 이 문제를 해결하

3　유태인을 강제 수용한 것을 가리키는 용어이며, 여기서는 특정 이민자 집단의 고립을 의미한다. [역주]

기 위해 이중 언어 사용자가 되고자 노력한다. 그리고 그들은 두 개의 방언을 사용하는 방법을 오랫동안 배우게 되며, 그 성공 여부는 다양하게 나타난다. 그 외 다른 사람들은 이 특권 방언을 유창하게 사용할 필요가 없는 직업을 찾을지도 모른다.

흑인 영어(Black English Vernacular: BEV)와 멕시코계 영어(Chicano English)가 현재 미국 내에 가장 많이 사용되는 두 개의 비표준 방언이며, 이를 사용하는 많은 학생들은 백인 주류 사회와 동일시되는 것을 원하지 않는다. 그들은 학교에서 표준 영어를 사용하는 것에 반대한다. 그 사이에 백인 인구는 줄어들고 있다. 캘리포니아의 예를 살펴보면, 1970년대부터 1998년까지 인구의 80 퍼센트가 백인이라는 것이 초기의 추세 지표였는데, 이후에 백인 인구 비율은 50퍼센트까지 떨어졌다(Reyes, 2001). 스페인계 학생들의 비율이 높은 여러 학교를 관찰해 보면, 몇몇 백인 학생들이 그들과 어울리기 위해 멕시코계 영어를 사용하는 것이 나타났다. 백인, 흑인 혹은 스페인계의 사람 누구라도 표준 영어를 사용하면 자신의 동료들에게 종종 따돌림을 당한다. '갱스터 스타일(gangster chic)'[4]의 엄청난 인기는 이 불행한 상황을 악화시킨다.

역할 언어는 개인의 정체성과 문화적 정체성에 기여한다. 이 때문에 선의의 수많은 교육학자들은 학교에서 표준 영어를 가르치지 말아야 하며 학생들이 표준 영어의 관습에 숙달될 것을 기대하지 말아야 한다고 주장했다. 예를 들어, 1974년 NCTE에서는 학생들이 자신의 언어에 대한 권리를 가지며, 표준 영어의 관습을 학생들에게 강요하는 것은 엘리트주의적이고 인종차별적이기 때문에 이를 폐지해야 한다는 해결책을 내놓았다.[5] 이 해결책은 가정 방언으로 흑인 영어를 사용하는 흑인 학생들의 어려움을 설명하고자

---

4   범죄 집단을 우상화하는 영화나 소설 장르를 일컫는다. [역주]

했지만, 사실 백 퍼센트의 비영어권 화자가 다니는 수많은 학교의 일부 교사들에게 훨씬 더 적절하다고 할 수 있다. 이 이민자 학생들은 주로 멕시코, 중앙아메리카, 중국에서 왔으며, 그 수가 엄청나게 증가하고 있어 미국 공교육의 기초를 변화시킬 정도이다. 그러나 교육과 수입의 관계는 부정할 수 없다. 리드(Reed, 2004)는 히스패닉 학생 집단이 가장 하위의 교육적 성취를 보이며, 가장 높은 빈곤율을 차지한다고 보고했다. 즉 모든 히스패닉계 중 약 25퍼센트가 빈곤 계층으로 살고 있으며, 불법 이민자 중에서 그 수치는 아마 더 높을 것이다. 반면 위어(Weir, 2002)가 언급한 것처럼 미국 인구의 빠른 성장이 경쟁과 구분을 가속화했으며, 교육도 역시 두 개의 계층 사회로 분리하는 수입 격차를 증대시키는 가장 중요한 요인이 되었다. 언어가 학업적 성공과 경제적 성공에서 중요한 역할을 하게 되면서 학생들은 결국 자신의 언어 능력과 언어 관습 목록을 확장해야 하는 필요성을 인지하게 되었다. 이로 인해 학생들이 자신의 언어에 대해 권리를 가진다는 생각을 강화하려는 어떤 노력이라도 하게 된다. 각박한 시장의 현실에서 학생들이 은행 일자리를 구하는 면접에서 T셔츠와 청바지를 입을 수 있는 권리를 갖는 것처럼 그들은 자신의 언어를 사용할 권리를 가질 수도 있다. 그러나 그들이 이 권리를 행사하게 된다면 그들은 이 두 경우 모두 '실업'이라는 동일한 결과를 받아들여야만 한다.

학생들이 이런 상황에 직면하게 되면, 이를 민감하게 받아들여야 할 의무가 있다. 동시에 NCTE에서 제시한 해결책이 복잡한 문제를 지나치게 단

---

5   NCET의 결의안은 1981년 TESOL(Teachers of English to Speakers of Other Languages)에서 제시한 결의안과 매우 대조적인 것이다. "비표준 영어 화자는 표준 영어를 배우는 기회를 가져야만 한다. 교사는 표준 영어 습득에서 비표준 영어의 영향을 인지해야 한다. 그리고 TESOL은 교육적 공동체 전반에 있는 영어 교육에 영향을 끼치는 중요한 기관이다. TESOL은 설립 기관을 통해 정보를 배포하여 비표준 방언 화자 교사에 대한 적절한 훈련을 지원하기 위해 최선의 노력을 할 것이라는 해결책을 냈다."

순화했음을 인지해야만 한다. 교사들은 학생들이 자신의 충분한 잠재력을 깨달을 수 있는 도구를 제공해야 한다. 이것이 교사가 가진 더 큰 의무에 해당하며, 교사들은 사회 언어적 관점에서 이것을 반드시 행해야만 한다. 비록 이것이 전적으로 잘못된 것이고 공정하지 않을 수도 있지만, 사람들은 흔히 특정 방언을 부정적으로 본다. 울프람 외(Wolfram, Adger, & Christian, 1998)은 비표준 방언을 사용하는 사람들조차도 이 부정적인 관점을 갖고 있다고 보고했다.

일부 사람들은 학생들에게 표준 영어와 공식적 표준 영어에 숙달하도록 하고 이에 대한 사회경제학적 가치를 지나치게 강조하는 것이 잘못되었다고 주장한다. 이것은 교육을 불확실한 결과의 수단으로 만들어 상품화하는 것이다. 이 주장이 사실이지만, 이를 지나치게 강조하지 않도록 주의해야 한다. 왜냐하면 경제적 안정성과 사회적 이동이 갖는 가치를 현실적으로 부정할 수 없으며, 특히 가난한 학생들에게 이는 더욱 부정할 수 없는 것이다. 이에 대한 불일치를 이념적으로 줄이는 최선의 해결책은 아주 흥미로운 것이다. 먼저, 최근 20년 이상 흔히 볼 수 있는 전문 출판물을 살펴볼 필요가 있다. 예를 들어, 수년 전 페트로스키(Anthony Petrosky, 1990)는 미시시피 델타에 있는 학교들을 비판하였다. 왜냐하면 그들은 해당 학교의 졸업생이 대학에 가거나 다른 주에서 성공적 직업을 갖도록 하는 데 지나치게 높은 성과를 드러냈기 때문이다. 표준 영어를 배우는 것 혹은 그가 "교수 언어"라고 하는 것을 배우고, "그것을 잘 활용한 학생들이 델타를 떠나도록 하였으며, 이는 미국 사회에 현존하는 계층과 사회경제적인 서열을 지속하게 했다. 이 기회는 기존의 가치들을 허용하는 권위, 특권, 언어를 유지하도록 하는 필수 가치들을 강화시키는 것이라고 할 수 있다"(p. 66). 다시 말하자면, 만약 학교가 표준 영어로 하는 수업을 제공하지 않았다면 학생들이 델타를 떠날 기회를 갖지 못했을 것이며, 의료, 교육, 기술, 법 분야의 직업을 갖지도 못했을 것이다. 그 대신 그들은 표준 방언에 숙련되지 못하는 부족한 능력과 부족한 근면성을 가진 동료들처럼 델타에 남았을 것이다. 이곳의 실업률은 20퍼센트가 넘고, 국가 빈곤 수준 이하로 살고 있는 사람의 수가 1994년에는 68퍼센트나 달한다(U.S. Department of Commerce, Bureau of Census, Country & City Data Book, pp. 2-3). 이러한 주장은 존엄성과 가치를 혼동하는 것처럼 보인다. 물론 빈곤 계층에도 존엄성이 존재할 것이다. 그렇다면 가치는 어떠한가? 폐쇄된 사회경제적 문을 다룰 필요가 없는 사람들이 이런 종류의 정치적 자세를 취하기는 상대적으로 쉽다. 그들은 다른 사람들이 더 나은 삶을 위해 가진 꿈을 이데올로기라는 이름으로 희생시키기도 한다.

다행히 대부분의 교사들은 교육을 기회의 열쇠로 여기고, 그 기회는 매우 명확한 것이며 표준 영어에 숙련하는 것이 교육의 해결책이라는 것을 이해하고 있다. 다수의 많은 교육자들은 학교가 방언에 대해 추가적 지위(additive stance)를 적용해야만 한다고 믿고, 그들은 표준 영어에 숙달하고 표준 영어를 사용하는 것이 어떤 가정 방언이든 그 가정 방언을 보충한다는 관점을 취한다. 이 추가적 지위는 특정 상황에서 언어 사용을 지배하는 적절성 조건을 인식하도록 하며, 동시에 모든 방언을 가치 있게 여기고 합법화할 것을 요구한다. 이러한 관점에서 예를 들어 보면, 흑인 영어가 적절하지만 표준 영어가 적절하지 않은 상황들이 있고, 또 표준 영어가 적절하지만 아프리카계 미국 영어가 적절하지 않는 상황들이 있다. 그러므로 학교의 목표는 학생들이 각각 다른 조건들을 인식하고 학생들이 표준 영어의 미묘한 차이를 익히도록 하는 것을 포함해야 한다. 불행하게도 이 상식적 접근은 언어 정책과 언어 교육과정을 둘러싼 모든 논란 속에서 방향을 잃기 쉽다. 관련된 사람들이 근본적인 원칙들에 대한 합의에 도달할 수 없기 때문이다. 또한 교육은 매우 정치적이기도 하다.

학교에서 특권 방언을 가르치는 것에 대한 여러분의 입장과 앞서 논의했던 것을 비교해 보자. 여러분의 입장은 무엇인가? 수업을 할 때 여러분이 갖고 있는 입장을 설명하고, 자신의 교수-학습에 대한 영향을 설명하는 글을 한 쪽 또는 두 쪽 정도로 써 보자. 여러분이 쓴 것을 수업에서 공유해 보고 일치하는 점이 있는지를 알아 보자. 교실에서 토론한 결과에 근거하여 앞으로 학교에서 표준 영어 수업이 어떤 지위를 갖게 될 것인지에 대한 결론을 이끌어낼 수 있는가? 자신이 사용하고 있는 방언을 평가해 보자. 만약 교사로서 여러분의 목표가 학생들에게 표준 영어의 본보기를 제공하는 것이라면, 여러분은 자신이 사용하고 있는 언어를 어떻게 수정해야 하는가?

4. 속어

속어는 언어의 변이에 해당하지만, 방언과 동일한 것은 아니다. 속어는 여러 가지 면에서 방언과는 다르다. 예를 들면, 속어는 상대적으로 작은 집단의 사람이 한정적으로 사용하지만 방언은 많은 사람이 사용하는 것이다. 속어는 전형적으로 12세부터 25세 사이의 젊은 사람들과 관련된 것으로, 그들은 속어를 특히 나이와 성별에 따라 내부인과 외부인을 구별하는 것으로, 집단에 대한 유대감 형성을 위한 수단으로 사용한다. 남자 아이들이 여자 아이들보다 속어를 좀 더 많이 사용하는 경향이 있다. 승강기가 미국 영어에서는 'elevator'이지만 영국에서는 'lift'인 것처럼, 방언 어휘들은 오랫동안 고정되어 있다. 반대로 속어는 일정한 그룹 내에서도 계속적으로 변하며, 이는 말의 빠른 생성과 소멸을 야기한다. 각 세대에서 단지 몇몇의 속어들만이 처음 출현한 시대 이후까지 살아남는다. 예를 들면 '최상의'라는 의미를 가진 단어 cool은 1930년대로 거슬러 올라가게 되지만, 오늘날에도 영국과 미국에서 활발하게 사용하고 있다. 반대로 1960년대에 널리 쓰인 '최상의'라는 의미를 가진 단어 groovy는 이제 전혀 사용하지 않는다.

속어의 역동적인 특징은 이를 자극하는 사회학적 요소들에 근거하며, 그 변화는 사춘기의 한 부분에 해당한다. 십대에서 성인으로 성장해 가면서 속어의 중요성은 떨어지기 마련이다. 십대들은 자신이 타인들과는 다르다고 느끼며 다른 사람, 특히 성인들에 대한 언어 장벽을 세워 자기들만의 집단 정체성을 확고히 하려고 하면서, 자신들의 인식을 정당화하는 방법으로 속어를 사용한다. 어른이 되면서 그 중요성은 대부분 사라지게 되는데, 이는 속어를 사용하는 성인을 찾아볼 수 없는 까닭이 된다. 대개 성인들은 속어를 사용할 때 불편함을 느낀다. 이와 마찬가지로, 열다섯 살처럼 말하는 육십 세의 노인을 볼 때면 이를 적절하지 않게 여기게 된다.

일부 사람들은 속어 내에서 다른 형태의, 자신들만의 '특수어(jargon)'를 갖고 있다고 주장한다. 특수어는 무역이나 전문적인 일에서 사용되는 기술적 용어를 의미한다. 이것 역시 내부인과 외부인을 구별하기 때문에 대체로 속어와 동일한 기능을 수행한다. 변호사와 같은 특정 직업은 라틴어로 된 특수어를 섞어 쓰면서, 외부인이 자신들의 영역을 훨씬 더 이해하기 어렵게 만든다. 이와 마찬가지로 의사들은 라틴어로 처방전을 쓰는데, 이는 대부분의 사람들이 약국에서 무엇을 구입하는지 알지 못하게 하는 효과가 있다. 속어와 마찬가지로 특수어는 일반적으로 내부인 간의 암호 종류에 해당하며, 이는 복잡한 개념들을 단 하나의 용어로 줄이도록 한다. 예를 들어, 교사들은 교육학에서 복잡한 개념을 기술하기 위해 비고츠키(Vygotsky, 1978)의 "근접 발달 영역(ZPD)"이라는 표현을 종종 사용하기도 한다. 시간이 지나도 특수어는 사라지지 않는다는 점이 속어와의 중요한 차이이다. 이러한 예는 실제 매우 많다.

어느 분야에서든 학생들은 속어에 대한 흥미를 갖고 있다. 그러므로 속어와 관련된 활동은 학생들이 언어에 대한 흥미를 더 많이 갖게 하는 효과적인 방법이 된다. 학생들이 알고 있는 속어 표현과 속어 단어에 대한 목록을 만들기 위해 소규모 집단을 만들어 활동을 시작한다. 그 후 학생들이 교실 밖, 특히 캠퍼스 밖이나 쇼핑몰에서 사용하는 속어에 대한 추가적 예를 기록하도록 한다. 학생들에게 자신들이 관찰한 것을 토론하게 하라. 그리고 학생들이 만들었던 초기 목록과 그것들을 비교하도록 하라. 두 번째 활동으로 학생들에게 TV 뉴스 보도와 기록물을 관찰하게 하라. 학생들이 관찰한 언어에서 차이점과 유사점을 탐구하도록 하면서 두 번째 토론이 이루어지도록 해야 한다. 속어 사용과 관련된 요소들은 무엇인가?

5. 특권층 방언의 발달

모든 국가는 특권층 방언이 있으며, 또한 대부분의 경우 순전히 역사적 사건을 겪으면서 한 언어 내의 한 변이가 다른 변이보다 우세한 지위를 갖게 된다. 하우젠(Haugen, 1966)은 모든 표준 방언들이 한 사회 속에서 그 지위를 확고히 하는 유사한 과정들을 겪게 된다고 주장했다. 먼저, 한 사회에서 일반적으로 사용자의 사회경제적 성공을 근거로 그 언어의 특정 변이를 표준으로 선택된다. 이때 교사들과 학자들은 이 선택된 변이에 대한 문법책과 사전을 쓰게 되고, 그 변이는 성문화(成文化)된다. 무엇이 옳고 그른가에 대해 어느 정도 합의에 도달하게 되며, 방언을 고정화시키는 효과가 나타난다. 이때 그 방언이 기능적으로 잘 다듬어져서 정부, 법, 교육, 기술 분야 등에서 모든 형태의 글쓰기로 사용될 수 있다. 결과적으로 그 방언은 사회의 모든 분야, 특히 다른 변이를 말하는 사람들에게도 표준어로 인정받게 된다(Hall, 1972; Macaulay, 1973; Trudgill, 2001).

6. 비표준 방언

많은 사람들이 흑인 영어와 멕시코계 영어만을 비표준 방언이라고 생각하지만, 방언은 단순히 민족에 국한된 것이 아니다. 많은 아프리카계 미국인들은 흑인 영어를 사용하지만, 모두가 이를 사용하는 것은 아니다. 이에 대한 결정적 요인들은 민족이 아니며, 거의 대부분 사회경제적 지위이다. 그러므로 수입이 적은 백인, 아시아인, 히스패닉, 아프리카계 사람들이 모든 지역 사회에서 비표준 방언들을 사용한다는 것을 발견하게 된다.

미국 역사를 전반적으로 살펴보면 이 큰 나라를 여행할 때의 어려움은 지리적 요인이며, 이 지리적 요인은 언어 변이에서 중요한 부분에 해당한다. 지역 방언들이 여전히 많지만, 울프람 외(Wolfram et al., 1998)는 지역 차이의 평준화를 보고하였다. 그러나 라보브(Labov, 1996)는 다음과 같이 언급하였다.

> 오늘날도 여전히 진행 중인 언어 변화를 사회언어학 분야에서도 연구했는데, 소리 변화가 북아메리카의 가장 도시화된 지역에서 빠르게 발전하고 있다는 결론을 내렸다. 뉴욕, 필라델피아, 디트로이트, 시카고, 세인트루이스, 댈러스, 로스앤젤레스의 방언은 50년 또는 100년 전의 방언보다 서로 간에 차이가 더 많이 나타난다. (p. 1)

이 자료는 타당할 수도 있다. 언어의 평준화는 지역을 넘어 발생할 수 있다. 예를 들어 서부 방언과 남부 방언이 서로 좀 더 가깝게 바뀌는 반면, 미국의 거대 도시 중심 내에서 이 반대 경우가 일어나기도 한다. 이 점에 대한 자료가 명확하지 않기 때문에 관련 연구가 더 필요하다.

그럼에도 불구하고 방언 변화에 영향을 주는 요인들을 생각해 볼 필요가 있다. 언어의 평준화는 미국인들의 이동이 증가한 결과로 나타난다. 오늘날 사람들은 이전보다 훨씬 더 빈번하게 이동하며, 그 결과 특히 남부에서 다양한 방언들의 전례 없는 혼합이 나타난다. 남부는 직업을 구하거나 낮은 세금의 혜택과 따뜻한 날씨를 찾아 온 북쪽 지역 사람들이 유입되는 곳이며, 이로 인해 인구가 엄청나게 증가했다.

탈크레올화(decreolization)[6]가 진행되고 있으며, 이는 흑인 영어가 전반적으로 표준 영어로 변하는 또 다른 요인이 된다. 왜냐하면 많은 측면에서 분리(segregation),[7] 혹은 더 정확하게 자아-분리(self-segregation)[8]가 1960년대 초보다 오늘날 더 강하게 나타나기 때문에 이 변화는 놀라운 것이다. 아프리카계와 백인 모두 버스통합제(bussing)[9]를 실패로 보지만, 교육자들과 부모들은 통합된 교실의 소수 인종 학생들이 갖는 교육적 이점을 재평가하게 되었다. 그리고 통합 학교를 다니는 아프리카계 학생들이 겪게 되는 문제를 해결할 수 있는 최선책은 아프리카계 중심 교육과정을 실시하는 자아-분리 학교라고 많은 아프리카계 미국인들이 인정하게 된다(Orfield, 2004 참고). 이는 표준 영어와 흑인 영어를 더 크게 분리하는 요인이 되어야 하지만, 실제로 그것들은 과거에 비해 흑인 영어 화자가 표준 영어 화자들과 좀 더 많이 접촉하도록 한다. 이런 점에서 그것은 아프리카계 미국인들의 교육적·경제적 기회를 증가시켜 준다는 긍정적인 효과가 있다.

추가적으로 헌스타인과 머레이(Hernstein and Murray, 1994)는 아프리

6　재크레올화(recreolization)에 대한 몇몇 증거는 존재한다. 예를 들면, 행위를 강조하기를 원하는 젊은 흑인 영어 화자가 walked-ed, talked-ed, stopped-ed를 생산하는 동사에 제2의 분사를 추가하게 될 것이다.

7　이는 discrimination과 구별되는 개념으로, 차별보다는 구별의 의미를 지니고 있다. [역주]

8　이는 타인에 의한 구별이 아닌 스스로가 타인과 구별하는 행위에 초점을 맞춘 것이다. [역주]

9　미국에서의 다인종 통합 교육을 위한 정책을 말하며, 이는 각 학교의 인종 비율을 조정하기 위해 학생들을 거주지역에서 가까운 학교로 등교시키는 제도이다. [역주]

카계 미국인이 약 25년간 중산 계층으로 꾸준히 증가하였으며, 가족들이 중산 계층 혹은 중산 계층 구성원으로 이동하게 되면서, 이는 그들의 언어를 표준 영어로 전환하는 강한 동기가 되었다고 보고한다. 로버트 해리스(Robert Harris, 1999)는 1998년에 다음과 같이 언급하였다.

> 싱크탱크[10]를 기반으로 한 워싱턴 DC의 정치·경제 연구를 위한 공동 연구소는 아프리카계 미국인의 경제적·정치적 참여에 기여했다. 이 기관에서 흑인을 대상으로 작년 대비 재정적으로 나아졌는가를 설문 조사했을 때, 처음으로 아프리카계 미국인들이 백인보다 좀 더 우호적인 대답을 했다고 보고했다. 아프리카계 미국인들 사이의 이 전례 없는 낙관주의는 강력한 흑인 중산층의 성장을 반영한다. 이 조사 자료는 1959년부터 시작되었으며, 최근 빈곤 비율이 가장 낮게 나타났으며, 실업률도 10퍼센트 이하로 나타난다. 이는 새롭게 부상하는 아프리카계 미국인 중산층이 강력하지만 곧 사라질 수 있음을 시사한다. (p. 1)

아프리카계 미국인 중산층의 자녀들은 표준 영어를 사용하고자 하는 강한 동기를 갖고 있다. 그들이 사회 구성원으로 자리 잡고 싶어 한다면, 자신들의 사회경제적 동료와 동일한 방언을 사용해야만 한다. 이 시기에 백인 중산층은 줄었다. 그들은 아래 계층으로 이동할 때 이 계층에 적응하기 위해 비표준 방언을 사용하지는 않는다. 그러나 이 현상이 그 자녀들에게 나타날 수 있다. 또래 친구들이 그 자녀들에게 비표준 방언을 사용하도록 자극하기 때문이다.

---

10 싱크탱크는 모든 학문 분야 전문가의 두뇌를 조직적으로 결집하여 조사·분석 및 연구 개발을 행하고 그 성과를 제공하는 것을 목적으로 하는 집단이다. 워싱턴의 싱크탱크는 특정 집단이나 정파의 입장을 대변하는 이익단체들과 달리 정책 현안에 대한 전문지식을 제시하고 정부나 의회의 정책 결정 과정에 입김을 행사하는 정책 연구 기관을 일컫는 말이다. 대부분 비영리법인으로 외부 기부금이나 설립자가 출연한 기본 재산을 토대로 운영되는 워싱턴의 싱크탱크는 현재 등록된 것만 1백여 개에 이른다. [역주]

라보브(1996)는 변화가 빠르게 나타나는 원인에 대해 다음과 같이 두 가지로 보고했다. 첫째는 도시 중심으로 모여드는 이민자들이다. 로스앤젤레스와 같은 많은 도시의 인구는 1970년 이래로 두 배 이상 증가하였다. 영어를 제2 언어로 사용하는 새로운 거주자들이 유입되면서, 언어 변화가 일어날 수 있는 역동적인 언어 환경이 생성되었다. 둘째는 1970년대 이후로 눈에 띄게 성장한 미국 경제이다. 1970년대의 실제 GDP는 3조 7,719억 달러였다. 2003년에는 그 수치가 놀랍게도 10조 3,980억 달러로 상승하였다(U.S. Department of Commerce, Bureau of Economic Analysis, 2004a).

미국의 가구 당 평균 가격이 부(富)의 증가를 반영한다고 보면, 우리는 아마도 그 수치를 좀 더 개별화할 수 있을 것이다. 1970년에 한 가구 당 평균 가격은 전국적으로 24,400달러였다. 자료를 적용할 수 있는 가장 최근 자료인 2001년 평균 가격은 174,100 달러였다. 이 시기에 서부의 인구는 매우 놀라울 정도로 증가했다. 그 숫자는 가히 충격적이라고 할 수 있다. 즉, 24,000달러에서 214,400달러로 증가하게 되었다.[11] 결과적으로 제임스 트위첼(James Twitchell, 2003)이 "opulux culture"라고 언급한 것처럼, 디자이너 이름을 지정하여 직접 주문제작한 주방이나 독일산 자동차에 대한 미국인의 열광이 나타났다. 다른 한편으로, 도시적 세련미와 코스모폴리타니즘(cosmopolitanism)이 팽배해졌다. 이 두 가지 결과는 방언이 빠르게 변하는 중요한 요인이 되었다.[12]

---

11 2004년 4월까지 캘리포니아에 있는 한 가구당 평균 가격은 456,590 달러에 두 배 이상이 되었다(*San Jose Business Journal*, May 24, 2004).

12 부의 증가는 이러한 수치로 나타나는데, 이는 모든 사람들이 1970년대보다 오늘이 나아졌다는 것을 의미하지 않는다. 그것들은 실제 힘들어하는 중산 계층에 해당하는 것이다. 1970년에 평균 연 수입이 15,000달러였으며(PSRC, 2001, p.2), 2004년 4월에는 평균 연소득이 27,455 달러였다(미국 상무성 경제분석실, 2001:2). 그리하여 연소득이 7.1배 올랐다고 에도(2001년 자

모든 살아 있는 언어가 변하는 것은 매우 자연스럽지만, 여기에 특히 관심 가질 만한 이유가 있다. 앞 장의 용법 노트에서 비표준 영어의 많은 특징을 언급했지만, 수많은 젊은 세대 사람들은 앞서 논의했던 것보다 더 심한 비표준 영어를 사용하기 때문에 그들은 더 큰 어려움을 겪게 된다. 그들이 사용하고 있는 언어는 언어학자들이 소위 말하는 제한된 양식(restricted code)의 전형적인 예가 된다. 이 언어는 통사, 어휘, 의미, 가장 기초적인 수준 이하로 의사소통하는 능력 면에서 질이 떨어지는 것이다. 제한된 양식은 오늘날 인종 또는 사회경제적 요인과 연결되지 않는 것처럼 보인다. 다음의 예는 의회 투표가 법률을 제정하는 방법을 요약하는 중간 수준의 10학년 역사 수업이다.

> Well, uhm, it's like, you know, the Congress, like, you know, uhm, they meet, right? And, unm, they talk about stuff, you know, and uhm, like, the stuff gets written down, you know, and, well, like, that's how it happens.
> 그러니까, 음, 의회는, 음, 만나는 거죠? 그리고, 음, 중요한 것에 대해 이야기하고, 음, 그것을 기록하고, 그런 거죠.

이 학생은 명확하고 논리적 사고를 하는 데 문제가 있다. 그러나 논리적 사고는 중요한 방식에서 언어와 연결된다. 해당 학생은 불명확성, 소위 어휘의 부재를 보여 준다. 여기서 어휘는 학생이 알고 있는 것을 전달하는 데 필수적인 것이다. 이 학생이 사용한 어휘는 제한된 양식의 특징을 그대로 보여 주고 있다. 힐리(Healy, 1990)는 학생들이 사용하는 비표준 용법을

료) 실제 소득은 두 배도 오르지 못한 것이다. 연소득이 18.6배나 오른 캘리포니아 사람들에게는 사정이 더욱 안 좋았다. 모든 걸 고려해 볼 때, 캘리포니아 노동자들이 279,000달러를 벌어야만 1970년에 번 것과 동일한 힘을 갖게 되는 것이었다.

"논리적 사고에서 많은 문제가 있음을 설명해 주는 단적인 예이다. … 이것은 우리의 고등학교에서 일어나는 현상이다"라고 설명하고 있다. 이와 유사하게 오르(Orr, 1987)는 비표준 화자가 어휘 의미조차도 모르고 있다는 사실을 수많은 학교의 문제점으로 설명한다. 교사로서 자신의 경험을 바탕으로 다음과 같이 덧붙이고 있다.

> 화학 수업에서 한 학생이 가스의 양이 기존보다 반 이상이 되었다 …라고 말했다. 내가 그녀에게 양이 더 많아졌는지를 질문할 때, 그녀는 "아니요, 적어졌죠"라고 말했다. 그 후 내가 손으로 증가를 가리키면서 반 이상은 더 많은 것을 의미한다고 설명했을 때, 그녀는 두 배를 의미한다고 말했고, 손으로 감소를 가리켰다. 그때 나는 "그러나 두 배는 더 많은 것을 의미해요"라고 말했다 … 그녀는 "저는 그게 반 이하를 의미한다고 생각했어요"라고 말했다. (p. 27)

일부 연구와 수많은 일화를 살펴보면, 제한된 양식의 비표준 영어를 사용하는 학생들의 수가 증가하고 있고, 그들의 언어는 점점 질적으로 저하하고 있음을 시사한다(Bohannon & Stanowicz, 1988; Healy, 1990; Vail, 1989). 결과적으로 교사는 수업 목표와 수업 방법을 과거에 비해 좀 더 세심하게 살펴야 한다. 모든 비표준 화자가 제한된 양식을 사용하는 것은 아니며 표준 화자의 수가 증가하고 있지만, 이는 하나의 경고일 수 있다. 제한된 양식을 사용하지 않는 학생들은 표준 언어 관습을 가르치는 수업을 듣고, 자신의 언어 능력, 특히 작문에 대한 측정 가능한 개선을 이끌어낼 수 있다. 다만 학생들이 어휘와 논리적이고 정확한 언어 사용을 개선할 수 있는 진정한 해결책은 마련되어야 할 것이다. 앞서 언급한 두 명의 학생들처럼 제한된 양식을 사용하는 사람들은 언어 때문에 가장 표면적인 수준 그 이하로 의사소통하는 능력을 한정하고 학업적 성취에 심각한 방해를 받게 된다.

7. 방언과 교육

사회경제학적 지위가 교육 수준과 매우 밀접하기 때문에(Hernstein & Murray, 1994), 비표준 화자들은 교육이 부족한 상태일 수 있으며, 그들은 가난한 노동자 계급으로 이어질 수 있다.[13] 그러나 교육은 방언에 대한 절대적 지표가 아니다. 대학 졸업자의 언어 능력은 최근 25년 동안 놀라울 만큼 저하한 것으로 나타난다(Healy, 1990). 또한 중산 계층이 축소되면서 계층 간의 갈등에 대한 논란이 증가하게 되었고, 수입이 높고 잘 교육받은 엘리트에 대해 예측할 수 있는 반감과 악의가 생기게 된다. 엘리트의 일원으로 분류되는 사람들, 특히 정치인들은 이에 대한 명백한 책임을 갖고 있다. 그러므로 후보들은 종종 정장을 벗고 폴로 셔츠와 청바지에 넥타이를 하고 등장한다. 그들은 투표자의 고통을 느끼고 있다고 말하며, 보통 사람의 이미지를

---

13 미국에서 가난하다는 의미를 이해할 때 주의할 것이 있다. 렉터와 존슨(Rector and Johnson, 2004)은 이를 다음과 같이 보고했다.

> 인구 조사국에서 '빈곤'을 분류할 때 소수의 3,500만 명만을 선정하였다. 실제 물질적 어려움은 분명 발생하지만, 그 범위와 강도에서도 제한된다. 미국에서 '빈곤한 사람'은 대부분 안락하거나 혹은 잘 사는 것으로 판단할 수 있는 물질적 조건 속에서 살고 있다. … 실제 빈곤 가정의 46퍼센트 모두 자기 소유의 집이 있다. 인구 조사국에서 빈곤하다고 분류할 수 있는 사람들은 평균적으로 세 개의 침실과 한 개 반 정도의 화장실과 현관 혹은 파티오(보통 집 뒤쪽에 있는 테라스)가 있는 집에 살고 있으며, 빈곤 가정의 76퍼센트가 에어컨을 소유하고 있다. 이에 반해 30년 전 미국 전체 인구의 36퍼센트만이 에어컨을 소유했다. 다만 빈곤 가정의 6퍼센트만이 비좁게 살았다. 2/3 이상이 한 사람당 2개 이상의 방을 소유하고 있었다. 미국의 평균적인 빈곤한 사람은 유럽에 있는 파리, 런던, 빈, 아테나 등의 도시들에 살고 있는 평균적인 사람보다 더 넓은 공간을 누리고 있었다. 빈곤 가정의 3/4은 거의 차를 가지고 있었다. 빈곤 가정의 30퍼센트는 두 개 또는 그 이상의 차를 소유하고 있다. 빈곤 가정의 97퍼센트는 컬러텔레비전을 갖고 있으며, 절반 이상이 두 개 이상의 컬러텔레비전을 소유하고 있다. 78퍼센트는 VCR 또는 DVD 플레이어를 소유하고 있으며, 62퍼센트는 케이블 또는 위성 TV를 수신한다. 73퍼센트는 전자레인지를 갖고 있으며, 절반 이상은 스테레오를 갖고 있으며, 1/3은 자동 세척기를 갖고 있다. (pp. 1-2)

보여 주기 위해 서민적인 방언으로 연설을 하고자 애써 노력하기도 한다. 일부 사람들은 투표자들이 조지 부시의 텍사스 방언과 말실수에서 친근감을 느끼게 때문에 조지 W. 부시 대통령이 완벽한 정치인으로 대표될 수 있다는 의견을 두고 논쟁하기도 한다. 최근 20년 동안 학생들의 언어 능력이 떨어지고 있다고 불평했다. 그러나 매우 잘 교육받은 사람들이 전국적으로 비표준 영어를 사용하게 된 변화에 주목해야 한다.

일부 보고서를 살펴보면, 공교육과 고등 교육의 문식성 수준이 1960년대 중반부터 수직적으로 떨어지고 있음을 알 수 있다. 챌(Chall, 1996)과 콜슨(Coulson, 1996)은 모든 연령 집단 학생들의 언어와 문식성 수준이 심각하게 하락하고 있음을 보고했다. 예를 들어 챌(Chall, 1996)은 "신입생들은 평균적으로 8학년 읽기 수준으로 테스트를 통과했다. 그러므로 지역 전문 대학을 다니는 평균적인 학생은 고등학교 저학년 수준의 읽기를 할 수 있었다"라고 자신이 경험한 것을 설명하고 있다(p. 309). 이러한 예는 지역 전문 대학에 국한된 것이 아니다. 북 캘리포니아에 있는 주요 대학, 즉 미국의 상위 25위권에 속하는 학교를 입학한 신입생들이 매년 읽기 능력을 테스트 받는데, 1987년부터 1994년 사이의 매년 평균 점수가 대략 10학년의 읽기 수준이었다.[14]

언어 능력이 감소하는 이유는 두 가지 요인으로 나누어 설명할 수 있다. 하나는 아이들이 한 주에 꽤 많은 시간 동안 텔레비전을 시청하며(대략적으로 30시간), 다른 하나는 읽기 수업의 기초가 파닉스에서 총체적 언어 접근법으로 전환된 것이다. 텔레비전이 아동의 언어 발달에 잠재적인 영향을

---

14 학생들은 이 기간 동안 각 대학의 학습 능력 센터에서 운영하는 넬슨-데니(Nelson-Denny) 읽기 시험을 보았다. 나는 학교 행정가로 근무하기 때문에 그 자료들을 검토할 수 있었다. — 넬슨-데니 읽기 시험(NDRT)은 1993년에 시작되었는데, 미국의 고등학생과 대학생은 물론 성인들의 읽기와 독해 능력을 테스트하는 시험이다. [역주]

끼치고 있으며, 이는 의심할 여지가 없다. 비록 다른 이유가 있다고 할지라도, 아이들은 텔레비전을 보면서 훌륭한 언어 능력을 가진 어른과 또래들과의 사회적 상호 작용과 멀어지게 된다. 다른 아이들과 대화를 하거나 노는 것 대신 수많은 아이들은 오후, 저녁, 주말 모두 TV 앞에 앉아 있으며, 이는 분명한 원인이 된다.

아동들이 보는 대부분의 프로그램들은 만화 영화다. 언어가 풍부한 장르는 거의 드물다. 많은 부모들은 자녀들이 만화를 보느라 시간을 허비하는 것을 정당화하고 있다. 한 시간 혹은 그 이상 동안 아이들이 〈세서미 스트리트Sesame Street〉[15]를 보며, 이 프로그램은 매일 교육적 균형을 갖춘 레퍼토리를 제공한다고 그들은 생각한다. 그러나 이것은 칠리 치즈 프라이를 삼키기 위해 다이어트 소다를 주문하는 과체중의 사람들이 늘어나는 이유와 같다. 또 소수 연구에서 〈세서미 스트리트〉의 교육적 근거와 이점을 조사했으며, 이 프로그램은 적절한 교육적 원리를 적용하지도 않았으며 이롭지 않고 오히려 유해하다고 밝혀졌다(Burns & Anderson, 1991; Meringoff, 1980; Singer, 1980).

읽기 수업에서 주제(issue)는 중요한 것인지도 모른다. 수많은 학교에서 1980년대 동안 파닉스에서 총체적인 언어 접근법으로 전환하였으며, 이는 일반적으로 언어와 구체적으로 읽기에 유해한 영향을 끼쳤다. 읽기는 더 많은 어휘와 풍부한 문장 구조를 익히는 데 도움이 되며, 이는 언어 능력에 긍정적 영향을 끼친다. 그리고 만약 총체적 언어 접근법이 읽기를 더 어렵게 한다면, 학생들은 이러한 장점들을 획득하지 못하게 될 것이다. 이 논쟁

---

15   미국에서 1969년 처음 방영한 텔레비전 프로그램이다. 3, 4, 5세 유아를 위한 것으로, 미국의 CTW(Children's Television Workshop)에서 제작하고, CPB(Corporation for Public Broadcasting)와 교육부(U. S. Office of Education)에서 제작비를 담당하고 있다. 유아교육 기회를 가질 수 없는 문화 정도가 낮은 환경에 있는 학령 전기 유아를 위한 프로그램이다. [역주]

에 대한 문제는 대부분의 학교에서 총체적 언어 접근법을 파닉스로 전환한 것에 있다. 실제로 2002년의 '아동낙제방지법(No Child left behind: NCLB)'은 이러한 변화를 강요하였다. 그 결과 읽기 수업의 주제가 변하게 되었다. 오늘날 젊은 세대는 30년 전보다 눈에 띄게 적은 양의 읽기를 하고 있음을 알 수 있다(Hearly, 1990). 사실 오늘날 수많은 젊은 세대들은 읽기의 기쁨을 결코 느끼지 못한다.

한편으로, 학생들의 언어 능력이 하락한 것을 교사의 능력이 하락한 것과 연결 짓는 것이 타당할 수 있다. 대체적으로 모든 대학의 교수들 중 60퍼센트 이상은 1세대 대학 졸업생이다. 그리고 그중 많은 수는 비표준 영어가 규칙이고 표준 영어를 예외로 하는 노동자 계층 출신이라고 추측해 볼 수 있다. 그들은 직업적 성취를 이루었으며, 사회 구성원이 되려고 더 이상 애쓰지 않게 되면서 성공하기 위해 숙련했던 표준 영어를 포기하고 어린 시절에 사용했던 가정 방언을 편안하게 사용한다. 오늘날 많은 대학의 캠퍼스에서 학생과 교직원의 말은 대체적으로 구별되지 않는다.

결과적으로, 교사들이 사용하는 비표준 영어가 아동 언어와 문식성 발달에 영향을 주는 역할에 대한 연구는 거의 없다. 앞서 언급했던 것처럼, 일부 교사들과 사회적 비평가들은 비표준 영어로 전환하는 것을 높이 평가한다. 그들은 비표준 영어를 사용하는 것을 교육받지 못한 최하위층과 교육을 잘 받은 엘리트들 간의 엄청난 간격을 잇는 노력으로 여긴다. 가장 부정적인 측면으로 보면, 이것은 매우 잘못된 대중주의에 속한다. 낮은 능력을 갖고 있는 학생들이 낮은 능력을 갖고 있는 교사를 만나게 되면, 결국 교사들은 낮은 능력의 학생들을 배출하게 될 것이다. 이러한 순환은 반복될 것이다.

8. 흑인 영어

흑인 영어(BEV)는 그에 대한 신화와 오해로 인해 지난 수십 년 간 본격적인 연구가 이루어지지 못했다. 그리고 1970년대에 이르러 학자들이 신화를 넘어서 기본 방식으로 흑인 영어를 본격적으로 연구하기 시작했다. 예를 들어, 딜라드(Dillard, 1973)는 아프리카계 영어가 동부 안젤리카에 기원한 영국 방언의 흔적이라는 주장을 1960년대까지 보고했다(McCrum, Cran, & MacNeil, 1986). 모든 살아 있는 언어가 계속적으로 변화를 겪고 있다는 것은 잘 알려져 있지만, 아프리카계 미국인은 수 세기 동안의 중요한 언어 변화를 어떻게 해서든 피해 왔다. 방언에 대한 이 낭만적인 생각은 오늘날 중단되었다. 또한 딜라드는 '생리학적 이론'을 기술했는데, 그에 따르면 흑인 영어는 "두꺼운 입술" 때문에 흑인이 표준 영어를 생산할 수 없어 생긴 결과라고 설명했다. 그 외에도 아프리카계 영어가 극작가의 발명품이라는 멘켄(Mencken, 1936)의 다음과 같은 생각은 매우 허구적이고 충격적이었다.

> 아프리카계 방언은 오늘날 우리가 아는 것처럼 음유 시인들의 공연을 위해 작곡가들이 만들어 낸 것으로 여겨진다. 또한 남북전쟁 때 이는 비로소 문학 속에 등장하기 시작했으며, 조지 크래프(George P. Krappe)가 제시한 것처럼 … 그 이전 시대에는 남부 지역 아프리카계 아메리카인의 실제 발화와 전혀 관련 없는 모호하고 인위적인 언어(lingo)[16]였다. (p. 71)

멘켄은 흑인들이 새로운 '언어(lingo)'를 익히기 위해서 음유 시인의 쇼에 어떻게 가게 되었는지, 그리고 도대체 왜 그들이 그렇게 해야 하는지는

---

16 lingo는 language를 축약하여 만든 글자이다. 일정한 언어 공동체에서 사용하는 특정한 언어 표현을 가리키는데, 보통은 뜻이 통하지 않는 말버릇 같이 부정적인 의미를 지니고 있다. [역주]

언급하고 있지 않았다.

1) 피진어

오늘날 언어학자들은 흑인들이 노예 생활할 때 사용했던 영어, 네덜란드어, 스페인어, 포르투갈어의 피진어 변형에서 아프리카계 영어가 발전했다는 관점을 지지한다. 피진어(Pidgins)는 공통된 언어가 없는 두 민족 사이에서 자발적으로 발생된 언어의 한 형태이며, 접촉지역어(토착어, vernacular)에 해당한다. 이는 불규칙 동사 형태(Key & Sankoff, 1974: Slobin, 1977)와 같이 매우 까다로운 특징을 제거한 후에 변형된 2개(혹은 그 이상) 언어의 혼합체이다. 한정사(the, a, an)와 전치사(in, on, across)와 같은 기능어는 일반적으로 탈락한다. 시제와 복수가 제거된 것처럼 격과 같은 기능 표지도 제거된다.[17]

유럽의 노예상은 영국, 프랑스, 스페인, 포르투갈, 네덜란드 출신이었다. 그들의 노예 무역선은 지금의 잠비아, 코트디부아르, 가나, 나이지리아, 자이르를 포함한 서부 아프리카의 거대한 지역에서 왔다. 이 언어들은 초기 피진어의 기반을 마련하면서 서로 혼합되었다. 맥크럼 외(McCrum et al., 1986)에서 피진어는 노예들이 포로가 된 이후 단기간 동안 발생되었다고 주장했으며, 동일한 언어를 사용하는 이들이 폭동을 일으키려는 것을 막기 위해 무역상들이 그들을 각지로 흩어 버렸다고 주장했다. 노예들은 노예선 선창에 묶여 있었기 때문에 자신들만의 언어적 공동체를 형성하기 위해 피진어를 계속 사용하게 되었다. 그러나 피진어는 그 종족 출신의 남녀가 유럽 노예상에게 잡혀 팔려 나가는 마을에서 이미 꽤 형성되어 있었을 것이다.

17　오늘날에도 여전히 방송되고 있는 1930, 40년대의 타잔 영화 속 존 와이즈뮬러(John Weiss-muller)가 사용하는 엉터리 영어는 피진어의 특성을 정확히 반영하고 있다.

노예무역과 물품 거래는 이 지역에서 오랫동안 이루어졌으며, 포로로 잡혀온 그들은 무역을 위해 토착어뿐만 아니라 하나 혹은 그 이상의 피진어를 사용했고, 그 사용률은 증가하였다. 최소한 그들은 포로가 된 후 바로 피진어를 사용하기 시작했다. 그들은 새로운 대륙으로 향하는 배에 오르기 전에 이미 피진어를 사용하기 시작했을 것이다.

2) 크레올화[18]

옛날 미국 노예들은 주인과의 의사소통이나 노예들 간의 의사소통을 위해 피진 영어를 계속 사용해야만 했다. 그러나 노예들에게 아이가 생기면서 상황은 바뀌게 되었다. 그 아이들이 피진어를 사용하는 공동체 속에서 태어나자 놀라운 현상이 일어났다. 즉, 그들은 자발적으로 자신들의 언어를 규칙화했다. 그들은 이전 시기에 존재하지 않았던 기능어를 추가했으며, 동사를 규칙화했고, 문법을 마련했다. 피진어를 사용하는 노예의 자녀들이 말을 하기 시작했을 때, 그 아이들은 피진어가 아닌 크레올어를 사용했다. 크레올어는 기술적 의미에서 하나의 완전한 언어이며 그 자체의 문법, 어휘, 화용적 관습을 가지고 있다.

　　그렇다면 아프리카계 영어는 왜 크레올어가 아니라 영어 방언의 하나로 분류하는가? 그 이유는 북아메리카에서 사용되는 크레올어가 탈크레올어화(decreolization)의 과정을 거쳤기 때문이다. 실제 크레올어는 카리브해에서 사용하는 언어처럼 주요 토대 언어와의 접촉이 거의 없었다. 네덜란드의 앤틸리스에서 사용하는 크레올어인 파피아멘토어가 이에 대한 좋

18　서인도 제도에 사는 유럽인과 흑인의 혼혈인을 크레올인이라고 하는데, 여기서는 크레올인이 사용하는 언어(creole), 즉 크레올어를 의미한다. 크레올어화가 된, 혹은 혼성화된 언어를 의미한다. [역주]

은 예가 된다. 이 언어는 네덜란드어, 프랑스어, 영어가 혼합된 것이다. 네덜란드어가 오랫동안 앤틸리스의 공식 언어였지만, 프랑스어와 영어의 언어적 영향이 약 200년 전 사라졌고 네덜란드어의 영향은 이 세기 동안 상당히 줄어들었다. 결과적으로 파피아멘토어는 독자적인 방식으로 발전하게 되었고, 결과적으로 이 언어는 표준 네덜란드어에서 멀어졌다. 미국 내에서는 이와 다른 과정이 일어났다. 노예들이 사용하는 크레올어에 대한 영어의 영향은 수년에 걸쳐 증가했으며, 특히 노예제도의 폐지 이후 더욱 증가했다. 그러므로 수많은 노예들이 사용하는 크레올어는 어느 시점에서 크레올어화를 중단하고 표준 영어에 점점 더 가깝게 되었으며, (영어의) 방언이 되었다. 크레올어는 점차적으로 표준 영어에 가깝게 변했다. 이 언어가 그 어떤 다른 언어보다 영어에 가까우며, 이는 표준 영어 화자가 흑인 영어를 잘 이해하는 반면 크레올어를 이해할 수 없는 이유이기도 하다.

비록 탈크레올어화가 매우 강하게 일어났지만 흑인 영어는 크레올어와 피진어 어원의 많은 특성들을 지니고 있으며, 이 어원들은 네덜란드어, 프랑스어, 포르투갈어, 스페인어뿐만 아니라 서아프리카 종족의 언어까지로 이어진다. 이런 특성 중에서 가장 눈에 띄는 것은 문법이며, 수세대를 걸쳐 나타난 문법적 차이 때문에 수많은 사람들이 흑인 영어를 단지 표준 영어의 퇴화된 형태로 간주했다. 화자들이 이 언어를 사용할 때마다 문법적 규칙들을 위반한 것으로 생각했다. 그러나 딜라드(1973)와 라보브(1970, 1971, 1972) 등의 연구에서는 흑인 영어가 그 자체의 문법을 가지고 있고 이는 유럽어가 가미된 다양한 서아프리카 언어와 표준 영어의 혼합이라고 설명하였다.

많은 사람들이 흑인 영어와 남부 백인이 사용하는 영어 사이에 매우 강한 유사성이 있다는 것을 발견하지만, 그 방언이 상당히 서로 유사하다고 할지라도 완전히 동일하지는 않다. 흑인과 백인은 남부 지역에서 수 세대 동안 아주 긴밀한 공동체를 형성하고 살았다. 노예 시대를 거치면서 백인 아동은 흑인 아동과 어울려 놀았으며, 흑인 아동은 소수의 백인이 사용하는 방언에 매우 강한 영향을 끼쳤다. 슬로빈(Slobin, 1977)에서 언급했던 것처럼 언어 변화는 주로 아동의 발화에서 발생한다. 백인이 소수였기 때문에 흑인 영어는 다른 어떤 미국 방언보다 남부 방언에 가깝게 변했다. 또한 다양한 남부 방언도 흑인 영어처럼 자발적으로 변하게 되면서 서로 유사해졌다.

비록 지역이 방언 변이에 매우 중요한 역할을 하지만, 이동을 거의 하지 않는 남부인의 특성을 고려해 보면 남부 방언이 변이된 중요 요인은 지역보다 사회경제적 지위가 된다. 버지니아부터 사우스캐롤라이나까지 여행을 하게 되면 누구나 이 지역과 관련된 세 개의 다른 방언 변이를 인지하게 될 것이다. [그림 7.1]에서 보았듯이, 결과적으로 이 변이들은 남부 방언의 일부에 해당한다. 비록 여행이나 의사소통을 방해하는 지리학적 요소가 없을지라도, 롤리, 더럼, 채플 힐로 구성된 노스캐롤라이나의 삼각 지대를 연구해 보면 네 개의 다른 방언 변이를 찾을 수 있다. 이 변이들은 사회경제적 지위 및 교육과 관련된 것이다.

3) 학교에서의 흑인 영어 지위

1960년대 시민권 운동(Civil Rights Movement)의 결과로 학교에서 흑인 영어의 지위를 재검토하고자 하는 의미 있는 노력이 나타났다. 그 당시 학교 정책은 낭독과 글쓰기를 할 때 흑인 영어의 사용을 허용하지 않았으며, 학생들은 표준 관습을 엄격히 지키도록 강요받았다. 많은 교육자, 부모, 사회 활동가들은 이런 정책들이 인종차별적이고 아프리카계 아이들에게 부당한 짐을 지우는 것이라고 주장했다. 예를 들어, 로빈슨(Robinson, 1990)은 표준 영어가 학습에 걸림돌이 되며 흑인 영어가 학교에서 합법화되어야 한다고 주장하였다. 캘리포니아 주에 있는 오클랜드에서 1960년대부터 이를 재검토하게 되었는데, 이후 흑인 영어 혹은 해당 학군에서 이름 붙인 '에보닉(ebonics)'이 단지 방언이 아니라 독립된 하나의 언어라고 선언하는 결론에 이르렀다. 해당 학군은 국가적 쟁점이 되었으며, 아프리카계 학생들의 수가 아주 많은 학군의 학교에서 이 언어를 교수 언어로 사용하도록 결정했다.

이러한 접근은 완전히 새로운 것이 아니다. 1970년대에 캘리포니아 만 일대에 있는 몇몇 학교에서 흑인 영어로 쓴 교과서가 표준 영어로 쓴 것보다 주목받았으며, 흑인 영어를 교수 언어로 사용했다. 그러나 오클랜드에서는 더 많은 관심과 적대감을 얻는 상황이 나타났다. 이에 대한 의문은 왜 그렇게 되었느냐 하는 것이다.

흑인 영어가 '유전적'이라는 교육위원회의 선언이 그 이유에 해당할 수 있다. 수십 년간 흑인 영어를 방언의 하나로서 언어학적으로 연구하는 것을 인정하지 않았던 교육위원회 결정은 또 다른 이유가 된다. 그러나 다른 수많은 요인들이 이에 작용했음을 생각해 볼 수 있다.

1970년대 시민권 운동은 여전히 격렬하게 일어났고, 소수 학생들의 학업 성취도를 개선하고자 하는 정책들이 일반적으로 매우 폭넓은 지지를 받았다. 예를 들면, 수많은 사람들이 소수민족 차별 철폐 운동(Affirmative action program)을 지지했다. 그러나 시간이 지나면서 이를 지지하는 현상이 줄어들기 시작했다. 아프리카계 미국인들이 정치적(한때는 이 나라에 있는 거의 모든 주요 도시에 흑인 시장이 있었다)·교육적·경제적으로 눈에 띄게 성장했으며, 많은 백인들은 사회가 충분히 공정해졌다고 생각하게 되었다. 디네시 디수자(Dinesh D'Souza)가 1991년 『편협한 교육 *Illiberal Education*』을 출판하고, UC 버클리에 지원한 아프리카계 학생들이 더 높은 능력을 지닌 아시아 학생들보다 8,000배나 더 합격했다고 보고했다. 그러한 결과에 대해 불만이 커졌으며, 이후 민족 차별 철폐 운동이 느리지만 계속적으로 해체되는 현상이 나타났다. 또한 여성의 권리, 게이의 권리, 낙태의 권리, 불법 이민, 구매력을 갖고 있는 중산층의 꾸준한 감소 등으로 또 다른 논쟁거리가 강조되었다. 바로 이런 이유 때문에 동정심의 샘은 말라 버렸다.

여러 가지로 문제를 크게 악화시킨 것은 갑작스러운 포스트모더니즘이었다. 여기서 논의는 포스트모더니즘에 대한 마르크스주의적 핵심만으로도 충분하며, 이에 대한 중요한 논쟁들은 책의 범위를 넘어서는 것이다. 포스트모더니즘의 마르크스주의적 핵심은 이 지지자들에게 공격적 우위를 가져다주었으며, 이것은 모든 사람들에게 정치적으로 올바른 행동을 강요하는 데 꽤 성공적인 활동으로 등장했다. 이는 다른 곳에서 언급했던 것과 같다(Williams, 2003a).

마르쿠제(Marcuse, 여러 가지 측면에서 포스트모더니즘의 창시자로 여기는 인물)에 따르면, 서구 사회가 역사적으로 우세한 전통과 제도를 중요하게 여긴다고 정의할 때 이 서구 사회는 근본적으로 악하므로 어떤 수단을 동원해서라도 전복되어야만 한다고 말했다. 예를 들어, 그는 1965년에 단지 좌파들만 자유 연설을 할 권리를 가질 수 있다고 주장하였다. "억압받고 압제받는 소수들이" 반대 의견을 침묵하게 하려고 "법적 범위를 넘어서는 수단을 사용하는 것"이 '자연권'이라고 들먹이는 잘못된 생각을 하는 이들에게는 이 권리가 부정되어야만 한다. (p. 89)

'문화 전쟁'이 일어났던 1990년대에 정치적 정당성을 옹호하는 이들은 반대 의견뿐만 아니라 일반적 논의조차도 효과적으로 침묵시켰다. 이것이 정체성 정치학(identity politics)의 빠른 확산과 결합되자 개인의 이익을 위해 공공의 복지를 희생시키는 데 열심인 것 같았다. 그 결과 소수자 문제에 대한 지지는 심각하게 약화되어 많은 사람들을 매우 분노케 했다(Williams, 2002 참고). 따라서 오클랜드에서 에보닉 논쟁이 일어났을 때 이는 좌절과 잠재된 분노의 불씨를 전국적으로 점화하는 도화선의 역할을 했다.

또 20세기 초반의 흑인 영어에 대한 법정 판결은 1979년 오클랜드 교육위원회가 정치적 입장을 제시하는 것으로 분명해졌다. 이 소송은 흑인 영어를 말하는 11세 아동이 절반이며 이 아이들이 낙제를 하는 앤 아버 학군의 교육위원회를 변호사들이 고소한 것이었다. 이 소송은 이 지역 학교가 흑인 영어를 가정 방언으로 사용하는 아동들을 가르칠 때 교사들이 아무런 준비를 시키지 않는다는 것을 혐의로 제기했다. 물론 단 몇 시간의 증언만으로 진행된 이 소송에서 언어학이나 교육학에 대해 전혀 모르는 판사들이 그 복잡한 문제들을 어떻게 규제할 수 있을지 의문을 제기할 수도 있지만, 이것은 결코 무시할 수 없는 선례를 만들었다. 원고에 대해 유리한 판결이 내려졌으며, 그 판결(Memorandum Opinion and Order, 1979)은 다음과 같다.

흑인 영어는 백인 사회나 흑인 사회나 어디에서도 주류로 사용되는 언어가 아니다. 이는 교육 분야, 상업 사회, 예술과 과학 분야, 혹은 전문직에서 용인되는 의사소통 방법이 아니다. (p. 1378)

해당 학교는 교사들에게 흑인 영어 구조를 통찰할 수 있도록 20시간의 언어 연수를 제공하였다. 그러나 이 연수는 교사가 학생들을 더 잘 가르칠 수 있게 새로운 지식을 사용하는 방법에 대해 그 어떤 설명도 포함하고 있지 않으며, 가정 방언과 학교 방언 사이에 놓여 있는 긴장을 줄이지도 못하였다. 오히려 표준 영어가 학교 언어라는 것을 사실에 대한 합법적인 판결로 선언하고 또한 학교와 교사가 학생들이 그들의 가정 방언 때문에 문식성이 떨어진다고 설명할 수 있도록 함으로써 이 소송과 하위 명령은 전반적으로 문제를 악화시켰다. 다시 말해, 그 판결은 본질적으로 비논리적이다.

흑인 영어 또는 그 외의 다른 방언이 학교에서 갖는 지위를 고려할 때 우리는 그 문제를 정치적 이면의 문제로 보아야 하며, 또 학생을 위한 최선책이 무엇인지를 고려해야 한다. 교사인 우리는 아동에게 그들이 사회의 구성원으로 또한 개인으로 가진 자신의 잠재력을 충분히 발휘할 수 있는 도구를 제공할 의무를 가진다. 교육의 정치학은 우리가 학생들의 요구에 너무 쉽게 눈감아 버리도록 할 수 있고, 이것은 많은 학교가 수업과 교과서를 흑인 영어로 바꾼 베이 지역의 경우를 보면 분명하다. 나는 1970년 초반에 약 12명의 학생들을 가르쳤으며, 그 후 그들은 대학에 진학하였다. 그러나 그들은 대학 수업을 받을 수 있는 충분한 준비가 되어 있지 않았음을 깨닫게 되었다. 심지어 그들은 대학에서 배우는 텍스트를 읽을 수도 없었다. 소수를 제외한 대부분의 학생들이 낙제를 했다. 만약 그들이 실험 연구에 참여하지 않았다면 이들 중 얼마나 많은 학생들이 대학을 졸업할 수 있었을지도 의심스럽다.

흑인 영어를 표준 영어로 대체하는 것이 학생들의 학업 성취를 높여 준다는 주장에 대한 근거는 현재까지 없다. 한편으로는 백인과 아시아인, 다른 한편으로는 아프리카계 미국인과 히스패닉계 미국인 간의 교육 성취도 차이는 별다른 주목을 받지 못했다. 그러나 이 차이는 매우 크며 충분히 관심의 대상이 된다. 1999년 미국영어교사협회(NAEP) 보고서에 따르면, 아프리카계와 히스패닉계 학생들과 이에 상응하는 백인과 아시아계 학생들 간에 4년 정도의 차이가 나타났다. 후속 연구인 선스트롬과 선스트롬(Thernstrom & Thernstrom, 2003)에서는 아프리카계 고등학교 고학년 학생들이 8학년의 백인 학생들보다 읽기, 쓰기, 수학, 역사, 지리에서 낮은 점수를 받았다고 보고했다. 이를 근거로 볼 때 교육 분야에서 비표준 영어 사용을 승인하는 것은 사회적인 혜택을 받지 못한 배경의 학생들을 개선하는 데 도움이 되지 않는다.[18] 그것은 학생들이 비표준 영어를 사용하기 때문에 겪게 된 교육적 실패와 사회경제적 단절을 극복하는 방법으로서 언어 능력을 확장하는 데 도움이 되지 않는다. 이러한 노력들은 오히려 학생들을 슬럼화한다. 수업에 사용하는 방언을 흑인 영어로 전환하는 것에 대해 논쟁할 때 이는 충격적인 인종차별적 관점에 근거한 것처럼 보인다. 즉 흑인 영어를 사용하는 학생들이 표준 영어를 숙달하는 것은 불가능하며, 이는 받아들일 수도 부정할 수도 없는 암시에 해당한다.[19]

방언에 추가적 지위를 제공한다면, 이는 흑인 영어와 수업에 관한 많은 어려움을 제거해 준다. 또한 학생이 표준 영어에 숙달하고 표준 영어를 사용하면서 자신의 가정 방언을 보완하게 된다. 여기서 추가적 지위는 모든 방언을 합법화하고 가치화할 것을 요구하고, 적절성 조건이 특정 상황에서 언어 사용을 좌우한다는 것을 인지하도록 요구한다.

4) 흑인 영어 문법

흑인 영어 문법은 여러 가지 면에서 표준 영어 문법과 다르다. 예를 들어 화자가 대체적으로 표준 형태를 구사하려고 과잉 교정하는 것을 제외하고 (I goes to work), 현재 시제 동사의 접미사 's'를 생략하는 것이 일반적이다 (He talk pretty fast). 분사에서 'g'를 탈락시키기도 하고(He goin' now), 또한 특별히 네 개 부정어를 사용하기도 한다. 즉 dit'n, not, don', ain' 등에 나타

---

19 선스트롬과 선스트롬(Thernstrom and Thernstrom, 2003)에서는 학업 성취가 차이 나는 것에 대해서 가정환경이 1차적 원인이 된다고 설명하였다. 또한 이 연구에서는 백인과 아시아계 미국인 부모가 일반적으로 자녀에 대한 기대가 높으며 자녀가 학업에 전념할 것을 요구한다고 제시했다. 히스패닉계 자녀들은 부모의 낮은 교육 배경 때문에 어려움을 받기도 하고, 결국 그들이 교육의 혜택을 말하는 데 어려움을 겪기도 하며, 장기적 목표를 달성하기 위해서는 단기적 희생이 필요하다는 것을 전달하는 데도 어려움을 갖기도 한다. 선스트롬과 선스트롬(2003, p. 211)은 아프리카계 미국 학생들의 학업 성취가 낮은 이유는 "그들의 생활 속에 영향을 끼치는 텔레비전과 그들 부모가 갖고 있는 낮은 기대감"이라고 말하고 있다.

난다. 다음의 문장들을 고려해 보자.

1. Fred dit'n come yesterday.

   프레드는 어제 오지 않았다.

2. Macarena not comin'.

   마카레나는 오지 않는다.

3. Fritz don' eat them pies.

   프리츠는 파이를 먹지 않는다.

4. Fritz don' be goin' the store.

   프리츠가 가게로 가지 않는다.

5. She don' be eatin'.

   그녀는 먹지 않는다.

일치

표준 영어에서 동사는 현재 시제의 주어와 수(數) 일치를 한다. 흑인 영어에서는 일반적으로 일치하지 않는다. 따라서 다음의 차이를 관찰할 수 있다.

7. I love you, Macarena. (표준 영어)

   나는 당신을 사랑해, 마카레나.

8. I loves you, Macarena. (흑인 영어)

   나는 당신을 사랑해, 마카레나.

상

표준 영어와 흑인 영어 간의 가장 중요한 차이는 두 방언이 갖고 있는 각각의 시제와 상이다. 134쪽에서 영어 동사 형태가 갖는 특징으로 상을 연구했으며, 특히 진행형과 완료형을 주의 깊게 살펴보았다. 이런 점에서 표준 영어가 과거 또는 현재로 동사 시제를 표시한다는 사실과 이들 두 개의 동사 형태로 동작(상)의 지속 또는 진행 상황을 표시하도록 하는 사실을 고려했다. 반대로 흑인 영어가 선택적 시제 표시를 허용하는 반면 동작이 순간적인지 혹은 계속적인지 나누어 표시해야 한다.

또한 상은 화자가 동사 시제의 표현을 허용하며, 이는 흑인 영어의 중요한 특징으로 이를 수행하기 위해 be 동사의 형태를 사용한다. 예를 들어 문장 9와 10은 전혀 다른 의미를 지닌다.

9. Macarena workin'.

마카레나가 일하고 있다.

10. Macarena be workin'.

마카레나가 일해 왔다.

문장 9에서 마카레나는 오늘, 지금 이 순간에 일하고 있는 것일 수는 있으나 일상적으로는 그렇지 않다. 반대로 문장 10에서 마카레나는 오랫동안 계속적으로 일해 왔다. 유사한 예를 다음 문장에서도 찾아볼 수 있다.

11. Fritz studyin' right now.

프리츠는 지금 공부하고 있다.

12. Fritz be studyin' every afternoon.

프리츠는 매일 오후에 공부해 왔다.

시제를 살펴보면 studyin'은 right now와 일치하며 be studyin'은 every afternoon과 일치한다. 그러므로 흑인 영어에서 "Fritz studyin' every afternoon" 또는 "Fritz be studyin' right now"라고 말하거나 쓰면 시제가 일치하지 않기 때문에 비문법적이라고 할 수 있다(Baugh, 1983; Fasold, 1972; Wolfram, 1969).

흑인 영어는 be 동사의 분사형인 been을 과거 완료 형태로 사용한다. been은 동작이 더 먼 과거에 발생하였거나 전적으로 완료되었음을 표시한다(Rickford, 1975). 이러한 관점에서 표준 영어의 과거 완료형 'have+동사'와 'have+been'이 유사하며, 다음의 문장에서 나타나는 것과 같이 설명된다.

13. They had told us to leave. (표준 영어)
    그들은 우리에게 떠나라고 말했었다.

14. They been told us to leave. (흑인 영어)
    그들은 우리에게 떠나라고 말했었다.

15. Kerri had eaten all the cake. (표준 영어)
    케리는 모든 케이크를 먹어 버렸었다.

16. Kerri been dat all the cake. (흑인 영어)
    케리는 모든 케이크를 먹어 버렸었다.

17. She had been hurt. (표준 영어)
    그녀는 다쳤었다.

18. She been been hurt. (흑인 영어)
    그녀는 다쳤었다.

been은 과거에서 시작한 동작이 여전히 유효하다는 것을 단언하는 데 사용되며, 다음의 문장에서 나타난다.

19. Macarena has known Fritz more than 3 months now.

(표준 영어)

마카레나가 3개월 이상 프리츠를 알았다.

20. Macarena been been knowin' Fritz more than 3 month now.

(흑인 영어)

마카레나가 3개월 이상 프리츠를 알았다.

흑인 영어의 의문문은 관련된 상에 따라서 일반적으로 두 가지 형태가 있다. 예를 들어 누군가가 일시적 상태에 대해 질문할 때 다음과 같이 할 수도 있다.

21. Is you hungry?

너 배고프니?

그러나 장기적 상태에 대한 동일한 질문은 다음과 같이 구성할 수 있다.

22. Do you be hungry?

너 배고프니?

흑인 영어에서 is가 강조 표지와 의문 표지의 두 가지 기능을 할 수 있다는 것을 문장 21에서도 보았다. 문장 23은 전적으로 문법적이다.

23. I is hungry.

난 배가 고파.

즉, 변이형은 다음과 같다.

24. I'm is hungry.

난 배가 고파.

문장 23번은 의문형으로 2개의 변이형을 가질 수 있다.

25. Is I hungry?

내가 배가 고픈가?

26. Is I'm hungry?

나는 배가 고픈가?

흑인 영어 문법의 다른 중요한 특성은 다음과 같다.

- 현재 시제는 "They goes to the market(시장에 가)"과 같이 대화 속에서 과거 행위를 나타내는 데 사용된다.
- 기수 형용사가 명사에 선행할 때, 명사는 "The candy cost 1 dollar and 50 cent(사탕이 1달러 50센트야)"처럼 복수화하지 않는다.
- 관계절의 주어 위치에 있는 관계 대명사는 "Fritz like the woman has red hair(프리츠는 빨간 머리 여자를 좋아해)"처럼 탈락될 수 있다.
- 소유격 표지는 "He found Macarena coat(그가 마카레나의 코트를 찾았어)"처럼 생략된다.
- 표준 영어는 문장 "I never want to see you again(나는 너를 다시는 보고 싶지 않다)"에서처럼 부정과 긍정을 교대하여 사용하나, 흑인 영어는 "He don' never goin' call(그는 결코 전화하지 않아)"에서처럼 이중 부정으로 사용된다.

1. 사용하고 있는 방언을 포함하여 여러분이 알고 있는 지역 사회 방언은 얼마나 되는가?
2. 여러분은 얼마나 많은 방언을 이해하고 있는가?
3. 이 장에서 언급되지 않은 것 중에서 아동의 표준 영어 습득과 사용을 방해하는 요인은 무엇인가?
4. 지역 사회에서 사용되는 방언을 주의 깊게 들어 보고, 여러분의 가정 방언과 구별되는 특성을 찾아 목록화해 보자.
5. 텔레비전 뉴스 진행자들은 일반적으로 표준 영어 구어에 가장 가까운 혼종 방언인 '방송 표준어(broadcast standard)'를 사용한다. 여러분의 방언은 이 방송 표준어와 구별되는 어떤 특성을 가지고 있는가?
6. 흑인 영어가 그 자체의 문법에 따라 잘 구조화된다는 것을 아는 것이 어떤 가치가 있는가?
7. 흑인 영어와 학업 성취 간의 관련성은 무엇인가?
8. 교실에서 두 명의 학생으로 구성된 조를 만들어 보자. 여러분이 지금까지 배운 것을 활용하여 비표준 방언 화자가 표준 영어를 사용하도록 할 수 있는 세 가지 활동을 개발하라. 수업 포트폴리오를 개발하기 위해 이러한 활동을 교실의 다른 구성원들과 공유하라.

9. 멕시코계 영어

'Chicano'라는 용어는 멕시코계 미국인들의 문화적 인식과 동질성을 고양시키기 위한 노력의 일환으로 1960년대부터 등장하였으며, 그것은 두 개의 유산 사이에 놓여 있는 그들의 독특한 지위를 강조해 준다. 멕시코계 영어(Chicano English: CE)는 스페인어를 약간 이해할 수 있으나 거의 사용하지 않는 2세대 혹은 3세대의 멕시코계 미국인들이 사용하는 비표준 방언을 기술하는 용어이다(Garcia, 1983 참조). 또한 멕시코계 영어는 영어만 사용해 대화할 만큼 충분히 숙련된 영어를 습득했고 오랫동안 미국에 살아온 이민 1세대가 사용하는 방언이며, 그러므로 그들은 이중 언어 사용자라고 할 수 있다(Baugh, 1983 참조).

멕시코계 영어는 스페인어만 사용하는 단일어 화자, 영어만 사용하는 단일어 화자, 영어와 스페인어를 사용하는 이중 언어 화자에게 영향을 받고 있다. 멕시코계 영어는 스페인계 영어(Spanish)와 동일한 것이 아니며, 스페인계 영어는 몇몇의 영어 단어를 익힌 스페인어 화자가 사용하는 영어와 스페인어의 혼합이다. 스페인계 영어는 한때 로스앤젤레스 동부 등에서 악명 높은 젊은 갱단원인 파추코(pachucos)와의 관계로 생긴 포초 영어(pocho English)로 조롱거리이자 웃음거리였지만, 오늘날 스페인계 영어는 멕시코계 미국인이 거주하는 지역 사회에서 매우 폭넓게 사용된다.[20] 이 장의 후반부에서 스페인계 영어에 대해 살펴보고자 한다.

멕시코계 영어에 대한 관심은 최근의 일인데, 이는 1980년대까지 방언과 관련된 미국 언어 정책의 초점이 흑인 영어였기 때문이다. 히스패닉 인구에 대한 중심 화제는 이중 언어 교육이었다. 1985년부터 멕시코와 중앙아메리카 출신 이민자가 증가하였고 상황을 변화시켰으나, 멕시코계 영어에 대한 연구는 여전히 낮은 수준에 머물러 있다. 카르멘 포(Carmen Fought, 2002)의『맥락에 따른 멕시코계 영어*Chicano English in Context*』가 지난 20년 간 멕시코계 영어에 대해서 처음으로 이루어진 한 권 분량의 연구물이다.

전반적으로 관심이 부족한 데에는 몇 가지 이유가 있다. 가장 시급한 문제는 영어가 아닌 다른 언어를 사용하는 단일어 화자의 입학 숫자가 엄청나게 많다는 것이다. 학교는 이 학생들이 우선순위라고 확실히 밝힌다. 이 영어 학습자(ELL)들은 영어 능숙도에 따라 재분류되고 그와 동시에 그들은 기본적으로 모국어 화자처럼 취급받게 된다. 이 학생들을 위한 시설은 없

---

20 파추코는 미국의 특히 멕시코계의 10대 길거리 깡패들을 가리킨다. 파추코는 미국식 관습과 태도를 택한 멕시코계 미국인을 가리키는데, 대개 미국에 귀화한 멕시코인을 지칭한다. [역주]

다. 또 다른 요인은 교육 정책이며, 이는 자금과 정책에 대한 우선순위를 정한다. 연구를 하기 위해서는 자금이 필요하다. 현재 라틴아메리카계 인구가 아프리카계보다 많지만, 전통적으로 라틴 아메리카계 사람들은 정치에 관심이 없었다. 분명히 그들 중 다수는 투표를 하지 않는다. 그러므로 그들은 정부로부터 어떤 주목도 받지 못한다. 결과적으로 멕시코계 영어를 연구하는 데 필요한 자금은 없다.

10. 멕시코계 영어 문법

멕시코계 영어를 사용하는 대부분의 화자들이 스페인어를 거의 혹은 전혀 사용하지 않을지라도 스페인어는 그들 방언에 중요한 영향을 미친다. 이런 영향은 멕시코계 영어의 다양한 구조적 특성과 음성적 특성 속에서 찾을 수 있다. 예를 들어, 스페인어는 굴절어인데 영어보다 어순의 영향을 덜 받는다. 결과적으로 문장 "Macarena ate the apples(마카레나가 사과를 먹었다)"는 스페인어로 쓸 경우 두 가지 방법으로 표현할 수 있다.

- Macarena comió la manzana. (Macarena ate the apple.)

또는

- Comió la manzana Macarena. (Ate the apple Macarena.)

비록 멕시코계 영어는 두 번째 문장에서 보여 준 구조를 허용하지 않지만 용어법(pleonasm)[21] 또는 잉여 표현(중복 표현, redundancy)을 포함하는 변이를 허용한다. 이는 스페인어의 자유 어순과 관련된다. 대명사는 주어를 표시하고 다음과 같이 문장 끝에 있는 명사처럼 반복된다.

- He hit the ball, Fred.
  프레드가 공을 찼다.
- She gave me a ride, my mother.
  나의 어머니가 나를 태워 주었다.

스페인어는 이중 부정도 사용하며, 이것은 멕시코계 영어 문법에 반영되었다. 학생들은 "I didn't do nothing"과 "She don't want no advice" 등과 같은 진술을 규칙적으로 생성한다.

스페인어는 3인칭 소유격을 소유격 명사보다는 전치사구로 표시하며 이는 다음 문장과 같다.

- Vivo en la casa de mi madre. (I live in the house of my mother.)
  나는 나의 어머니와 함께 살고 있다.

따라서 학생들이 멕시코계 영어에서 다음 유형의 문장을 생성하는 것을 종종 찾아 볼 수 있다.

- The car of my brother is red.
  내 동생의 차는 빨간 색이다.

---

21 pleonasm은 흔히 용어법이라고 한다. 예컨대 '보다'라고 하면 될 것을 '눈으로 보다'라고 하는 것처럼, 강조나 수사적 효과를 높이기 위하여 논리적으로는 불필요한 말을 덧붙이는 표현 방법을 말한다.

- The ring of my financée was expensive.

  나의 약혼녀의 반지는 비싼 것이었다.

스페인어에는 영어의 in과 on 모두에 상응하는 전치사(en)가 있기 때문에 멕시코계 영어 화자는 표준 영어에서 'on'을 요구하는 곳에 'in'을 사용한다. 다음과 같은 예를 살펴보자.

- Macarena got in the bus before she realized that she didn't have no change.

  마카레나가 갈아탈 수 없다는 것을 깨닫기 전에 그녀는 버스에 올라탔다.

- We got in our bikes and rode down the hill.

  우리는 자전거를 타고 언덕 아래로 내려갔다.

멕시코계 영어에 대한 또 다른 통사적 영향은 주제화, 굴절 생략, 부적절한 do-보충법, 완료 동사 형태에서 have 생략, 불가산 명사의 가산 명사로의 전환을 포함한다. 이러한 영향에 대한 예는 다음 문장으로 제시된다.

- My brother, he lives in St. Louis. (주제화)

  나의 동생, 그는 세인트루이스에 살고 있다.

- My parents were raise old-fashion. (굴절 생략)

  나의 부모님은 유행에 뒤쳐졌다.

- My father asked me where did I go. (부적절한 do-보충법)

  나의 아버지는 나에게 어디 갔냐고 물으셨다.

- I been working every weekend for a month. (have 생략)

  나는 한 달 동안 매주 일했다.

- When we went to the mountains, we saw deers and every-thing. (불가산 명사에서 가산 명사로)

  우리가 산으로 갔을 때, 우리는 사슴과 모든 것을 보았다.

앞서 제시한 것처럼 멕시코계 영어는 다양한 영향 아래에 있다. have 생략의 경우에는 스페인어 간섭의 결과라고 말할 수는 없다. 왜냐하면 스페인어는 haber와 주요 동사의 과거 완료형을 결합하여 완료 동사 형태를 형성하기 때문이다. 그러므로 "I have been working every weekend for a month(나는 한 달 동안 매주 일했어)"가 본질적으로 스페인어와 동일 형태를 가진다.

- Yo hube estado trabajando cada finde semana por una mes.

이 점을 고려해 본다면, 멕시코계 영어의 have 생략은 비표준 영어 방언의 영향이라는 결론을 내릴 수 있다.

11. 교실에서의 멕시코계 영어

학업 성취에 대한 멕시코계 영어의 영향을 조사한 연구는 거의 없다. 카스타네다와 울라노프(Castaneda & Ulanoff, 2004)에서 남 캘리포니아의 초등 3학년, 4학년, 5학년 학생들과 고등학교 학생들을 관찰했고 이 초등학생들은 교실에서 멕시코계 영어의 사용을 꺼렸다고 보고했다. 그러나 고등학교 학생들은 그와 달랐다. 카스타네다와 울라노프는 다음과 같이 언급하였다.

(그들은) 학교 활동을 하면서 '정치적' 표현 그리고/또는 '유대감' 표현으로써 멕시코계 어를 사용한다 …… 교실 대화 상황보다 운동장이나 점심시간에 멕시코계 영어를 일반적으로 더 사용한다. …… 고등학교 학생들이 표준 영어를 더 능숙하게 구사할 수 있기 때문에 그들이 멕시코계 영어를 사용하는 것은 집단의 동질성을 드러내거나 규범에 대한 저항을 의도적으로 나타내는 것이다. (p. 7)

카스타네다와 울라노프(2004)에 따르면, 학업 성취와 멕시코계 영어 간의 유효한 상관관계를 가늠할 수는 없지만, 유감스럽게도 대다수의 교사들이 멕시코계 영어를 사용하여 '유대감'과 '저항'을 드러내는 것을 좋아하지 않는다는 것은 예상할 수 있다. 저항은 성공한 학생들에게 나타나는 특성이 아니다. 멕시코계 학생의 탈락률이 수십 년간 대략 30퍼센트에 이른다는 것을 생각해 본다면, 카스타네다와 울라노프 보고서가 그리 바람직해 보이지는 않다.

□ 멕시코계 영어와 글쓰기

멕시코계 영어와 글쓰기 과제의 성취에 대한 연구가 거의 없기도 하고 너무나 오래되어서 거의 상관없어 보이지만, 그럼에도 불구하고 검토할 필요는 있다. 유효한 연구들은 에세이 전체보다 문장 수준의 문제들을 살펴보고 있기 때문에 특별히 도움이 되지는 않는다. 아마스타(Amastae, 1981)는 4년간 텍사스의 판 아메리카 대학(Pan American University) 학생들로부터 수집한 글쓰기 표본들을 평가했다. 이 연구에서는 학생들의 종속관계 사용을 측정하여 문장 퇴고의 정도와 표면적 오류의 범위를 정했다. 스페인어 간섭이 작문 과정에 나타나는 오류의 중요 원인은 아니었으며 실제 학생들은 종속절을 거의 사용하지 않았다(Edelsky, 1986 참조). 또한 학생들의 글쓰기 속

문장은 유창하지 못했고 심지어 문체가 고르지도 않았다. 일반적으로 종속절은 작문 능력 발달도의 척도가 되기 때문에(K. Hunt, 1965), 멕시코계 영어 화자가 쓴 에세이에 종속절이 없다는 사실은 교사가 학생의 작문 능력을 판단하는 데 불리한 영향을 줄 수 있다.

조사한 바에 따르면, 주제, 목적, 청자(독자) 등의 수사학적 특성을 조사한 멕시코계 영어 연구는 없었다. 이런 연구 없이 멕시코계 영어를 사용하는 학생들에게 적용 가능한 최선의 활동을 결정하는 것은 불가능하다. 왜냐하면 이 논쟁에 대해 아는 것은 거의 없기 때문이다. 캐롤 에델스키(Carol Edelsky, 1986)의 연구에서 초등 연령의 스페인어 이중 언어 화자를 대상으로 작문의 수사학적 특성을 조사했다. 표준 영어 화자와 흑인 영어 화자에게 작용했던 것이 멕시코계 영어 화자에게도 작용할 것이라고 추정해 본다 할지라도, 멕시코계 영어 화자에게 이 연구를 적용할 수 있는 근거는 없다. 이런 흐름에 따라 에델스키의 연구는 이중 언어 학생들이 과정 중심 교육(process pedagogy)으로 이익을 얻게 된다는 결론만을 내렸다.

흑인 학생들의 학업 성취에 대한 흑인 영어의 영향에 대해 우리가 아는 것을 참고하는 것이 교실에서의 멕시코계 영어를 이해하는 데 가장 생산적인 접근법이 될 수 있다. 특히 학생들이 글쓰기 활동을 할 때는 더욱 그러하다. 학교에서 흑인 영어를 사용하는 것은 학생들의 학업 성취에 방해가 된다(Delpit, 1988; Michaels, 1982). 또한 이 학생들의 글쓰기에서 흑인 영어의 심각한 간섭 문제가 나타난다. 교실 속의 비표준 방언이 두 가지 측면에서 부정적인 효과를 가진다는 것에 주의해야 한다. 멕시코계 영어에 대한 가장 일차적이고 명백한 사실은 작문 교육에서 중요한 비중을 차지하는 표준 영어 관습과 이 방언이 일치하지 않는다는 것이다. 만약 학생이 "She don't want to no advice"라고 쓴다면 그 학생은 수업에서 배운 것을 제대로 익히지 못했음을 보여 준다. 그러나 이차적인 측면으로 더 문제가 되는 것은,

모든 비표준 방언들이 언어 관습의 특성을 드러낸다는 점이다. 공식적 학교 수업에서 중요한 것은 학생들이 다양한 상황에서 적절한 기능을 사용하게 하는 언어 기능(skills)의 목록을 발전시키는 것이며, 또 다른 중요한 부분은 학생들이 해당 상황이 무엇인지, 각각 적절한 것이 무엇인지를 깨닫는 것이다. 그러므로 표준 영어 관습을 연습하고 그런 관습을 요구하는 상황을 확인할 기회를 제공하는 구조화된 작문 과제를 통해서, 멕시코계 영어를 방언으로 사용하는 학생들이 이익을 얻을 수 있다고 암시한다.

12. 스페인계 영어

지난 이십 년 간 스페인어 원어민 인구는 기하급수적으로 증가해 왔고 스페인계 영어가 점차 확산되어 갔다. 명칭에서 보여 주듯이, 스페인계 영어는 스페인어와 영어의 결합물이다. 그것은 '코드 변환(code-switching)'과 완전히 동일한 것은 아닌데, 코드 변환은 뒤에서 논의된다. 스페인계 영어는 영어가 아니라 스페인어의 혼종 방언으로 미국에서 어느 정도 거주하면서 토막 영어를 습득한 멕시코 출신의 이민자들이 사용하는 것이다. 스페인어에 해당하는 단어가 어휘부(lexicon)에서 생략되어 혼종 용어들이 이를 대신하게 된다. 예를 들어 'wachar'가 'watch(시계)'를 대신하고, 'parquear'가 'park(공원)'를 대신하고, 'pushar'가 'push(밀다)'를 대신한다. 스페인어를 모르는 토착 영어 화자는 스페인계 영어를 이해하는 데 꽤 오랜 시간이 필요하다. 그리고 이민자가 아닌 토착 스페인어 화자는 스페인계 영어를 사용하는 사람들을 폄하하는 경우도 있다.

일반적으로 주어진 문장을 비교하여 스페인어와 스페인계 영어의 차이점에 대해 알 수 있다. 이것들은 "I'm going to park my car(나는 내 차를 주차할 것이다)"로 해석되는 문장들이다.

- Voy a estacionar mi auto. (표준 스페인어)
- Voy a parquear mi caro. (스페인계 영어)

표준 스페인어에는 'parquear(park)'와 'caro(car)'가 존재하지 않는다. 이에 해당하는 스페인어는 'estacionar'와 'auto'이다.

스페인계 영어는 토착 스페인어 화자가 새로운 영어 환경에 대처하기 위해 발달시킨 지역어 또는 피진어의 한 종류를 보여 준다. 이 관점에 대해 어떤 구체적인 결론을 내리기에 충분한 자료를 가지고 있지 않다. 스페인계 영어는 영어를 쓰지 않는 사람들이 사용하기 때문에 학교에서 나타나는 이 문제들은 방언 문제가 아니라 영어 학습자(ELL)의 문제로 제시된다.

13. 코드 변환

다른 방언들은 흑인 영어와 표준 영어의 경우처럼 문법에서 차이가 있다. 또한 그것들은 다른 언어 관습을 사용한다. 우리 사회는 꽤 유동적이기 때문에 수많은 사람들이 이중 방언 화자이며, 이는 다른 언어 상황에서 그들에게 전환을 허용하는 장점이 있다. 표준 영어 화자가 비표준 문법과/또는 용법을 사용하고, 비표준 영어 화자들이 표준 문법과/또는 용법을 사용하는 것을 종종 발견한다.

사람들이 언어를 하나의 형태에서 또 다른 형태로 바꿀 때, 그들은 **코드 변환**(code-switching)이라는 것을 하게 된다. 가장 거시적 의미에서, 코드 변환은 다른 언어 변이들을 사용하는 행위를 말한다.

언어학적 변이에 기초하여 코드 변환을 설명할 수 있다. 이 언어학적 변이는 방언들 간에 존재하면서 방언들 내에도 존재한다. 변이의 원천에는 나이, 직업, 지위, 경제적 상태, 성별 등이 포함된다. 예를 들어 여성이 남성보다 언어에 더 성실한 편이다. 결과적으로 비표준 방언을 사용하는 가족 내에서 여성의 언어는 남성의 언어보다 표준 영어에 가까울 것이며 (Trudgill, 2001), 특히 표준 영어를 요구하는 상황에서는 더욱 그러하다. 그러므로 가정에서는 비표준 영어를 사용하지만 직장에서는 표준 영어를 사용하는 여성을 발견할 수 있다.

언어학적 변이 현상은 모든 방언이 "내재적 가변성(inherent variability)"에 영향 받기 쉽다는 윌리암 라보브(1996)의 주장으로 이어진다. 그의 분석에 따르면, 특정한 방언 화자들이 항상 그 해당 방언의 모든 특성을 사용하지 못하며 언어에서 볼 수 있는 지속적인 유동 상태가 어느 정도의 변이를 일으킨다. 이런 원리는 "I've been working hard(나는 열심히 일했어)"가 "I been working hard"로 된 것처럼 표준 영어 화자가 주기적으로 문장을 줄이는 사실을 설명해 준다. 그러나 대체로 주류 사회에 순응하기 위한 사회언어학적 압력의 결과로서 비표준어적 특성이 표준어적 특성으로 변이하는 것이 일반적이다. 이 설명에 따르면, 비표준 영어를 전형적으로 사용하는 사람들이 자신보다 사회적 지위가 높은 사람들과 접촉하게 되는 상황에서 표준 영어 특성을 적용하고자 노력할 것이다. 주류를 따르려는 노력은 교실 안에서도 쉽게 관찰된다. 비표준 영어를 사용하는 학생에게 보고서를 쓰게 하거나 그것을 큰소리로 읽게 할 때 이를 알 수 있다. 작문은 수많은 비표준 방언의 특징들을 포함하고 있지만, 학생들은 그것을 읽을 때 그 특징들을 수정하려고 할 것이다. 이 경우 학생들은 코드 변환을 하게 된다.

이러한 관찰로부터 학생들의 이중 방언 사용 정도를 알 수 있으며, 이는 결국 학생들의 코드 변환과 표준 영어 숙련 수준을 좀 더 인식하게 하는 과제와 활동을 구성하게 해 준다. 또한 그것은 언어의 내재적 다양성이 방언들을 비고정적인 것으로 만들며, 결국 방언이 쉽게 변화한다는 것을 알려 준다. 특정 시기에 사람들이 사용하는 언어는 공식 표준 문어 영어에서 비공식 비표준 구어 영어 범위까지의 연속체에 위치할 수 있다. 맥락이 요구할 때와 사람들의 언어적 능력이 허용할 때 사람들은 연속체 내에서 이동한다. 이 이동은 다른 방언들 내에서 또는 다른 언어들 내에서 가능하다.

교사들이 코드 변환을 일상적으로 목격할 때, 그들은 카스타네다와 울라노프(Castaneda & Ulanoff, 2004)에 보고된 것처럼 학생들이 쓰기와 말하기를 표준 영어로 수정하는 것에 영구적으로 실패한다는 왜곡된 가정을 하기 쉽다. 그러나 코드 변환에 대한 연구는 이것이 학습된 것이 아니라 습득된 행동이라고 제안한다(Bough, 1983; Genishi, 1981; Labov, 1971, 1972a, 1972b; McClure, 1981; Peck 1982). 만약 이러한 주장이 옳다면 코드 변환은 대체로 무의식적인 것이 된다. 그러한 결론이 잘못된 것이라고 주장한다.

기존 연구들은 영어가 제2 언어인 학생들이 코드 변환을 하는 것이 두 개의 조건과 관련됨을 보여 준다. (a)그들이 알고 있는 청중과 대화할 때 그들은 이중 언어 화자이며, (b)학생들이 알지 못하거나 기억하지 못하는 제2 언어 단어가 필요할 때 코드 변환을 사용한다. 이 상황은 비표준 영어 화자에게 약간 다르게 나타난다. 그들은 이중 방언 화자인 사람들과 대화할 때에는 일반적으로 코드 변환을 하지 않는다. 그 대신 주어진 상황과 집단 속에 존재하는 사회적 관계에 따라서 하나의 방언 혹은 다른 방언을 사용할 것이다. 그러나 지배적인 요인은 사회적 관계이다. 즉, 다른 화자와 공유할 수 없고 방언을 이해하는 데 시간이 오래 걸린다고 할지라도 그들은 더 친해졌을 때 가정 방언을 사용하는 경향이 더 커진다. 이중 방언 화자가 연속체에 따라 비표준 말하기로 더 많이 바꿨을 때 단일 방언 화자는 자신이 이해하지 못했다는 신호로서 비표준 언어들에 대해 몇 번이나 "뭐라고?"라며 계속 질문할지도 모른다. 그때 이중 방언 화자는 연속체에 따라서 다른 방향으로 이동하는 것을 의식적으로 결정해야만 한다. 이런 사회적 요인들이 존재하지 않을 때 비표준 방언을 사용하는 것은 무례한 것으로 간주된다.

앞 장에서 기술된 인지 문법 모형은 이중 방언 사용자들 간에는 그들의 신경 네트워크 속에 표준과 비표준 형태가 동시에 존재한다고 가정함으로써 이 행동들을 이해하도록 한다. 이것은 상식적인 것처럼 보인다. 만약 그렇지 않다면 표준 영어와 비표준 영어 화자는 서로를 이해할 수 없을 텐데 일반적으로 그들은 서로 이해한다. 부정의 경우에서 유용한 사례를 찾을 수 있다. 표준 영어 화자는 부정/긍정 패턴이 지배적이며, 비표준 영어 화자에게는 부정/부정 패턴이 지배적이다. 이러한 관점에서 우리는 비지배적인 형태의 사용이 의식적인 결정이라는 결론에 도달하게 된다.

이런 분석은 카스타네다와 울나노프(2004)의 관찰을 이해할 수 있게 해 준다. 고등학교 학생들이 "유대감"과 "저항"을 표현하기 위해 멕시코계 영어를 사용하는 반면에 초등학교 학생들은 멕시코계 영어 사용을 꺼린다는 것을 상기해 보자. 또한 6장에 있는 도덕적 행동에 대한 논의도 상기해 보자. 초등학교 학생들은 교실에서 멕시코계 영어를 사용하는 것이 무례할 수 있다고 인식하기 때문에 멕시코계 영어 사용을 자제했다. 반대로, 십대들은 무례하다는 것에 대해 개의치 않는다. 두 경우 모두 멕시코계 영어를 사용하거나 사용하지 않는 것은 의식적인 결정이었다. 학생들이 교실에서 멕시코계 영어 또는 흑인 영어를 사용하는 것을 선택할 때 교사는 이를 잘 못된 것으로 주장할 수 있는가? 어떤 경우에는 그렇다. 방언 변환의 핵심이 동기라는 것을 기억해야만 한다.

그러나 이 상황이 글쓰기에 관해서는 완전히 동일하지 않다. 지금 학생들은 표준 영어와 비표준 영어의 차이와 공식적 표준 영어 속에 내재된 차이뿐만 아니라 형태보다는 내용에 집중하려는 본래적 성향(natural inclination, 혹은 '본능')과 싸우고 있다. 물론 이것이 의미하는 바는 가정 방언이 비표준어인 학생들은 가정 방언이 표준 영어인 학생들보다 좀 더 고통스러울 것이며 더 많은 지원을 필요로 한다는 것이다.

핵심 아이디어 적용하기

1. 여러분들이 흑인 영어나 멕시코계 영어를 사용하는 누군가의 말을 들을 때 어떻게 반응해야 하는지를 떠올려 보자. 여러분의 반응은 그 사람의 지위, 직업, 교육 등에 대한 평가를 포함하는 것인가? 만약 그렇다면, 가정 방언으로 아프리카계 영어 또는 멕시코계 영어를 사용하는 학생들에게 무엇을 가르칠 수 있을까?

2. 흑인 영어와 멕시코계 영어 화자들이 표준 영어를 사용하도록 동기를 부여하는 방법을 토론하기 위해 세 개의 그룹을 만들어 보자. 수업할 때 사용할 수 있는 한 개의 시뮬레이션 연습 문제를 포함하는 연속된 수업과 활동을 개발해 보자.

참고문헌

Abbott, V., Black, J., & Smith, E.(1985). The representation of scripts in memory. *Journal of Memory and Language, 24*, 179-199.

Alcock, J.(2001). *The triumph of sociobiology.* New York: Oxford University Press.

Aldrich, R.(1999). When the pupil:teacher ratio was 1,000 to one. *Times Educational Supplement.* Retrieved December 20, 2003, from http://www.tes.com.uk/seach/ search_ display.asp?section=archive&sub_secton=friday.

Allen, Woody.(1982). *Four films of Woody Allen: Annie Hall, Interiors, Manhattan, Stardust Memories.* New York: Random House.

Amastae, J.(1981). The writing needs of Hispanic students. In B. Cronnell(Ed.), *The writing needs of linguistically different students.* Washington, DC: SWRL Educational Research and Development.

Andrews, L.(1995). Language awareness: The whole elephant. *English Journal, 84*(1), 29-34.

Andrews, L.(1998). *Language exploration and awareness: A resource book for teachers*(2nd ed.). Mahwah, NJ: Lawrence Erlbaum Associates.

Bagou, O., Fougeron, C., & Frauenfelder, U.(2002). Contribution of prosody to the segmentation and storage of "words" in the acquisition of a newmini-language. Retrieved May5, 2004, from

http://www.lpl.univ-aix.fr/projects/aix02/sp2002/ pdf/bagou-fougeron-frauenfelder.pdf.

Bahrick, L., & Pickens, J.(1988). Classification of bimodal English and Spanish language passages by infants. *Infant Behavior and Development, 11*, 277-296.

Bain, A.(1866). *English composition and rhetoric.* New York: Appleton-Century-Crofts.

Baldassare, M., & Katz, C.(2003). *The faces of diversity: Melting pot or great divide?* San Francisco: Public Policy Institute of California. Retrieved January 15, 2004, from http:// www.ppic.org/main/commentary.asp?i=403.

Barber, B. K.(1996). Parental psychological control: Revisiting a neglected construct. *Child Development, 67*(6), 3296-3319.

Barkow, J., Cosmides, L., & Tooby, J.(Eds.).(1992). *The adapted mind.* Oxford, England: Oxford University Press.

Bateman, D., &Zidonis, F.(1966). *The effect of a study of transformational grammar on the writing of ninth and tenth graders.* Champaign, IL: National Council of Teachers of English.

Baugh, J.(1983). *Black street speech: Its history, structure, and survival.* Austin, TX: University of Texas Press.

Baumrind, D.(1989). Rearing competent children. InW. Damon(Ed.), *Child development to-day and tomorrow*(pp. 349-378). San Francisco: Jossey-Bass.

Baumrind, D.(1991). The influence of parenting style on adolescent competence and substance use. *Journal of Early Adolescence, 11*(1), 56-95.

Bhatnagar, S., Mandybur, G., Buckingham, H., & Andy, O.(2000). Language representation in the human brain: Evidence from cortical mapping. *Brain and Language, 74,* 238-259.

Bloom, P.(1994). Generativity within language and other cognitive domains. *Cognition, 60,* 177-189.

Bloomfield, L.(1933). *Language.* New York: Holt, Rinehart & Winston.

Boas, F.(1911). *Handbook of American Indian languages.* Washington, DC: Smithsonian Institution.

Bohannon, J., & Stanowicz, L.(1988). The issue of negative evidence: Adult responses to children's language errors. *Developmental Psychology, 24,* 684-689.

Bowerman, M.(1982). Evaluating competing linguistic models with language acquisition data: Implications of developmental errors with causative verbs. *Quaderni di Semantica, 3,* 5-66.

Braddock, R., Lloyd-Jones, R., & Schoer, L.(1963). *Research in written composition.* Champaign, IL: National Council of Teachers of English.

Bradshaw, J., Ford, K., Adams-Webber, J., & Boose, J.(1993). Beyond the repertory grid: New approaches to constructivist knowledge acquisition tool development. *International Journal of Intelligent Systems, 8*(2), 287-333.

Bryce, T.(2002). *Life and society in the Hittite world.* Oxford, England: Oxford University Press.

Burns, J.,&Anderson, D.(1991). Cognition and watching television. In D. Tupper & K. Cicerone(Eds.), Neuropsychology of everyday life(pp. 93-108). Boston: Kluwer.

Calabretta, R., Nolfi, S., Parisi, D., & Wagner, G.(2000). Duplication of modules facilitates the evolution of functional specialization. Artificial Life, 6, 69-84.

California's median home price increases 24.6 percent in April.(2004, May 24). *San Jose Business Journal.* Retrieved June 4, 2004, from http://sanjose.bizjournals.com/sanjose/stories/2004/05/24/daily19.html.

Calkins, L.(1983). *Lessons from a child.* Exeter, NH: Heinemann.

Callaghan, T.(1978). The effects of sentence-combining exercises on the syntactic maturity, quality of writing, reading ability, and attitudes of ninth grade students. *Dissertation Abstracts International, 39,* 637-A.

Calvin,W.(2004). *A brief history of the mind: From apes to intellect and beyond.* New York: Oxford University Press.

Carey, S.(1995). On the origin of causal understanding. In D. Sperber, D. Premack, & A. Premack(Eds.), *Causal cognition: A multidisciplinary debate*(pp. 269-308). Sixth Symposium of the Fyssen Foundation. Oxford, England: Clarendon Press.

Carruthers, P., & Chamberlain, A.(2000). *Evolution and the human mind: Modularity, language and meta-cognition.* Cambridge, England: Cambridge University Press.

Castaneda, L., & Ulanoff, S.(2004, April). *Chicano talk: Examining social, cultural, linguistic features and schooling.* Paper presented at the annual meeting of the American Educational Research Association, San Diego, CA.

Chall, J.(1996). American reading achievement: Should we worry? *Research in the Teaching of English, 30,* 303-310.

Chao, R. K.(1994). Beyond parental control and authoritarian parenting style: Understanding Chinese parenting through the cultural notion of training. *Child Development, 65*(4), 1111-1119.

Chomsky, N.(1955). *The logical structure of linguistic theory.* Mimeograph. MIT, Cambridge, MA.

Chomsky, N.(1957). *Syntactic structures.* The Hague, Netherlands: Mouton.

Chomsky, N.(1965). *Aspects of the theory of syntax.* Cambridge, MA: MIT Press.

Chomsky, N.(1972). *Language and mind.* New York: Harcourt Brace Jovanovich.

Chomsky, N.(1981). *Lectures on government and binding.* Dordrecht, Netherlands: Foris.

Chomsky, N.(1995). *The minimalist program.* Cambridge, MA: MIT Press.

Chomsky, N.(2000). *New horizons in the study of language and mind.* Cambridge: Cambridge University Press.

Christensen, F.(1967). *Notes toward a new rhetoric: Six essays for teachers.* New York: Harper & Row.

Christophe, A., & Morton, J.(1998). Is Dutch native English? Linguistic analysis by 2-month-olds. *Developmental Science, 1,* 215-219.

Clark, A.(1993). *Associative engines: Connectionism, concepts, and representational change.* Cambridge, MA: MIT Press.

Cmiel, K.(1991). *Democratic eloquence: The fight over popular speech in nineteenth-century America.* Berkeley, CA: University of California Press.

Cobb, L.(1835). *Cobb's juvenal reader no. 1.* Philadelphia: James Kay Jr. & Brothers.

Cohen, L. B., Amsel, G., Redford, M. A., & Casasola, M.(1998). The development of infant causal perception. In A. Slater(Ed.), *Perceptual development visual, auditory, and speech perception in infancy*(pp. 167-209). Hove, England: Psychology Press.

Coles, W., & Vopat, J.(1985). *What makes writing good: A multiperspective.* Lexington, MA: Heath.

Combs, W.(1977). Sentence-combining practice: Do gains in judgments of writing "quality" persist? *Journal of Educational Research, 70,* 318-321.

Comrie, B.(1981). *Language universals and linguistic typology: Syntax and morphology.* Chicago: University of Chicago Press.

Connors, R.(2000). The erasure of the sentence. *College Composition and Communication, 52,* 96-128.

Connors, R., &Lunsford, A.(1988). Frequency of formal errors in current college writing, or Ma and Pa Kettle do research. *College Composition and Communication, 39,* 395-409.

Coulson, A.(1996). Schooling and literacy over time: The rising cost of stagnation and decline. *Research in the Teaching of English, 30,* 311-327.

Crosby, A.(1997). *The measure of reality: Quantification and Western society, 1250-1600.* Cambridge, England: Cambridge University Press.

Crowley, S.(1990). *The methodical memory: Invention in current-traditional rhetoric.* Carbondale, IL: Southern Illinois University Press.

Crowhurst, J., & Piche, G.(1979). Audience and mode of discourse effects on syntactic complexity in writing at two grade levels. *Research in the Teaching of English, 13,* 101-109.

Cullicover, P.(1999). *Syntactic nuts: Hard cases in syntax.* Oxford, England: Oxford University Press.

D'Souza, D.(1991). *Illiberal education: The politics of race and sex on campus.* New York: The Free Press.

Daiker, D., Kerek, A., & Morenberg, M.(1978). Sentence-combining and syntactic maturity in freshman English. *College Composition and Communication, 29,* 36-41.

Darling, N., & Steinberg, L.(1993). Parenting style as context: An integrative model. *Psychological Bulletin, 113*(3), 487-496.

Davis, J.(2004). *The journey from the center to the page: Yoga principles & practices as muse for authentic writing.* New York: Penguin Putnam.

Day, P., & Ulatowska, H.(1979). Perceptual, cognitive, and linguistic development after early hemispherectomy: Two case studies. *Brain and Language, 7,* 17-33.

de Boysson-Bardies, B.(2001). *How language comes to children: From birth to two years*(M. DeBevoise, Trans.). Cambridge, MA: MIT Press.

Dehaene, S.(1999). Fitting two languages into one brain. *Brain, 122,* 2207-2208.

Dehaene-Lambertz, G.,&Houston, D.(1998). Faster orientation latencies toward native language in two-month-old infants. *Language and Speech, 41,* 21-31.

DeLoache, J., Miller, K., & Pierroutsakos, S.(1998). Reasoning and problem-solving. In D. Kuhn & R. Siegler(Eds.), *Handbook of child psychology*(Vol. 2, pp. 801-842). New York: Wiley.

Delpit, L.(1988). The silenced dialogue: Power and pedagogy in educating other people's children. *Harvard Educational Review, 58,* 280-298.

Demetras, M., Post, K.,&Snow, C.(1986). Feedback to first language learners: The role of repetitions and clarification questions. *Journal of Child Language, 13,* 275-292.

Dennis, M., & Kohn, B.(1975). Comprehension of syntax in infantile hemiplegics after cerebral hemidecortication: Left hemisphere superiority. *Brain and Language, 2,* 475-486.

Dennis, M., & Whitaker, H.(1976). Language acquisition following hemidecortication: Linguistic superiority of the left over the right hemisphere of right-handed people. *Brain and language, 3,* 404-433.

Dillard, J.(1973). *Black English: Its history and usage in the United States.* New York: Vintage Books.

Dionysius Thrax.(1874). The grammar of Dionysius Thrax(T. Davidson, Trans.). Journal of Speculative Philosophy, 8, 326-339.

Dykema, K. W.(1961). Where our grammar came from. *College English, 22,* 455-465.

Edelsky, C.(1986). *Writing in a bilingual program: Había una vez.* Norwood, NJ: Ablex.

Edmondson, W.(2000). *General cognitive principles and the structure of behavior.* Retrieved April 10, 2002, from http://www.cs.bham.ac.uk/~whe/seqimp.pdf.

Eisenstein, E.(1980). *The printing press as an agent of change.* Cambridge, England: Cambridge University Press.

Elbow, P.(1973). *Writing without teachers.* New York: Oxford University Press.

Elbow, P.(1981). *Writing with power.* New York: Oxford University Press.

Elley,W., Barham, I., Lamb, H., & Wyllie, M.(1976). The role of grammar in a secondary school English curriculum. *New Zealand Journal of Educational Studies, 10, 26-42. (Reprinted in Research in the Teaching of English, 10, 5-21)*

Elman, J., Bates, E., Johnson, M., Karmiloff-Smith, A., Parisi, D., & Plunkett, K.(1996). *Rethinking innateness: A connectionist perspective on development.* Cambridge, MA: MIT Press.

English ReviewGroup.(2004). *The effect of grammar teaching(syntax) in English on 5 to 16 year olds' accuracy and quality in written composition.* London: EPPI Centre.

Fabbro, F.(2001). The bilingual brain: Cerebral representation of languages. *Brain and Language, 79,* 211-222.

Fasold, R.(1972). *Tense marking in Black English: A linguistic and social analysis.* Washington, DC: Center for Applied Linguistics.

Fauconnier, G., & Turner, M.(2002). *The way we think: Conceptual blending and the mind's hidden complexities.* New York: Basic Books.

Fernald, A.(1994). Human maternal vocalizations to infants as biologically relevant signals: An evolutionary perspective. In P. Bloom(Ed.), *Language acquisition: Core readings*(pp. 51-94). Cambridge, MA: MIT Press.

Fernald, A., Swingley, D., & Pinto, J.(2001). When half a word is enough: Infants can recognize spoken words using partial phonetic information. *Child Development, 72,* 1003-1015.

Ferrie, J.(1999). *How ya gonna keep'em down on the farm[when they've seen Schenectady]?: Rural-to-urban migration in 19th century America, 1850-1870.* NSF report(Grant No. SBR-9730243). Retrived December 25, 2003, from http://www.faculty.econ. northwestern.edu/faculty/ferrie/papers/urban.pdf.

Fleming, D.(2002). The end of composition-rhetoric. In J. Williams(Ed.), *Visions and revisions: Continuity and change in rhetoric and composition*(pp. 109-130). Carbondale, IL: Southern Illinois University Press.

Fodor, J.(1983). *The modularity of mind.* Cambridge, MA: MIT Press.

Fodor, J., Bever, T., & Garrett, M.(1974). *The psychology of language.* New York: McGraw-Hill.

Fought, C.(2002). *Chicano English in context.* New York: Palgrave MacMillan.

Gale, I.(1968). An experimental study of two fifth-grade language-arts programs: An analysis of the writing of children taught linguistic grammar compared to those taught traditional grammar. *Dissertation Abstracts, 28,* 4156A.

Garcia, E.(1983). *Early childhood bilingualism.* Albuquerque, NM: University of New Mexico Press.

Gardner, H.(1983). *Frames of mind: The theory of multiple intelligences.* New York: Basic Books.

Gardner, H.(1993). *Multiple intelligences: The theory in practice.* New York: Basic Books.

Gardner, H.(2000). *Intelligence reframed: Multiple intelligences for the 21st century.* New York: Basic Books.

Geiger, R.(1999). The ten generations of American higher education. In P. Altback, R. Berdahl,& P. Gumport(Eds.), *American higher education in the twenty-first century: Social, political, and economic challenges*(pp. 38-69). Baltimore: Johns Hopkins University Press.

Genishi, C.(1981). Code switching in Chicano six-year-olds. In R. Duran(Ed.), *Latino language and communicative behavior*(pp. 133-152). Norwood, NJ: Ablex.

Glencoe/McGraw-Hill.(2001). *Glencoe writer's choice: Grammar and composition.* Columbus, OH: Glencoe/McGraw-Hill.

Glenn, C.(1995). When grammar was a language art. In S. Hunter&R.Wallace(Eds.), *The place of grammar in writing instruction, past, present, and future.* Portsmouth, NH: Boynton Cook Heinemann.

Goldrick, M., & Rapp, B.(2001, November). *Mrs. Malaprop's neighborhood: Using word errors to reveal neighborhood structure.* Poster presented at the 42nd annual meeting of the Psychonomic Society, Orlando, FL.

Gould, S. J.(1991). Exaptation: A crucial tool for evolutionary psychology. *Journal of Social*

Issues, 47, 43-65.

Green, E.(1973). An experimental study of sentence combining to improve written syntactic fluency in fifth-grade children. *Dissertation Abstracts International, 33,* 4057A.

Greenwood, J., Seshadri, A., & Vandenbroucke, G.(2002). The baby boom and baby bust: Some macroeconomics for population economics. *Economie d'avant garde.* Research report no. 1. Retrieved June 6, 2004, from http://www.econ.rochester.edu/Faculty/Greenwood Papers/bb.pdf.

Grodzinsky, Y.(2000). The neurology of syntax: Language use without Broca's area. *Behavioral and Brain Sciences, 23,* 5-51.

Grossberg, S.(1999). The link between brain, learning, attention, and consciousness. *Consciousness and Cognition, 8,* 1-44.

Hall, M.(1972). *The language experience approach for the culturally disadvantaged.* Newark, DE: International Reading Association.

Halliday, M.(1979). One child's protolanguage. In M. Bullowa(Ed.), *Before speech.* Cambridge, England: Cambridge University Press.

Harris, R. A.(1993). *The linguistics wars.* New York: Oxford University Press.

Harris, R. L.(1999). The rise of the black middle class. *World and I Magazine, 14,* 40-45.

Hartwell, P.(1985). *Grammar, grammars, and the teaching of grammar.* College English, 47, 107-127.

Haugen, E.(1966). *Language conflict and language planning: The case of modern Norwegian.* Cambridge, MA: Harvard University Press.

Haussamen, B., Benjamin, A., Kolln, M., & Wheeler, R.(2003). *Grammar alive: A guide for teachers.* Urbana, IL: National Council of Teachers of English.

Healy, J.(1990). *Endangered minds: Why children don't think and what we can do about it.* New York: Simon & Schuster.

Heath, S.(1983). *Ways with words.* Cambridge, England: Cambridge University Press.

Hendriks, P.(2004). *The problem with logic in the logical problem of language acquisition.* Retrieved April 1, 2004, from http://www.ai.mit.edu/people/jimmylin/ papers/Hendricks00.pdf.

Henry, J.(2003, November 16). Literacy drive fails to teach 11-year-olds basic grammar. *London Daily Telegraph.* Retrieved December 25, 2003, from http://www.telegraph.co.uk/education/main.jhtml.

Hernandez, A., Martinez, A., & Kohnert, K.(2000). In search of the language switch: An fMRI study of picture naming in Spanish-English bilinguals. *Brain and Language, 73,* 421-431.

Herrnstein, R., & Murray, C.(1994). *The bell curve: Intelligence and class structure in American life.* New York: Free Press.

Hillocks, G.(1986). *Research on written composition: New directions for teaching.* Urbana,

IL: National Conference on Research in English.

Hirsch, E. D.(1988). *Cultural literacy: What every American needs to know.* New York: Vintage.

Hirsh-Pasek, K., Treiman, R., & Schneiderman, M.(1984). Brown and Hanlon revisited: Mothers' sensitivity to ungrammatical forms. *Journal of Child Language, 11,* 81-88.

Homer.(1998). *The Iliad.*(R. Fagles, Trans.). New York: Penguin.

Howie, S.(1979). A study: The effects of sentence combining practice on the writing ability and reading level of ninth grade students. *Dissertation Abstracts International, 40,* 1980A.

Hudson, R.(1980). *Sociolinguistics.* Cambridge, England: Cambridge University Press.

Hunt, K.(1965). Grammatical structures written at three grade levels. *NCTE Research Report Number 3.* Champaign, IL: National Council of Teachers of English.

Hunt, R. W.(1980). *The history of grammar in the Middle Ages: Collected papers.* Amsterdam: John Benjamins.

Hymes, D.(1971). Competence and performance in linguistic theory. In R. Huxley & E. Ingram(Eds.), *Language acquisition: Models and methods*(pp. 3-28). New York: Academic Press.

Illes, J., Francis, W., Desmond, J., Gabrieli, J., Glover, G., Poldrack, R., Lee, C., & Wagner, A.(1999). Convergent cortical representation of semantic processing in bilinguals. *Brain and Language, 70,* 347-363.

Jackendoff, R.(2002). Foundations of language: Brain, meaning, grammar, evolution. NewYork: Oxford University Press.

Johnson, D., & Lappin, S.(1997). *A critique of the minimalist program.* Linguistics and Philosophy, 20, 272-333.

Johnson-Laird, P.(1983). *Mental models.* Cambridge, MA: Harvard University Press.

Johnson-Laird, P.(2001). Mental models and deduction. *Trends in Cognitive Science, 5,* 434-442.

Kapel, S.(1996). *Mistakes, fallacies, and irresponsibilities of prescriptive grammar.* Retrieved December 21, 2003, from http://www.newdream.net/~scully/toelw/Lowth.htm.

Katz, L.(1989). *Engaging children's minds.* Norwood, NJ: Ablex.

Kay, P., & Sankoff, G.(1974). A language-universals approach to pidgins and Creoles. In D. De-Camp & I. Hancock(Eds.), *Pidgins and Creoles: Current trends and prospects*(pp. 61-72). Washington, DC: Georgetown University Press.

Kelso, J.(1995). *Dynamic patterns: The self-organization of brain and behavior.* Cambridge, MA: MIT Press.

Kerek, A., Daiker, D., & Morenberg, M.(1980). Sentence combining and college composition. *Perceptual and Motor Skills, 51,* 1059-1157.

Kim, K., Relkin, N., Lee, K., & Hirsch, J.(1997). Distinct cortical areas associated with native and second languages. *Nature, 388,* 171-174.

Kinneavy, J.(1979). Sentence combining in a comprehensive language framework. In D. Daiker, A. Kerek, & M. Morenberg(Eds.), *Sentence combining and the teaching of writing*(pp. 60-76). Conway, AR: University of Akron and University of Arkansas.

Kintsch,W., & van Dijk, T.(1978). Toward a model of text comprehension and production. *Psychological Review, 85,* 363-394.

Kitahara, H.(1997). *Elementary operations and optimal derivations.* Cambridge, MA: MIT-Press.

Klein, P.(1998). Aresponse to Howard Gardner: Falsifiability, empirical evidence, and pedagogical usefulness in educational psychologies. *Canadian Journal of Education, 23,* 103-112.

Klima, E.(1964). Negation in English. In J. Fodor & J. Katz(Eds.), *The structure of language*(pp. 246-323). Englewood Cliffs, NJ: Prentice-Hall.

Kohn, B.(1980). Right-hemisphere speech representation and comprehension of syntax after left cerebral injury. *Brain and Language, 9,* 350-361.

Kolln, M.(1996). Rhetorical grammar: A modification lesson. *English Journal, 86,* 25-31.

Kratzer, A.(1996). Severing the external argument from its verb. In J. Rooryck&L. Zaring(Eds.), *Phrase structure and the lexicon*(pp. 109-137). Dordrecht, Netherlands: Kluwer.

Labov,W.(1970). *The study of nonstandard English.* Urbana, IL: National Council of Teachers of English.

Labov,W.(1971). The notion of system in Creole studies. In D. Hymes(Ed.), *Pidginization and creolization of language*(pp. 447-472). Cambridge, England: Cambridge University Press.

Labov,W.(1972a). *Language in the inner city: Studies in the Black English vernacular.* Philadelphia: University of Pennsylvania Press.

Labov, W.(1972b). *Sociolinguistic patterns.* Philadelphia: University of Pennsylvania Press.

Labov, W.(1996). The organization of dialect diversity in North America. Retrieved June 3, 2004, from http://www.ling.upenn.edu/phono_atlas.ICSLP4.html.

Lamb, S.(1998). *Pathways of the brain: The neurocognitive basis of language.* Amsterdam: John Benjamins.

Langacker, R.(1987). *Foundations of cognitive grammar: Vol. 1. Theoretical prerequisites.* Stanford, CA: Stanford University Press.

Langacker, R.(1990). *Concept, image, and symbol: The cognitive basis of grammar.* New York: Mouton de Gruyter.

Langacker, R.(1999). *Grammar and conceptualization.* Berlin, Germany: Mouton de Gruyter.

Lee, D.(2001). *Cognitive linguistics: An introduction.* Melbourne, Australia: Oxford University Press.

Lees, R.(1962). The grammatical basis of some semantic notions. In B. Choseed & A. Guss, *Report on the eleventh annual roundtable meeting on linguistics and language studies*(pp. 5-20). Washington, DC: Georgetown University Press.

Lester, M.(1990). *Grammar in the classroom*. New York: Macmillan.

Lester, M.(2001). Grammar and usage. In *Glencoe writer's choice: Grammar and composition*(pp. T25-T30). Columbus, OH: Glencoe/McGraw-Hill.

Lindemann, E.(1985). At the beach. In W. Coles & J. Vopat(Eds.), *What makes writing good*(pp. 98-113). Lexington, MA: Heath.

Locke, J.(2000). *Some thoughts concerning education*. Oxford, England: Oxford University Press.

Lowth, R.(1979). *A short introduction to English grammar.* Delmar, NY: Scholars Facsimilies & Reprints. (Original work published 1762)

Macaulay, R.(1973). *Double standards*. American Anthropologist, 75, 1324-1337.

Maccoby, E. E., & Martin, J. A.(1983). Socialization in the context of the family: Parent-child interaction. In P. H. Mussen(Series Ed.) & E. M. Hetherington(Vol. Ed.), *Handbook of child psychology: Vol. 4. Socialization, personality, and social development*(4th ed., pp. 1-101). New York: Wiley.

Macrorie, K.(1970). *Telling writing*. New Rochelle, NY: Hayden.

Marcus, G.(1993). Negative evidence in language acquisition. *Cognition, 46,* 53-85.

McClure, E.(1981). Formal and functional aspects of the code-switched discourse of bilingual children. In R. Duran(Ed.), *Latino language and communicative behavior: Advances in discourse processes*(Vol. 6, pp. 69-94). Norwood. NJ: Ablex.

McCrum, R., Cran, W., & MacNeil, R.(1986). *The story of English*. New York: Viking.

McGinnis, M.(2002). Object asymmetries in a phrase theory of syntax. In J. Jensen & G. van Herck(Eds.), *Proceedings of the 2001 CLA Annual Conference*(pp. 133-144). Ottawa: Cahiers Linguistiques d'Ottawa. Retrieved June 8, 2004, from http://www.ucalgary.ca/~mcginnis/papers/CLA01.pdf.

Memorandum Opinion and Order.(1979). Martin Luther King Junior Elementary School Children, et al. v. Ann Arbor School District, 73 F. Supp. 1371, 1378(E.D. Mich. 1979).

Mencken, H.(1936). *The American language: An inquiry into the development of English in the United States*. New York: Knopf.

Meringoff, L.(1980). Influence of the medium on children's story apprehension. *Journal of Educational Psychology, 72,* 240-249.

Michaels, B.(1982). Black rainbow. New York: Congdon & Weed.

Miller, N., Cowan, P., Cowan, C., & Hetherington, E.(1993). Externalizing in preschoolers and early adolescents: A cross-study replication of a family model. *Developmental Psychology, 29*(1), 3-18.

Morgan, H.(1996). An analysis of Gardner's theory of multiple intelligence. *Roeper Review, 18*, 263-269.

Müller, R., & Basho, S.(2004). Are nonlinguistic functions in "Broca's area" prerequisites for language acquisition? FMRI findings from an ontogenetic viewpoint. *Brain and Language, 89*, 329-336.

Müller, R., Kleinhans, N., & Courchesne, E.(2001). Rapid communication: Broca's area and the discrimination of frequency transitions: A functional MRI study. *Brain and Language, 76*, 70-76.

National Center for Education Statistics.(1993). *Literacy from 1870 to 1979: Educational characteristics of the population.* Retrieved December 24, 2003, from http://nces.ed.gov/naal/historicaldata/edchar.asp.

National Commission of Excellence in Education.(1983). A nation at risk: The imperative for educational reform. Washington, DC: U.S. Government Printing Office.

Nelson, K.(1973). Structure and strategy in learning to talk. *Monographs of the Society for Research in Child Development, 38*(1-2, Serial No. 149).

Newmeyer, F.(1998). On the supposed "counterfunctionality" of universal grammar:Some evolutionary implications. In J. Hurford, M. Studdert-Kennedy, & C. Knight(Eds.), *Approaches to the evolution of language*(pp. 305-319). Cambridge, England: Cambridge University Press.

Newport, E., Gleitman, H., & Gleitman, E.(1977). Mother, I'd rather do it myself: Some effects and non-effects of maternal speech style. In C. Snow & C. Ferguson(Eds.), *Talking to children: Language input and acquisition*(pp. 109-150). Cambridge, England: Cambridge University Press.

Noden, H.(1999). *Image grammar: Using grammatical structures to teach writing.* Portsmouth, NH: Heinemann.

Odell, L., Vacca, R., Hobbs, R., & Irvin, J.(2001). *Elements of language: Introductory course.* Austin, TX: Holt, Rinehart & Winston.

Ojemann, G. A.(1983). Brain organization for language from the perspective of electrical stimulation mapping. *Behavioral and Brain Sciences, 2*, 189-207.

Orfield, G.(2004). *Still separate after all these years: An interview with Professor Gary Orfield.* Retrieved June 11, 2004, from http://www.gse.harvard.edu/news/ features/ orfield05012004.html.

Orr, E.(1987). *Twice as less.* New York: Norton.

Paradis, M.(1999, August). *Neuroimaging studies of the bilingual brain: Some words of caution.* Paper presented at the 25th Lacus Forum, University of Alberta, Edmonton, Canada.

Patterson, N.(2001). Just the facts: Research and theory about grammar instruction. In J. Hagemann(Ed.), *Teaching grammar: A reader and workbook*(pp. 31-37). Boston:

Allyn & Bacon.

Peck, M.(1982). *An investigation of tenth-grade students' writing*. Washington, DC: United Press of America.

Pedersen, E.(1978). Improving syntactic and semantic fluency in writing of language arts students through extended practice in sentence-combining. *Dissertation Abstracts International, 38,* 5892-A.

Perani, D., Paulesu, E., Galles, N., Dupoux, E., Dehaene, S., Bettinardi,V., Cappa, S., Fazio, F.,& Mehler, J.(1998). The bilingual brain: Proficiency and age of acquisition of the second language. *Brain, 121,* 1841-1852.

Perron, J.(1977). *The impact of mode on written syntactic complexity*. Athens, GA: University of Geogia Studies in Language Education Series.

Petrosky, A.(1990). Rural poverty and literacy in the Mississippi Delta: Dilemmas, paradoxes, and conundrums. In A. Lunsford, H. Moglen, & J. Slevin(Eds.), *The right to literacy*(pp. 61-73). New York: Modern Language Association.

Pinker, S.(1994). The language instinct: How the mind creates language. New York: Morrow.

Pinker, S.(1995). Language acquisition. In L. Gleitman & M. Liberman(Eds.), *Language: An invitation to cognitive science*(pp. 135-182). Cambridge, MA: MIT Press.

Pinker, S.(1999). *Words and rules*. New York: Basic Books.

Pinker, S.(2002). *The blank slate: The modern denial of human nature*. New York: Viking.

Pinker, S., & Prince, A.(1988). On language and connectionism: Analysis of a parallel distributed processing model of language acquisition. *Cognition, 28,* 73-193.

Plato.(1937). Protagoras. In B. Jowett(Ed. & Trans.), *The dialogues of Plato*(Vol. 1, pp. 81-132). New York: Random House.

Plato.(1937). Phaedrus. In B. Jowett(Ed. & Trans.), *The dialogues of Plato*(Vol. 1, pp. 233-284). New York: Random House.

Prince, A., & Smolensky, P.(1993). Optimality theory: Constraint interaction in generative grammar. Piscataway, NJ: Rutgers University Center for Cognitive Science.

Puget Sound Regional Council.(2001). *Puget Sound trends*. Retrieved June 3, 2004, from http://www.psrc.org/datapubs/pubs/trends/e3trend.pdf.

Pullum, G.(1996). Learnability, hyperlearning, and the poverty of the stimulus. *Proceedings of the 22nd Annual Meeting: General Session and Parasession on the Role of Learnability in Grammatical Theory*(pp. 498-513). Berkeley Linguistics Society.

Pulvermuller, F.(2003). *The neuroscience of language: On brain circuits of words and serial order*. Cambridge, England: Cambridge University Press.

Pylkkänen, L.(2002). Introducing arguments. Unpublished doctoral dissertation, MIT, Cambridge, MA.

Quintilian.(1974). Elementary and secondary education. In F. Wheelock(Ed.), *Quintilian as educator: Selections from the institutio oratoria of Marcu Favius Quintilianus*(H.

Butler, Trans.)(pp. 29-78). New York: Twayne.

Rector, R., & Johnson, K.(2004). *Understanding poverty in America.* Retrieved June 3, 2004, from www.heritage.org/research/welfare/bg1713.cfm.

Reed, D.(2004). Recent trends in income and poverty. *California Counts: Population Trends and Profiles, 5,* 1-16.

Reyes, B.(Ed.).(2001). *A portrait of race and ethnicity in California: An assessment of social and economic well-being.* San Francisco: Public Policy Institute of California.

Rickford, J.(1975). Carrying the new wave into syntax: The case of Black English been. In R. Fasgold & R. Shuy(Eds.), *Analyzing variation in language*(pp. 162-183). Washington, DC: Georgetown University Press.

Robinson, J.(1990). *Conversations on the written word: Essays on language and literacy.* Portsmouth, NH: Boynton Cook.

Rose, M.(1984). *Writer's block: The cognitive dimension.* Carbondale, IL: Southern Illinois University Press.

Rueda, R., Saldivar, T., Shapiro, L., Templeton, S., Terry, C., & Valentino, C.(2001). *English.* Boston: Houghton Mifflin.

Rumelhart, D., & McClelland, J.(1986). *Parallel distributed processing: Explorations in the microstructure of cognition*(Vols. 1 & 2). Cambridge, MA: MIT Press.

Schilperoord, J.(1996). *It's about time. Temporal aspects of cognitive processes in text production.* Amsterdam: Rodopi Bv Editions.

Sampson, G.(1997). *Educating Eve: The "Language Instinct" debate.* London: Cassell.

Sanford, A., & Garrod, S.(1981). *Understanding written language.* New York: Wiley.

Schmid, H.(2000). *English abstract nouns as conceptual shells: From corpus to cognition.* Berlin, Germany: Mouton de Gruyter.

Schroeder, M., & Aeppel, T.(2003, October 10). Skilled workers mount opposition to free trade, swaying politicians. *The Wall Street Journal,* pp. 1-3. Retrieved January 19, 2004, from

http://www.interesting-people.org/archives/interesting-people/ 200310/msg00095.html.

Schwarz, J., Barton-Henry, M., & Pruzinsky, T.(1985). Assessing child-rearing behaviors: A comparison of ratings made by mother, father, child, and sibling on the CRPBI. *Child Development, 56*(2), 462-479.

Searle, J.(1992). *The rediscovery of the mind.* Cambridge, MA: MIT Press.

Singer, J.(1980). The power and limitations of television: A cognitive-affective analysis. In P. Tannenbaum(Ed.), *The entertainment functions of television*(pp. 31-66). Hillsdale, NJ: Lawrence Erlbaum Associates.

Slobin, D.(1977). Language change in childhood and history. In J. Macnamara(Ed.), *Language, learning and thought*(pp. 185-214). New York: Academic Press.

Slobin, D., & Welsh, C.(1973). Elicited imitation as a research tool in developmental psycholinguistics. In C. Ferguson & D. Slobin(Eds.), *Studies of child language development*(pp. 485-496). New York: Holt, Rinehart & Winston.

Smith, F.(1983). *Essays into literacy.* London: Heinemann.

Smolin, L.(1997). *Life of the cosmos.* New York: Oxford University Press.

Society for Neuroscience.(2002). *Brain facts.* Washington, DC: Society for Neuroscience.

Springer, K., & Keil, F.(1991). Early differentiation of causal mechanisms appropriate to biological and nonbiological kinds. *Child Development, 62,* 767-781.

St. Augustine.(1994). *On dialectic*(de dialectica)(J. Marchand, Trans.). Retrieved December 30, 2003, from http://www.ccat.sas.upenn.edu/jod/texts/dialecticatrans.html.

Steinberg, D.(1993). *Introduction to psycholinguistics.* New York: Addison-Wesley.

Steinberg, L., Darling, N., & Fletcher, A.(1995). Authoritative parenting and adolescent adjustment: An ecological journey. In P. Moen, G. Elder, & K. Luscher(Eds.), *Examining lives in context: Perspectives on the ecology of human development*(pp. 423-466). Washington, DC: American Psychological Association.

Steinberg, L., Dornbusch, S., & Brown, B.(1992). Ethnic differences in adolescent achievement: An ecological perspective. *American Psychologist, 47*(6), 723-729.

Sullivan, M.(1978). The effects of sentence-combining exercises on syntactic maturity, quality of writing, reading ability, and attitudes of students in grade eleven. *Dissertation Abstracts International, 39,* 1197-A.

Sykes, B.(2002). *The seven daughters of Eve.* New York: Norton.

Taylor, J.(2002). *Cognitive grammar.* Oxford, England: Oxford University Press.

Thernstrom, A., & Thernstrom, S.(2003). *No excuses: Closing the racial gap in learning.* New York: Simon & Schuster.

Trudgill, P.(2001). *Sociolinguistics: An introduction to language and society*(4th ed.). NewYork: Penguin.

Twitchell, J.(2003). *Living it up: America's love affair with luxury.* NewYork: Simon&Schuster.

U.S. Census Bureau.(2000). *Educational attainment in the United States.* Retrieved February 10, 2004, from http://www.census.gov/population/www/ socdemo/education/p20-536.html.

U.S. Department of Commerce, Bureau of Economic Analysis.(2004a). *Real disposable income per capita.* Retrieved June 3, 2004, from http://www.bea.gov/briefrm/ per-capin.htm.

U.S. Department of Commerce, Bureau of Economic Analysis.(2004b). *2003 comprehensive revision of the national income and product accounts.* Retrieved June 3, 2004, from http://www.bea.gov/bea/dn/home/gdp.htm.

U.S. Department of Commerce, Bureau of the Census. *County & city data book, 1994.* Retrieved June 4, 2004, from http://www.usccr.gov/pubs/msdelta/ch1. htm.

U.S. Department of Education.(1983). *A nation at risk. National Commission on Excellence in Education.* Retrieved June 8, 2004, from http://www.ed.gov/pubs/ NatAtRisk/ risk.html.

U.S. Department of Education.(1999). *1998 writing: Report card for the nation and the states.* Washington, DC: U.S. Government Printing Office.

U.S. Department of Housing and Urban Development.(2004). *U.S. housing market conditions: Historical data.* Retrieved June 3, 2004, from http://www.huduser.org/periodicals/ushmc/winter2001/histdat08.html.

U.S. Office of Management and Budget.(2004). Federal support for education: Fiscal years 1980 to 2000. *Education Statistics Quarterly.* Retrieved January 25, 2004, from http://nces.ed.gov/ pubs2001/quarterly/winter/crosscutting/c_section1.html.

Vail, P.(1989). *Smart kids with school problems.* New York: Plume.

Vygotsky, L.(1978). *Mind in society*(M. Cole, U. John-Steiner, S. Scribner, & E. Souberman,(Eds.). Cambridge, MA: Harvard University Press.

Weaver, C.(1996). *Teaching grammar in context.* Portsmouth, NH: Boynton Cook.

Weir, M.(2002). The American middle class and the politics of education. In O. Zunz, L. Schoppa, & N. Hiwatari(Eds.), *Social contracts under stress: The middle classes of America, Europe, and Japan at the turn of the century*(pp. 178-203). New York: Russell Sage Foundation.

Weiss, L., & Schwarz, J.(1996). The relationship between parenting types and older adolescents' personality, academic achievement, adjustment, and substance use. *Child Development, 67*(5), 2101-2114.

Wheelock, F.(Ed.)(1974). *Quintilian as educator: Selections from the institutio oratoria of Marcu Favius Quintilianus*(H. Butler, Trans.). New York: Twayne.

White, R.(1965). The effect of structural linguistics on improving English composition compared to that of prescriptive grammar or the absence of grammar instruction. *Dissertation Abstracts, 25,* 5032.

Whitehead, C.(1966). The effect of grammar diagramming on student writing skills. *Dissertation Abstracts, 26,* 3710.

Williams, J.(1993). Rule-governed approaches to language and composition. Written *Communication, 10,* 542-568.

Williams, J.(1998). *Preparing to teach writing: Research, theory, and practice*(2nd ed.). Mahwah, NJ: Lawrence Erlbaum Associates.

Williams, J.(2002). Rhetoric and the triumph of liberal democracy. In J. Williams(Ed.), *Visions and revisions: Continuity and change in rhetoric and composition*(pp. 131-162). Carbondale, IL: Southern Illinois University Press.

Williams, J.(2003a). *Preparing to teach writing: Research, theory, and practice*(3rd ed.). Mahwah, NJ: Lawrence Erlbaum Associates.

Williams, J.(2003b). Grammar and usage. In I. Clark(Ed.), *Concepts in composition: Theory and practice in the teaching of writing*(pp. 313-337). Mahwah, NJ: Lawrence Erlbaum Associates.

Witte, S.(1980). Toward a model for research in written composition. *Research in the Teaching of English, 14,* 73-81.

Wolfram, W.(1969). *A sociolinguistic description of Detroit Negro speech.* Washington, DC: Center for Applied Linguistics.

Wolfram, W.(1998). Linguistic and sociolinguistic requisites for teaching language. In J. Simmons & L. Baines(Eds.), *Language study in middle school, high school, and beyond*(pp. 79-109). Newark, DE: International Reading Association.

Wolfram, W., Adger, L., & Christian, A.(1999). *Dialects in schools and communities.* Mahwah, NJ: Lawrence Erlbaum Associates.

찾아보기